HINAUS

↗ ans Wasser

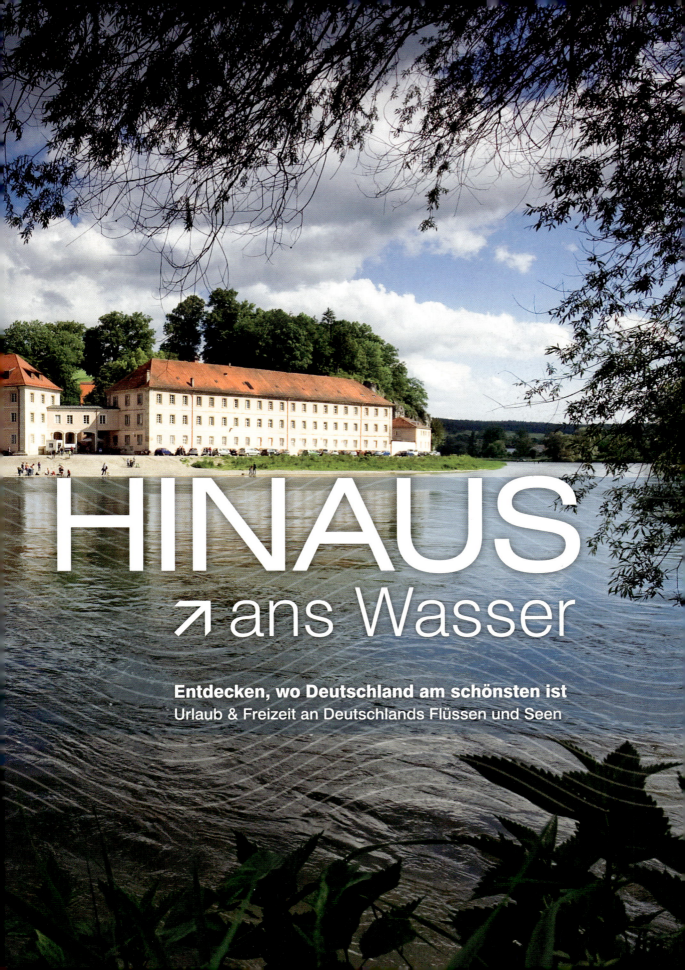

HINAUS
↗ ans Wasser

Entdecken, wo Deutschland am schönsten ist
Urlaub & Freizeit an Deutschlands Flüssen und Seen

Zu diesem Buch

Eine entspannte Kanutour auf der Lahn oder abenteuerliches Wildwasser-Rafting auf der Isar? Ein Segeltörn auf dem Chiemsee oder eine Schifffahrt auf dem Bodensee? Oder wie wäre es mit einem romantischen Abendessen mit Blick auf die Moselschleife? »HINAUS ans Wasser« stellt Deutschlands schönste Fluss- und Seenlandschaften mit ihren kulturellen Höhepunkten vor. Malerische Weinorte, alte Fachwerkstädtchen und lebendige Großstädte wetteifern mit mächtigen Burgen, edlen Schlössern und prächtigen Sakralbauten um die Gunst der Besucher. Die Rubrik »Gastronomie« stellt Lokale und Restaurants vor, »Aktiv am Wasser« gibt Informationen und Tipps zu Personenschifffahrt sowie zu verschiedenen Wassersport-, Wander- und Radwandermöglichkeiten an und um Deutschlands schönste Flüsse und Seen.

Bild S. 2/3: Kloster Weltenburg an der Donau. Bild rechts: Kahnfahrt in Lehde.

Die Wallfahrtskirche Birnau am Bodensee.

DIE SCHÖNSTEN FLÜSSE

RHEIN

↗ Mit 1320 Kilometer Länge
ist der Rhein, der 865 Kilometer
durch Deutschland fließt, ein
echter Europäer. Seine Ufer
waren über Jahrtausende Schau-
plätze großer Ereignisse europäischer Geschichte.

Wie viele Ströme hat auch der Rhein mehrere Quellen: In jeweils über 2000 Meter
Höhe entspringen der Hinterrhein, der Valser
Rhein und der Vorderrhein im Schweizer
Kanton Graubünden und vereinen sich westlich von Chur zum Alpenrhein. Dieser durchströmt hinter hohen Deichen das breite Tal
des eiszeitlichen Rheingletschers, bevor er
sich in einem breiten Delta in den Bodensee
ergießt.
Als Hochrhein verlässt der Fluss unter der
Konstanzer Rheinbrücke das Schwäbische
Meer, stürzt sich bei Schaffhausen als größter
europäischer Wasserfall über eine Barriere
aus Jurakalk und schlängelt sich schließlich
mit starkem Gefälle durch die Ausläufer des
Schwarzwaldes. Entscheidende Verstärkung
bekommt der Hochrhein auf der Höhe von
Waldshut durch die schweizerische Aare.
Bei Basel markiert das Rheinknie den Wechsel der Fließrichtung gen Norden. Nun durchströmt der Rhein das bis zu 40 Kilometer
breite Oberrheinische Tiefland zwischen Vogesen und Schwarzwald sowie zwischen
Pfälzer Wald und Odenwald. Bei Mannheim
nimmt er den Neckar auf, bei Mainz den
Main und trifft schließlich bei Wiesbaden
auf den Taunus als undurchdringliches Hindernis. Bei Bingen fand der Rhein verstärkt
durch die Nahe die Lücke zwischen Hunsrück
und Taunus. Hier beginnt das Durchbruchstal des Mittelrheins, hier erlebt der auf dem
Rhein Reisende Deutschlands größte Bur-
gendichte. Sie waren u. a. der Grund für die
UNESCO, das Mittelrheintal zum Weltkulturerbe zu erklären. In Koblenz schließlich
liefert die Mosel noch einmal eine entscheidende Verstärkung.
Bei Bonn treten die Berge endgültig zurück,
der Strom darf nun in weiten Windungen
die Niederrheinische Bucht erobern, meist
jedoch hinter hohen Deichen. Schon bald
nach Überschreiten der niederländischen
Grenze spaltet sich der Rhein in zahlreiche
Mündungsarme auf.
Als wilder Fluss suchte sich der Rhein sein
Bett über weite Strecken immer neu, begleitet von einer urwaldähnlichen Auenlandschaft. Nach rigorosen Korrektur- und Ein-
deichungsmaßnahmen blieben davon im
Oberrheinischen Tiefland nur noch kärgliche
Reste erhalten. Der größte Auenwald ist das
Taubergießen nordwestlich von Freiburg. Am
Mittelrhein finden sich Deutschlands roman-
tischste Weinberge. Auf steilen, nicht selten
von Burgen bewachten Terrassenanlagen

wächst hier zur Freude der Weintrinker der spritzige Riesling. Am Niederrhein dominieren dagegen die Viehweiden, doch blieben auch noch mehrere große Altrheinarme mit Auenwäldern und Feuchtwiesen wie bei Rees und Xanten erhalten. Vor allem im Winter überwintern hier zahlreiche Wasservögel. Seit grauer Vorzeit war der Rhein auf seiner gesamten Länge besiedelt. Die Römer richteten an ihm ihre Eroberungsstrategien aus, auf weiten Strecken nutzten sie ihn als Grenzlinie gegen die Germanen, Koblenz, Köln oder Xanten waren ihre großen Stützpunkte am Rhein. Im Mittelalter blühten die großen Städte am Rhein erneut auf, in der Neuzeit geriet »Vater Rhein« immer wieder zum »Schicksalsstrom« zwischen Deutschen und Franzosen. Mit der Aussöhnung zwischen den einstigen Erbfeinden wurde er

schließlich zum Geburtshelfer des vereinten Europas – die Kehler Europabrücke ist das Symbol der Europäischen Einheit. Nichts zeigt die europäische Bedeutung des Rheins so gut wie die Schifffahrt. Natürlich befuhren ihn bereits die Römer, im Mittelalter war er der wichtigste Verkehrsweg im Herzen Europas. Seit dem frühen 19. Jahrhundert wurde der Strom systematisch zur Großschifffahrtsstraße ausgebaut. Heute ist der Rhein von Basel bis Rotterdam schiffbar, über den Main-Donau-Kanal ist er sogar mit der Donau und damit mit dem Schwarzen Meer verbunden.

Großes Bild: Die Großstadt Köln ist vom Rhein geprägt. Kleines Bild: Bei Boppard zieht der Rhein eine veritable Schleife.

HOCHRHEIN

↗ **Zwischen der Konstanzer Rheinbrücke und der Alten Brücke beim Baseler Rheinknie, wo der Rhein nach Norden in den Oberrheingraben einschwenkt, schlängelt sich der Hochrhein durch die Nahtstelle zwischen Schwarzwald und Schweizer Jura. Der junge Fluss ist hier in ein festes Bett gefesselt, bekommt dafür aber von beiden Seiten reichlich Verstärkung von Nebenflüssen.**

Konstanz Im Bereich der Niederburg und des Münsters blieb der mittelalterliche Charakter der Stadt erhalten. Das Münster geht auf die erste Bischofskirche aus dem 8. Jahrhundert zurück, die Säulenarkadenreihe des Mittelschiffes stammt noch von 1089. Glanzstücke der Innenausstattung sind die vier vergoldeten Kupferplatten aus dem 11.–13. Jahrhundert, die sogenannten Konstanzer Goldscheiben, die Kanzel, das Chorgestühl, der steinerne Treppenturm Schnegg von 1438 sowie die frühromanische Krypta aus dem 10. Jahrhundert. In der Augustinerkirche gibt es einen Freskenzyklus von 1417 mit der Geschichte des Augustinerordens zu entdecken. Im Haus »Zur Kunkel« am Münsterplatz sind die bereits um 1306 entstandenen Weberfresken zu bewundern. Zwischen dem Münster und dem Rhein erstreckt sich mit der Niederburg der älteste Stadtteil. Ein Bummel durch das ursprünglich von Fischern und Handwerkern bewohnte Gassengewirr ist ein Ausflug in die Vergangenheit. Gegen den Hafen hin steht das Konzilgebäude. Der wuchtige Baukörper von 1388 diente einst dem Leinwandhandel. Während des Konzils von Konstanz (1414–1418) fand hier im Jahr 1417 das Kardinalsenklave zur Papstwahl statt, wurde Martin V. zum Papst gewählt, der tschechische Reformator Jan Hus zum Tode verurteilt.

Steckborn Das Städtchen entwickelte sich aus einem Fronhof des Klosters Reichenau und er-

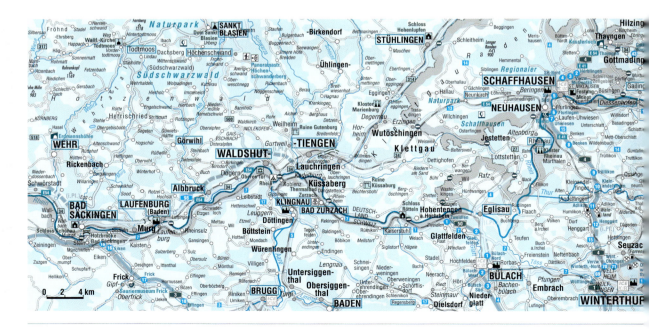

hielt bereits 1313 das Stadtrecht. Damals entstanden die noch weitgehend erhaltenen Stadtmauern, die in einem stumpfwinkligen Dreieck von der Pfarrkirche zum See führen. Die heutige Pfarrkirche ist ein Neubau von 1767, ihr klassizistischer Frontturm stammt von 1835. Im Turmhof am Seeufer zeigt das Heimatmuseum urgeschichtliche, römische und alemannische Funde.

Stein am Rhein Beim »Rothenburg des Hochrheins«, wie Stein wegen seines mittelalterlichen, von Fachwerkgiebeln und

Erkern geprägten Stadtbildes gerne genannt wird, verlässt der Rhein endgültig den Untersee. Der Aufstieg Steins begann 1005 mit der Verlegung des Benediktinerklosters St. Georg vom Hohentwiel an die Rheinbrücke. Innerhalb von drei Jahrhunderten wuchs um das Kloster eine Freie Reichsstadt, die 1459 der Eidgenossenschaft beitrat. Zentrales Prachtstück der »Perle am Rhein« ist das 1539 erbaute Rathaus, das mit historischen Szenen aus der Landes- und Stadtgeschichte bemalt ist. Der augenfällige Reiz von Stein aber beruht auf seinen zahlreichen,

liebevoll gepflegten Bürgerhäusern. Gegenüber dem Rathaus etwa steht der spätgotische »Weiße Adler« mit seiner Fassadenbemalung aus der Renaissance, die Häuser »Hirsch« und »Krone« präsentieren prächtige, fünfseitige Holzerker. Der »Rote Ochsen« (1446) wurde 1615 bemalt.
Eine Sehenswürdigkeit für sich ist das ehemalige Benediktinerkloster St. Georg. Seine Gebäude aus dem 14.–16. Jahrhundert sind heute als Museum zugänglich und vermitteln ein lebendiges Bild vom spätmittelalterlichen Mönchsleben. Das ei-

gentliche Prunkstück ist der 1516 fertig gestellte Bildersaal des Abtes David von Winkelsheim. Er enthält großartige Historienbilder mit Szenen aus der römischen und karthagischen Geschichte. Im Steiner Stadtteil Burg stand einst das Römerkastell Tasgetium. Innerhalb der Reste des Kastells steht die Pfarrkirche mit Fresken aus der Zeit um 1400.

Von links: Bodenseeufer in Konstanz; Hausfassaden in Stein am Rhein; Festung Munot in Schaffhausen.

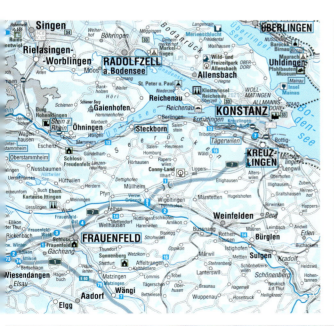

Burg Hohenklingen Die aus dem 12. Jahrhundert stammende und wohl erhaltene Burg thront hoch über Stein am Rhein. Die Burg war bis 1286 die Heimat des Minnesängers Walther von Klingen. Die heutige Burg präsentiert sich dem Besucher mit einem schönen Waffensaal, mit wunderschönen Glasfenstern aus dem 16. Jahrhundert und einer Burgschänke zum Einkehren.

Diessenhofen Das mittelalterliche Brückenstädtchen am Rhein geht auf eine Burg der Grafen von Kyburg zurück. Sein Ortsbild ist geprägt von zahlreichen spätgotischen Profanbauten aus dem 15. und 16. Jahrhundert. Der Siegelturm wurde 1546 errichtet. Diessenhofen und das gegenüber liegende Gailingen werden durch eine alte gedeckte Holzbrücke verbunden. In beiden Orten stehen sehenswerte romanische Kirchen: St. Dionysios und St. Nikolaus.

Schaffhausen Die einzige rechts des Rheins liegende eidgenössische Stadt wird von der 1585 fertig gestellten Feste Munot bewacht. Die Stadt selbst war als Stapelplatz für den durch den Rheinfall unterbrochenen Schiffsverkehr entstanden. Bereits 1045 hatte man hier das Münzrecht, 1501 schloss man sich dem Bündnis der Eidgenossen an. Zentrum der malerischen Altstadt ist der Fronwagplatz,

geziert vom Mohrenbrunnen (1520) und dem Metzgerbrunnen (1524). Wahrzeichen des Fronwagturms ist die 1564 entstandene Astronomische Uhr. Das Rathaus von 1624 oder das Haus »Zum Ritter« von 1566 mit seinen Spätrenaissancefresken sind Schmuckstücke der Stadt. Das Münster geht auf 1087 zurück und gilt als der am reinsten erhaltene romanische Sakralbau der Schweiz. Beinahe Synonym für Schaffhausen aber ist der Rheinfall, der immerhin größte und imposanteste Wassersturz Europas.

Rheinau Schon kurz hinter dem spektakulären Rheinfall präsentiert der Hochrhein eine weitere landschaftliche Überraschung: die Doppelschleife bei Rheinau mit einer Insel im Zentrum des Flussmäanders. Hier zeigt sich der Rhein nicht tosend und schäumend, sondern weitläufig, still und malerisch. Aus einer Klostergründung auf der Flussinsel entwickelte sich die Benediktinerabtei Rheinau mit einer einzigartigen hochbarocken Kirche und das mittelalterliche Schweizer Klosterstädtchen.

Waldshut-Tiengen Wenig oberhalb der deutschen Doppelstadt münden von Norden die aus dem Schwarzwald kommende Wutach und von Süden die aus den Schweizer Zentralalpen kommende Aare. Dank ihres riesigen Einzugsgebietes führt sie

an der Mündung mehr Wasser als der Rhein selber. Die malerische Waldshuter Altstadt wurde von den Habsburgern als »Waldstadt« konzipiert, wird von zwei mittelalterlichen Stadttoren geschützt und präsentiert sich mit behäbigen Bürgerhäusern aus dem 16./17. Jahrhundert, die teilweise mit prächtiger Fassadenmalerei geschmückt sind. Die schönsten von ihnen stehen an der Kaiserstraße zwischen den beiden Stadttoren. Das alte Städtchen Tiengen schmiegt sich in einen Talkessel der Wutach und glänzt mit einem recht gut erhaltenen, mittelalterlichen Stadtkern. Das über der Altstadt thronende Schloss der Fürsten von Schwarzenberg beherbergt das sehenswerte Heimatmuseum.

Laufenburg Die schweizerische Brückensiedlung an der Stromschnelle Laufen wurde von den Habsburgern um 1207 gegründet. An der Stelle eines römischen Wachturms bauten sie auf dem linksrheinischen Hügel eine mächtige Festung, von der allerdings nur der Bergfried aus dem 12. Jahrhundert erhalten blieb. An die ursprüngliche Ringmauer erinnern heute auf der schweizerischen Seite der Schwertlis- und der Wasenturm. Die dreischiffige Pfarrkirche ist ein Barockbau mit reicher Rokokoausstattung. Die schönsten Bürgerhäuser reihen sich um die Herren- und die Marktgasse. Auf der rechtsrhei-

nischen – deutschen – Seite präsentiert sich Laufenburg als mittelalterliches Städtchen mit einem malerischen Ortsbild. Zwischen Türmen und Toren zwängen sich enge Gässchen und Stiegen, traufständige Bürgerhäuser künden von behäbigem Wohlstand. Der Name geht auf »Laufen« – die einstigen Stromschnellen – zurück, die inzwischen durch das Kraftwerk bei Rhina gebändigt wurden.

Bad Säckingen Die mittelalterliche Stadtanlage liegt auf einer ehemaligen Rheininsel, die bereits in der Bronzezeit besiedelt war. So richtig bekannt gemacht hat das Städtchen Joseph Victor von Scheffel mit seinem Versepos »Der Trompeter von Säckingen«. Säckingens weithin sichtbares Wahrzeichen ist das doppeltürmige Fridolinsmünster aus dem 13. Jahrhundert. Es wurde im 17. und 18. Jahrhundert barockisiert und von Franz Joseph Spiegler mit Deckengemälden ausgestattet. Neben dem Münster beeindruckt das 1825 als Palais Landenberg errichtete Rathaus. Die alte Rheinbrücke ist mit rund 200 Meter die längste gedeckte Holzbrücke Europas, gebaut wurde sie bereits 1571. Mittelpunkt des Schlossparks ist das aus dem 16. Jahrhundert stammende Schloss Schönau mit Europas größter Trompetensammlung, einer bedeutenden Schwarzwälder Uhrensammlung und

dem Hochrheinmuseum mit zahlreichen Funden aus vor- und frühgeschichtlicher Zeit.

Rheinfelden Die badische Stadt auf der rechten Seite des Rheins entstand erst Ende des 19. Jahrhunderts mit dem Bau des damals größten Flusskraftwerks Europas, das 1898 in Betrieb genommen wurde. Das gegenüberliegende schweizerische Rheinfelden ist dagegen ein mittelalterlich anmutendes Städtchen mit malerischen Gassenbildern. Die von den Zähringer Grafen um 1130 befestigte Stadt stieg bereits 1218 zur Freien Reichsstadt auf. Von der mittelalterlichen Befestigung sind noch Teile zwischen dem Obertorturm, dem Storchennest- und dem Kupferturm erhalten. Die Pfarrkirche ist eine spätgotische Pfeilerbasilika, die im 18. Jahrhundert barockisiert wurde und sich heute in festlichem Rokokorahmen präsentiert.

Kaiseraugst Munatius Plancus gründete im Jahr 44 v. Chr. Augusta Raurica als befestigten Handelsplatz. In rascher Folge entstanden drei Tempelbezirke, ein Amphitheater, das Forum mit Basilika, Thermenanlagen und Wohn- und Gewerbebauten. Um 300 n. Chr. schließlich entstand unter Kaiser Diokletian als Nachfolgesiedlung das Castrum Rauracense. Die reichen Bodenfunde beider Römersiedlungen werden im Römermuseum gezeigt. Unter der Pfarrkirche St. Gallus fand sich eine frühchristliche Bischofskirche mit mächtiger, halbrunder Apsis und Baptisterium. In der heutigen barocken Pfarrkirche ziert ein spätgotischer Freskenzyklus mit Szenen aus dem Marienleben und der Galluslegende den Chor.

Basel Die Lage am Dreiländereck machte Basel schon früh zu einem wichtigen Handelszentrum. Dreh- und Angelpunkte sind die beiden Rheinhäfen Birsfelden und Hüningen. Zwischen beiden verändert der Rhein seine Fließrichtung. Er biegt hier nach Norden um und bildet vor der Kulisse der Baseler Altstadt mit dem Münster auf dem Hohen Ufer das sogenannte Base-

ler Knie. Vom Reichtum der Stadt im Mittelalter zeugen das Münster (12./15. Jh.), die romanische Leonhardskirche, das Rathaus (1503) und zahlreiche Adelshöfe.

Weil am Rhein Von der Winzergemeinde am Rheinknie bietet sich ein herrlicher Blick über das Basler Rheinknie. Das Museum am Lindenplatz, dem Zentrum des malerischen Weindorfes, zeigt Ausgrabungen aus der Römerzeit und Exponate zum historischen Weinbau. Ein Mekka für alle Freunde moderner Architektur ist das Vitra Design Museum, das sich auf dem Gelände der Firma Vitra der Geschichte und Entwicklung des industriellen Möbeldesigns widmet. Die Firmeninhaber haben für ihre Firmengebäude namhafte Architekten verpflichtet: So stammt das Museum von Frank O. Gehry, das Feuerwehrhaus mit einer großen Ausstellung an Designerstühlen von Zaha Hadid und der Konferenzpavillon von Tadao Ando.

Lörrach Auf der deutschen Seite des Baseler Rheinknies liegt etwas vom Rhein abgerückt das »ordentli Städtli«, wie Johann Peter Hebel das badische Lörrach nannte. Der Dichter hatte hier 1783–1791 als Präzeptor im Pädagogium gewirkt. Sehenswert ist die 1822 errichtete St.-Fridolins-Kirche, ihre Portalwand zieren zwei stattliche Türme, ihr Inneres präsentiert sich mit klassizistischen Linien und ihr Stuck kann den Nachklang des Barock nicht verleugnen. Wenig nördlich thront auf breitem Fels die mächtige Ruine Rötteln. Ihr Bergfried ist romanisch, der Rest gotisch, Ende des 14. Jahrhunderts war die Burg vollendet. Seit ihrer Zerstörung im Jahr 1678 ist die Burg Ruine.

Linke Seite: Blick über den Rhein und die Mittlere Brücke von Basel. Links von oben: der schweizerische Teil der Doppelstadt Laufenburg; die 400 Jahre alte Holzbrücke von Bad Säckingen nach Stein am Rhein; spektakulärer Bau des Vitra Design Museums.

⌇ AKTIV AM WASSER

⌇ Personenschifffahrt am Bodensee

Fahrten über den Untersee, nach Schaffhausen und zum Rheinfall bietet die »Schweizerische Schifffahrtsgesellschaft Untersee und Rhein« in Schaffhausen (www.urh. ch). Weitere Informationen finden Sie bei den Bodensee-Schiffsbetrieben (www.bsb.de).

⌇ Personenschifffahrt auf dem Hochrhein

Veranstalter sind in Basel die Basler Personenschifffahrt AG (Tel. 0041/ 06 16 39 95 00; www.bpg.ch/de), in Kaiserstuhl die Rheinschifffahrt Kaiserstuhl (Englisch Hag 2, Tel. 0041/ 07 75 21 51 07; www.rheinschiff fahrt.ch), in Waldshut-Tiengen die Rhein-Schifffahrt Waldshut-Tiengen (www.stadtwerke-wt.de/de/Frei zeit/Rheinschifffahrt).

⌇ Kanuverleih

Ein Netz an Kanuverleihstationen am Bodensee sowie geführte Touren in der Bodensee- und Hochrheinregion unterhält LaCanoa in Konstanz (Robert-Bosch-Str. 4b; https://lacanoa.de). Fahrten entlang des Hochrheins und in der Region Thur vermittelt Sportegge Hans Alder in Eglisau (Tel. 0041/07 93 15 55 85; www.sportegge.ch).

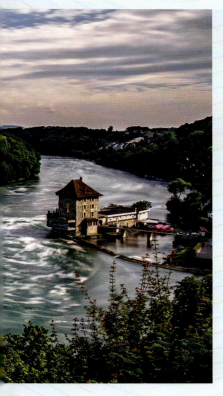

Tüllinger Weinweg

Der durchgehend asphaltierte Rundwanderweg verbindet auf seinen zwei Kilometer Länge nicht nur drei Gemeinden (Weil am Rhein, Lörrach/Tüllingen, Riehen (CH)), sondern informiert auf 50 Thementafeln über die Region und den Weinanbau. Für das leibliche Wohl unterwegs ist gesorgt. *(www.der weinweg.de)*

Rauf auf den Pfänder

Bei guter Sicht schweift der Blick vom Gipfel des 1064 Meter hohen Pfänder weit über den Bodensee und hinüber zu 240 Alpengipfeln in Deutschland, Österreich und der Schweiz. Sportlich Aktive kommen zu Fuß oder mit dem Mountainbike herauf. Etwas gemütlicher geht es mit der Pfänder-Panoramaseilbahn, deren Tickets mit einer Schifffahrt über den Bodensee kombinierbar sind. *(www.pfaender.at)*

Rheinfall bei Schaffhausen

Den Rheinfall kann man von beiden Uferseiten zu Fuß oder per Boot erleben. Informationen erhält man bei Schaffhauserland Tourismus *(Herrenacker 15, Tel. 0041/52 63 24 020; https://schaffhauserland.ch).*

Schwimmen im Rhein

Der breite Strom eignet sich an mehreren Stellen zum Baden, zum Beispiel bei Laufenburg. *(www. schwarzwald-tourismus.info/Media/ Attraktionen/Schwimmen-am-Rhein)*

Kapitän für eine Nacht im Schiff-Hotel

Von Frühjahr bis Herbst liegt die »MS Konstanz« in Schaffhausen vor Anker, auf der sich Gäste für eine Nacht wie ein Kapitän fühlen können. Eine Suite bietet Platz für zwei Übernachtungsgäste, auf Wunsch lenkt eine Privatcrew das Schiff auf dem Rhein in sicherem Fahrwasser. Weitere Informationen erteilt die Schifffahrtsgesellschaft Untersee und Rhein. *(www.urh.ch/de/ange bote/schiff-hotel)*

Zeppelinflug über den Bodensee

Zugegeben, so ein Zeppelinflug gehört zu den exklusiveren Unternehmungen. Aber das Erlebnis, in so einem riesigen Luftschiff beinahe lautlos über die Bodenseeregion bis zum Rheinfall bei Schaffhausen zu gleiten, bleibt mit Sicherheit auf ewig unvergessen. *(www.zeppelin flug.de)*

Konstanz: Insel Mainau

Die Blumeninsel im Bodensee entführt während der Sommermonate in eine Welt aus Farben, Düften und Blüten. Das barocke Flair tut sein Übriges, um dem Alltag bei einem Ausflug auf die Mainau zu entfliehen. *(www.mainau.de)*

Großes Bild oben links: Schloss Laufen am Rheinfall. Linke Seite: Ausflugsschiff bei Konstanz; Prachtbauten an der Konstanzer Bucht. Beide Bilder oben: Rheinfall bei Schaffhausen.

OBERRHEIN

↗ **Der breite und auf weiten Strecken beinahe topfebene Oberrheingraben präsentierte sich bis zur Kanalisierung des Rheins als riesige Auenlandschaft. Sie ist inzwischen einer intensiven Landwirtschaft gewichen, geblieben aber sind die Burgen und Schlösser an den Rändern und die alten Städte direkt am Strom, der über weite Strecken auch Grenzfluss zwischen Frankreich und Deutschland ist.**

Bad Bellingen Das Städtchen auf dem Hochufer des Rheins war jahrhundertelang eine kleine Wein- und Obstbaugemeinde. Bereits im 12. Jahrhundert wurde hier eine der ersten Rebordnungen erlassen, und 1740 holte Markgraf Karl Friedrich von Baden die Gutedelrebe vom Genfer See ins Markgräfler Land. 1956 schließlich suchte man hier nach Erdöl, fand aber zur Überraschung aller eine von später insgesamt drei Thermalquellen. Über Nacht entstand daraufhin ein Thermalbad mit allen dazugehörigen Kureinrichtungen.

Ottmarsheim Im linksrheinischen Städtchen steht der einzige Zentralbau des Elsass aus ottonischer Zeit. Errichtet wurde er ab 1130, geweiht wurde die Kirche 1150 von Papst Leo IX. Vorbild für den achteckigen Zentralbau mit zweigeschossigem Umgang war die Aachener Pfalzkapelle.

Rhein-Seitenkanal Deutsche und Franzosen versuchten jahr-hundertelang – teils alleine, teils gemeinsam – den Boden im südlichen Oberrheintal nutzbar und den Fluss schiffbar zu machen. Erst der Versailler Vertrag von 1918 sorgte jedoch für die nötige Rechtsgrundlage. Damals wurde Frankreich das Recht zugesprochen, den Rhein zur Energiegewinnung zu nutzen und acht Staustufen zu bauen. Dafür musste sich Frankreich verpflichten, die Baukosten zu übernehmen sowie abgabenfreie Schifffahrt zu garantieren. Im Ergebnis gelang es, den Strom als Schleu-sen- und Kraftwerkstreppe zu betonieren, Frankreich erreichte sogar durch den Bau des Grand Canal d'Alsace, den Strom auf sein Gebiet zu verlegen.

Breisach Ein steiler Basaltfelsen diente schon den Kelten als sicherer Siedlungsplatz, da der Fels als Insel vom Rhein umströmt wurde. Zur Zeit der Römer lag er am linken Rheinufer, und erst seit dem 14. Jahrhundert bildet er die rechte Flussseite. Das Juwel von Breisach ist sein auf das 12. Jahrhundert zurückgehendes Münster St. Stephan. Kostbarstes Stück der Innenausstattung ist der 1526 fertig gestellte berühmte Breisacher Schnitzaltar des Meisters Hans Loy. Das gewaltige Werk zählt zum Schönsten, was am gesamten Rhein zu finden ist. Ein Abstecher führt in die französische »Schwesterstadt« Neuf-Brisach, die »Sternenstadt«. Der Festungsbauer Vauban schuf hier ab 1699 eine

achteckige, von Festungsmauern umgebene Stadt, die in ihrer Anlage weltweit einzigartig ist.

Freiburg Die Hauptstadt des Breisgaus liegt malerisch zwischen Kaiserstuhl und Schwarzwald. Gegründet wurde die spätere Freie Reichsstadt von den Herzögen von Zähringen planmäßig an der Dreisam, die noch heute durch manche Straße als »Bächle« rinnt. Das Herz der Stadt pulsiert am Münsterplatz, wo die Bauern der Umgebung werktags ihre Produkte anbieten. Stolzestes Bauwerk ist das aus rotem Sandstein errichtete Münster, eines der größten Meisterwerke der gotischen Baukunst. Errichtet wurde es zwischen 1200 und 1513 und birgt in seinem Inneren wunderschöne Buntglasfenster aus dem 16. Jahrhundert. Den Chor ziert das berühmte Hochaltarbild von Hans Baldung Grien. Die Universitätskapelle birgt ein Altarbild von Hans Holbein d. J. Der um 1330 vollendete, feingliedrige, 116 Meter hohe Turm bietet die schönste Sicht auf die Stadt und die Umgebung.

Kaiserstuhl Östlich von Breisach erhebt sich mitten in der Rheinebene ein kleines, bis 557 Meter hohes vulkanisches Gebirge. In den Zwischeneiszeiten wurde es von einer bis zu 30 Zentimeter dicken Lössschicht überdeckt. Vor allem diese Lössschicht ist der Garant für das Gedeihen und den besonders charakteristischen Geschmack des Weins am Kaiserstuhl. Eine hohe Durchschnittstemperatur, geringe Niederschlagsmengen, reichlich Sonne und relativ hohe Temperaturen im Spätsommer und Frühherbst besorgen den Rest.

Burkheim Der Weinort am Westfuß des Kaiserstuhls lag bis zur Rheinkorrektur unmittelbar am Hochufer des Stroms und diente lange als Zoll- und Fährplatz. Heute zieren das romantische Fachwerkstädtchen schöne alte Bürgerhäuser aus dem 16. bis zum 18. Jahrhundert. Sein Renaissancerathaus wurde 1604 fertiggestellt, ein gemütlich wirkendes Stadttor erinnert an die mittelalterliche Vergangenheit.

Taubergießen Der etwa zehn Kilometer lange und bis zu zwei Kilometer breite Rheinauenwald zwischen Rheinhausen und Kappel ist ein kleiner, aber sehr bedeutender Rest der einst riesigen Auenlandschaft. Nicht weniger als 54 verschiedene Holzgewächse gibt es hier. Zusammen mit vielerlei Wildpflanzen bieten sie einen idealen Lebensraum für seltene Insekten, Wassertiere und Vögel. Seidenreiher, Fischadler und Kormorane fühlen sich hier wohl.

Straßburg Bevor die Ill in den Rhein mündet, verzweigt sie sich vielfach und bildet zahlreiche Inseln. Auf der am besten geschützten siedelten schon die Kelten, gründeten die Römer ihr Kastell Argentoratum und bauten die Alemannen ihr Stratisburgo. Als Freie Reichsstadt rangierte Straßburg ab dem 13. Jahrhundert noch vor Köln, Augsburg, Nürnberg und Frankfurt. Heute ist Straßburg Kultur- und Handelszentrum mit großem Binnenhafen und als Sitz des Europarates und des Europäischen Parlaments von großer politischer Bedeutung. Weltberühmt ist die prächtige Altstadt mit dem großartigen Münster. An ihm wurde von 1015 bis 1439 gebaut, der zweite Turm blieb unvollendet. Die überaus eindrucksvolle Westfassade glänzt mit einer 15 Meter großen, in Maßwerkrahmen gefassten Farbglasrose über dem Hauptportal. Das Innere beeindruckt mit seinen selten schönen, farbenprächtigen Glasmalereien aus dem 13. und 14. Jahrhundert. Beliebteste Sehenswürdigkeit aber ist die 1574 fertiggestellte Astronomische Uhr. Sie ist nach dem örtlichen Meridian reguliert, Mittag ist deshalb um 12.30 Uhr. Das Altstadtviertel »La Petite France« repräsentiert mit seinen alten Fachwerkhäusern an den Ufern der Ill hervorragend das alte Elsaß. Die schönste Gasse ist die Rue du Bains-aux-Plantes.

Links oben: Die Altstadt von Straßburg gehört zum Weltkulturerbe der UNESCO. Links unten: das Schwabentor von Freiburg.

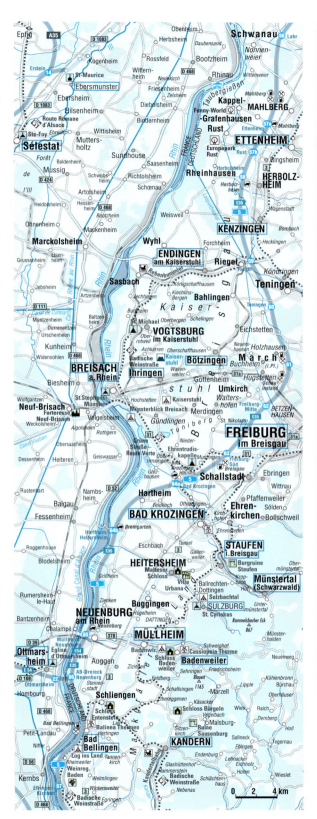

GASTRONOMIE

🍴 **Freiburg: Hausbrauerei Feierling** Der Gastraum ist groß, der Biergarten lauschig, das naturtrübe »Inselhopf« süffig, die Speisen schmackhaft. Tipp: das Inselschnitzel mit Brägele. (www.feierling.de)

🍴 **Kaiserstuhl: »Schwarzer Adler«** Hier wird badisch-französische Küche auf Sterneniveau gereicht. Auch in der Kellerwirtschaft zeigt sich die Speisekarte ambitioniert. Darüber hinaus finden Gäste im Winzerhaus Rebstock Platz, wo badisch-elsässische Gerichte von Weinen der eigenen Winzerei begleitet werden. (www.franz-keller.de)

🍴 **Kiechlingsbergen: »Dutters Stube«** Badisch, bodenständig, herzhaft: Die Dorfwirtschaft im historischen Kellergewölbe schenkt eine Extraportion badische Gemütlichkeit. (www.dutters-stube.de)

🍴 **Straßburg: Restaurant »Au Crocodile«** Ein Restaurant der gehobenen Klasse mit hervorragender Weinkarte, am Rand der Altstadt gelegen. (www.au-crocodile.com)

🍴 **Speyer: Restaurant und Biergarten »Alter Hammer«** Direkt am Rhein liegt Speyers ältester Biergarten. Er öffnete seine Pforten bereits 1919. Das Restaurant ist eher schlicht. (www.alter-hammer.de)

🍴 **Schwetzingen: Schlossgartenrestaurant »Blaues Loch«** Das seit über 100 Jahren unter diesem Namen bekannte Lokal liegt etwas verborgen, aber dennoch nahe am Schloss und bietet den ganzen Tag über warme und kalte Speisen an. (www.blaues-loch.de)

Rastatt Das »Versailles am Oberrhein« ließ Markgraf Ludwig Wilhelm von Baden, der »Türkenlouis«, ab 1697 errichten. Der stattliche Barockbau mit seiner 230 Meter langen Gartenfront lehnt sich weitestgehend an das Vorbild von Versailles an und bezieht auch die angrenzende Innenstadt in seine Symmetrieachse ein.

Sibylla Augusta, die Witwe des Markgrafen, ließ ab 1710 das barocke Lustschloss Favorite als Sommerresidenz im Südosten von Rastatt errichten. Das überaus kostbare Innere gibt einen guten Überblick über die Wohnkultur jener Zeit. Einen Besuch lohnt die romanische Basilika im Ortsteil Schwarzach des südlich gelegenen Rheinmünster.

Rastatter Rheinaue Zwischen der Iffezheimer Staustufe und der Mündung der Murg liegt im Übergangsbereich des Oberrheins zwischen der ehemaligen »Wildwasserzone« und der noch heute in Ansätzen vorhandenen »Mäanderzone« die alte Rastatter Rheinaue. In dem gut sieben Kilometer langen und etwa einen Kilometer breiten Naturschutzgebiet sind inzwischen wieder über 90 Brutvogel-, 45 Libellen- und 440 Schmetterlingsarten heimisch. Für den Besucher am auffälligsten sind die Graureiher, der Schwarzmilan und die Kormorane.

Karlsruhe Am 17. Juni 1715 legte Markgraf Karl Wilhelm von Baden den Grundstein zu einem achteckigen Turm, der als Mittelpunkt einer radial angelegten Stadt Symbol seiner fürstlichen Gnadensonne sein sollte. Wie Speichen von der Nabe eines Rades wurden vom Turm aus 32 schnurgerade Straßen in alle Himmelsrichtungen gezogen und durch einen kleineren und einen größeren Kreis eingefasst. Planmäßig wuchs darauf wie auf einem Fächer die barocke Fürstenstadt, deren ursprünglicher Grundriss bis heute erhalten ist. Die weitläufigen Räume des Karlsruher Schlosses beherbergen heute das Badische Landesmuseum.

Rußheimer Altrhein Zwischen Germersheim und Philippsburg wurde bei der Rheinregulierung eine sieben Kilometer lange Flussschlinge sowie die Insel Elisabethenwörth vom neuen Lauf abgeschnitten. Der etwa 150 Meter breite Altrheinarm liefert heute ein Musterbeispiel für die langsame Verlandung eines Altwassers und bietet neben Schilf-gürteln Beispiele für Weich- und Hartholzauen. Im Gebiet des verträumten Altwassers gibt es heute wieder 24 Libellenarten, knapp 500 Schmetterlingsarten und 85 Brutvogelarten.

Speyer Die alte Kaiserstadt am linken Ufer des Rheins war schon im 7. Jahrhundert Bischofssitz und ab 1294 Freie Reichsstadt, in der nicht weniger als 50 Reichstage stattfanden. Bedeutendstes Bauwerk ist der sechstürmige, dreischiffige und außergewöhnlich hohe Dom. Seinen Grundstein hatte um 1030 der Salier-Kaiser Konrad II. gelegt und dafür gesorgt, dass der Dom mit 133 Meter Länge zur größten romanischen Kirche Deutschlands geriet. Als Kaiserdom wurde er die Grabeskirche von nicht weniger als acht Kaisern und Königen und damit ein

wichtiges Instrument kaiserlicher Machtpolitik. Heute beeindruckt der unmittelbar am Rhein gelegene Riesenbau vor allem mit seiner Ostseite, die zum Schönsten gehört, was deutsche Romanik geschaffen hat. Der gewaltige Innenraum mit seinem rot leuchtenden Sandstein und der daran geknüpften Erinnerung an die salischen Kaiser ist ein Erlebnis ganz eigener Art.

Schwetzingen Das Mekka der Spargelfreunde schlechthin war im 18. Jahrhundert die Sommerresidenz der pfälzischen Kurfürsten. Ihr Schloss zeugt noch heute von der Pracht der einstigen Hofhaltung. Attraktiver ist dennoch der im 18. Jahrhundert in englisch/französischem Stil geschaffene, 74 Hektar große Schlossgarten. Schönster Bau im Park ist das 1752 vollendete Rokokotheater von Nicolas de Pigage. Hier finden alljährlich im Sommer die Schwetzinger Festspiele statt.

Ludwigshafen Zwar vor allem als Standort bedeutender Chemiekonzerne bekannt, hat die Stadt aber auch einiges für Besucher zu bieten. Einen Besuch lohnt u. a. das Wilhelm-Hack-Museum mit seiner bekannten Keramik-Wand von Joan Miró.

Mannheim Wo der Neckar in den Rhein mündet, liegt die ehemalige pfälzische Residenzstadt. Sie wurde im 17. Jahrhundert planmäßig auf schachbrettartigem Grundriss in 144 Rechtecken angelegt. Bis heute gibt es in der Mannheimer Innenstadt deshalb keine Straßennamen, jeder Häuserblock ist vielmehr mit einem Buchstaben und einer Zahl gekennzeichnet. Gründervater der Schachbrettanlage war Kurfürst Johann Wilhelm, der der Stadt auch noch einen Festungsring gab. Der eigentliche Aufstieg Mannheims begann mit Kurfürst Carl Philipp, der ab 1720 das neue Residenzschloss errichten ließ. Es geriet zu einer der größten barocken Schlossanlagen Deutschlands, wurde im letzten Krieg jedoch völlig zerstört und dient nach seiner Restaurierung mit seinen über 400 Räumen hauptsächlich der Universität. Originalgetreu restauriert wurden

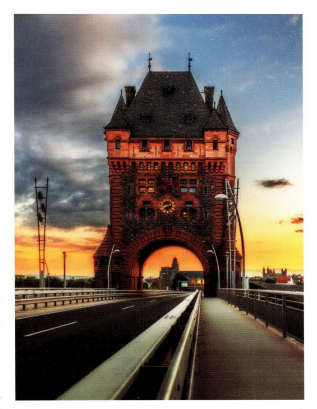

dagegen das Treppenhaus mit den Deckenfresken von Cosmas Damian Asam und der Rittersaal mit dem Deckenfresko ebenfalls von Asam. Unversehrt erhalten blieb das 1755 von Pigage für die Kurfürstin Elisabeth Augusta errichtete Bibliothekskabinett. Die Schlosskirche präsentiert sich mit den Deckenfresken von Cosmas Damian Asam komplett erneuert.

Lampertheimer Altrhein Die Inseln Biedensand und Bonnau westlich von Lampertheim gehö-

ren zum Vorland des Rheinhauptdammes.
Die Insel Bonnau ist durch keinen Deich geschützt und wird deshalb regelmäßig vom Rhein überflutet, sodass hier die ursprüngliche Weichholzaue mit natürlichen Silberweidenbeständen erhalten geblieben ist. Auch die Auenwiesen konnten ihre ursprüngliche Zusammensetzung erhalten. Der Naturfreund findet hier deshalb höchst interessante Pflanzengesellschaften und Vogelpopulationen vor.

Worms Die über 2000-jährige Nibelungenstadt war zur Zeit der Völkerwanderung das Zentrum des Burgunderreiches, das 437 von den Hunnen vernichtet wurde und bis heute im »Nibelungenlied« weiterlebt. 1521 verteidigte hier Martin Luther seine Thesen gegenüber Kaiser Karl V. Das dominierende Bauwerk der Stadt ist der Dom, mit dessen Bau 1171 begonnen wurde. Bis Ende des 13. Jahrhunderts war er in seiner heutigen Form fertiggestellt. Am attraktivsten ist seine Westfront mit dem fünfseitigen Chorabschluss, den runden Flankentürmen und dem zwölfteiligen Radfenster. Sehenswert ist auch das um 1300 entstandene Hauptportal am südlichen Seitenschiff, das nach dem Vorbild der französischen Portalplastik als eine Art Bilderbibel gestaltet wurde.

Knoblochsaue Die Kühkopfinsel ist mit etwa 2400 Hektar das größte hessische Naturschutzgebiet und das größte Auenschutzgebiet in ganz Mitteleuropa. Das schönste Beispiel einer Mäanderstromaue wird bei Hochwasser regelmäßig überflutet und behält so seine natürlichen Auenbedingungen. Hier wächst eine Mischform aus Weich- und Hartholzaue, nahezu 250 verschiedene Vogelarten sind zu finden. Den besten Zugang zur Knoblochsaue bietet der Riedstadter Ortsteil Erfelden.

Oppenheim Hier lohnt die vom 13. bis ins 15. Jahrhundert aus rötlichem Sandstein errichtete Katharinenkirche einen Besuch. Immerhin zählt sie zu den bedeutendsten gotischen Bauten am Rhein. Prächtig ausgebildet ist ihr reiches Maßwerk.

Linke Seite oben: Schloss Rastatt, einst die Residenz der Markgrafen von Baden-Baden. Linke Seite unten: Barockjuwel Schloss Karlsruhe. Ganz oben: Nibelungenturm auf der gleichnamigen Wormser Brücke. Oben: Der Kaiser- und Mariendom zu Speyer ist die größte bis heute erhaltene romanische Kirche weltweit.

AKTIV AM WASSER

Altrhein-Rundfahrten

Rundfahrten auf dem Altrhein rund um Speyer veranstaltet u. a. das Fahrgastschiff »Pfälzerland« in Speyer *(Anlegestelle Rheinuferpromenade; Tel. 06232/713 66; www.personenschifffahrt-streib.de).*

Wasservergnügen auf dem Rhein

Wasserskifreunde und Motorbootfans werden im Breisacher Yachthafen fündig. *Breisach-Touristik (Marktplatz 16, Tel. 07667/94 01 55; www.breisach.de); Anmeldung unter www.myc-breisach.de*

Kellereibesuch

Der Badische Winzerkeller Breisach veranstaltet Dienstag, Donnerstag und Sonntag Kellerführungen und Weinproben *(Zum Kaiserstuhl 16, Tel. 07667/90 00; www.badischerwinzerkeller.de).*

Personenschifffahrt auf dem Rhein

Eine Fahrt von Ludwigshafen in Richtung Speyer, vorbei an Hafenanlagen und malerischen Rheinufern zum Otterstädter Altrhein, bietet die Kurpfalz Personenschifffahrt in Ludwigshafen *(Schiffsliegeplatz: Mannheim-Kurpfalzbrücke/Cahn-Garnier-Ufer, Tel. 0621/17 89 52 82; www.kurpfalz-personenschiffahrt.de).* Ab Speyer verkehrt die MS »Sea Life« *(Tel. 06232/29 11 50; www.ms-sealife.de).*

Luisenpark Mannheim

Der Luisenpark gehört zu den schönsten Parkanlagen in ganz Europa und hat wirklich so einiges zu bieten: Verschlungene Spazierwege führen vorbei an blühenden Sträuchern und Blumen, Themenspielplätze lassen Kinderherzen höherschlagen und bei Veranstaltungen auf der Seebühne vergeht die Zeit wie im Flug. *(www.luisenpark.de)*

Radtour bei Rastatt

Die Naturräume der Rheinaue lassen sich bestens mit dem Fahrrad erkunden. Ein knapp 28 Kilometer langer Radrundweg startet in Rastatt und führt bis zur »Lebensader Oberrhein«. *(www.tourismus-bw. de/Media/Touren/Lebensader-Oberrhein-Radtour-durch-die-Naturraeume-bei-Rastatt)*

Den Kaiserstuhl erwandern

Durch den Kaiserstuhl führen zahlreiche Rundwanderwege und Themenpfade mit unterschiedlichen Schwerpunkten. Der prämierte Kaiserstuhlpfad zum Beispiel führt an mehreren Aussichtspunkten vorbei, von denen aus Wanderer herrlichen Blick auf den Schwarzwald und die Vogesen haben. *(www.naturgartenkaiserstuhl.de)*

Wandern

Die Dimensionen des riesigen Rheingrabens kann man nur aus der Höhe erfassen, etwa vom 1284 Meter hohen Schauinsland, dem Hausberg der Freiburger. Ihn kann man per Straße oder Seilbahn erreichen. Bei klarer Sicht überblickt man nicht nur den Rheingraben bis zu den Vogesen, sondern bei Föhn zum Greifen nahe im Süden die Schweizer Zentralalpen mit vergletscherten Eisgipfeln. Infos gibt die Schauinslandbahn in Freiburg *(Tel. 0761/45 11 777; www.schauinslandbahn.de)*.

Naturschutzgebiet Taubergießen

Die Auenlandschaft im Naturschutzgebiet Taubergießen fasziniert zu jeder Jahreszeit. Bei einer Fahrt mit dem Stocherkahn durch die unberührte Natur lässt sich vielleicht sogar ein Exemplar des seltenen Eisvogels blicken. *(https://taubergiessentour.de)*

Wildwasserpark Hüningen

Rafting, Kajak oder Hydrospeed: Der künstliche Wildwasserkanal im französischen Hüningen ermöglicht es Anfängern und Experten, Wassersportarten unter professionellen Bedingungen zu testen. *(www.villehuningue.fr/de/Wassersport-kanukayak-rafting)*

Schloss und Schlossgarten Schwetzingen

Einst verbrachten die Kurfürsten von der Pfalz den Sommer im Schloss Schwetzingen und lustwandelten im ausgesprochen schönen Schlossgarten. Heute finden auch Nicht-Adelige Oasen der Ruhe inmitten der gepflegten Anlage. *(www.schloss-schwetzingen.de)*

Großes Bild: Altrhein bei Rust im Auengebiet Taubergießen. Linke Seite: Bootstour bei Rust im Taubergießen. Kleine Bilder oben: Ragwurz, Wiesenblume mit Schmetterlingen, Haubentaucher.

MITTELRHEIN

↗ **Das Rheintal zwischen Bingen und Koblenz ist ein enges Durchbruchstal, in dem der Rhein keine Möglichkeit zum Mäandrieren hatte. Felsen gaben dem Strom ein enges Bett, kaum ein Weg hatte Platz zwischen dem Strom und den steilen Hängen. Schon im Mittelalter erhielten deshalb die exponiertesten Felsen mächtige Schutz- und Trutzburgen.**

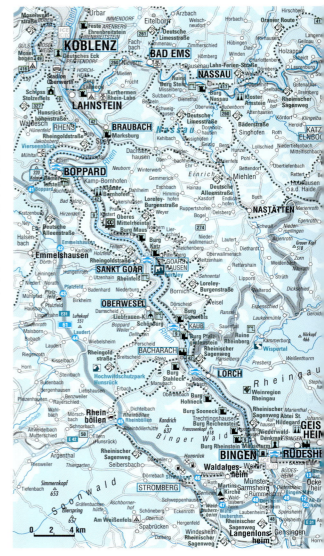

Mainz Die Gutenbergstadt war als Moguntiacum 20 n. Chr. der Sitz des militärischen Oberbefehlshabers für Obergermanien. Bonifatius gründete 742 das Bistum und machte es damit zur Metropole des deutschen Christentums. Im 13. Jahrhundert hatte das »Goldene Mainz« seine höchste Blüte, seine Bischöfe waren Reichskanzler, Königsmacher und Kurfürsten. Von dieser Macht zeugt bis heute der gewaltige, sechstürmige Dom, der zwischen 975 und 1236 gebaut wurde. Berühmtester Sohn der Stadt aber war Gutenberg, der Erfinder des Buchdrucks.

Rüdesheim Rund um das Rheingaustädtchen ließ Karl der Große die ersten Traminerreben pflanzen, bis heute wachsen dort die besten Tropfen – sehr zur Freude der Wirte der Drosselgasse. Oberhalb von Rüdesheim bewacht das Niederwalddenkmal den Beginn des Rheindurchbruchs. Die 10,5 Meter hohe Germania wurde zur Erinnerung an die Erneuerung des Reiches im Jahr 1871 errichtet. Von der Terrasse hat man einen weiten Blick über den Rheingau.

Bingen Unweit der Mündung der Nahe hatten die Römer ihr Kastell Bingium und eine Brücke über die Nahe. Ende des 10. Jahrhunderts sicherten die Mainzer Bischöfe die Stadt mit einer Burg und einer Ringmauer. In der Altstadt ist die spätgotische Basilika St. Martin (15./16. Jh.) mit einer karolingischen und romanischen Krypta sehenswert. Wo einst das römische Kastell stand, steht heute die Burg Klopp.

Lorch Das alte Winzerstädtchen hatte bereits 1274 einen Weinmarkt. Über dem Dorf, mitten in den Weinbergen, thront die mächtige, um das Jahr 1300 entstandene Burg Nollig.

Bacharach Das malerische Städtchen besitzt noch seine wehrhafte Ringmauer aus dem 14.–16. Jahrhundert. Die besterhaltene Stadtbefestigung am Mittelrhein wird überragt von der Ruine der Burg Stahleck.

Kaub Das Dorf duckt sich innerhalb seiner gut erhaltenen mittelalterlichen Stadtmauer. Oberhalb thront die im 13. Jahr-

hundert errichtete Burg Gutenfels. Weit interessanter ist jedoch die Burg Pfalzgrafenstein. Die auf einem Felsen im Rhein vor Kaub von König Ludwig dem Bayern 1326 zur Sicherung des Rheinzolls errichtete Burg ist eines der schönsten Fotomotive des Mittelrheins.

Oberwesel Immerhin 16 von ursprünglich 21 Wehrtürmen der Ringmauer sind bis heute in dem reizvollen Städtchen mit seinen Wohnhäusern aus dem 16. bis 18. Jahrhundert erhalten. Die Frauenkirche birgt eine besonders kostbare Ausstattung. Die riesige Schönburg oberhalb von Oberwesel ist das Paradebeispiel

einer Ganerbenburg. Die Burg mit ihren drei Bergfrieden und drei Wohnbereichen ist so aufgeteilt, dass drei Zweige der Familie jeweils ihr eigenes Reich haben. Nur die Burgkapelle wird gemeinsam genutzt.

Loreley Der tückische Felsen (so die wörtliche Übersetzung) ragt 132 Meter hoch über dem Strom auf und verengt ihn auf nur noch 113 Meter Breite. Berühmt wurde der Felsen durch die Sage von der goldlockigen Jungfrau Loreley, die vorbeifahrende Schiffer mit ihren Lockgesängen ins Verderben stürzte. Kurz vor Sankt Goarshausen thront Burg Katz, gebaut um

1370 von Graf Johann III. von Katzenelnbogen. Nur zwei Kilometer unterhalb von Sankt Goarshausen zeigt sich das Gegenstück in der Burg Maus, die um 1355 errichtet wurde.

Ruine Rheinfels Die gegenüber der Burg Maus auf der linken Rheinseite 115 Meter über dem Rhein thronende Ruine von 1245 war einst die mächtigste Feste am Mittelrhein. Gebrochen wurde die Burg 1797 von den Franzosen, die die Trümmer dann zum Bau der Festung Ehrenbreitstein in Koblenz verwendeten.

Boppard Die römische Gründung ist noch in weiten Teilen

von der mittelalterlichen Stadtmauer eingefasst. In der Pfarrkirche (12./ 13. Jh.) finden sich romanische Wandmalereien.

Marksburg Die einzige unzerstörte Höhenburg am Rhein thront in prächtiger Aussichtslage auf einem steil abfallenden Felskegel. Heute ist die Burg aus dem 13. Jahrhundert als Museum zugänglich.

Linke Seite: Blick vom Gedeonseck auf die Rheinschleife von Boppard. Oben: Blick auf Bacharach vom Postenturm; Schiffe vor Burg Pfalzgrafenstein bei Kaub.

WIESBADEN UND DER RHEINGAU

Eine Fachwerk-Altstadt wie in anderen Orten des Landes sucht man hier vergebens: Dafür gibt es in Wiesbaden prachtvolle Boulevards und Alleen, elegante Plätze, großzügige Parks mit zahlreichen Denkmälern und reichlich herrschaftliche Villen aus dem 19. und 20. Jahrhundert. Das Casino im Kurhaus lockt Einwohner wie Besucher ebenso wie die prächtige Wilhelmstraße mit ihren Boutiquen oder die Taunusstraße mit ihren Antiquitätengeschäften. Wiesbaden zählt zu den ältesten Kurbädern Europas, und man kann es in über 20 Thermalbädern den Römern gleichtun.

Der Rheingau, das vom westlichen Taunus zum Rheinabschnitt zwischen Wiesbaden und Rüdesheim hin abfallende Hügelland auf dem rechten Rheinufer, ist dank seines günstigen Klimas mit 3000 Hektar Rebfläche eines der kleinsten, aber auch bekanntesten Weinbaugebiete Deutschlands. Wein und Weinbau bestimmen hier ganz wesentlich die Kultur der Region, die reich an Burgen, Schlössern, Klöstern und malerischen Weinorten ist.

Angebaut werden überwiegend Rieslingweine, verkosten kann man die edlen Tropfen in urigen Weinhäusern und Straußwirtschaften.

Oben: Schloss Vollrads in Oestrich-Winkel. Rechts: Wiesbadens Schätze: Kurhaus und Kaiser-Friedrich-Therme.

MITTELRHEIN UND AHRTAL

Koblenz An der Mündung der Mosel in den Rhein gründeten die Römer 9 v. Chr. ihr Castrum apud confluentes zur Sicherung des Moselüberganges. Die Hauptsehenswürdigkeiten der Stadt sind das klassizistische Schloss (18. Jh.), die romanische Kirche St. Castor (12. Jh.), das Deutsche Eck an der Mündung der Mosel und die bis 1832 errichtete, mächtige Festungsanlage Ehrenbreitstein auf der gegenüber liegenden Rheinseite.

Andernach Die Stadt liegt innerhalb eines schön erhaltenen mittelalterlichen Mauerrings am linken Rheinufer. Im Haus von der Leyen (16. Jh.) im Stil der Spätrenaissance befindet sich das Stadtmuseum. Zu den Besonderheiten zählt ein Judenbad (Mikwe) aus dem 14. Jahrhundert in einer 12,80 Meter tiefen Schachtanlage.

Linz am Rhein Das gegenüber der Ahrmündung liegende rechtsrheinische Städtchen hat noch zwei mittelalterliche Stadttore, sehenswerte Fachwerkhäuser und zwei schöne Stadtplätze. Die spätromanische Kirche St. Martin birgt Wandmalereien aus dem 13. Jahrhundert.

Bad Honnef Im Winzerort am Fuß des Drachenfelses lebte Bundeskanzler Adenauer 30 Jahre im Ortsteil Rhöndorf. Sein Haus kann ebenso wie sein Garten besichtigt werden. Vor der Stadt liegt die Rheininsel Grafenwerth, zu der regelmäßiger Schiffsverkehr besteht, ihr gegenüber die Insel Nonnenwerth mit einem Internat.

Königswinter Die Hauptattraktion des Ortes ist der Drachenfels. Der 321 Meter hohe Fels wurde 1883 mit Deutschlands erster Zahnradbahn erschlossen. Den Gipfel des Drachenfels ziert die Ruine gleichen Namens, die von den Kölner Erzbischöfen 1147 erbaut und 1634 zerstört wurde.

Bonn Deutschlands ehemalige Hauptstadt liegt am Übergang zwischen dem Rheinischen Schiefergebirge und der Kölner Bucht. Gegründet wurde sie von den

Römern als Castra Bonnensia. Von 1238 bis 1794 hatten die Bischöfe von Köln hier ihre kurfürstliche Residenz. Das Bonner Münster, eine dreischiffige Basilika (11.–13. Jh.), zählt zu den schönsten romanischen Kirchen am Rhein, der zweigeschossige Kreuzgang stammt aus dem 12. Jahrhundert.

Brühl Zu Brühls größten Sehenswürdigkeiten zählt das Brühler Barockschloss Augustus-

burg. Weitere Sehenswürdigkeiten sind die gotische Pfarrkirche Maria von den Engeln, das Max-Ernst-Geburtshaus und das -Museum sowie schöne Bürgerhäuser aus dem 16.–18. Jahrhundert.

Köln Die alte Domstadt wuchs aus der römischen Provinzhauptstadt Colonia Claudia Ara Agrippinensis und war im Mittelalter eine der wichtigsten Städte Deutschlands. Der mächtige

Dom ist ein Meisterwerk deutscher Hochgotik, an dem zwischen 1248 und 1880 gearbeitet wurde. Zu seinen kostbarsten Ausstattungsstücken zählt der Drei-Königs-Schrein aus dem 12. Jahrhundert. Unbedingt einen Besuch wert ist auch die romanische Kirche St. Gereon, ein zehneckiger Kuppelbau.

Die Ahr Der kleine, nur 89 Kilometer lange linke Nebenfluss des Mittelrheins durchströmt in seinem Unterlauf das größte zusammenhängende Rotweinanbaugebiet Deutschlands. Die Winzer sind hier stolz auf etwa 800 Hektar Rebfläche, der Weinbau lässt sich bis in römische Zeiten zurückverfolgen. Die Ahr mündet südlich von Kripp in den Rhein.

Altenahr Wegen der vielen zusammengedrängten Fachwerkhäuser ist Altenahr seit jeher eines der Zentren der Ahrromantik. Nicht versäumen sollte man einen Besuch der romanischen Pfarrkirche (Ende 12. Jh.). Burg Are war Stammsitz der gleichnamigen Grafen. Theoderich von Are hatte sie um 1100 errichtet. Auf dem höchsten Punkt des Burgfelsens findet sich heute ein Aussichtspavillon, von dem aus sich eine prächtige Sicht auf die Ahrschleifen bietet.

Bad Neuenahr-Ahrweiler Dank der im Jahr 1854 entdeckten kohlensäurereichen warmen Quellen ist das Städtchen Bad Neuenahr ein viel besuchter Badeort. Die Pfarrkirche hat noch einen spätromanischen Westturm aus der Zeit um 1200, die Kirche selbst ist ein Saalbau aus dem Jahr 1724 mit barocker Ausstattung. Gut erhalten sind die Stadtbefestigungen (13. Jh.) im Weinhandelsort Ahrweiler. Die vier Stadttore der Stadtmauer sind beeindruckend. Sehenswert ist auch die gotische Hallenkirche St. Laurentius, die bereits um 1300 vollendet war.

Von oben: Schloss Augustusburg; Kölner Dom; Deutsches Eck in Koblenz am Zusammenfluss von Rhein und Mosel.

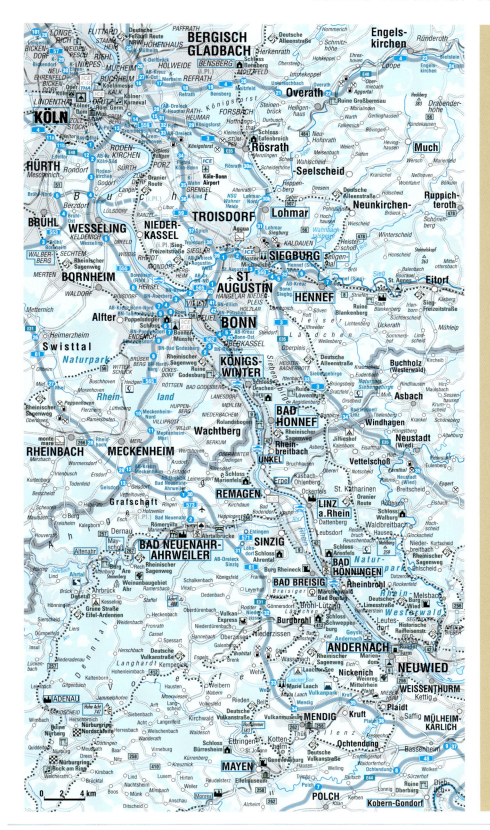

GASTRONOMIE

🍴 **Koblenz: »Verbene«** Das Restaurant Verbene bringt frischen Wind in die kulinarische Szene von Koblenz und überzeugt mit moderner Speisekarte und stilsicherem Ambiente. *(www.restaurant-verbene.de)*

🍴 **Koblenz: Restaurant »Pegelhaus«** Unter der Glaskuppel des ehemaligen Pegelhauses kann man mit bester Sicht auf die Festung Ehrenbreitstein international inspirierte Gerichte genießen. Reservierung wird empfohlen: Der Platz im Inneren ist begrenzt. *(http://voap.restaurant-pegelhaus.de)*

🍴 **Bonn: »Kaspars«** Am Rheinufer kochen die Brüder Kaspar auf Sterneniveau. Gleich nebenan betreiben deren Eltern den urigen Biergarten namens »Schänzchen«. *(https://kaspars.restaurant; Biergarten: Rosental 105)*

🍴 **Brühl: Brühler Wirtshaus** Ein Glück, dass die britische Königin Victoria 1844 Brühl besuchte: Sonst wäre der dortige Bahnhof vielleicht nie gebaut worden, der heute das Brühler Wirtshaus beherbergt. Es liegt in der Nähe von Schloss Augustenburg. *(www.bruehler wirtshaus.de)*

🍴 **Köln: Brauhaus Sion** In diesem Brauhaus wird Tradition großgeschrieben. Mehrere Braustuben laden zu einem kühlen Bier ein. *(www.brauhaus-sion.de)*

🍴 **Köln: »Le Moissonnier«** Legeres Spitzenrestaurant, in dem man ohne feine Kleidung gut speisen kann. Auf der Karte stehen Kreationen des französischen Küchenchefs. Die Einrichtung lässt schnell vergessen, dass man sich nicht in Paris, sondern mitten in Köln befindet. *(www.lemoissonnier.de)*

KÖLN

Wenn man von der »Domstadt« spricht, weiß jeder sofort, welche Stadt damit gemeint ist: Köln. Der Dom im Zentrum der Stadt ist auch mehr als 750 Jahre nach dessen Grundsteinlegung das Wahrzeichen der lebenslustigen Millionenstadt. Neben dem Dom verblassen eine ganze Reihe weiterer Sakralbauten ein wenig, um die jede an-

dere Stadt Köln beneiden würde. Allein zwölf große romanische Kirchen befinden sich innerhalb der ehemaligen Stadtmauer. Aber die Stadt hat noch wesentlich mehr Sehenswertes zu bieten. Köln erhielt die Stadtrechte bereits im Jahr 50 n. Chr., damals auf Betreiben der römischen Kaiserin Agrippina. Auch heute noch können viele Zeug-

nisse aus der Römerzeit wie das Praetorium oder das Ubiermonument besichtigt werden. Natürlich hält Köln auch für Freunde moderner Kultur eine Menge bereit – angefangen bei den vielen Museen bis hin zu diversen Clubs und Konzerthallen. Und wer dem pulsierenden Großstadtleben eine Weile entfliehen möchte, findet am Rhein oder in

den vielen Parkanlagen immer ein ruhiges Plätzchen.

Großes Bild: Blick auf die Altstadt (Heumarkt) mit Dom und Groß St. Martin. Mächtige Kuppeln schmücken St. Gereon (rechts oben); darunter: der gotische Dom; Bilder rechts: Skyline und Museum Ludwig.

AKTIV AM WASSER

Rhein-Radweg
Der Fernwander-Radweg beginnt in Basel und endet in Rotterdam. Die Strecke in Rheinland-Pfalz verläuft zunächst links-, dann rechtsrheinisch *(www.rheinradweg.eu; www.rhein-radweg-rlp.de).*

Rheinschifffahrt
Zu den Anbietern entlang des Rheins gehören die Bingen-Rüdesheimer Fahrgastschifffahrt *(www.bingenruedesheimer.de)*, die Loreley-Linie in Kamp-Bornhofen *(www.loreleylinie.de)*, die Personenschiffahrt Franz Schmitz in Königswinter *(www.schiff-schmitz.de)* und die KD Köln-Düsseldorfer Deutsche Rheinschifffahrt in Köln *(www.k-d.com).*

Über den Reben schweben
Mit der Seilbahn Rüdesheim wird dieser Wunsch wahr. Zehn Minuten dauert die Fahrt von der Bergstation. Herrlicher Blick über den Rheingau und auf die Weinberge. *(www.seilbahn-ruedesheim.de)*

Wandern
Die sieben sagenumwobenen Berge oberhalb von Königswinter und Bad Honnef bieten ein dichtes Netz an Wanderwegen. Informationen über die Geschäftsstelle des Naturparks in Siegburg und auf *www.naturpark7gebirge.de.*

Weinlehrpfad Boppard
Besonders informativ ist der Weinlehrpfad durch das weitläufige Rebgelände am Bopparder Hamm. Zum Vier-Seen-Blick gelangt man bequem mit der Seilbahn. *Tourist-Information Boppard, Altes Rathaus; www.boppard-tourismus.de*

Brühler Schlösser
Die Augustusburg, im Volksmund kurz Schloss Brühl, und das Jagdschloss Falkenlust wurden 1984 gemeinsam mit den Brühler Gärten ins Weltkulturerbe der UNESCO aufgenommen. *(Informationen zu Öffnungszeiten und Führungen unter www.schlossbruehl.de)*

Besuch bei Meister Gutenberg
Das Mainzer Museum für Schrift- und Druckkunst ist ganz dem Werk Johannes Gutenbergs und der Erfindung der Druckkunst gewidmet. Die Druckerstube des Meisters wurde originalgetreu rekonstruiert, die benutzbare Presse arbeitet wie vor 550 Jahren. *(Liebfrauenplatz 5, Tel. 06131/12 26 40; www.gutenbergmuseum.de).*

Ahrschleife Altenahr
Dank strengem Naturschutz gibt es heute im Langfig-Tal bei Altenahr nicht weniger als 93 Vogel-, 475 Schmetterlings- und über 1000 Käferarten. *(Tourist-Information Altenahr, Altenburger Str. 1a, Tel. 02643/84 48)*

Sommerrodelbahn
Bitte alle einsteigen! Auf der Loreley-Sommerrodelbahn geht es mit Speed und Spaß talabwärts. *(www.loreleybob.de)*

Loreley-Felsen

Der markante Schieferfelsen liegt in einer für die Schifffahrt kniffligen Rheinkurve, und die zahlreichen Unglücke führten zur Mythenbildung. Die Geschichte um die Nixe Loreley, die die Seeleute mit ihrem Gesang vom Kurs abbrachte, ist weltbekannt. Der Loreley-Felsen ist heute UNESCO-Welterbe.

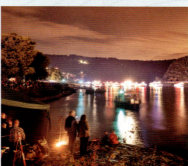

Rhein in Flammen

Ein besonderes Spektakel ist das alljährlich fünfmal stattfindende Großereignis zwischen Rüdesheim und Bonn, wenn der Rhein von Schiffen und den Hängen aus illuminiert wird. *(www.rhein-in-flammen.com)*

Rheingau Musik Festival

Es ist eines der führenden Musikfestivals in Europa und wird alljährlich zwischen Ende Juni und Ende August veranstaltet. Rund 150 Konzerte an über 40 Spielorten wie beispielsweise in den Kulturdenkmälern Kloster Eberbach, Schloss Johannisberg oder Schloss Vollrads stehen auf dem Programm *(www. rheingau-musik-festival.de)*.

Kulturufer Bingen

Die Landesgartenschau von 2008 hinterließ Bingen das sogenannte Kulturufer, eine ausladende Promenade entlang des Rheins. *(www. bingen.de/tourismus/kulturufer)*

Spaziergang zur Germania

Die Aussicht von der Terrasse des 225 Meter hohen Niederwalddenkmals umfasst den gesamten Rheingau, sie ist bequem per Seilbahn von Rüdesheim aus zu erreichen. Eine überaus lohnende Fortsetzung ist der Spaziergang hinauf zur 265 Meter über dem Rhein gelegenen Burgruine Rossel und zum Jagdschloss Niederwald. Per Sessellift kommt man hinunter nach Assmannshausen, von wo aus man mit dem Rheinschiff zurück nach Rüdesheim fährt. Infos bei Tourist-Information Rüdesheim *(Rheinstraße 29, Tel. 06722/90 61 50)*.

Burg Sooneck

Auf der anderen Seite des Rheins von Lorch aus gesehen thront Burg Sooneck, deren ungehobelte Herren die Region einst in Angst und Schrecken versetzt haben.

Großes Bild: Open-Air-Konzert bei »Rhein in Flammen« 2016 in Koblenz. Kleine Bilder, von oben: »Rhein in Flammen« in St. Goarshausen und Bacharach; Gutenberg-Museum; Felslandschaft im Langfigtal; Niederwalddenkmal.

↗ **Der Niederrhein ist heute ein in der Unendlichkeit der weiten Ebene mit Deichen kanalisierter Strom. Nach rund 900-jährigen Baubemühungen ist kaum ein Meter des Niederrheines noch »original«, ursprüngliche Natur hat Seltenheitswert. Andererseits konnten nur so die Siedlungsgebiete entlang des Stromes gesichert und das Land nutzbar gemacht werden.**

Zons Das römische Sontium war einst ein kurkölnisches Städtchen und besitzt heute noch die besterhaltene mittelalterliche Stadtbefestigung des gesamten Rheinlandes. Der von Wachtürmen gekrönte Mauerring war 1373 bis 1400 vom Erzbischof Friedrich von Saarwerden errichtet und seither nie »gebrochen« worden. Lediglich der Mühlenturm in der Südwestecke wurde im 15. Jahrhundert zur Windmühle umgebaut, das Rheintor an der Nordostecke dagegen wurde als Zollturm genutzt.

Neuss Die gegenüber von Düsseldorf an der Mündung der Erft gelegene Hafenstadt gründeten die Römer als Novaedium. Daran erinnert ein am Rhein originalgetreu errichteter Limeswachturm. Im Süden der Altstadt ist noch das aus dem 13. Jahrhundert stammende zweitürmige Obertor erhalten. Nördlich des Marktes wartet das Münster St. Quirinus, der wichtigste spätromanische Kirchenbau am Niederrhein, auf seine Besucher. Der 1209 begonnene Bau beeindruckt mit einem mächtigen Vierungsturm und vier Osttürmen. Sehenswert ist die Krypta aus dem 12. Jahrhundert.

Düsseldorf Die nordrheinwestfälische Hauptstadt wurde 1386 von Herzog Wilhelm II. zu seiner Residenzstadt gemacht. Berühmt sind heute die Flaniermeile »Kö« (Königsallee), die Rheinuferpromenade und die Altstadt mit ihren zahlreichen Bierstuben, auch »längste Theke Europas« genannt. An das mittelalterliche Düsseldorf erinnern noch der aus dem 13. Jahrhundert stammende Schlossturm und der ebenfalls im 13. Jahrhundert errichtete Backsteinbau der Lambertuskirche. Den besten Überblick über Stadt und Fluss bietet der Rheinturm (234 Meter) mit Drehrestaurant.

Duisburg Der größte Binnenhafen Europas liegt an der Mündung der Ruhr in den Niederrhein. Bereits in fränkischer Zeit war hier ein Handels- und Stapelplatz beim karolingischen Königshof Thusburg entstanden. Noch in der Stauferzeit wurde Duisburg Reichsstadt und Mitglied der Hanse. Welch riesige Hafenanlagen daraus gewachsen sind, lässt sich am besten bei einer Hafenrundfahrt erleben.

Wesel Die Hafenstadt an der Mündung der Lippe in den Niederrhein erinnert mit einem Denkmal an Peter Minuit, den Gründer New Yorks und Sohn der Stadt. Als Teil der alten Stadtbefestigung ist das barocke Berliner Tor, das seine heutige Form bis 1722 bekam, erhalten. Den Großen Markt ziert der spätgotische Dom von 1540. Sein Turm war bereits 1478 fertig gestellt worden. In der modernen katholischen Martinikirche gibt es einen Schnitzaltar von 1510 zu entdecken.

Xanten Der Dom St. Victor wurde nach dem Kölner Dom zum bedeutendsten gotischen Kirchenbau am Niederrhein. Interessant ist der Dom vor allem wegen seiner nahezu vollständig original erhaltenen Innenausstattung. Besonders prächtig sind die gotischen Farbglasfenster, die ältesten entstanden um 1300, die jüngsten im 16. Jahrhundert. Aus drei verschiedenen Jahrhunderten stammen die 28 eindrucksvollen steinernen Statuen an den Pfeilern des Langhauses und des Chores. Der 1977 gegründete Archäologische Park im Norden der Stadt rekonstruiert die römische Stadt Colonia Ulpia Traiana mit Amphitheater, römischer Herberge und Hafentempel; Originalfunde werden in das Stadtbild integriert.

Kalkar Dem Städtchen auf der linken Rheinseite blieb sein mittelalterliches Stadtbild glücklicherweise weitgehend erhalten, sodass noch viele gotische Häuser den Stadtkern zieren. Das dreigeschossige Rathaus stammt von 1446, die Giebelhäuser aus dem 16. Jahrhundert. Das absolute Glanzstück ist die Stadtpfarrkirche St. Nikolai. In ihr sind sieben Schnitzaltäre aus der Zeit um 1500 erhalten. Allein der Hochaltar stellt in einer einzigen Bildfläche mit 208 Einzelfiguren die gesamte Passion dar. Das 1508 fertig gestellte Chorgestühl ist mit seiner reichen Ornamentik und seinen vielen Figuren ein vortreffliches Schnitzwerk.

Emmerich Die letzte deutsche Stadt auf der rechten Rheinseite hatte einen wichtigen Rheinhafen und wurde deshalb 1945 stark zerstört. Erhalten blieb die ehemalige Stiftskirche St. Martin,

deren Krypta aus der Zeit um 1040 stammt. Weil sich der Rhein zweimal das westliche Schiff der Kirche holte, wurde sie im 15. Jahrhundert nordseitig neu gebaut. Wichtigste Ausstattungsstücke sind das Chorgestühl (1486) und eine Madonna auf der Mondsichel (15. Jh.).

Kleve Sein Name kommt von Kliff und bezieht sich auf den Höhenrücken, auf dem die nördlichste Höhenburg am Niederrhein steht. Diese Schwanenburg geht auf karolingische Zeit zurück, die heutige Burg stammt aus dem 15. und 17. Jahrhundert. Das Bedburger Wasserschloss schließlich gab es bereits im Jahr 893. Der heutige Bau entstand zwischen dem 14. und 16. Jahrhundert und gehört damit zu den frühesten Backsteinburgen des Rheinlands. Die Klevischen Gärten wurden ab 1647 angelegt. Originalzeugnisse der alten Anlage sind das Amphitheater und der Minervabrunnen mit seinen drei Teichen.

Oben: Klever Schwanenburg und Duisburger Innenhafen.
Unten: Düsseldorfer Rathaus.

GASTRONOMIE

🍴 **Düsseldorf: »Spoerl Fabrik«** Dem Autor von »Die Feuerzangenbowle«, Heinrich Spoerl, ist die literarische Vorlage für die berühmte Verfilmung zu verdanken. Herr Spoerl war auch Besitzer der Maschinenfabrik – heute kreativer Szenetreff. *(https://spoerl-fabrik.de)*

🍴 **Xanten: »Petersilchen«** Hier ist alles vegetarisch und vieles zudem vegan. *(www.petersilchen-xanten.de)*

🍴 **Kleve: »Café im Gärtchen«** Idyllisches Café im Garten eines alten Bauernhauses. Ausgezeichnet: Frühstück und Kuchen. *(https://cafe-im-gaertchen.nrw)*

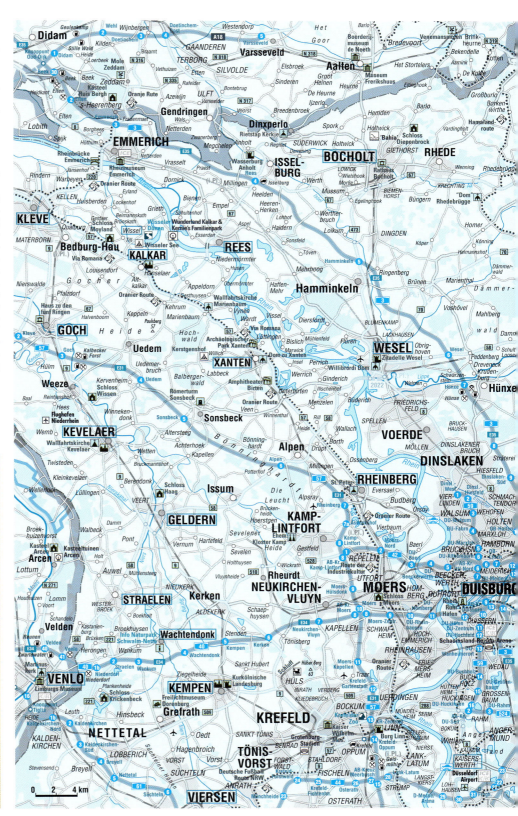

AKTIV AM WASSER

Museum der Deutschen Binnenschifffahrt in Duisburg

Wer sich für die Binnenschifffahrt interessiert, für den ist ein Besuch im Museum der Deutschen Binnenschifffahrt in Duisburg Pflicht. Das Museum ist stilgerecht in einem ehemaligen Jugendstilhallenbad untergebracht und lässt keine Frage zur Binnenschifffahrt offen.

Das Museum liegt außerdem direkt am größten Binnenhafen Europas am Rheinstrom und zeigt den einzigen Radschleppdampfer des Rheins, der die Zeit überdauerte. Das Museumsschiff liegt zusammen mit dem Eimerkettendampfbagger »Minden« und dem Kranschiff »Fendel 147« hier vor Anker. *(Di–So 10–17 Uhr; Apostelstr. 84, Tel. 0203/ 80 88 90; www.binnenschifffahrts museum.de)*

Hafenrundfahrten Duisburg

Duisburgs Hafen ist der weltweit größte Binnenhafen, ein- oder mehrstündige Rundfahrten erläutern die Abläufe. Zu den Veranstaltern zählen die Ruhrorter Personenschifffahrt *(www.hafenrundfahrt-duisburg.de)* und die »Weiße Flotte Düsseldorf Duisburg« *(www.hafen rundfahrt.nrw).*

Personenschifffahrt auf dem Niederrhein

Tages- und Rundfahrten ab Xanten nach Rees, Dorsten, Duisburg mit Hafenrundfahrt und durch den Wesel-Dattel-Kanal veranstalten die Reeser Personenschifffahrt *(Weidenweg 11, Tel. 02851/70 04; www.ree ser-personenschifffahrt.de)* und die Rheinische Personenschifffahrt in Emmerich *(Mittelstr. 13, Tel. 02822/ 97 68 91; www.rheinkoenigin.com).*

SchifffahrtMuseum Düsseldorf im Schlossturm

Hier erfährt man alles über die Rheinschifffahrt von den Römern bis heute *(Di–So 11–18 Uhr; Burgplatz 30; Tel. 0211/899 41 95; http:// freunde-schifffahrtmuseum.de).*

Radtouren

Die 13. Etappe des Rhein-Radwegs verbindet die Städte Bonn, Köln und Düsseldorf. Etappe 14 führt von Düsseldorf nach Xanten und Etappe 15 weiter bis Kleve.

Viel Zeit, um die wunderschöne Landschaft am Niederrhein zu genießen, haben Radfahrer, die zum Beispiel dem Stadt-Land-Fluss-Radweg rund um Xanten folgen. *Infos unter www.radkompass.de*

〜 Drei-Flüsse-Radtour
Die Flüsse Lippe, Issel und Rhein verleihen diesem 140 Kilometer langen Radweg seinen Namen. Er führt ohne Steigungen durch die Landschaft des Niederrheins und kann nach Belieben abgekürzt werden. *(www.niederrhein.de/component/k2/radroute-3-fluesse-route)*

〜 Rheinpark, Zoo und Botanischer Garten
In Riehl, nördlich von Köln, gibt es die einzige Seilbahn am Niederrhein. Sie verbindet den Rheinpark auf der rechten Rheinseite mit dem Zoologischen und dem Botanischen Garten auf der linken Seite. Infos unter *www.stadt-koeln.de* oder *www.zoo-koeln.de*

〜 Xantener Nord- und Südsee
Die Südsee gibt es auch in Xanten: Ein 13,5 Kilometer langer Wanderweg führt vom Xantener Hafen an der Xantener Südsee entlang, passiert die Wasserskianlage, umrundet den Nordsee mit dem Hafen Vynen und endet am Ausgangspunkt. Ein anschließender Besuch im Strandbad im Freizeitzentrum macht das Südsee-Feeling perfekt. *(www.xanten.de/de/rad-wanderrouten/xantener-nord-und-suedsee)*

〜 Archäologischer Park Xanten
Auf den Spuren der Römer lässt sich im archäologischen Park Xanten wandeln. In der Antike lag auf diesem Gebiet die Colonia Ulpia Traiana, eine der größten Metropolen Niedergermaniens. Vorträge und Führungen vermitteln die Historie anschaulich, doch lebendig wird das Leben der Römer vor allem während der vielen Veranstaltungen. Dazu gehört zum Beispiel das größte Römerfest Europas, das im Zwei-Jahres-Rhythmus veranstaltet wird. *(https://apx.lvr.de/de)*

Links oben: Rheinseilbahn in Köln; Museumsschiff Radschleppdampfer im Hafen von Duisburg. Großes Bild: Pappelreihe an einem Teich bei Wardhausen am Niederrhein. Kleines Bild oben: rekonstruierter Hafentempel im LVR-Archäologischen Park Xanten.

NECKAR

Sein Name soll auf das keltische Wort »nikra«, »heftiges, böses Wasser« zurückgehen, doch ein wilder Strom ist er schon länger nicht mehr, eher ein gemächlich dahintreibendes Gewässer. Der Neckar, ein rechter Nebenfluss des Rheins, entspringt in 706 Meter Höhe in den Ausläufern der Baar im Schwenninger Moos (Schwarzwald). Nach 367 Flusskilometern und vielen Windungen erreicht er bei Mannheim den Rhein. Ab Plochingen ist er kanalisiert. Größere Nebenflüsse von links sind Eschach, Glatt, Enz, Zaber und Elsenz, von rechts Eyach, Fils, Rems, Murr, Kocher, Jagst und Elz. Schon in frühester Zeit lebten in der Region Men-

schen, wie der Fund des rund 600 000 Jahre alten Unterkiefers des »homo erectus heidelbergensis« belegt. Ab dem 8. Jahrhundert v. Chr. siedelten hier Kelten und später Römer, Alemannen und Franken. Mönche legten nach der Christianisierung (ab dem 6. Jh.) die ersten Weinberge an und die Staufer bauten die schönsten Burgen. Zum wichtigen Transportweg wurde der Neckar unter den Römern. Das Neckartal gilt als eine der schönsten deutschen Flusslandschaften. Als Reiseland bietet es für jeden etwas, für den Naturfreund, für den Kunst- und Kulturfreund und für den Liebhaber wohlmundender Tropfen und kulinarischer Genüsse.

Ein Quellstein aus dem 16. Jahrhundert markiert die in Steine gefasste historische Quelle des Neckars im Schwenninger Stadtpark Möglingshöhe. Seine ersten Kilometer muss das Bächlein durch Betonröhren fließen, bis es am Ausgang der Stadt wieder ans Tageslicht kommen darf. Bis zur Einmündung der wasserreichen Fils bei Plochingen folgt der junge Neckar dann seiner uralten Richtung. Kurz vor Rottweil macht ihn der Zufluss der Eschach zu einem größeren Bach.
Ein kleines Naturwunder hat der Neckar bei Rottweil durch eine Doppelschleife in Form einer riesigen Acht geschaffen. In die harten Muschelkalkschichten, die bis Rottenburg reichen, gräbt er sich ab Horb, wo noch die Eyach aus der Schwäbischen Alb kommend in den Fluss einmündet, sein enges, von steilwandigen Felsen und markanten Schleifen geprägtes Kinderbett. Das romantische Tal gilt als Paradies für Kanuten und Paddler.
Hinter der »Schwäbischen Pforte« bei Rottenburg in der weiten Talaue sieht man die ersten Weinberge. Auf der linken Seite des Neckars, der zwischen Tübingen und Plochingen flach und eher träge dahinfließt, breitet sich der Schönbuch aus. Bei Plochingen vollbringt er eine scharfe Wendung (Neckarknie) nach links, um seinen Weg

nach Nordwesten fortzusetzen. Zunächst fließt der Neckar ohne größere Windungen an Esslingen vorbei durch das dicht besiedelte Stuttgarter Becken. Hinter Bad Cannstadt verändert sich der Charakter des Flusslaufes erneut, denn bis Besigheim muss sich der Fluss seinen Weg wieder durch hartes Gestein suchen.

In Marbach nimmt der Neckar die Murr auf. Das idyllische und stark gewundene Neckartal prägen nun Weinberge und bewaldete Höhen. Rechts des Neckars und nördlich der Rems erstreckt sich der von Bächen und kleinen Flüssen durchzogene Schwäbische Wald und auf der linken Seite der Naturpark Stromberg-Heuchelberg.

Hinter Heilbronn beginnt der Talabschnitt, dessen Schönheit zu allen Zeiten gerühmt wurde. Bei Bad Friedrichshall fließen dem Neckar Kocher und Jagst zu. Gegenüber der Jagstmündung erheben sich die mittelalterlichen Wohntürme von Bad Wimpfen. Zwischen den Bergen des Odenwaldes und der sanft gewellten Hügellandschaft des Kraichgaus schlängelt sich der Fluss nun in weiten Schleifen durch ein wildromantisches, von Weinbergen, Buntsandsteinfelsen, Wäldern und Burgen beherrschtes Tal bis zur Rheinebene. Die bei Neckargemünd einmündende Elsenz sammelt das Wasser des Kraichgaus, auf ihren letzten Metern vor der Einmündung in den Neckar fließt sie in einem alten Neckartal, da sie selbst nicht durch den Odenwald brechen konnte. Am Ende des Tals liegt die alte Kurfürstenstadt Heidelberg. Vor seiner Einmündung in den Rhein fließt der Neckar dann in einem künstlichen Kanalbett.

Großes Bild: Heidelbergs Altstadt punktet mit Schätzen wie der Schlossruine, der Karl-Theodor-Brücke und der Heilig-Geist-Kirche. **Kleines Bild:** Die evangelische Ulrichskirche steht am Neckarufer in Neckargemünd.

↗ **Nachdem der Neckar als schmales Rinnsal begonnen hat und kurz vor Rottweil zu einem größeren Bach angewachsen ist, gräbt er sich in die faszinierende Landschaft der nördlichen Ausläufer der Schwäbischen Alb, vorbei an Felsen und Bergkegeln. Später weitet sich der Taltrichter, und der Fluss durchfließt eine offene Ebene.**

Villingen-Schwenningen Die Doppelstadt erstreckt sich am sogenannten Neckarursprung. Den Mittelpunkt des von Mauern und Wehrtürmen umgebenen Villinger Altstadtkerns bildet der Münsterplatz mit dem romanischen Münster (um 1130) und dem im Renaissancestil umgebauten Alten Rathaus (1306). Im ehemaligen Franziskanerkloster (13. Jh.) wurde das Franziskanermuseum eingerichtet, das Einblicke in 3000 Jahre Geschichte vermittelt und u. a. Funde aus der größten keltischen Grabanlage Westeuropas beherbergt. Zu den ältesten Bauwerken Schwenningens zählen der Turm der Stadtkirche, das benachbarte Pfarrhaus sowie das Vogthaus (1797) im Mauthepark. Besuchenswert sind die Museen der Stadt: das Uhren-Industrie-, das Heimat- und das Luftfahrtmuseum mit seinen Flugzeug-Oldtimern.

Rottweil Die Ursprünge der Stadt gehen auf eine römische Siedlung (gegründet 73 n. Chr.) zurück. Sie gilt als älteste Stadt Baden-Württembergs und als Hochburg der »schwäbisch-alemannischen Fasnet«. Das Stadtbild wird von historischen Ge-

bäuden und Resten der alten Stadtbefestigung geprägt. Besonders beeindruckend sind das im 13. erbaute und im 16. Jahrhundert spätgotisch umgestaltete Heilig-Geist-Münster, die gotische Kapellenkirche mit barocker Innenausstattung, wunderbaren Fresken und einem der schönsten gotischen Kirchtürme, die im 16. Jahrhundert als Friedhofskapelle erbaute Lorenzkapelle (Museum) und das Alte Rathaus (16. Jh.). Das ihm gegenüber liegende Stadtmuseum präsentiert u. a. prähistorische Funde und die Geschichte der Rottweiler Fasnetsmasken und -kostüme, das Dominikanermuseum neben der Dominikanerkirche (13. Jh.) zahlreiche Relikte aus der Römerzeit sowie eine erstklassige Sammlung spätgotischer Skulpturen.

Am Stadtfriedhof wurde ein Römerbad ausgegraben (ca. 110–120 n. Chr.).

Sulz am Neckar Die Geschichte der Stadt reicht bis in vorchristliche Zeiten zurück, die ersten deutlichen Spuren hinterließen die Römer, die hier etwa 75 n. Chr. ein Kastell gründeten. Im Ortsteil Kastell sind die restaurierten Reste eines römischen Kellers zu besichtigen. Der Stadtkern von Sulz, das seinen Namen dem Salz verdankt, das hier jahrhundertelang durch Eindampfen von Sole gewonnen wurde, erhielt seine heutige Gestalt im Wesentlichen nach dem Stadtbrand von 1794. In der historischen Altstadt sind sehenswerte Bauten aus dem 18. und 19. Jahrhundert erhalten, darunter das Rathaus, das ehemalige Oberamt, die einstige Stadtapotheke, der Marktplatzbrunnen und das Brunnenhaus am Brunnenbach. Den Stadtbrand überlebt haben u. a. die Stadtkirche (16. Jh.), die 1862 im romanischen Stil umgebaute Friedhofskapelle (16. Jh.), das mehr als 700 Jahre alte Amtshaus und Teile der Stadtbefestigung. Hoch

über der Stadt erhebt sich die eindrucksvolle Burgruine Albeck (13. Jh.). Das Wasserschloss Glatt aus dem 15. Jahrhundert beherbergt heute ein Adels- und ein Bauernmuseum.

Horb Die Häuser der pittoresken Altstadt verteilen sich am linken Neckarufer über einen schmalen, steil aufsteigenden Bergrücken. Gekrönt wird der Ort vom mächtigen Schurkenturm und der Stiftskirche, die nach dem Stadtbrand von 1725 im barocken Stil renoviert wurde und in ihrem Innern die Horber Madonna (1420) bewahrt, eine wertvolle Kalksteinplastik. Der Stiftskirche vorgelagert ist das ehemalige Franziskanerinnenkloster, ein Fachwerkbau, dessen älteste Teile aus dem 12./13. Jahrhundert datieren. Im 18. Jahrhundert wurde das Rathaus wiedererrichtet. Seine Fassade schmückt seit 1925 das farbenprächtige »Horber Bilderbuch« mit Szenen aus der Geschichte der Stadt. Eines der schönsten Bauwerke ist das Haus »Hoher Giebel« (1622), heute Heimatmuseum.

Rottenburg Die Stadt hieß in römischer Zeit Sumelocenna und war eine der bedeutendsten Siedlungen in Obergermanien. Seit 1828 ist sie Bischofsstadt. Die malerische Altstadt ist von bemerkenswerten Sakralbauten geprägt: dem Dom St. Martin (12. Jh.), der Stiftskirche St. Moritz (14. Jh.), dem Barockpalais des Bistums, dem alten Karmeliterkloster und dem Diözesanmuseum. Der römischen Epoche und dem römischen Alltag widmet sich die Ausstellung des Sumelocenna-Museums.

Tübingen Die Stadt wurde erstmals 1078 urkundlich erwähnt, die Universität 1477 gegründet. In der Nähe der Alten Burse (15. Jh.), Tübingens ältestem Universitätsgebäude, steht direkt am Neckarufer der Hölderlinturm, in dem der Dichter ab 1807 bis zu seinem Tod, 1843, lebte. Die malerische Tübinger Altstadt wird von der spätgotischen Stiftskirche St. Georg (15./16. Jh.) beherrscht. Das prächtigste Bauwerk am Marktplatz ist das imposante Rathaus

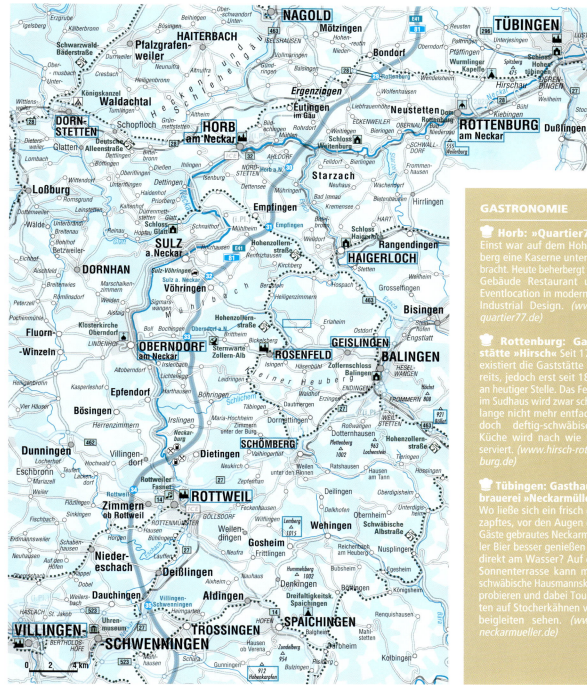

GASTRONOMIE

Horb: »Quartier77« Einst war auf dem Hohenberg eine Kaserne untergebracht. Heute beherbergt das Gebäude Restaurant und Eventlocation in modernem Industrial Design. (www.quartier77.de)

Rottenburg: Gaststätte »Hirsch« Seit 1735 existiert die Gaststätte bereits, jedoch erst seit 1818 an heutiger Stelle. Das Feuer im Sudhaus wird zwar schon lange nicht mehr entfacht, doch deftig-schwäbische Küche wird nach wie vor serviert. (www.hirsch-rottenburg.de)

Tübingen: Gasthausbrauerei »Neckarmüller« Wo ließe sich ein frisch gezapftes, vor den Augen der Gäste gebrautes Neckarmüller Bier besser genießen als direkt am Wasser? Auf der Sonnenterrasse kann man schwäbische Hausmannskost probieren und dabei Touristen auf Stocherkähnen vorbeigleiten sehen. (www.neckarmueller.de)

(15. Jh.) mit seiner herrlichen Bemalung und der Astronomischen Uhr (1511). Einen Besuch lohnt das Stadtmuseum im alten Kornhaus und auch das Auto- und Spielzeugmuseum »Boxenstop«. Auf dem Schlosshügel im Westen der Altstadt thront Schloss Hohentübingen (16. Jh.) mit Museum, das u. a. eine ägyptische und eine ethnologische Sammlung und Eiszeitkunst enthält. Für Freunde moderner Kunst und sehenswerter Ausstellungen lohnt die Tübinger Kunsthalle einen Besuch. Etwa fünf Kilometer nördlich der Stadt liegt das spätgotische Zisterzienserkloster Bebenhausen, eine der schönsten Klosteranlagen Deutschlands.

Links oben: Mittelalterliches Flair ist in der Altstadt von Tübingen zu spüren. Links unten: Im ehemaligen Asbestwerk von Rottenburg ist heute eine herrliche Wohnanlage untergebracht.

≈ AKTIV AM WASSER

≈ Burg Hohenzollern
Am Rande der Schwäbischen Alb befindet sich der Stammsitz des Hohenzollerngeschlechts. Ein Fußweg führt vom Parkplatz hinauf zur Burg. Den herrlichen Blick über das Mittelgebirge lobte schon Kaiser Wilhelm II. Die gepflegte Burganlage lädt dazu ein, einen Teil deutscher Geschichte hautnah zu erleben. Bei Führungen taucht man ein in eine vergangene Zeit. *(www. burg-hohenzollern.com)*

≈ Neckar-Erlebnis-Tal
Alle kulturellen Highlights, Freizeitmöglichkeiten und Events werden hier zusammengetragen. Das Flusstal zwischen Sulz und Rottenburg bietet Möglichkeiten zum Radeln, Wandern, Kanu- und Kajakfahren. *(http://neckar-erlebnis-tal.de)*

≈ Neckartalradweg
Die erste Etappe des vom ADFC mit vier Sternen ausgezeichneten Radwanderwegs führt von Villingen-Schwenningen auf 27 Kilometern vorbei an der Neckarquelle bis nach Rottweil, in die älteste Stadt Baden-Württembergs.*(www.neckartal radweg-bw.de)*

≈ Stocherkahnfahren
In Tübingen werden romantische Stocherkahnfahrten auf dem Neckar angeboten. *(https://tuebingen-info. de/stocherkahnfahrten.html)*

≈ Wanderung zum Sankenbachwasserfall
Der Sankenbach stürzt sich bei Baiersbronn über zwei Stufen spektakuläre 40 Meter in die Tiefe, bevor sich das Wasser im Sankenbachsee sammelt. Letzterer lädt zum Baden ein. Die schöne Wanderung startet am Parkplatz des Sessellifts Baiersbronn und ist vor allem für Familien mit Kindern geeignet. *(www.baiers bronn.de).*

⤳ Schwenninger Moos und Neckarursprung

Im Schwenninger Moos beginnt nicht nur der Neckar zu sprudeln, auch zahlreiche mitunter vom Aussterben bedrohte Tier- und Pflanzenarten finden im Naturschutzgebiet einen geeigneten Lebensraum. Besucher können das drei Quadratkilometer große Moor, durch das die Europäische Wasserscheide verläuft, zum Teil auf Holzstegen durchwandern. Die Tour startet am Eisstadion in Villingen-Schwenningen. *(www.der-neckar. de/index.php%3Fid%3Dausflugs tipps-neckarquelle)*

⤳ »Fasnet« in Rottweil

Wer um die Faschingszeit herum in der Gegend ist, sollte sich das Fasnachtsspektakel in Rottweil nicht entgehen lassen: In historischen Verkleidungen ziehen die Narren durch die Gassen und vollführen während der großen Umzüge ihre berühmten Narrensprünge. Informationen zur Fasnet unter *www. rottweil.de/de/Stadt-Buerger/ Unsere-Stadt/Rottweiler-Fasnet/ Verlauf-der-Fasnet*

⤳ Wasserwandern

Kanufahren ist auf dem Oberen Neckar ab Rottweil möglich. Verleihstationen und Bootstouren über Kanusport Neptun in Sulz-Fischingen *(www.kanusport-neptun.com)*. Weitere Infos und Kanuverleih: WTG Rottenburg am Neckar *(www. wtg-rottenburg.de)*; Tom's Adventure Tours in Rottenburg-Bieringen *(www.tomsadventuretours.de)*; Kanu-Witt in Reutlingen-Oferdingen *(www.kanu-witt.de)*.

Großes Bild: In Tübingen können Besucher einen Ausflug mit dem Stocherkahn auf dem Neckar machen. Kleine Bilder oben: Blick zur Burg Hohenzollern bei Hechingen; traditionelle Fasnet im baden-württembergischen Rottweil.

↗ **Im großen Bogen wendet sich der Neckar nördlich von Pliezhausen in einer breiten Ebene nach Norden und durchfließt zunächst dicht besiedeltes Gebiet. Danach bestimmt die idyllische Landschaft das Bild: Der Flusslauf wird von sonnenbeschienenen Weinhängen und steilen Weinlagen, von malerischen Ortschaften und historischen Städten begleitet.**

Nürtingen Die von Fachwerkhäusern und Barockbauten geprägte Altstadt breitet sich am Fuß der Stadtkirche St. Laurentius (1506–1509) aus. Von der mittelalterlichen Stadtbefestigung blieb der Blockturm erhalten. Besonders sehenswert sind die alte Lateinschule und die zwei markantesten Fachwerkbauten der Stadt, der Salemer Hof und das Rathaus mit seinen Arkaden (alle aus dem 15. Jh.).

Esslingen Die Stauferstadt besitzt einen gut erhaltenen mittelalterlichen Stadtkern. Oberhalb der Altstadt erhebt sich die Burg mit dem »Dicken Turm« (1527). Zu den bedeutendsten Baudenkmälern der Stadt zählen die Stadtkirche St. Dionys (13. bzw. 14. Jh.), das frühgotische Münster St. Paul und die hochgotische Frauenkirche. Beeindruckend sind auch das Alte Rathaus, ein Fachwerkbau (15. Jh.) mit astronomischer Uhr, sowie die Innere Brücke mit Kapelle und kleinen Brückenhäuschen (14. Jh.).

Stuttgart Die Landeshauptstadt zeigt sich noch heute geprägt vom Glanz der Jahrhunderte als Residenzstadt. Wunderschön ist der zoologisch-botanische Garten Wilhelma (um 1850) in Bad Cannstadt. Den schönsten Blick auf Stuttgart und seine Einbettung ins Neckartal und die ihn umgebende Weinberglandschaft hat man vom Fernsehturm.

Ludwigsburg Im Jahr 1704 begann Herzog Eberhard Ludwig von Württemberg den Bau des imposanten Residenzschlosses. Die prächtig ausgestatteten Räumlichkeiten des »schwäbischen Versailles« können besichtigt werden, ebenso das schmucke Jagd- und Lustschlösschen Favorite (1718–1723). Den Mittelpunkt der Altstadt bildet der große, von Arkaden gesäumte Marktplatz mit der Stadtkirche (18. Jh.) und der Dreieinigkeitskirche (18. Jh.).

Marbach Die hoch über dem Neckar gelegene Stadt wurde als Geburtsort von Friedrich Schiller berühmt. An ihn erinnern sein Geburtshaus, das Schiller-Nationalmuseum, das Deutsche Literaturarchiv und das Schiller-Denkmal (1876). Das Bild der verwinkelten Altstadt prägen neben Fachwerkhäusern und den Resten der mittelalterlichen Stadtbefestigung der malerische Bürgerturm, das Rathaus mit seinen Arkaden (18. Jh.), die Wendelinskapelle (1433) und die Alexanderkirche (ab 1450) mit prachtvoll bemaltem Netzgewölbe. Als technisches Kulturdenkmal gilt die noch betriebsfähige Ölmühle Jäger (1906).

Bietigheim-Bissingen In der Altstadt sieht man originelle moderne Skulpturen und prächtige historische Bauwerke (16. bis 18. Jh.), wie das erst im 18. Jahrhundert bemalte Rathaus von 1507, das kunstvoll ausgemalte Hornmoldhaus (16. Jh., heute das Stadtmuseum), das Untere Tor (14. Jh.) und den Pulverturm (15. Jh.). Die Besteigung des Turmes belohnt mit einem wunderbaren Ausblick auf den Enz-

viadukt (19. Jh.). Zu den ältesten Bauwerken Bissingens gehören die Kilianskirche (1517–1720) und der Untere Vattersche Hof (17. Jh.). Bei Mundelsheim fließt der Neckar eine enge Schleife.

Besigheim Die 1153 aus einem Fronhof entstandene Weinstadt wird an drei Seiten von Neckar und Enz umrahmt. Bewacht wird der Ort von der Oberen und der Unteren Burg mit ihren staufischen Wehrtürmen, dem Schochenturm und dem Waldhornturm (um 1220). Den Altstadtkern schmücken romantische Gässchen und Winkel und herrliche Fachwerkbauten. Wenige Kilometer von Besigheim entfernt ragen über dem Neckar die Hessigheimer Felsengärten auf, die »schwäbischen Dolomiten«, ein Dorado für Kletterer.

Lauffen am Neckar Die Geburtsstadt Friedrich Hölderlins liegt inmitten von Weinbergen. Zu den Sehenswürdigkeiten gehören u. a. die Burg (11. Jh.) auf der Neckarinsel – seit 1818 Rathaus –, das Alte (13. Jh.) und das Neue Heilbronner Tor (18. Jh.), die Alte Neckarbrücke (1532), die Alte Ölmühle (18. Jh.), das Hölderlin-Haus und die Hölderlin-Gedächtnisstätte.

Heilbronn Die Stadt ist eine der größten Weinbaugemeinden Deutschlands. Nur wenige historische Bauwerke blieben im Zweiten Weltkrieg erhalten, einige wurden originalgetreu wieder aufgebaut, darunter das Renaissance-Rathaus (14. und 15. Jh.) mit seiner prächtigen Kunstuhr und das barocke Haus Zehender (1726), beide am Marktplatz. Der Deutschhof, die Städtische Galerie und das Stadtarchiv wurden ebenfalls restauriert. Sehenswert ist auch die gotische Kilianskirche.

Oben: Das Neue Schloss, ein Spätbarockbau, der im Herzen von Stuttgart auf dem Schlossplatz liegt, wurde in Anlehnung an das Schloss von Versailles geplant. Kleine Bilder: Die Deckengemälde im Inneren von Schloss Ludwigsburg sind beeindruckend.

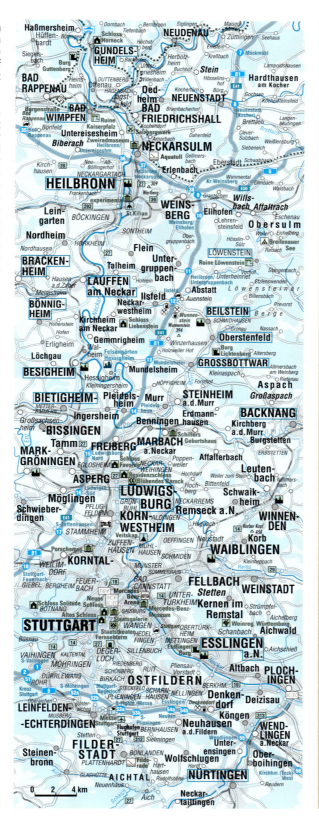

GASTRONOMIE

Esslingen: »Ladies Diner« 50er-Jahre-Flair mitten im Industriegebiet: Das »Ladies Diner« verwöhnt mit Burgern, Sandwiches & Co. in herrlich knall-buntem Ambiente. *(www.theladies.de)*

Esslingen: »Posthörnle« Das »Posthörnle« hat sich der Neuinterpretation der regionalen Küche mit frischen saisonalen Zutaten verschrieben. Was bestens gelingt in der angenehmen Atmosphäre eines der ältesten Wirtshäuser der Stadt. *(https://posthoernle.de)*

Stuttgart: »Roter Hirsch« Hier werden die Schlagworte Weinstube und schwäbische Küche aus der staubigen Ecke geholt und modern interpretiert. Das Ergebnis sind exzellente Speisen im passenden Ambiente. Ein großes Augenmerk liegt hier auf Regionalität und Frische. *(www.derrotehirsch. de/stuttgart)*

Ludwigsburg: »Krone Alt-Hoheneck« In uriger Atmosphäre serviert das Gasthaus am Neckar regionale Spezialitäten. Im Sommer lockt der gemütliche Garten. *(www.krone-alt-hoheneck.de)*

Besigheim: »Marktwirtschaft« Wer gesellige Stunden verbringen und dabei regionale Küche mit internationalen Einflüssen genießen will, ist in der trendigen »Marktwirtschaft« genau richtig. *(www.marktwirtschaft-besigheim.de)*

Lauffen: »Lichtburg – Café mit Herz« Ab ins Café und in entspannter Wohlfühl-Atmosphäre den ersten Kaffee des Tages genießen! Das Frühstück in der Lichtburg ist einfach fantastisch! *(http://lichtburg.cafe)*

⌇ AKTIV AM WASSER

⌇ Schiffsausflüge
Über Linien- und Sonderfahrten auf dem Neckar ab Stuttgart informiert die Neckar-Personenschifffahrt Berta Epple (*www.neckar-kaeptn.de*), ab Heilbronn die Personenschifffahrt Stumpf (*www.schifftours-heilbronn.de*).

⌇ Segeln
Segeln auf dem Neckar am Oberwasser der Staustufe Lauffen: Info über Tourist-Information Lauffen a. N. (*Tel. 07133/207 70*) oder den Lauffener Segelclub Neckar e. V. (*Tel. 07133/164 60*).

⌇ Surfen
Surfen kann man auf dem Baggersee Kirchentellinsfurt. (*www.kirchentellinsfurt.de/de/Freizeit-und-Kultur/Baggersee*)

⌇ Bootsverleih
Ruderboote kann man sich beim Ruderclub Nürtingen ausleihen (*nur mit Voranmeldung!; http://ruderclub-nuertingen.de/veranstaltungen/nuertinger-bootspartie*). Über Bootsfahrten auf der Enz und das Baden im Erlebnisbad am Viadukt informiert die Stadtinformation Bietigheim-Bissingen (*Tel. 07142/740; www.bietigheim-bissingen.de*). Einen Bootsverleih gibt es auch am Monrepos-See, Ludwigsburg (*www.bootsverleih-monrepos.de*).

Bildleiste von oben: Ausflugsschiff auf dem Neckar vor dem Götzenturm in Heilbronn; Paddeln, Kanufahren oder Laufen – Heilbronn zeigt sich sportlich; Blick von den Weinbergen bei Kirchheim am Neckar. Rechte Seite: das Residenzschloss Ludwigsburg (großes Bild); Radler in Stuttgart (kleines Bild).

⚓ Radfahren

Der über 360 Kilometer lange Neckartal-Radweg verbindet den Neckarursprung bei Villingen-Schwenningen mit Mannheim. Teilstrecken starten u. a. in Stuttgart und Heilbronn. (www.neckartalrad weg-bw.de)

⚓ »Blühendes Barock« auf Schloss Ludwigsburg

Barocke Blütenpracht und die Zauberwelt eines Märchengartens kann man in der Gartenschau genießen. (www.schloesser-magazin.de)

⚓ Hardy-Pfad

Für den Walderlebnispfad Hardtwald haben sich sieben waldbesitzende Gemeinden zusammengeschlossen und damit ein spannendes Ausflugsziel für kleine Naturforscher geschaffen. Infos erteilt die Stadt Marach (www.schillerstadt-marbach.de)

⚓ Stuttgarter Weindorf

Die lange Weinbautradition der Region wird jedes Jahr zwei Wochen lang gefeiert (Ende Aug./Anfang Sept.). In über die Stadt verteilten, gemütlich eingerichteten Weinlauben können über 200 Weine aus Württemberg verkostet und dazu schwäbische Gerichte probiert werden. Infos unter www.stuttgarter-weindorf.de

⚓ Felsengartenkellerei

Steil ragen die Muschelkalkfelsen der Region in den Himmel und ermöglichen Weinbauern damit eine ganz besondere Umgebung zum Weinanbau. Die Felsengartenkellerei in Besigheim erklärt die Vorteile der Steillagen an Neckar und Enz und informiert über den Arbeitsalltag der Winzer. (https://felsen gartenkellerei.de)

⚓ Schillerhöhe in Marbach

Besucher der Schillerstadt Marbach sollten die Gelegenheit nutzen, unter den uralten Bäumen der Parkanlage zu wandeln und den Blick übers Neckartal schweifen zu lassen. Für leibliches Wohl sorgt das Restaurant »Jägers«.

⚓ Neckarbiotop Zugwiesen

Die renaturierte Auenlandschaft ist auch für die Ludwigsburger selbst ein beliebtes Ausflugsziel. Die knapp zwei Quadratkilometer große Fläche liegt gleich auf der anderen Seite des Neckars und bietet dennoch Erholung fernab des Stadttrubels. Zahlreiche Themenwanderungen führen durch die Zugwiesen: Genussorientierte entscheiden sich für eine mit Weinbegleitung. (www.neckarguides.de)

⚓ City, Neckar & Salz: Stadttour Heilbronn

Zu Fuß und per Schiff, auf dem Wasser und unter Tage erkunden Teilnehmer dieser besonderen Stadttour die Verbindung Heilbronns mit dem »Weißen Gold«. Buchung über die Tourist-Information Heilbronn (Tel. 07131/56 22 70).

UNTERER NECKAR

↗ Berge, Wälder und schroffe Felsen prägen das untere Neckartal, an beide Ufer schmiegen sich mittelalterliche Städte und historische Städtchen; viele der Berggipfel sind mit Burgen bebaut. Hinter Bad Wimpfen verengt sich das Tal, vor Erreichen der Oberrheinebene muss sich der Neckar noch durch die wilde Mittelgebirgslandschaft des Odenwaldes kämpfen.

Bad Wimpfen Das schöne Sole-Heilbad besteht aus zwei Ortsteilen. In dem von einer Mauer umgebenen Ortsteil Wimpfen im Tal, der sich direkt am Neckar auf römischem Siedlungsgrund ausbreitet, verdient besonders die frühromanische Ritterstiftskirche (13. Jh.) mit angrenzendem Kloster Beachtung. Der Ortsteil Wimpfen am Berg, den man schon von Weitem an seinen markanten staufischen Türmen erkennt, zeichnet sich durch sein mittelalterliches Gepräge aus. Einen Besuch lohnen die kostbar ausgestattete Stadtkirche (13.–16. Jh.) und die Pfarrkirche zum Heiligen Kreuz (um 1600). Das eindrucksvolle Steinhaus (um 1200), ein ehemaliges kaiserliches Wohngebäude, beherbergt das Historische Museum. Den schönsten Blick auf die Altstadt und das Neckartal bietet der Blaue Turm,

der westliche Bergfried der staufischen Kaiserpfalz. Über dem nahe gelegenen Bundelsheim ragt Schloss Horneck auf.

Mosbach Die Anfänge der Stadt, die sich nahe der Mündung der Elz in den Neckar im romantischen Elztal erstreckt, gehen auf eine Klostergründung im 8. Jahrhundert zurück. Lebendiger Mittelpunkt des historischen Stadtkerns ist der von farbenprächtigen Fachwerkbauten gesäumte Marktplatz. Besonders sehenswert sind das Renaissance-Rathaus mit Staffelgiebel (1558), die Spitalkapelle (spätgotische Fresken), die Gutleutanlage (eindrucksvolle Deckenmalereien) sowie die ehemalige Stiftskirche St. Juliana (14./15. Jh.), die an der Stelle des alten Klosters steht. Als eines der schönsten deutschen Fachwerkhäuser gilt das Palm'sche Haus (1610).

Burg Zwingenberg Die frühere Burg Twingeberg, eine der schönsten Burgen am Neckar, thront in der Nähe Zwingenbergs auf einem Bergsporn zwischen Neckar und Wolfsschlucht. Seine Besitzer waren im Mittelalter vorwiegend Raubritter, die den Schiffern die Ladung stahlen und sie selbst ins Burgverlies sperrten, bis ihre Familien das geforderte Lösegeld zahlten.

Eberbach Der liebenswerte Kurort liegt im Herzen des Naturparks Neckar-Odenwald. In der noch heute von den Resten der alten Befestigungsanlage umgebenen staufischen Altstadt bestimmen beachtenswerte Kirchen, Fachwerkhäuser, Brunnen und Türme das Bild. Auffällig

sind die Sgraffito-Malereien an einigen Häusern. Von den Ecktürmen der Stadtmauer, die teilweise bestiegen werden können, genießt man eine fantastische Aussicht. Oberhalb der Stadt erhebt sich die aus drei Burgen bestehende Burgruine Eberbach (11. Jh.). Die Funde der Burgen sind im Museum der Stadt ausgestellt. Am linken Neckarufer steht die Ruine Stolzeneck.

Hirschhorn Das an einer engen Doppelschleife des Neckars gelegene Hirschhorn wird auch als »Perle des Neckartals« bezeichnet. Die Stadt entstand im 13. Jahrhundert im Schatten der Burg Hirschhorn (um 1200). 1391 wurde sie unter Einbeziehung der Burganlage befestigt. Die Häuser

GASTRONOMIE

🍽 **Bad Wimpfen: »Café Anna Blume«** Reizendes kleines Ladencafé, das morgens mit Frühstück, mittags mit leichten Kleinigkeiten lockt. *(www.annablume-cafe.de)*

🍽 **Bad Wimpfen: »Weinstube Feyerabend«** Das denkmalgeschützte Gebäude verströmt Geschichte. Gäste verbringen gesellige Stunden im Restaurant, in der Weinstube oder im Café der Konditorei. *(www.friedrich-feyerabend.de)*

🍽 **Neckargemünd: »Christians Restaurant«** Der Blick vom stilvollen Gastraum mit seinen hohen Rundbogenfenstern auf den Neckar ist phä-

nomenal. *(https://restaurant-christian.de)*

🍽 **Heidelberg: »Backmulde«** Auch heute noch erinnert das Restaurant im Hotel »Backmulde« an einen Schiffsrumpf: Im 17. Jahrhundert soll hier eine Schifferherberge untergebracht gewesen sein. Die Speisekarte enthält Tages- und Menüvorschläge. *(www.gasthaus-backmulde.de)*

🍽 **Ladenburg: »Quinta da Luz«** Während der kalten Jahreszeit prasselt im Winterzimmer ein gemütliches Feuer im offenen Kamin. Im Sommer nehmen Gäste im Sommerhaus Platz. Serviert wird zu jeder Jahreszeit die köstlich-aromatische Küche Portugals. *(www.restaurant-quinta-da-luz.de)*

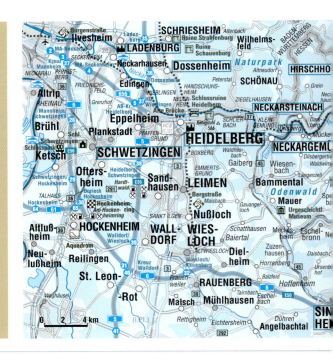

der auch heute noch durch eine Mauer geschützten Altstadt verteilen sich unterhalb der Burg und des auf halber Höhe der Bergnase errichteten ehemaligen Karmeliterklosters (1406) am Flussufer. Ein historischer Stadtrundweg führt zu den Attraktionen der Stadt, so z. B. zur 1585 zum Renaissancepalast ausgebauten Burg, zur gotischen Klosterkirche mit Resten des Klosters, zur Marktkirche (17. Jh.), zu den gut erhaltenen Fachwerkhäusern (16. Jh.) und dem Fischerhaus auf der Stadtmauer.

Neckarsteinach Gleich vier Burgen überragen die Stadt und sind zu ihrem Wahrzeichen geworden. Das alte Fischerstädtchen hat eine bezaubernde Altstadt mit schön restaurierten Fachwerkhäusern. Weitere historische Bauten sind Teile der Stadtbefestigung, die ehemalige Thurn und Taxis'sche Post, die spätgotische Kirche (1483) und die Darsberger Kapelle aus dem 15. Jahrhundert im Ortsteil Darsberg. Die vier die Landschaft beherrschenden Burgen wurden im 12./13. Jahrhundert erbaut. Die Ruinen der Hinterburg und der restaurierten Burg Schadeck sind jederzeit frei zugänglich, die Mittelburg und die Vorderburg werden bewohnt, so kann nur der Burghof der Mittelburg besichtigt werden.

Dilsberg Schon von Weitem sieht man das pittoreske, auf einem Bergrücken thronende Burgdorf. Der Ort, ein Stadtteil von Neckargemünd, ist mit seiner Burganlage (um 1150), der historischen Altstadt und der überwältigenden Lage ein beliebtes Ausflugsziel. Innerhalb der erhaltenen Stadtmauer (mit Torturm) fallen neben den Fachwerk- und Steinhäusern aus dem 16./17. Jahrhundert vor allem die drei Kirchen ins Auge, die evangelische (1873) und die katholische Kirche (1737; das Fresko stammt aus dem 14. Jh.) sowie die Kirche der Reformierten (1768), die heute als Wohnhaus genutzt wird.

Neckargemünd Die Kleinstadt gilt als Pforte zu Kraichgau und Odenwald und liegt idyllisch am Ufer des Neckars. Besonders sehenswert sind die Reste der alten Stadtmauer, das Stadttor (18. Jh.), die zahlreichen Fachwerkhäuser am Hanfmarkt und am Marktplatz, das Alte Rathaus mit dem volkskundlichen und stadtgeschichtlichen Museum, die beiden Kirchen und die Burgruine Reichenstein. Mit der »Griechischen Weinstube« besitzt die Stadt auch eines der ältesten Studentenlokale in der Umgebung von Heidelberg.

Heidelberg Die Pfalzgrafen machten den malerischen Ort am Ufer des Neckars zu ihrer Residenz. Pfalzgraf Ruprecht I. gründete 1386 die Universität und begann mit dem Ausbau der Burg. Im 16. Jahrhundert wurde ihr der Ottheinrichsbau angefügt, der zu den größten Leistungen der deutschen Frührenaissance zählt. Nach Verlegung der Residenz ins benachbarte Mannheim (1730) blieb das Heidelberger Schloss nach seiner Zerstörung im 17. Jahrhundert eine Ruine.

Ladenburg Die 2000 Jahre alte Römerstadt ist die älteste Stadt auf der rechten Rheinseite. Noch heute stößt man bei einem Bummel durch den mittelalterlich geprägten Stadtkern immer wieder auf römische Funde, wie die Jupitersäule oder die Reste der römischen Marktbasilika. Zu den mittelalterlichen Baudenkmälern zählen neben den Fachwerkhäusern aus dem 16./17. Jahrhundert vor allem die gotische St.-Gallus-Kirche, die bischöfliche Sebastianskapelle (um 1260) und der Bischofshof (16. Jh.). Teile der Stadtmauer sind noch erhalten.

Bilder oben: Burg Zwingenberg und Bad Wimpfen.

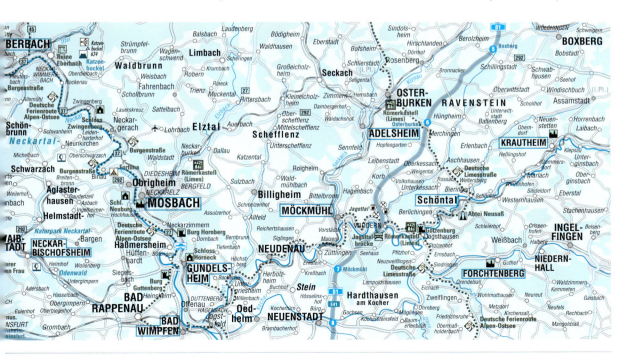

AKTIV AM WASSER

Philosophenweg Heidelberg

So manch guter Gedanke dürfte hier oben entstanden sein, denn der Weg über den Dächern der Stadt bringt einem dem Himmel ein kleines Stückchen näher. Aufgrund der sonnigen Lage gedeihen exotische Pflanzen entlang des Pfades, der in Verbindung mit dem Schlangenweg eine etwa vier Kilometer lange Rundtour mit herrlicher Aussicht auf Heidelberg und den Neckar bietet. *(www.heidelberg-marketing.de/ erleben/sehenswuerdigkeiten/phi losophenweg.html)*

Oben: Herbstlandschaft am Neckarufer; rechts: Ausflugsschiff auf dem Neckar bei Neckarsteinach. Kleines Bild rechte Seite: Das am besten erhaltene Kloster Deutschlands ist Maulbronn (im Bild: das Parlatorium, das »Sprechzimmer«, in dem die Mönche Besuch empfingen).

Naturpark Neckartal-Odenwald

Mitten im Naturpark liegt das idyllische Neckartal. Es bietet eine abwechslungsreiche Landschaft mit engen Schluchten und ausgedehnten Waldflächen. Hier gibt es Waldspielplätze und Walderlebnispfade zu entdecken. Infos über das Naturpark Informationszentrum in Eberbach *(Tel. 06271/729 85).* Allgemeine Infos zum Naturpark: *www. naturpark-neckartal-odenwald.de*

Burgenstraßen-Radweg

Von Burg zu Burg bewältigen Fahrradfahrer auf dem Burgenstraßen-Radweg die Strecke von Mannheim nach Bayreuth. Den Radwanderführer Burgenstraße erhält man bei den Tourist-Informationen entlang der Burgenstraße.

⌇ Kloster Maulbronn

Das ehemalige Zisterzienserkloster Maulbronn gilt als die am besten erhaltene Klosteranlage nördlich der Alpen. Nicht nur das frühere Kloster selbst, sondern auch Wirtschaftsräume, Wohnhäuser und Werkstätten können besichtigt werden und erzählen eindrucksvoll vom Leben im Mittelalter. *(www. kloster-maulbronn.de)*

⌇ Ladenburg: »Grüner Ring«

Das Naherholungsgebiet entstand 2005 im Rahmen der »Kleinen Landesgartenschau« und bietet heute mit dem Reinhold-Schulz-Waldpark reichlich Platz in der Natur.*(www. ladenburg.de/touristik-kultur/gruen anlagen-parks)*

⌇ Neckarsteig: Von Bad Wimpfen nach Heidelberg

Was die innere Einkehr angeht, könnte der Neckarsteig glatt als kleiner Bruder des berühmten Jakobswegs durchgehen: Auf 128 Kilometern durch das beschauliche Neckartal tanken Wanderer mit jedem Schritt neue Energie. *(www. neckarsteig.de)*

⌇ Flusswandern

Boote können an vielen Orten entlang des Neckars gemietet werden. Informationen erteilen das Verkehrsamt Eberbach *(Tel. 06271/872 42)* und der Touristik-Verband Neckarland-Schwaben *(Tel. 07131/ 785 20)*.

⌇ Fundort des Homo heidelbergensis

Im kleinen Örtchen Mauer bei Neckargemünd fand man im Jahr 1907 ein Stück Evolutionsgeschichte. Der sehr gut erhaltene Unterkiefer eines Homo heidelbergensis ist Beleg dafür, dass hier vor vielen Tausend Jahren Menschen lebten. *(www.homoheidelbergensis.de)*

KOCHER UND JAGST

↗ **Auf ihrem Weg zum Neckar graben sich die Flüsschen Kocher und Jagst nur wenige Kilometer voneinander entfernt tief in die von Wäldern, Wiesen, Feldern und auch Weinhängen geprägte Landschaft zwischen Schwäbischer Alb und Hohenloher Ebene ein. Sie werden von sanften Auen und schroffen Hängen, von bezaubernden Ortschaften, Burgen und Schlössern begleitet.**

Der Kocher

Schwäbisch Hall Die ehemalige Freie Reichsstadt Schwäbisch Hall liegt in einem tief eingeschnittenen Tal des oberen, insgesamt 180 Kilometer langen Kocher. 500 v. Chr. siedelten hier die Kelten. Ihre von Fachwerkhäusern (15./16. Jh.), barocken Bürgerhäusern und überdachten Holzbrücken geprägte Altstadt, die sich über dem Kocher aufbaut, gilt als eine der schönsten Altstädte Süddeutschlands. Beeindruckend ist der von historischen Bauten gesäumte Marktplatz mit dem barocken Rathaus und dem gotischen Pranger. Über der Stadt thront weithin sichtbar die Stadtkirche St. Michael (15. Jh.). Eine Freitreppe führt zu ihr hinauf, hier finden im Sommer die Freilichtspiele statt. In einem Wohnturm aus staufischer Zeit dokumentiert das Hällisch-Fränkische Museum die Geschichte der Reichsstadt Hall und ihrer Umgebung. Die Kunsthalle Würth präsentiert hochkarätige Kunst der Klassischen Moderne bis hin zur Gegenwart. Am linken Kocherufer erhebt sich St. Katharina, deren älteste Teile in die Zeit um 1240 zurückreichen.

Künzelsau Die mehr als 900 Jahre alte, vom Kocher durchflossene Stadt ist ein charmanter Ort mit zahlreichen historischen Bauten aus dem 17. und 18. Jahrhundert, darunter die reich ausgestattete evangelische Johanneskirche, der Comburger Pfleghof, ein Fachwerkbau von 1634, und das ehemalige Residenzschloss (1679). Das Rathaus stammt aus dem frühen 16. Jahrhundert. Fast schon ein »Muss« ist das Museum Würth im Ortsteil Gaisbach.

Ingelfingen Die Gegend um den Winzerort, der 1080 erstmals urkundlich erwähnt wurde, war vermutlich schon vor 5000 Jahren besiedelt. Im 18. Jahrhundert erlebte Ingelfingen seine Blütezeit als Residenz der Grafen von Hohenlohe. In dem 1703–1710 erbauten Ingelfinger Schloss ist heute das Rathaus untergebracht. Weitere Sehenswürdigkeiten sind das repräsentative Zollhaus, ein verputzter Fachwerkbau, die Kirche St. Nikolaus (1239) und die Burgruine Lichteneck.

Niedernhall Die malerische mittelalterliche Altstadt von Niedernhall wird heute noch von der fast vollständig erhaltenen Stadtmauer (1363) umschlossen. Innerhalb des Mauerrings stehen historische Bauten, wie das Rathaus von 1477 mit seiner »altdeutschen Halle«, das Götzenhaus (1564) mit seinen bemalten Putzfeldern sowie die mit reichem Ornamentschmuck versehene Laurentiuskirche (12. Jh.). Die alten Türme der Stadt werden auch heute noch genutzt; die am Hang gelegene ehemalige katholische Kirche wurde zu einem gelungenen Wohnhaus umgebaut.

Forchtenberg Die auf einem Berg zwischen Kocher und Kupfer thronende Burg, von der nur noch Reste erhalten sind, wurde 1240 erstmals urkundlich erwähnt. Das malerische Forchtenberg zeichnet sich durch sein mittelalterliches Gepräge aus. Beachtenswert sind neben den schönen Fachwerkhäusern vor allem die alte Stadtbefestigung mit dem Würzburger Tor, die Michaelskirche (1291) und die Friedhofskapelle, eine romanische Chorturmskirche aus dem 11./12. Jahrhundert.

Die Jagst

Lauchheim Auf einer Bergnase des Albtraufs thront hoch über der am Oberlauf der Jagst gelegenen Stadt das Schloss Kapfenburg, das Baustile ganz unterschiedlicher Epochen in sich vereint. Es beherbergt eine Internationale Musikschulakademie und ein Kulturzentrum, das für seine Konzerte und das Festival Schloss Kapfenburg bekannt ist.

In Lauchheim werden seit 1986 ein alemannischer Friedhof und eine alemannische Siedlung ausgegraben. Die Grabungsfunde sind im nahe gelegenen Ellwangen zu besichtigen.

Ellwangen Die Stadt entstand bei einem um 764 gegründeten Benediktinerkloster, noch heute dominieren Kirchen und Stiftshäuser das Stadtbild. Die in ihrem Inneren barock umgestaltete Stiftskirche St. Veit (12./13. Jh.) gilt als die bedeutendste romanische Gewölbebasilika von ganz Schwaben. Wunderschön ist der vollständig erhaltene gotische Kreuzgang. 1748–1750 wurde unter Mitwirkung des Barockbaumeisters Balthasar Neumann das ehemalige Stiftsrathaus mit seinen kunstvoll gearbeiteten Balkongittern errichtet. Das einstige Schloss der Fürstpröbste geht auf eine mittelalterliche Burg zurück. Im 17./18. Jahrhundert wurde es zu einem Renaissanceschloss umgebaut. Das sehenswerte Schlossmuseum enthält u. a. kostbare Fayencen. Als schönster Barockbau Ellwangens gilt die doppeltürmige Marien-Wallfahrtskirche auf dem Schönenberg. Einen Besuch lohnt auch das Alamannen-Museum, das die Grabungsfunde aus Lauchheim präsentiert.

Crailsheim Die Einkaufsstadt besitzt zahlreiche historische Sehenswürdigkeiten, darunter die Reste der Stadtbefestigung (u. a. Zwinger und Diebsturm), die Liebfrauenkapelle (14. Jh.), die Johanneskirche (14./15. Jh.), das Spital zum Heiligen Geist mit dem Stadtmuseum und den fränkischen Reihengräberfriedhof (7. Jh.) am Kirchplatz.

Kirchberg Die kleine, auf einer steil abfallenden Bergzunge thronende Stadt bietet einen grandiosen Anblick. Die erste Siedlung entwickelte sich im Tal an der historischen Fernhandelsstraße Schwäbisch Hall/Rothenburg ob der Tauber; zu ihrem Schutz wurden um 1240 zwei Burgen erbaut: Burg Sulz, von der kaum noch etwas zu sehen ist, und die Höhenburg Kirchberg, bei der später die Bergsiedlung entstand. Die pitto-

reske, von Türmen überragte Altstadt lockt viele Touristen und Ausflügler an. Zu ihren Sehenswürdigkeiten zählen u. a. die Reste der Stadtbefestigung (Stadttor und Teile der Stadtmauer), das mehrstöckige Kornhaus mit Fachwerkgiebel (1494–96), die Alte Lateinschule von 1748, die Jagstbrücke (1799) und der Ockenauer Steg (um 1800), eine hölzerne, überdachte Fußgängerbrücke. Die mittelalterliche Burg wurde 1590 bis 1597 zum Renaissanceschloss umgebaut und 1738–1745 zum Residenzschloss erweitert.

Langenburg Auch das fast 800 Jahre alte Städtchen Langenburg liegt weithin sichtbar auf einer Bergnase. Die längliche, von zahlreichen Fachwerkhäusern geprägte Altstadt ist von Mauern, Stadttoren und Türmen umgeben. An ihrem östlichen Ende erheben sich die reich ausgestattete evangelische Stadtpfarrkirche (16. Jh.) und das Obere Tor. Auf der gegenüberliegenden Seite des Stadtkerns thront an der Spitze des Bergsporns das Schloss Langenburg. Zu besichtigen sind die Schlosskapelle, der schöne Renaissance-Innenhof, der herrliche Barockgarten, die alte Bastion Lindenstamm und die im Schloss eingerichteten Museen. Unerwartet im historischen Gemäuer ist das Oldtimer-Museum, das etwa 80 verschiedene Modelle zeigt. Vom Rosengarten genießt man einen traumhaften Blick ins Jagsttal.

Kloster Schöntal In der kleinen Ortschaft wurde 1515 die erste hölzerne Jagstbrücke erbaut, die 1609 durch die Steinerne Brücke ersetzt wurde. Das

Kloster Schöntal, das 1157 von Zisterziensermönchen aus Maulbronn gegründet wurde und in dem bis 1807 Mönche lebten, zählt zu den schönsten barocken Sakralgebäuden der Region. Heute beherbergt es das Rathaus. Im sehenswerten Kreuzgang des früheren Klosters befindet sich das Grab des berühmten Ritters Götz von Berlichingen. Auf einem Hügel hinter dem Kloster steht die Kreuzkapelle, die nach Plänen Johann Balthasar Neumanns 1716/17 errichtet wurde.

Jagsthausen Der 1090 erstmals urkundlich erwähnte Ort ist der Geburtsort des Götz von Berlichingen. Im 2. Jahrhundert n. Chr. bauten die Römer an dieser Stelle ein Kastell, um den vorgelagerten Limes zu bewachen. Römische Reste und römische Geschichte präsentiert das Freilichtmuseum Römerbad. Als Wahrzeichen der Stadt gelten der achteckige Kirchturm der evangelischen Jakobuskirche, das Rote Schloss und die mächtige Götzenburg (Burgmuseum, Burghotel), einstige Stammburg

des Ritters und Veranstaltungsort der Burgfestspiele.

Möckmühl Bodenfunde in der Umgebung der alten Fachwerkstadt belegen eine frühgeschichtliche Besiedlung. Im historischen Altstadtbereich wurden Reste einer römischen Villa gefunden. Das mittelalterliche Stadtbild wird von der ehemaligen Götzenburg dominiert, deren ältester Teil der Götzenturm ist. Eine mit Türmen bewehrte Ringmauer, die auch die Burg mit einbezieht, umgibt den historischen Stadtkern. Den Mittelpunkt der Altstadt bildet das prächtige Renaissance-Rathaus (16. Jh.) am unteren Marktplatz. Am oberen Marktplatz zeigt der schön gestaltete Mechita-Brunnen die sagenumwobene Gestalt der Ortsgründerin und Namensgeberin der im 8. Jahrhundert erstmals bezeugten Stadt.

Linke Seite oben: Blick über den Kocher auf Schwäbisch Hall. Linke Seite unten: Schloss Langenburg. Oben: Stiftskirche von Ellwangen.

GASTRONOMIE

🍴 **Schwäbisch Hall:** »Ohso« Egal, ob im Restaurant oder im Café (mit speziellen Öffnungszeiten): Hier ist es jung, hipp und gemütlich. (http://ohso-restaurant.de)

🍴 **Ellwangen: Restaurant »Stiftskeller«** Zunächst müssen Gäste 34 Stufen in die Tiefe bewältigen, bevor sie das historische Kellergewölbe er-

reichen und sich einen Platz auf der Empore oder im größeren unteren Bereich suchen dürfen. (www.stiftskeller-ellwangen.com)

🍴 **Jagsthausen: »Rotes Schloss«** Wer schon immer einmal Gast der Freiherren von Berlichingen sein wollte, hat hier die Gelegenheit dazu. Im Jagsttal lag einst der Stammsitz dieses Adelsgeschlechts. (www.rotes-schloss.de)

⌇ AKTIV AM WASSER

⌇ Badeseen
Die zahlreichen Seen rund um Ellwangen bieten ausgezeichnete Möglichkeiten zum Baden, Segeln, Surfen, Angeln, Paddeln und Bootfahren – oder ganz einfach zum Entspannen.

⌇ Jagst- und Kochertalradweg
Der ruhige Radweg zählt zu den reizvollsten Zweiradstrecken Süddeutschlands. Eine Radwanderkarte ist erhältlich über die Internetseite *www.kocher-jagst.de*

⌇ Wanderreiten
Die Region Hohenlohe/Schwäbische Ostalb gilt als ideale Landschaft für Wanderreiter. *Mehr Informationen über Stadtinfo Ellwangen, Tel. 079 61/843 03*

⌇ Wandern
Die idyllische Hohenloher Ebene ist mit ihrer Landschaft ein herrliches Wandergebiet (z. B. Wanderpark Kocher-Jagst und Wanderpark Idyllische Straße). *Info: www.tourismus-bw.de/Media/Touren/Ueber-die-Hohenloher-Ebene*

⌇ Kulturwanderweg Jagst
In acht Etappen auf 100 Kilometern kann man das Jagsttal von Jagstfeld bis Langenburg erwandern und dabei das harmonische Zusammenspiel von Kultur- und Naturlandschaft hautnah erleben. Egal, ob man den Schmied der eisernen Hand in Olnhausen besucht, sich über die braunen und weißen Kreuze bei der Ailringer Martinskirche wundert oder sich fragt, was es mit Schillerwein auf sich hat – hier werden Körper und Geist gleichermaßen gefordert. Informationen unter *www.hohenlohe.de*

⌇ Hohenloher Freilandmuseum
Das Museum in Wackershofen nahe Schwäbisch Hall vermittelt Einblicke in das bäuerliche Leben früherer Tage, in Geschichte, Kunst und Kultur der Region mit mehr als 50 Museumsgebäuden, Aktionstagen, Veranstaltungen für Kinder, Festen und Museumsgasthof *(Tel. 0791/97 10 10; www.wackershofen.de).*

⌇ Hohenloher Weindorf in Öhringen
Einmal jährlich im Sommer wird der Marktplatz von Öhringen unter dem Motto »Fünf Tage Genuss pur« zum Paradies für Weinliebhaber. Hohenloher Winzer präsentieren hier ihre Weine und Sekte. Deftige Spezialitäten, ein musikalisches Rahmenprogramm und Stadtführungen geben dem Weingenuss einen passenden Rahmen. *(www.hohenloher-weindorf.de)*

Sindringer Töpfermarkt

In den idyllischen 900-Einwohner-Ortsteil von Forchtenberg, der mit einer malerischen Dorfkulisse mitsamt Stadtmauer und Schloss aufwarten kann, kommen jährlich 10 000 Besucher. Sie finden sich zu dem seit 1988 immer am dritten Wochenende im Mai stattfindenden Töpfermarkt ein, bei dem rund 70 Kunsthandwerker ihre Arbeiten präsentieren und zum Kauf anbieten. Das Töpferhandwerk hat im Ort eine lange Tradition. Höhepunkt ist das Schaubrennen, bei dem man den Herstellungsprozess vom Tonklumpen bis zur gebrannten Vase mit eigenen Augen verfolgen kann. *(www.sindringen.de)*

Schlossmuseum Ellwangen

Das Museum des Schlosses bietet eine reiche Sammlung von Inventar aus dem Besitz der Fürstpröbste und württembergischen Könige, die hier bis zum 19. Jahrhundert residierten. Auch über die dunkle Epoche der Stadt, die Zeit der Hexenprozesse, bei denen um das Jahr 1600 rund 450 Menschen ums Leben kamen, wird in Ausstellungen sowie Sonderführungen (»Ellwanger Hexenwahn«) berichtet. Auch Themenführungen mit anekdotischem oder romantischem Schwerpunkt werden angeboten. *(www.schlossmuseum-ellwangen.de)*

Kanufahren

Auf der Jagst können zwischen Berlichingen und Widdern sowie zwischen Möckmühl und Neudenau jeweils mehr als 25 Kilometer mit dem Kanu befahren werden. Der Kocher ist zwischen Schwäbisch Hall und Bad Friedrichshall (90 km) mit dem Kanu befahrbar. Der Hohenlohe + Schwäbisch Hall Tourismus e. V. gibt einen Überblick der verschiedenen Anbieter *(www.hohenlohe-schwae bischhall.de)*. In Krautheim organisiert der Landgasthof »Zur Krone« *(König-Albrecht-Str. 3, Tel. 06294/ 362)* den Kanuverleih.
Die »Kocherflotte« bei Schwäbisch Hall veranstaltet Bootspartien und vermietet Boote *(Tel. 0170/991 09 41)*.

Großes Bild oben: Kanufahren auf dem Kocher kann man bei Forchtenberg. Im Sommer erfrischt das Wasser der Jagst (oben rechts). Rechts: der Gasthof »Zum roten Ochsen« in Wackershofen.

MAIN

↗ **Ursprüngliche Natur an Rotem und Weißem Main, historisches Erbe und liebliche Landschaft im Mittelteil und am Unterlauf von Industrieanlagen begleitet: So vielgestaltig präsentiert sich der Main.**

Nie scheint der Main den kürzesten Weg zu wählen, sondern er nimmt viele Umwege und Schleifen: Statt den »direkten«, etwas über 200 Kilometer langen Weg zurückzulegen, fließt er über 524 Flusskilometer, von denen 384 schiffbar sind. Doch gerade dieser teils in engen Kehren, teils in weiten Schleifen verlaufende Weg macht einen Großteil seines Reizes aus. Die beiden Quellflüsse Roter Main, der am Rand der Fränkischen Alb entspringt, und Weißer Main, der aus dem Fichtelgebirge kommt, vereinen sich unweit von Kulmbach zum Main. In sei-

nem weiteren Verlauf bahnt sich der Fluss seinen Weg zwischen den Haßbergen im Norden und dem Steigerwald im Süden. Sechs Kilometer südlich vor Rodach fließt dem Main die Rodach zu, die das Wasser des niederschlagsreichen Frankenwaldes aufgenommen hat und hier breiter ist als der junge Main. Nördlich von Bamberg strömen diesem rechtsseitig die Ilz und nur einen Kilometer flussabwärts die aus den Haßbergen kommende Baunach zu. Hinter Bamberg stößt dann der größte Nebenfluss des Mains hinzu: die Regnitz.

Ein Kuriosum bildet die Wern, die, von Norden kommend, nicht bei Schweinfurt in den Main mündet – dazu fehlen nur 2,5 Kilometer, sondern das Maindreieck abkürzt und erst bei Wernfeld in den Main einmündet. Als wichtiger Zufluss von Norden folgt bei Gemünden die Fränkische Saale, die aus der Rhön in vielen Schleifen dem Main zufließt. Zusammen mit der Saale mündet auch ein kleinerer Nebenfluss aus der Hessischen Rhön in den Main, die Sinn. Von den Kalkböden des Maindreiecks, auf denen der berühmte Frankenwein gedeiht, zieht der Main weiter in den Buntsandstein des Mainvierecks. Dort bildet er die Grenze zwischen dem Spessart, der das Mainviereck ausfüllt, und dem Odenwald südlich davon. Von Süden kommend, stößt bei Wertheim die Tauber dazu, der bei Bürgstadt die Erfa folgt. Im Unterlauf fließt der Main ab Aschaffenburg behäbig durch die Ebene, bis er bei Mainz in den Rhein mündet. Seine letzten größeren Zuflüsse sind die aus dem Odenwald kommende Gersprenz westlich von Aschaffenburg, die Kinzig bei Hanau und die Nidda bei Frankfurt. Seit der Fertigstellung des Rhein-Main-Donau-Kanals 1992 besitzt der Main für die Binnenschifffahrt als wichtiges Bindeglied zwischen Nordsee und Schwarzem Meer

überregionale wirtschaftliche Bedeutung. An seinen Ufern liegt altes Kulturland: Land, das von irischen Missionaren christianisiert wurde; Land, dessen Bewohner im Bauernkrieg eine wichtige Rolle spielten und nach blutigen Kämpfen doch den Herrschenden unterlagen; Land schließlich, dessen Städte im Zweiten Weltkrieg schwer zu leiden hatten: Würzburg, von dem nur wenige glaubten, dass es aus Schutt und Asche wieder auferstehen würde, Schweinfurt, Hanau, Frankfurt, und am Nebenfluss Pegnitz das alte Nürnberg.

Doch heute zeigen sich die Landschaften an Main, Tauber, Pegnitz und Regnitz in einzigartiger Vielfalt, Besucher haben die Qual der Wahl, was sie unternehmen sollen: eine Tour auf den Spuren Tilman Riemenschneiders oder doch lieber auf jenen Balthasar Neumanns? Eine Fahrt zu Richard Wagner nach Bayreuth oder zu Friedrich Rückert nach Schweinfurt und Erlangen? Ein Stück entlang der Romantischen Straße oder lieber in das mittelalterliche Nürnberg?

Großes Bild: Volkach-Köhler ist ein kleiner Weinort in Mainfranken. Kleines Bild: Wahrzeichen des Mainufers von Frankfurt: der Eiserne Steg.

OBERES MAINTAL

↗ »Aus zwei mach eins« heißt es zu Beginn des Mains: Roter und Weißer Main vereinen sich südwestlich von Kulmbach zum Main. Hier beginnt der Fluss seinen Lauf durch die ehemaligen Residenzstädte des fränkischen Landes. Kulmbach mit der Plassenburg, Bamberg mit der Alten Hofhaltung und der Neuen Residenz, Würzburg mit der Residenz der Fürstbischöfe. Und doch ist der Main auch in diesem Abschnitt ein durchaus volkstümlicher Fluss, denn was wäre typischer für ihn als Fischer, die »Meefischli« aus seinen Wassern holen, Schiffer, die auf ihm Lasten transportieren, oder Winzer, die an seinen Ufern die Weinberge pflegen.

Bayreuth Heute verbinden Menschen in aller Welt Bayreuth vorrangig mit den Wagner-Festspielen. Doch die Stadt am Roten Main hat auch bedeutende barocke Bauwerke aufzuweisen. Viele Bauten sind der Markgräfin Wilhelmine, der Schwester Friedrichs des Großen, zu verdanken, darunter das Markgräfliche Opernhaus, ein Kleinod des Rokoko. Das in der Nähe der Stadt gelegene Schloss Eremitage geht ebenfalls auf die Markgräfin zurück. In der Stadt sind das Alte und das Neue Schloss sowie das Alte Rathaus sehenswert, dazu die im Jahr 1874 erbaute Villa Wahnfried (Richard-Wagner-Gedenkstätte) und das Deutsche Freimaurermuseum.

Kulmbach Es gibt in der Altstadt viele herrliche Bauten, wie etwa die Spitalkirche (um 1740), die Markgräfliche Kanzlei (1563), der Amtshof des Klosters Langheim (Ende des 17. Jh.) oder das Renaissance-Schlösslein, und doch ist die hoch über der Stadt

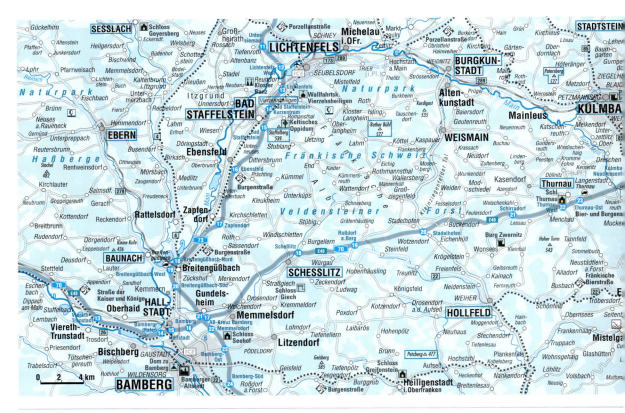

aufragende Plassenburg nicht nur optisch der Höhepunkt eines Besuchs der Stadt am Weißen Main. Die Burg wurde Mitte des 16. Jahrhunderts nach einem Brand neu aufgebaut und ist mit ihrem Arkadenhof eines der schönsten Renaissance-Bauwerke Deutschlands. In ihrem Inneren zeigt das Zinnfigurenmuseum eine Welt im Kleinen.

Wallfahrtskirche Vierzehnheiligen Aufgrund einer Erscheinung wurde bereits 1448 an dieser Stelle eine Kirche geweiht. Der heutige Bau hat eine komplizierte Baugeschichte, an der mehrere Baumeister beteiligt waren. Als Letzter führte Balthasar Neumann die verschiedenen Pläne der Basilika meisterhaft zu einem harmonischen Ganzen zusammen.

Kloster Banz Auf einem Berg gegenüber von Vierzehnheiligen erhebt sich zwischen Staffelstein und Lichtenfels mit herrlicher Aussicht ins Maintal und auf den gegenüber liegenden Staffelberg das barocke Klosterschloss Banz, das auf eine wechselvolle, über 900 Jahre alte Geschichte zurückblicken kann. Zunächst eine Benediktinerabtei, dann ein Wittelsbacher Schloss, wurde es schließlich wieder Kloster und beherbergt heute ein Bildungszentrum in seinen Mauern.

Bad Staffelstein Das altfränkische Städtchen am Fuß des Staffelbergs birgt eine Reihe schöner Fachwerkhäuser, darunter auch das Rathaus von 1687, in seinen Mauern. Auf dem Staffelberg sind Reste einer keltischen Siedlung gefunden worden.

Linke Seite: Vom Staffelberg aus eröffnet sich das Panorama auf die Fränkische Schweiz; Kloster Banz bei Bad Staffelstein. Oben: Neues Schloss in Bayreuth (links); Luitpoldbrunnen am Marktplatz von Kulmbach (rechts).

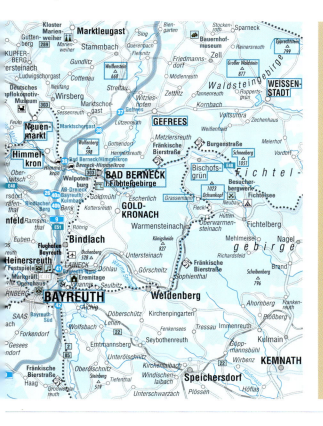

GASTRONOMIE

Bayreuth: »Dötzer Restauration« Die Küche besticht durch eine Mischung aus fränkisch und mediterran. Besonders beliebt sind die Weinabende, bei denen sich alles um den guten Tropfen dreht. Die ersten Sonnenstrahlen kann man auf der Terrasse genießen. (https://doetzers.de)

Schweinfurt: »Stadtstrand« Von Ostern bis September heißt es ab an den Strand: In ungezwungener Atmosphäre genießen Jung und Alt an Tischen und Liegestühlen mit einem kühlen Getränk und Streetfood in der Hand den Sommer. Der Stadtstrand befindet sich in der alten Bastion direkt am Main. (www.stadtstrand-schweinfurt.de)

Volkach: »Vogelsburg« In der Gastronomie der Vogelsburg ist man gut vorbereitet auf die Hochsaison: Sowohl im Restaurant als auch im Weingarten verhindert das »Bedien'-Dich«-System lästige Wartezeiten. Die idyllische Lage und der herrliche Blick auf die Mainschleife sind ein echter Besuchermagnet. (www.vogelsburg-volkach.de)

Kitzingen: »Mühlenstube« Im Sommer sitzt man besonders schön auf der großzügigen Terrasse des Restaurants. Das Weingut Haßold liefert die Weine zu den fränkischen Spezialitäten. (www.weingut-hassold.de/muehlenstube.html)

Veitshöchheim: »Restaurant & Café Fischerbärbel« Wer einen Platz direkt am Wasser sucht, ist hier genau richtig. Liebhaber von Fischgerichten bekommen diese auf fränkische Art serviert. (www.fischerbaerbel.com)

Haßfurt Die Stadt wurde um 1230 errichtet, ihr mittelalterlicher Stadtkern wird von der Pfarrkirche St. Kilian dominiert.

Schweinfurt Nur wenige der historischen Gebäude konnten aus den Zerstörungen des Zweiten Weltkriegs gerettet werden, so das Renaissance-Rathaus und die Stadtpfarrkirche St. Johannis, die viele Stile in sich vereint.

Volkach Das an der Mainschleife gelegene Städtchen ist einer der bekanntesten Weinorte Frankens. Im alten Ortskern sticht das Renaissance-Rathaus hervor, auch die Stadtkirche St. Georg und Bartholomäus und das Sommeracher Tor sind sehenswert. Ein Kleinod befindet sich in den Weinbergen: die Wallfahrtskirche Maria im Weingarten. In der Nähe liegen die hübschen alten Orte Dettelbach und Escherndorf.

Kitzingen Wahrzeichen der Stadt ist der Falterturm, dessen schiefe Turmspitze heute auch als Symbol für das darin beheimatete Fastnachtsmuseum steht. Einen Besuch lohnen auch die barocke Kirche von Antonio Petrini sowie die Heiligkreuzkirche von Balthasar Neumann im gegenüber liegenden Etwashausen.

Marktbreit Aus dem späten 16. Jahrhundert stammen sowohl das Renaissance-Rathaus als auch Schloss und Pfarrkirche St. Nikolaus. Dass das Städtchen nicht nur vom Weinbau, sondern auch vom Handel lebte, dokumentiert der barocke Mainkran am Flussufer.

Ochsenfurt Der Ort ist noch weitgehend von der alten Stadtmauer umgeben. Neben hübschen Fachwerkhäusern fällt vor allem das spätgotische Neue Rathaus mit der Uhr, die stündlich kämpfende Ochsen, Ratsherren und den Gevatter Tod zeigt, ins Auge.

Würzburg Ein Besuch der Stadt sollte an der Alten Mainbrücke aus dem 15. Jahrhundert beginnen. Von hier hat man den schönsten Blick zur Festung Marienberg, zum Käppele und auf die Türme der Altstadt mit Dom, Rathaus und Marienkapelle.

Veitshöchheim Die Würzburger Fürstbischöfe ließen sich hier 1680 ein Jagdhaus bauen, das später von Balthasar Neumann zur Sommerresidenz umgestaltet wurde. Das Schloss verblasst jedoch gegen den barocken Park, dessen Haine und Boskette von Pavillons durchsetzt sind.

Karlstadt Fachwerkhäuser und gotische Bauten wie das Rathaus (1422) dominieren das Stadtbild. Einen Abstecher lohnt die Burgruine Homburg.

Oben: Die Wallfahrtskirche Maria im Weingarten besticht allein schon durch ihre Lage. Links: Die imposante Festung Marienberg oberhalb von Würzburg geht auf eine keltische Fliehburg zurück. Rechts oben: Ein Besuch der Weinkeller gehört in Mainfranken unbedingt dazu.

GASTRONOMIE IN WÜRZBURG

🍴 **»Backöfele«** Ein weit über Franken hinaus bekanntes uriges Speise- und Weinlokal. Bei Kerzenschein an langen Holztischen sitzend, kann man sich die vorzügliche fränkische Kost und edle Tropfen munden lassen. *(www.backoefele.de)*

🍴 **»Schlosshotel Steinburg«** Bester Service und jahreszeitlich beeinflusste Speisen, die die Wahl fast zur Qual machen. Nicht leicht ist es auch, den richtigen Essensplatz zu wählen: Der Rittersaal, die Zimmer und Gewölbe sowie die Terrassen bieten eine herrliche Atmosphäre. *(www.steinburg.com)*

🍴 **»Weingut Juliusspital«** Dies ist das zweitgrößte Weingut in Deutschland. Es besitzt eine über 440-jährige Tradition und arbeitet für eine mildtätige gemeinnützige Stiftung. Seine Weinpalette kann man in der angeschlossenen Vinothek verkosten und selbstverständlich auch erwerben. *(www.juliusspital-weingut.de)*

WÜRZBURG

Eingebettet in eine liebliche Hügellandschaft und steile Weinberge, an denen beste Reben heranwachsen, ist die alte fränkische Bischofsstadt am Main noch heute ein Zeugnis dafür, mit welcher Pracht die geistlichen Würdenträger von einst residierten.

Allerorten begegnet man den Heiligen Kilian, Kolonat und Totnan, drei iroschottischen Mönchen, die im 7. Jahrhundert angeblich bei dem Versuch, die Franken zu bekehren, ermordet wurden. Einige Jahrzehnte später weihte dann der heilige Bonifatius 742 den ersten Würzburger Bischof. Wie mächtig seine Nachfolger wurden, zeigen die beiden größten Gebäude der Stadt, die imposante Burg auf dem Marienberg hoch über der Stadt und das prachtvolle Barockschloss im Zentrum. Beide dienten als Bischofsresidenz. Daneben bestimmen Dutzende von Kirchtürmen und die Alte Mainbrücke mit ihren mächtigen Heiligenfiguren das Stadtbild. Doch Würzburg hat auch eine lange Tradition als Universitätsstadt, und ein Studentenanteil von mehr als 20 Prozent sorgt dafür, dass die Frankenmetropole nicht in sakraler Ehrwürdigkeit erstarrt.

Oben: Alte Mainbrücke und Schloss und Festung Marienberg. Rechts: Prunkstück von Würzburg ist die Residenz aus dem 18. Jahrhundert.

AKTIV AM WASSER

Ausflugsschifffahrten auf dem Main

Zu den Anbietern zählen die FPS – Fränkische PersonenSchifffahrt in Kitzingen (www.mainschifffahrt. info), die Schiffstouristik Kurth + Schiebe in Zell (www.schiffstouristik.de/weinrundfahrt.html) und die Veitshöchheimer Personenschifffahrt (www.mainschifffahrt.de).

Klettern

Einen Blick aus anderer Perspektive auf den Main bietet der Klettergarten »Am Edelweiß« bei Karlstadt. *Infos: Deutscher Alpenverein e. V. Würzburg (Tel. 0931/57 30 80)*

Kanuverleih

Wer die Schönheit des Mains vom Kanu oder Kajak aus entdecken will, der kann Touren buchen oder ein Boot ausleihen. Zu den Anbietern zählen Kanuverleih Main Erlebnis in Obereisenheim (www.kanu-main erlebnis.de) und Waterwalker (https://waterwalker.de). Mehrere Verleihstationen sind auf Main Wasserwandern zu finden (www.main-wasserwandern.de/boote).

Badefreuden bei Kulmbach

Einfach die Seele baumeln lassen oder an den Baggerseen aktiv werden (Baden, Surfen, Angeln) kann man im Naherholungsgebiet Mainaue bei Kulmbach. Ein kleiner Spaziergang führt dort zum Zusammenfluss von Weißem und Rotem Main. Ein weiterer See ist der Trebgastsee südöstlich von Kulmbach. Heute kann man in dem schönen See baden und Ruderboote ausleihen.

Radtouren

Auch für Radfahrer ist das Land am Obermain herrlich geeignet, so gibt beispielsweise der Landkreis Lichtenfels eine Broschüre mit mehreren Tourenvorschlägen für das Obere Maintal heraus. Sie ist erhältlich beim Landratsamt Lichtenfels (www.lkr-lif.de) und unter www.obermain-jura.de/de/aktivregion/radfahren

Maintal-Radweg

Der 71 Kilometer lange flussbegleitende Radweg führt durch das Obermaintal von Bamberg vorbei an Kloster Banz, Vierzehnheiligen und der Plassenburg ins Kulmbacherland nach Schloss Steinenhausen am Mainzusammenfluss. Die Streckenbeschreibung findet man auf www.mainradweg.com

⋐ Erlebnisbäder

Für diejenigen, die zum Baden ein Schwimmbad vorziehen, gibt es einige Erlebnisbäder mit großem Sport- und Wellnessangebot: Lohengrin Therme in Bayreuth (*Kurpromenade 5, Tel. 0921/79 24 00; www.lohengrin-therme.de*); Obermaintherme in Bad Staffelstein (*Am Kurpark 1, Tel. 09573/961 90; www.obermaintherme.de*); Erlebnisbad Haßfurt (*Großer Anger 33, Tel. 09521/945 70*); KissSalis Therme in Bad Kissingen (*Heiligenfelder Allee 16, Tel. 0971/ 121 80 00; www.kisssalis.de/de*)

⋐ Brauereien-Radtour

Von Bad Staffelstein aus führen mehrere leichte bis mittelschwere Radtouren durch die Region. Auf dem Weg liegen jeweils mehrere Brauereien, die mit süffigem Bier für einen stets ausgeglichenen Elektrolythaushalt sorgen. (*www.bad-staffelstein.de/de/tourismus/genuss/ brauerei-radtouren.php*)

⋐ Auf den Staffelberg

Der Blick vom 539 Meter hohen Staffelberg hinunter ins Maintal lohnt jede Mühe des Aufstiegs. Herauf führen verschiedene Routen, die einen Blick auf die Basilika Vierzehnheiligen und das Kloster Banz miteinschließen. (*www.bad-staffelstein.de/de/tourismus*)

⋐ Floßfahrt

Man kann von der Korbmacherstadt Lichtenfels aus eine zweieinhalbstündige Floßfahrt unternehmen. Buchung über die Stadtverwaltung Lichtenfels (*www.lichtenfels.de/ floss-und-kanufahrten*) und auf *www.frankenfloss.de*

⋐ Rosenmesse auf Schloss Königsberg

Malerischer könnte die Kulisse fast nicht sein, um während der alljährlichen Rosenmesse Gartenschätze aus aller Welt zu bewundern. Zu dieser Zeit öffnen auch viele private Gärten ihre Pforten. (*www.rosenmesse.de/events/koenigsberg*)

⋐ »Alter Kranen«

Am Mainufer, gegenüber von der Festung Marienberg, sehen viele Einheimische den Schiffen beim An- und Ablegen zu oder genießen abends die letzten Sonnenstrahlen.

Großes Bild: die Mainschleife bei Volkach. Kleine Bilder: Mit dem Kanu kann man die Mainschleife bei Escherndorf erkunden (oberes Bild); auf der Rosenmesse auf Schloss Königsberg (darunter) kommen Blumenfreunde auf ihre Kosten.

PEGNITZ UND REGNITZ

↗ **Rezat, Rednitz, Pegnitz und Regnitz – nur schwer sind die Flussnamen auseinanderzuhalten. Die Fränkische und Schwäbische Rezat bilden ab Georgensgmünd die Rednitz, in die bei Fürth die aus der Fränkischen Schweiz kommende, 85 Kilometer lange Pegnitz einmündet. Fortan heißt der Nebenfluss des Mains Regnitz und mündet nach 97 Kilometern bei Bamberg in den Main, bei Forchheim mündet noch die Püttlach ein.**

Die Pegnitz

Pegnitz In Pegnitz kann man die gefasste Quelle des gleichnamigen Flusses sehen, doch auch die Altstadt mit dem Fachwerkbau des Rathauses und der Zausenmühle hat ihren Reiz. Der Ort eignet sich als Ausgangspunkt für Ausflüge in den westlich der Pegnitz gelegenen Naturpark Fränkische Schweiz – Veldensteiner Forst.

Hersbruck Das historische mittelalterliche Stadtbild mit Spitaltor, Nürnberger Tor und Wassertor sowie Resten der Stadtmauer ist gut erhalten. Das Schloss aus der Spätrenaissance sowie Stadtpfarrkirche und Spitalkirche mit interessanten gotischen Altären sind einen Besuch wert. Ein Muss ist das Deutsche Hirtenmuseum, das über die Geschichte des Berufsstandes ausführlich informiert. Der Happurger Stausee liegt nur fünf Kilometer entfernt und ist ein beliebtes Segel- und Surfrevier. Das Hersbrucker Land mit dem oberen Pegnitztal ist eine Art Dorado für Wanderer, die an den Jurahängen auf bizarr geformte Kalksteinfelsen treffen.

Lauf an der Pegnitz Am Rand der Altstadt von Lauf erhebt sich auf einer Insel im Fluss die Kaiserburg (1356–1360), das sogenannte Wenzelsschloss. Die Altstadt umgeben Reste der Stadtmauer, darunter das Hersbrucker und das Nürnberger Tor, die Mauer kann in Teilen begangen werden. Wer Einblicke in die Frühzeit der Industriekultur erhalten möchte, kann das Industrie-Museum besuchen.

Nürnberg An der Pegnitz liegt eine Stadt, die in Mittelalter und Renaissance in Handel und Kunst zu den bedeutendsten Metropolen Europas gehörte: die Freie Reichsstadt Nürnberg, die allein schon eine Reise wert ist. Herrliche gotische Kirchen finden sich hier: die Lorenzkirche mit dem Englischen Gruß (1519) von Veit Stoß, die Sebalduskirche mit dem Sebaldusgrab (1511–1519) von Peter Vischer und am Hauptmarkt, auf dem alljährlich der berühmte Christkindlesmarkt stattfindet, die Frauenkirche mit dem Männleinlaufen (eine Kunstuhr von 1509). Doch natürlich sollte man auch der mächtigen Burg Tribut zollen, die von den Zeiten Nürnbergs zeugt, in denen die Stauferkaiser hier Quartier nahmen. Bei einem Stadtbummel lohnt sich ein Blick auf die Fassaden, denn neben dem Alten Rathaus sind zahlreiche prachtvolle alte Häuser zu bewundern: Fembohaus (Stadtmuseum), Pellerhaus, Nassauerhaus, Weinstadel, Heilig-Geist-Spital. Ein Spaziergang entlang der hervorragend erhaltenen Stadtmauer mit ihren Türmen und Toren könnte im Waffenhof enden, wo die alten Handwerke der Stadt vorgeführt werden. Auch an Museen mangelt es nicht: Germanisches Nationalmuseum, Dürerhaus, Spielzeugmuseum und Verkehrsmuseum, um nur einige zu nennen. Und Tüftler können sich am Schönen Brunnen auf dem Hauptmarkt überlegen, wie der geschlossene Ring wohl ins Gitter kam.

Kraftshof Die Wehrkirche im Nürnberger Stadtteil ist ein gut erhaltenes Beispiel für eine mittelalterliche fränkische Kirchenburg, hinter deren Wehrgang die Bewohner des Ortes sich bei Gefahr verschanzen konnten. Sie wurde wahrscheinlich 1315 geweiht und zwischen 1505 und 1510 umgebaut.

Die Regnitz

Erlangen Zwei Zeiten prägten die Universitätsstadt an der Regnitz: das späte 17. bzw. frühe 18. Jahrhundert und die Moderne. Viele barocke Bauten sind erhalten: Das Schloss (1700–1704) ist umgeben von einem weitläufigen Schlosspark, in dem sich der Hugenottenbrunnen, die Orangerie und das Markgrafentheater, das älteste noch bespielte Barocktheater Süddeutschlands, befinden. Auch die zwei bedeutendsten Kirchen der Stadt prunken im Barock: Neustädter Pfarr- und Universitätskirche und Altstädter Dreifaltigkeitskirche. Eher schlicht wirkt daneben die Hugenottenkirche. Für Erlangens Bedeutung in der Jetztzeit, vor allem als Industriestadt, spricht der Rathausplatz mit dem Hochhaus des Rathauses, der Stadthalle und dem Kongresszentrum.

Forchheim Die drei wichtigsten historischen Gebäude der Kleinstadt an der Einmündung der Püttlach in die Regnitz liegen am Rathausplatz. Die sogenannte Kaiserpfalz stammt aus dem 14. Jahrhundert und war eigentlich die Residenz der Bamberger Fürstbischöfe. Die Pfarrkirche St. Martin (um 1200) erfuhr im 14. Jahrhundert einen bedeutenden Umbau, dem sie weitgehend ihr heutiges Gesicht verdankt. Sehenswert sind auch das Rathaus (erbaut 1490; in der Vorweihnachtszeit größter Adventskalender der Welt!) und das Magistratshaus (1535). Etwas abseits liegt das im 17. Jahrhundert errichtete Katharinenspital (heute ein Altenheim); die Spitalkirche besitzt eine herrliche Rokoko-Ausstattung.

Bamberg Die alte Kaiser- und Bischofsstadt konnte sich ein relativ geschlossenes Altstadt-Ensemble bewahren, das von der UNESCO zum Weltkulturerbe erklärt wurde. Besonders sehenswert sind der romanische Dom mit dem Bamberger Reiter, die Alte Hofhaltung (frühere Kaiserburg), die barocke Neue Residenz (1697–1703) Leonhard Dientzenhofers mit dem benachbarten Rosengarten, das Kloster St. Michael (heute Brauereimuseum) und das Alte Rathaus mit den prunkvollen Rokokofassaden. Für Romantiker bietet sich ein Spaziergang vis-à-vis von »Kleinvenedig« an, wo sich so mancher fragen wird, wie lange die schiefen Häuser noch stehen werden.

Linke Seite oben: Das Alte Rathaus von Bamberg steht auf einer Insel mitten in der Regnitz. Links unten: Panorama der Pegnitz in Nürnberg. Oben: Schlossplatz mit Markgrafenstatue in Erlangen.

AKTIV AM WASSER

Flusswandern auf der Pegnitz

Kanuverleih in der Kanuschule Noris in Röthenbach/Pegnitz *(www.kanuschule-noris.de).* Für die Strecke zwischen Neuses und Bamberg beim »Freizeitschuppen« in Merkendorf *(www.freizeitschuppen.de).* Eine beliebte Strecke ist die von Velden über Günthersthal nach Hersbruck durch die Hersbrucker Schweiz *(https://trekkingtrails.de/kanu-pegnitz).*

Segeln

Zum Segeln empfiehlt sich der fünf Kilometer südlich von Hersbruck gelegene Happurger Stausee. Infos erteilt der Segelclub Hersbruck e. V. *(https://segelclub-hersbruck.de).*

Flusswandern auf der Wiesent

Touren und Kanuverleih über den Kajak-Mietservice in Waischenfeld *(www.kajak-mietservice.de)* und über Aktiv Reisen in Muggendorf *(www.aktiv-reisen.com).* Kanadierkurse bietet die Kanuschule Heller *(www.heller-outdoor.de)* an.

Fischlehrpfad

Über das sensible Ökosystem Wasser klärt der Fischereiverband im Schulterschluss mit der Stadt Lauf an der Pegnitz auf. Sieben Schautafeln entlang des etwa einen Kilometer langen Weges informieren über Flora und Fauna im und am Wasser. Infos unter *www.lauf.de*

Wöhrder See und Wöhrder Wiese

Das Naherholungsgebiet Wöhrder Wiese mit dem gleichnamigen See liegt nahe der Nürnberger Altstadt und lockt neben Stadtbewohnern auch zahlreiche Vogelarten ans Wasser. Der obere und untere Wöhrder See schützen damit als künstlich angelegte Staubecken nicht nur die Stadt vor Hochwasser, sondern dienen als Landschaftsschutzgebiet dem Erhalt der Artenvielfalt. *(https://tourismus.nuern berg.de/erleben/freizeit-sport-um gebung/parks-gruenanlagen/loca tion/woehrder-see-und-woehrder-wiese)*

Klettern

Die Fränkische Schweiz bietet mit über 6500 Routen so gut wie alles, was das Kletterherz begehrt. Die Region gehört zu den am besten erschlossenen Sportklettergebieten überhaupt. Überhänge, Türme und steile Felswände spornen Beginner und Profis zu Höchstleistungen an: Die »Action Directe« gilt in Kletterkreisen als eine der schwierigsten Freikletterrouten. Informationen zu Routen und Bedingungen finden sich zum Beispiel unter *www.fraen kische-schweiz.com/de/erleben/ aktiv/klettern/klettern.html*

Regnitz-Radweg

Fahrradfahrer haben die Wahl: Entweder fällt die Entscheidung zugunsten der Talroute aus, die durch Stadt und Land führt, oder es geht auf der parallel verlaufenden Kanalroute entlang des Main-Donau-Kanals und der Regnitz. In beiden Fällen führt der Weg auf gut 80 Kilometern von Nürnberg bis Bischberg bei Bamberg. *(www.regnitz radweg.de)*

Naturpark Fränkische Schweiz–Veldensteiner Forst

Die Fränkische Schweiz, eine facettenreiche Naturregion im Städtedreieck Bayreuth–Bamberg–Erlangen, besteht aus dem Flusstal und dem Einzugsgebiet der Wiesent. Diese entspringt bei Steinfeld und fließt über Hollfeld und Ebermannstadt zur Regnitz, in die sie bei Forchheim einmündet. Entstanden ist die Mittelgebirgsformation vor ungefähr 190 Millionen Jahren, als sich das Keupermeer zurückgezogen hatte und infolge von Erdbewegungen erneut gewaltige Wassermassen eingebrochen waren. Aus den Schwammriffen des Jurameeres sind die für die Fränkische Schweiz so typischen Felsformationen entstanden – steil aus dem Tal aufragende und zuweilen skurril geformte Türme, deren Gestein sich aus der Vermischung von Kalk und Magnesium zu Dolomit gebildet hat. *(Naturpark Fränkische Schweiz–Veldensteiner Forst, Forchheimer Str. 1, 91278 Pottenstein; www.fsvf. de; www.fraenkische-schweiz.com)*

Großes Bild: Weit reicht der Blick vom Röthelfels in die Fränkischen Schweiz. An einer Felswand klettern (oben) oder mit dem Kanu fahren – im Naturpark Fränkische Schweiz können sich Outdoor-Liebhaber ausgiebig betätigen.

UNTERES MAINTAL

↗ **In seinem Unterlauf bildet der Main zunächst das sogenannte Mainviereck zwischen Lohr und Aschaffenburg, wird allmählich breiter und gemächlicher, historische Orte wie Miltenberg, Seligenstadt oder Aschaffenburg säumen seinen Lauf, doch auch Industrieorte wie Hösbach und Goldbach. Der Weg des Mains endet in der Verwaltungs- und Bankenstadt Frankfurt.**

Lohr An den früheren Wohnort vieler Mainfischer erinnert der 1983 ihnen zu Ehren aufgestellte Fischerbrunnen. Im ehemals Kurmainzer Schloss ist das Spessartmuseum untergebracht, in dem man Wissenswertes über Deutschlands größtes zusammenhängendes Laubwaldgebiet erfährt.

Urphar Einen Besuch lohnt auf jeden Fall die hoch über dem Main gelegene Wehrkirche St. Jakob mit ihren Fresken aus dem 9. und 10. Jahrhundert. Die Kirche diente einst als Verteidigungsanlage und auch als Gotteshaus.

Miltenberg Sein Hauptplatz, das Schnatterloch, wird von wunderbaren Fachwerkhäusern mit Schnitzornamenten und auch farbiger Bemalung gesäumt und steht oft als Symbol für das romantische Deutschland. Über der Stadt ragt die Mildenburg auf, die nach Zerstörungen 1552 im 19. Jahrhundert restauriert wurde.

Aschaffenburg Die beiden Hauptsehenswürdigkeiten der einstigen Zweitresidenz der Mainzer Erzbischöfe erheben sich über dem Fluss. Mächtig liegt Schloss Johannisburg (1605 bis 1614), die viertürmige Anlage aus dem roten Sandstein der Region, am Hochufer. Ein kleines Stück flussab ließ König Ludwig I. von Bayern, begeistert von der klassischen Antike, den Architekten Friedrich von Gärtner das Pompejanum errichten, ein nachempfundenes pompejanisches Haus. Sehenswert ist auch das nahe der Stadt gelegene Schloss Schönbusch und vor allem sein Park, einer der frühesten Landschaftsgärten Deutschlands, in dem künstliche Seen und Hügel, Tempelchen und Dörfchen verstreut liegen.

Seligenstadt Die Basilika der ehemaligen Benediktinerabtei, die sogenannte Einhardsbasilika, ist die größte erhaltene Basilika der Karolingerzeit. Dem karolingischen Langhaus wurde im 19. Jahrhundert eine neoromanische Doppelturmfassade vorgesetzt, während die Innenausstattung weitgehend barock ist. Auch die weiteren Gebäude der Klosteranlage lohnen einen Besuch. Der Erholung dient ein Gang durch den Klostergarten. Kleine Gassen, versteckte malerische Winkel und farbenprächtige Fachwerkhäuser dokumentieren die über 1000-jährige Stadtgeschichte.

Hanau Die Stadt erlitt im Zweiten Weltkrieg schwere Zerstörungen und hat deshalb nur noch wenig historische Bausubstanz. Sehenswert ist die Reformierte Kirche von 1608, die aus zwei ineinandergreifenden Zentralbauten besteht. Schloss Philippsruhe wurde zu Beginn des 17. Jahrhunderts inmitten eines großen Parks errichtet. Im Zentrum der Stadt steht ein Denkmal ihrer beiden bedeutendsten Söhne, der Sprachforscher und Märchensammler Wilhelm und Jakob Grimm. Hanau ist Ausgangspunkt der Deutschen Märchenstraße. Im nahe gelegenen Wildbad herrschte Ende des 18. Jahrhunderts reger Kurbetrieb, der durch die Befreiungskriege jäh beendet wurde. Die Anlagen sind noch erhalten.

Offenbach Das Isenburger Schloss, eine umgebaute spätgotische Wasserburg, fasziniert vor allem durch seine Hoffassade mit den Laubengängen. Einen Besuch wert ist auch das Leder- und Schuhmuseum.

Frankfurt am Main Die deutsche Bankenmetropole wird wegen ihrer auffallenden Skyline auch als »Mainhattan« bezeichnet. Selbst mitten in der geschäftigen Mainmetropole kann man, wenn man vom Großstadtbummel müde geworden ist, am Mainufer eine Ruhepause einlegen: Liegewiesen mit Blick aufs

Wasser und die Wolkenkratzer bieten das Museumsufer, der Schaumainkai und das Griesheimer Ufer.

Linke Seite: Die Henneburg (oben) liegt am rechten Mainufer bei Miltenberg. Das Aschaffenburger Schloss Johannisburg (links unten) besticht durch seine Lage direkt am Fluss; den Marktplatz von Miltenberg (daneben) zieren schöne Fachwerkhäuser.

GASTRONOMIE

🍳 **Aschaffenburg: »Am Pier 18«** Ob es an der modernen Pavillon-Architektur liegt, dass ein Hauch Mondänität über dem Mainufer liegt? Spätestens, wenn abends die Lichter auf der Terrasse angehen, fühlt man sich im »Bayerischen Nizza« angekommen. *(https://pier18-ab.de)*

🍳 **Seligenstadt: »Main & Seele«** Das Restaurant verfügt gleich über zwei Terrassen: eine mit herrlichem Blick auf den Main, die andere im lauschig-idyllischen Hinterhof. Die Speisekarte garnieren traditionelle Gerichte mit einem Spritzer Modernität. *(www.mainundseele.de)*

🍳 **Frankfurt: »Zum Eichkatzerl«** Direkt gegenüber dem Kern von Alt-Sachsenhausen befindet sich eines der ältesten Apfelweinlokale der Stadt. Hier kann man seinen Bembel mit Äbbelwoi genießen. *(www.eichkatzerl.de)*

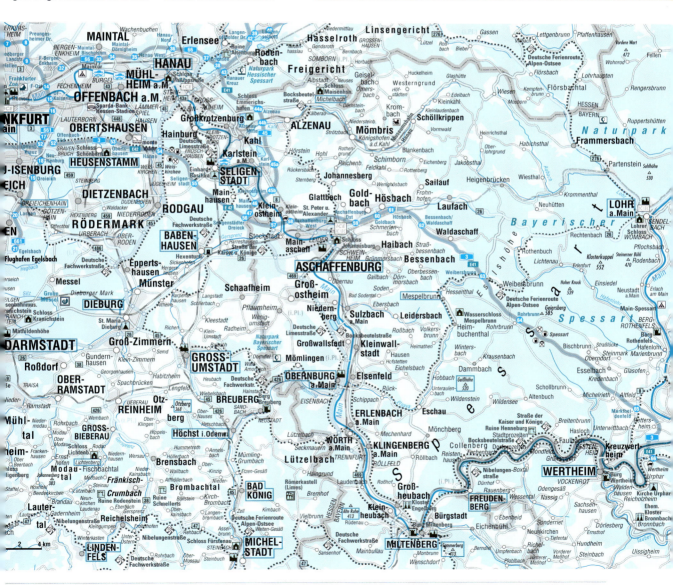

FRANKFURT AM MAIN

Die Skyline gab der Finanzmetropole, Messe- und Industriestadt ihren Spitznamen »Mainhattan«, denn in keiner Stadt Deutschlands sind so viele imposante Wolkenkratzer zu finden wie in Frankfurt am Main. Frankfurt ist Business-Stadt und Finanzmetropole. Die Europäische Zentralbank und die Bundesbank haben hier ebenso ihren Sitz wie 300 weitere Geldinstitute. Ihre Präsenz in der Stadt ist unübersehbar – überragen die Hochhaustürme des Bankenviertels doch den Rest der Stadt. Frankfurt ist aber auch Literaturstadt: Kein Geringerer als Goethe wurde hier geboren, zahlreiche Verlage und die Deutsche Nationalbibliothek haben hier ihren Sitz, und jedes Jahr im Herbst öffnet die weltweit größte Buchmesse ihre Pforten. Die Stadt ist auch in anderer Hinsicht reich an Kultur: Alte Meister oder moderne Kunst, Naturgeschichte, Film oder Architektur? Museen gibt es für jeden Geschmack, viele davon sind zentral am Museumsufer zu finden. Historisch bedeutsam sind Römer, Domberg und die Paulskirche, die als Wiege der deutschen Demokratie gilt.

Oben: Frankfurt glänzt mit seinem modernen Bankenviertel und der markanten Skyline, die der Stadt den scherzhaften Namen »Mainhattan« eintrug. Bilder rechts: Altstadt rund um den Römerberg.

AKTIV AM WASSER

Ausflugsschiffe

Einmal die Ufer vom Fluss aus zu betrachten, hat einen ganz eigenen Reiz – und ist eine bequeme, erholsame Art der Fortbewegung obendrein. Auch auf dem Unterlauf des Mains verkehren Personenschiffe. Auskunft erteilen z. B. die Reederei Henneberger in Miltenberg *(Tel. 09371/33 30; www.reederei-henneberger.info)* und die Frankfurter Personenschifffahrt Anton Nauheimer GmbH *(Tel. 069/13 38 37 26; www.primus-linie.de).*

Angeln am Untermain

Auch Angler können ihrem Sport frönen. Infos gibt es beispielsweise bei den Angelsportvereinen Freudenberg *(www.asv-freudenberg 1947.de)* oder Großheubach *(www. angelsportverein-grossheubach.de).*

Hafenrundfahrt Aschaffenburg

Bei einer Hafenrundfahrt, die von der Aschaffenburger Personenschifffahrt angeboten wird, lernt man auch ein ganz anderes Gesicht des Flusses, den geschäftigen, wirtschaftlich bedeutenden Aspekt kennen: Der Aschaffenburger Hafen ist der größte Industriehafen in Unterfranken. *(www.aschaffenburg.personenschiffe.de)*

Kanuverleih

Touren können unter anderem beim Kanu- und Kajakverleih in Kreuzwertheim gebucht werden *(Tel. 09392/98 49 25; http://kanustation-main-tauber.de).*

Main-Radweg

Wer am Main entlangradeln möchte, kann dies auf dem Main-Radweg tun, der sich am gesamten Main entlangzieht. Tourenvorschläge für die Gegend um Aschaffenburg gibt es beim ADFC Kreisverband Aschaffenburg *(www.adfc-aschaffenburg.de)* oder auf der Internteseite *www. mainradweg.com*

Fähre »Stadt Seligenstadt«

Eine Minifahrt über den Main kann man in Seligenstadt unternehmen. Dort sind die beiden Ufer noch durch eine Fähre verbunden, während die meisten anderen Mainfähren durch Brücken ersetzt wurden. *(www.seligenstadt.de/buerger service/mobilitaet/faehre)*

Entspannen am Main
Schöne Plätze lassen sich am Main auch finden, um nach viel Kultur einen erholsamen Spaziergang zu machen und einfach die Seele baumeln zu lassen. An manchen Stellen, wie am Mainbogen in Aschaffenburg, gibt es dann auch noch Plätze, an denen Ballspiele oder schöne Picknicks möglich sind. Und selbst mitten in Frankfurt gibt es mehrere Liegewiesen mit Blick aufs Wasser.

Wetterpark Offenbach
Weil hier der Deutsche Wetterdienst seinen Hauptsitz hat, versteht sich Offenbach als Wetterstadt. Der Wetterpark verbindet deshalb allerlei Informatives rund ums Wetter mit einem Naherholungsgebiet unter freiem Himmel. *(www.offenbach.de/kultur-und-tourismus/besondere-orte/wetterpark/wetterpark.php)*

Waldseebad Kahl
Als der Braunkohleabbau Anfang der 1930er-Jahre in der Region eingestellt wurde, füllten sich einige der Gruben mit Grundwasser: Es entstanden Seen. Das Waldseebad liegt an einem solchen Gewässer – der Badespaß hält seither unvermindert an. *(https://campingplatz-kahl.de/waldseebad)*

Schloss Johannisburg
Ein beeindruckendes Beispiel der Baukunst der Renaissance stellt die Schlossanlage Johannisburg dar. Der Bau begann 1605, seither thront die symmetrisch angeordnete Anlage über dem Main in Aschaffenburg. *(www.schloesser.bayern.de)*

Flusskreuzfahrten
Eine Vielzahl an Reedereien bietet Kreuzfahrten auf dem Main an. Einen Überblick bietet beispielsweise die Seite *www.kreuzfahrten.de*

Erlebnisbäder
Vom Baden im Main ist aus gesundheitlichen Gründen dringend abzuraten – in manchen Gebieten, etwa im Stadtbereich von Frankfurt, ist es sogar ausdrücklich verboten. Doch gibt es in den meisten Orten und Städten entlang des Mains attraktive Schwimmbäder, z. B. das Rebstockbad *(www.frankfurterbaeder.de/rebstockbad)* oder die Rhein-Main-Therme *(www.rheinmain-therme.de)* in Frankfurt oder das Heinrich-Fischer-Bad in Hanau *(http://hanau-baeder.de/hf/index.html)*.

Die Mildenburg und die Pfarrkirche St. Jakobus in Miltenberg sind vom Main aus zu sehen (großes Bild). Die Flussufer in Aschaffenburg (oben rechts) sowie in Wörth am Main (rechts) bieten zahlreiche Freizeitaktivitäten.

↗ Die Tauber durchzieht auf ihrem 120 Kilometer langen Lauf von der Quelle an der Frankenhöhe bis zur Mündung in den Main bei Wertheim ein liebliches Tal, das tief in die unterfränkische Muschelkalkplatte eingeschnitten ist. Weinberge und Obstgärten begleiten ihren Weg. Auch große Kunst ist in den alten malerischen Orten an ihrem Lauf zu besichtigen.

Rothenburg ob der Tauber Die Stadt an der alten Reichsstraße zwischen Würzburg und Augsburg besitzt das wohl vollständigste erhaltene mittelalterliche Stadtbild Deutschlands. Kirchen, Türme, Tore, malerische Gassen und von Fachwerkhäusern gesäumte Plätze versetzen die Besucher in die Zeit des 12. bis 15. Jahrhunderts. Zwischen 1350 und 1380 entstand die Stadtmauer, deren Wehrgänge über zwei Kilometer lang sind und von zwölf Türmen gekrönt werden. Zu den bekanntesten Sehenswürdigkeiten innerhalb der alten Mauern zählen der romantische Platz Plönlein, das Kobolzeller Tor, das Renaissancerathaus mit dem Kaisersaal und dem 60 Meter hohen Turm und die gotische Hauptkirche St. Jakob. Das Spitaltor ist ein mächtiges Bollwerk mit sieben Toren, Fallgitter und einer Zugbrücke. Etwas außerhalb der Stadtmauern liegt das sogenannte Topplerschlösschen, das 1388 entstand.

Creglingen Die größte Sehenswürdigkeit des Ortes, Riemenschneiders Marienaltar in der Herrgottskirche, hat eine bemerkenswerte Geschichte. Nach einem jahrhundertelangen Vergessen, in dem er zugeklappt in einer Ecke stand, wurde er im 19. Jahrhundert wiederentdeckt. Heute hat das Meisterwerk regen Zulauf von Kunstinteressierten aus aller Welt.

Weikersheim Das Schloss entstand ursprünglich als Wasserburg und wurde erst im 16. Jahrhundert zum heutigen Renaissanceschloss ausgebaut. Die prächtige Innenausstattung stammt noch aus der Entstehungszeit. Eine traumhaft schöne Oase ist der ans Gebäude anschließende barocke Schlosspark. Über die Kunst der Alchemie informiert das im Schloss untergebrachte Museum. Dank der Musikakademie Schloss Weikersheim finden hier interessante Konzerte statt. Die sechsbogige Brücke im nahen Tauberrettersheim entwarf Balthasar Neumann.

Stuppach Dieser kleine Ort liegt zwar nicht direkt im Taubertal, doch lohnt das künstlerische Meisterwerk, das seine Heimat in der Dorfkirche gefunden hat, mit Sicherheit einen Abstecher. Matthias Grünewald schuf das Bild als Mitteltafel für den Maria-Schnee-Altar der Aschaffenburger Stiftskirche. Auf Umwegen gelangte sie nach Stuppach und verschafft dem Dorf ungeahnte Besucherzahlen.

Bad Mergentheim Zentrum des Städtchens ist das Deutschordensschloss, das im 16. Jahrhundert errichtet wurde. Nicht versäumen sollte man einen Blick in die barocke Schlosskirche, an der zwei so berühmte Baumeister wie Balthasar Neumann und François Cuvilliés mitwirkten. In der Stadt sieht man viele repräsentative Häuser vergangener Jahrhunderte, die sich Beamte des Deutschen Ordens bauen lie-

ßen. Heute liegt die Bedeutung Bad Mergentheims vor allem in seinen Heilquellen, an das Schloss grenzt der weitläufige Kurpark.

Lauda-Königshofen Das Zentrum der fränkischen Fasnacht hat sich ein Zeichen gesetzt: 1997 wurde der Narrenbrunnen mit überlieferten Fasnachtsfiguren errichtet. Doch der Doppelort weist auch ältere Sehenswürdigkeiten auf: etwa die klassizistisch ausgestattete Jakobuskirche (spätes 17. Jh.), die barocke Marienkirche und das barocke Alte Rathaus.

Tauberbischofsheim Der Marktplatz des weit über das Taubertal hinaus als Zentrum des deutschen Fechtsports bekannten Ortes wird dominiert von Fachwerk- und barocken Häusern. Im Schloss, dessen älteste Teile aus der Zeit um 1280

GASTRONOMIE

🍴 **Rothenburg: »Mitter-meier«** Die Qualität der Speisen spricht für sich, eine persönliche Beratung vom Chefkoch gehört dazu, und auch die Weine brauchen sich nicht zu verstecken. *(www.villamittermeier.de/restaurant)*

🍴 **Bad Mergentheim: »Café im Schlossgarten«** Ein Spaziergang im Park, dann Kuchen oder Torte. *(https://cafeimschlossgarten.de)*

🍴 **Markelsheim: »Wein-lauben Restaurant Schurk«** Vor über 90 Jahren fiel mit der Genehmigung zum Weinaus-schank der Startschuss für das heutige Restaurant. *(www.schurk-markelsheim.de)*

🍴 **Tauberbischofsheim: »Distelhäuser Brauhaus«** Im urigen Gastraum sitzt man gemütlich bei einem selbstge-brauten Distelbräu. *(www.distelhaeuser-brauhaus.de)*

🍴 **Wertheim: Burg Wert-heim** Rustikale Gerichte über dem offenen Feuer zubereitet kommen beim Ritteressen auf Burg Wertheim stilecht in Ton-geschirr auf die Tafel. *(http://burgwertheim.com/gastronomie/ritteressen)*

stammen, ist das Tauberfrän-kische Landschaftsmuseum un-tergebracht.

Kloster Bronnbach Das Klos-ter wurde um 1150 von Zister-ziensern im Taubergrund gegrün-det. Der geschlossene Komplex der Klosteranlage entstand im 18. Jahrhundert; die Kirche geht auf die Zeit um 1200 zurück, ist aber barock ausgestattet. 1803 wurde es wie so viele Klöster säkularisiert. Heute sind hier ver-schiedene Institutionen unterge-bracht, außerdem finden zahl-reiche kulturelle Veranstaltungen statt.

Wertheim Die prekäre Lage an der Mündung der Tauber in den Main bringt die kleine Stadt in Hochwasserzeiten immer wieder einmal in die Schlagzeilen. Beim Bummel durch die mittelalterli-chen Gassen mit ihren unzähli-gen Fachwerkhäusern ragt die am Berg gelegene Burgruine ins Blickfeld.

Kreuzwertheim Dieser Ort liegt Wertheim gegenüber auf der anderen Mainseite. Interes-sant sind die alte Wehrkirche und das Schloss der Familie Löwen-stein-Wertheim-Freudenberg.

Oben: Schloss Weikersheim; links: Plönlein in Rothenburg ob der Tauber.

AKTIV AM WASSER

Taubertal-Radwanderweg

Hier kann man ganz gemächlich die schöne Landschaft des Taubertals erkunden. Die knapp 110 Kilometer lange Strecke führt meist auf Wirtschaftswegen von Rothenburg ob der Tauber bis Wertheim (*www. liebliches-taubertal.de*).

Flusswandern

Eine andere Möglichkeit, die Beschaulichkeit der Tauber zu »erfahren«, ist eine Kanutour auf dem Fluss. Einfach Kanu, Paddelboot oder Kajak mieten und einige Stunden oder sogar mehrere Tage auf dem Main verbringen: Flussabwärts fließt der Strom etwa sechs Kilometer pro Stunde und ist damit auch für Untrainierte gut zu bewältigen. *Buchungen u. a. in Kreuzwertheim (www.paddleandboat.de)*

Oben: Blick auf Rothenburg ob der Tauber. Eine Sehenswürdigkeit in der Stadt ist das Topplerschlösschen (rechts). Rechte Seite: Naturidylle im Taubertal.

Solymar Therme

Wer Badespaß sucht, sollte sich in Bad Mergentheim den Erholungs- und Freizeitpark Solymar Therme nicht entgehen lassen. *(Erlenbachweg 3, Tel. 07931/48 13 00, www. solymar-therme.de).*

Öffentliche Grillplätze

Urlauber, die ohne Campingausrüstung unterwegs sind, können sich über mehrere Möglichkeiten zum Grillen freuen. In Kreuzwertheim gibt es einen Grillplatz am Himmelreich. *(www.tourismus-wertheim. de/aktiv-fuer-gross-klein/outdoor/ grillplaetze)*

Schloss Weikersheim

Die Architektur des Renaissanceschlosses verblüfft: Graf Wolfgang II. von Hohenlohe und seine Gattin Magdalena wählten als Grundriss ein Dreieck. Den barocken Schlossgarten zieren Springbrunnen, Statuen und eine Orangerie. *(www.schloss-weikersheim.de)*

Panoramaweg Taubertal

In mehreren Etappen führt dieser Wanderweg von Rothenburg bis Freudenberg durch das liebliche Taubertal vorbei an Mühlen, Schlössern und Burgruinen. Aufgrund seiner schönen Wegführung und der guten Infrastruktur ist er mit dem Prädikat »Qualitätsweg Wanderbares Deutschland« ausgezeichnet. *(www.liebliches-taubertal.de)*

〰 Angeln
Tageskarten für den Weikersheim-Nassauer See sind an der Tourist-Information erhältlich *(www.weikersheim.de)*.

〰 Wassertreten
Das Wassertreten nach Anleitung von Sebastian Kneipp regt Kreislauf, Stoffwechsel und Durchblutung an – und macht Spaß. Im Storchengang in Tauberbischofsheim geht es durch die Kneippanlage. *Tourist-Information Tauberbischofsheim (Tel. 09341/803 33)*

〰 Ballonfahrten in Rothenburg ob der Tauber
Ihre ganze Pracht und Schönheit offenbart die Welt in eindrucksvoller Weise, wenn man sie von einem Ballonkorb aus betrachtet. Wer sich sogar eine Fahrt über die Alpen leistet, hat in dieser Hinsicht sicherlich das Maximum an Faszination erreicht. *(www.happy-ballooning.de)*

〰 Taubermühlenweg und Europäischer Wasserscheideweg
Auf den geführten Wanderungen entlang des Taubermühlenwegs passieren Interessierte auf zwei- bis vierstündigen Routen teils noch funktionstüchtige Mühlen. *(www.taubermuehlenweg.de)*
Von Rothenburg aus gibt es eine Anbindung an den Europäischen Wasserscheideweg. *(www.wasserscheideweg.de)*

〰 Topplerschlösschen
Der pittoreske mittelalterliche Wohnturm ist nach seinem Erbauer benannt, dem ehemaligen Bürgermeister von Rothenburg: Heinrich Toppler. Er ließ das Gebäude 1388 als Sommerhaus für sich bauen. Mittlerweile befindet sich das Topplerschlösschen in Privatbesitz, doch das gut erhaltene und eingerichtete Bauwerk kann besichtigt werden. *(Taubertalweg 100, 91541 Rothenburg o. d. T., Tel. 09861/73 58)*

NAHE

Die Nahe (keltisch »nava«, »wilder Fluss«), ein linker Nebenfluss des Rheins, trennt das Nordpfälzer Bergland vom Hunsrück. Sie entspringt in 480 Meter Höhe am Fuß des Sengert (525 Meter) bei der saarländischen Ortschaft Selbach. Bis zu ihrer Mündung in den oberen Mittelrhein zwischen Bingen und Bingerbrück legt sie 120 Kilometer zurück, ihr Gesamtgefälle beträgt knapp 400 Meter. Bereits Kelten und Römer nutzten die Nahe als Verbindungsweg zwischen Gallien und Germanien, die ersten Siedlungsspuren reichen bis in die Steinzeit zurück. Bei einer Reise entlang des Flusses entdeckt man eine spannungsreiche, urtümliche Landschaft und eine sympathische Region, die in sich ganz unterschiedliche Merkmale vereint: eine faszinierende Natur, heilkräftige Quellen, bemerkenswerte Zeugnisse aus der Vergangenheit, einladende Gasthöfe, Gourmetrestaurants und historische Weingüter mit herausragenden Weinen. Der junge Fluss beginnt als winziges Bächlein und fließt zunächst am Bostalsee vorbei durch eine idyllische Landschaft. Gestärkt wird er dann durch die Nebenflüsse Bosbach, Leißbach, Freisbach und Söterbach, nun geht es in zahlreichen Windungen weiter durch hartes Melaphyrgestein, in das die Nahe enge Kerbtäler geschnitten hat. Idar-Oberstein, der wirtschaftliche Mittelpunkt der Deutschen Edelsteinstraße, ist die erste größere Stadt an der Nahe. In Oberstein erheben sich die Felsen direkt über dem Fluss, der sich in großen Teilen unter einer vierspurigen Straße versteckt. Von links mündet die Idar in die Nahe, an deren Ufern sich der gleichnamige Ortsteil ausbreitet. Hinter Idar-Oberstein streckt sich der Fluss und bahnt sich seinen Weg jetzt durch etwas weicheres Gestein. Waldreiche Hänge und schroffe Felsen begleiten ihn. Die Gesteinsformationen des Nahetals zeugen von Millionen Jahren Erdgeschichte. Zu den Besonderheiten des südlichen Hunsrücks zählen neben den berühmten Achatvorkommen bei Idar-Oberstein auch Schiefer- und Kupfervorkommen sowie einige Fossilienfunde. Auf dem Weg nach Kirn kann auf der linken Naheseite bei Fischbach ein historisches Kupferbergwerk besichtigt werden, bei Bundenbach an der Hunsrücker Schiefer- und Burgenstraße die Schiefergrube Herrenberg. 20 km nordöstlich von Idar-Oberstein ragen zwischen dem Kirner Ortsteil Kallenfels und der Gemeinde Oberhausen die schroffen Quarzitfelsen der »Kirner Dolomiten« auf.

Bei der Talweitung von Martinstein beginnt das Weinbaugebiet Nahe mit seinen herrlichen, fein gegliederten Rebhängen. Gleich am Anfang liegt auch das erste der drei Nahebäder, Bad Sobernheim, das noch der oberen Nahe zugerechnet wird. Der Flussabschnitt der mittleren Nahe erstreckt sich zwischen der Mündung des Glan und Bad Kreuznach.

Er gilt als das eigentliche Herzstück des Weinanbaugebiets und zeichnet sich durch eine landschaftliche Vielfalt und Schönheit aus. Schon seit der Römerzeit wird die regenarme Region zwischen Rhein und Mosel zum Anbau von Wein genutzt. Angebaut werden die Rebsorten Riesling, Müller-Thurgau und Silvaner.

In großen Schleifen hat sich der Fluss durch die Vulkanmassive gearbeitet und dabei eindrucksvolle Naturdenkmäler hinterlassen. Die abwechslungsreichen Untergründe sorgten für kleine Talweitungen. Eine der fantastischsten Leistungen des Flusses und eine der größten landschaftlichen Attraktionen im Nahetal lässt sich noch vor der Alsenzmündung zwischen Norheim und Bad Münster am Stein-Ebernburg bestaunen: die gewaltige, teilweise tief zerklüftete Steilwand des Rotenfels-Massivs. Hinter Bad Münster wird das Tal nun endgültig breiter und bietet Platz für Bad Kreuznach.

Im weiteren Flussverlauf spricht man von der unteren Nahe, die sich nun etwas ruhiger und in weiten Mäandern bis nach Bingen bewegt. An ihren Ufern und in den Seitentälern wird ebenfalls Wein angebaut. In Langenlonsheim fließt der Nahe aus dem Hunsrück der Guldenbach zu, auf der anderen Seite der Appelbach und kurz vor ihrer Mündung in den Mittelrhein der Trollbach, dessen Tal von pittoresken Felsformationen geprägt wird.

Großes Bild: Auf der Alten Nahebrücke in Bad Kreuznach stehen schmucke Häuser aus dem 15. Jahrhundert, in denen auch heute noch gewohnt werden kann. Kleines Bild: Umrahmt von Rheingrafenstein und Rotenfels liegt der Kreuznacher Stadtteil Bad Münster an der Nahe.

NAHETAL

↗ **Nachdem die Nahe ganz unspektakulär auf einer Wiese entspringt, schlängelt sie sich anschließend an den südlichen Ausläufern des Hunsrücks entlang durch eine wildromantische Wald- und Mittelgebirgslandschaft. Malerische Ortschaften und Burgen begleiten den Fluss, und an seinem Mittel- und Unterlauf breiten sich sonnige Rebflächen aus.**

Idar-Oberstein Die in eine eindrucksvolle Felslandschaft eingebettete Stadt verdankt ihren Bekanntheitsgrad den reichen Achatvorkommen und ihrer Schmuck- und Edelsteinmanufaktur. Die schönsten Beispiele einheimischer Handwerkskunst kann man im Museum Idar-Oberstein bewundern. Als einzigartig gilt das Deutsche Edelsteinmuseum: Mit mehr als 9500 Exponaten – roh, geschliffen oder künstlerisch gestaltet – präsentiert es die ganze Welt der Edelsteine. In der Historischen Weiherschleife (1634) am Rande von Idar sieht der Besucher, wie die Schleifer früherer Jahrhunderte arbeiteten, und im Schürfstollen der stillgelegten Edelsteinmine Steinkaulenberg kann er auf Schatzsuche gehen. Vom alten Marktplatz in Oberstein führen etwa 230 Stufen hinauf zum Wahrzeichen der Stadt, der beeindruckenden Fel-

senkirche (15. Jh.). Über ihr thront Schloss Oberstein (um 1320), das wie die nahe Burgruine Bosselstein (etwa 1197) einen wunderbaren Ausblick auf die Stadt und ihre Umgebung bietet.

Kirn Das lebhafte Städtchen an der Hunsrücker Schiefer- und Burgenstraße wurde 841 erstmals urkundlich erwähnt. Zu seinen Sehenswürdigkeiten zählen neben den schönen Fachwerk- und Gründerzeitbauten am Marktplatz auch die evangelische Kirche, ein ehemaliges Piaristenkloster (Rathaus) aus dem 18. Jahrhundert sowie das alte fürstliche Kellereigebäude. In herrlicher Aussichtslage erhebt sich die Kyrburg (10. Jh.), auf der im Sommer unter freiem Himmel Opernaufführungen stattfinden und deren Wachhaus Deutschlands erstes Whisky-Museum beherbergt.

Dhaun Im Schloss mit herrlichem Park residierten einst die Dhauner Wildgrafen. Als Grabkirche diente ihnen die Stiftskirche St. Johannisberg (13. Jh.) im gleichnamigen Ortsteil von Hochstetten-Dhaun, die interessante Grabdenkmäler birgt.

Bad Sobernheim Das Felke-Bad, benannt nach dem Naturheilkundigen Emanuel Felke, besitzt einen tollen Barfußpfad (3,5 Kilometer) und eine heimelige Innenstadt mit gotischen Kapellen, Fachwerk- und Barockbauten. Überragt wird sie von der spätgotischen Matthias-Kirche, zu deren Schätzen eine Orgel der berühmten Hunsrücker Orgelbauerfamilie Stumm zählt. Im Nachtigallental südlich der Stadt vermittelt das Rheinland-Pfälzi-

sche Freilichtmuseum in vier Museumsdörfern einen Einblick in das dörfliche Leben vor 100 oder 200 Jahren. Nahezu verwunschen wirkt die Ruine der Klosteranlage Disibodenberg (7. Jh.) am Zusammenfluss von Nahe und Glan, in der Hildegard von Bingen (1098–1179) mehr als die Hälfte ihres Lebens verbrachte.

Meisenheim Das etwas abseits der Nahe im idyllischen Glantal gelegene Städtchen gilt als die malerischste Stadt im Naheland. Zahlreiche Adelshöfe, Türme und bezaubernde Fachwerkhäuser bestimmen das Bild der mittelalterlichen Altstadt. Ein architektonisches Kleinod ist die spätgotische Schlosskirche (1479 bis 1504), die in ihrem Innern eine

kostbare Rokoko-Kanzel und Orgel birgt. An die Geschichte der Juden im Nahetal erinnert die denkmalgeschützte ehemalige Synagoge (19. Jh.).

Bad Münster am Stein-Ebernburg Einfach überwältigend ist die Lage der Kurstadt am Fuße des 136 Meter hohen Rheingrafensteins mit der sehenswerten Burgruine Rheingrafenstein (11. Jh.). Der teilweise zerklüftete, mehr als 200 Meter steil aus dem Nahetal aufsteigende Rotenfels (327 Meter) zieht sich auf der linken Uferseite bis nach Norheim und ist als höchste Steilwand nördlich der Alpen ein Paradies für Kletterer und Bergsteiger. Dicht am Abgrund verläuft ein Panoramaweg zur Bastei. Zu den eindrucksvollsten Bauwerken der Stadt zählt das Fachwerk-Ensemble der alten Kurverwaltung und des Kurmittelhauses mit Brunnenhalle (18. bzw. frühes 20. Jh.).

Hoch über dem Ortsteil Ebernburg erhebt sich die restaurierte Ebernburg (12./13. Jh.). Eine Besonderheit ist die auch heute noch per Hand gezogene, einzige Personenfähre an der Nahe. Sie ermöglicht den Zugang zum Huttental (alter Märchenhain) und zum Naturschutzgebiet Gans.

Bad Kreuznach Der Name des alten Radon- und Solbads geht auf das römisch-keltische Cruciniacum zurück. Von jener Zeit zeugen zahlreiche römische Reste, die zusammen mit den großartigen Mosaiken einer Villa (3. Jh.) in der Römerhalle zu bewundern sind. Ein Bummel durch die Altstadt führt zum Salzmarkt, dem Eiermarkt mit der 700 Jahre alten St. Nikolauskirche mit kostbarem Kreuzreliquiar, dem malerischen Klein-Venedig an der Ellerbachmündung, dem historischen Fausthaus oder der barocken Pauluskirche. Die Wahrzeichen von Bad

Kreuznach sind neben der modern überbauten Kauzenburgruine die Brückenhäuser (15. Jh.) auf den Pfeilern der alten Nahebrücke. In einem ehemaligen Rittergut ist heute das Schlossparkmuseum (1605) mit geologischen sowie stadt- und kunsthistorischen Sammlungen untergebracht.

GASTRONOMIE

Idar-Oberstein: »Kammerhof« Direkt am Naheufer bereitet die Küche ihre Spezialität zu: den original Idar-Obersteiner Spießbraten. Früher wurde am Kammerhof noch an großen Schleifsteinen gearbeitet, heute führt der Naherholungsweg »Traumschleife« von hier aus ins Naturschutzgebiet. (www.restaurant-kammerhof.de)

Hochstetten-Dhaun: »Landhaus St. Johannisberg« Bei warmen Temperaturen schmecken im heimeligen Biergarten regionale und saisonale Gerichte. (www.landhaus-st-johannisberg.de)

Bad Kreuznach: »Schwedisches Stehcafé« Ein bisschen nordisches Lebensgefühl in Rheinland-Pfalz – »hygge« direkt an der Nahe. (www.schwedisches-stehcafe.de)

Linke Seite: Wo die Idar in die Nahe mündet, liegt Idar-Oberstein überragt von hohen Felswänden. Das Zentrum der Edelsteinschleiferei zeigt im Deutschen Edelsteinmuseum rund 10 000 Edelsteine aus aller Welt. Links unten: Blick auf Bad Münster am Stein-Ebernburg.

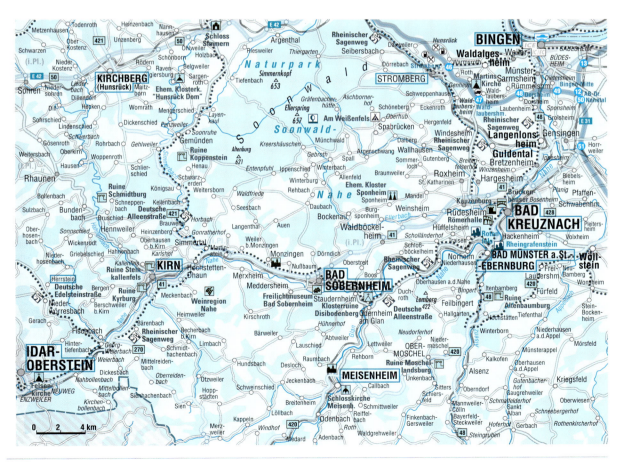

AKTIV AM WASSER

Wassersport
Auf dem Bostalsee können alle Arten von Wassersport (außer Motorboote) betrieben werden. Infos unter *www.bostalsee.de*

Heilwasser und Sole-Inhalation
Mit einer Temperatur von 27 °C tritt die fluoridhaltige Natrium-Chlorid-Sole aus der Quelle und wirkt seit jeher wohltuend auf Geist und Körper. Das Freiluftinhalatorium Salinental ist kostenfrei zugänglich, ebenso wie die Heilwasserquelle im Kurmittelhaus Bad Münster am Stein. *Informationen unter www.bad-kreuznach-tourist.de/gesundheit-kur-wellness*

Draisinentour
Zwischen Staudernheim in der Nähe von Bad Sobernheim und Altenglan bei Kusel (40 Kilometer) kann man auf einer stillgelegten Bahntrasse mit einer Fahrraddraisine durch das Glantal radeln. *Info über Naheland-Touristik (www.naheland.net) und auf https://draisinentour.de*

Nahe-Radweg
Das Naheland ist ein ideales Wander- und Radwandergebiet. Der Radweg zwischen Nohfelden und Bingen verläuft direkt am Fluss entlang und zählt zu den schönsten deutschen Flussradwegen. Ausführliche Informationen gibt es unter *www.naheradweg.de*

Wanderwege rund um Kirn
Das Tourismusbüro von Kirn bietet auf seiner Internetseite verschiedene Rundwege um den Ort an. Die Touren eignen sich zum Kombinieren und folgen jeweils einem thematischen Schwerpunkt wie »Leben am Fluss« oder »Von Fürsten, Gerbern und reißenden Fluten«. Per QR-Code sind Informationen im Handumdrehen auf dem Smartphone verfügbar. *(www.kirn.de/freizeitangebote/kirnerwanderwege)*

Nahe-Felsenweg
Auf dem abwechslungsreichen Weg vorbei an Felsenkirche, Schloss Oberstein und der Burgruine Bosselstein arbeiten sich Wanderer einige Höhenmeter nach oben und werden dafür mit einem herrlichen Blick über das Nahetal belohnt. *(www.saar-hunsrueck-steig.de/traumschleifen/nahe-felsen-weg)*

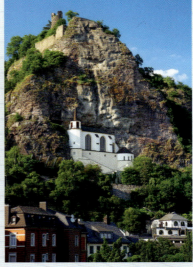

〰 Weinwanderweg

Der Fernwanderweg mit zahlreichen Rundwegen verbindet Bingen mit Martinstein. Kartenmaterial gibt es bei der Naheland-Touristik in Kirn (*www.naheland.net*).

〰 Edelsteinminen Steinkaulenberg

Achat, Bergkristall, Amethyst, Jaspis und Rauchquarz glitzern an den Wänden der einzigen für Besucher geöffneten Edelsteinminen Europas. Unter Tage erfahren Besucher alles über Entstehung, Abbau und Verarbeitung der natürlichen Schätze. Wieder zurück an der Erdoberfläche können Kinder auf Schürffeldern selbst zu aktiven Schatzsuchern werden. (*www.edelsteinminen-idar-oberstein.de*)

〰 Naturbad Staden

Zwar ist das Naturbad in Idar-Oberstein künstlich angelegt, doch die Wasseraufbereitung findet ohne chemische Substanzen statt. Rund ums Wasser wächst eine üppige Vegetation. (*https://baeder-io.de/natur bad-staden/ueber-das-bad*)

〰 Felsenkirche

Tief schmiegt sich das Gotteshaus unterhalb der Burg Bosselstein bei Idar-Oberstein an den Felsen. Um seinen Bau ranken sich verschiedene Sagen, denn die exponierte Lage regte schon zur Entstehungszeit der Kirche im 15. Jahrhundert zur Bildung von Mythen an. (*www.felsen kirche-oberstein.de*)

〰 Angeln

Viele Fische tummeln sich in der Nahe bei Bad Kreuznach und lassen die Herzen von Hobby-Anglern höherschlagen. Informationen zu Angelerlaubnisscheinen unter *www. bad-kreuznach-tourist.de/aktiv-und-natur/angeln-auf-der-nahe*

〰 Kletterspaß

Kletterspaß garantieren der Rotenfels und die »Kirner Dolomiten«. Infos unter *www.naheland.net* sowie unter *www.dav-nahegau.de*

Bei Bad Münster am Stein-Ebernburg kann man herrlich wandern (großes Bild). Kleine Bilder: Felsenkirche Oberstein; Edelstein aus dem Steinkaulenberg.

LAHN

↗ **Der rechte Nebenfluss des Rheins ist wohl Deutschlands beliebtester Kanuwanderfluss. Eine einzigartige Naturlandschaft, mittelalterliche Fachwerkstädte, Schlösser und Burgen bieten Romantik pur.**

Am Ederkopf im südlichen Rothaargebirge, wo auch die Eder und die Sieg ihren Ursprung haben, liegt das Quellgebiet der Lahn. Im Keller des Forsthauses Lahnhof, das man über den kleinen Ort Werthenbach erreicht, kann man die Quelle auf 610 Meter Höhe besichtigen. Neben diesem spektakulären Quellort speisen aber auch kleine Rinnsale aus den in der Nachbarschaft liegenden Wiesen die junge Lahn, die auf ihren ersten 23 Kilometern durch das Wittgensteiner Bergland Richtung Hessen fließt. Insgesamt durchquert die Lahn drei Bundesländer: Ihr Quellgebiet liegt in Nordrhein-Westfalen, in ihrem Mittellauf durchfließt sie Hessen, um in Rheinland-Pfalz in den Rhein zu münden. Bei Marburg ist die Lahn schon ein breiter Fluss, ab Gießen durchfließt sie ein weites Becken und nach Wetzlar beginnt eine der schönsten deutschen Kanuflussstrecken: Die Lahn fließt in einem zumeist engen, zunächst 40 bis 50 Meter tief eingeschnittenen Tal, auf der Höhe verlaufen auf beiden Uferseiten die Lahn-Höhenwege, von denen sich spektakuläre Ausblicke in das Tal bieten. Bei Bad Ems hat sich die Lahn dann 150 bis 200 Meter tief eingeschnitten. Die Lahn zählt zum Stromgebiet des Rheins, in den sie bei Niederlahnstein auf 61 Meter Höhe in den Mittelrhein mündet. Die Wasserführung des 235 Kilometer langen Flusses schwankt in der regenreichen Mittelgebirgslandschaft stark: Ihren höchsten Pegel erreicht sie im Frühjahr nach der Schneeschmelze im Hessischen Bergland und im Westerwald, in den Sommermonaten sinken die Pegelstände häufig auf Niedrigwasser. Ab der Universitätsstadt Gießen ist die Lahn zumindest für Schiffe bis 200 Tonnen auf den letzten 137 Kilometern bis zur Einmündung in den Rhein schiffbar.

Auf ihrem ereignisreichen Lauf windet sich die Lahn durch wildromantische Landschaften in Deutschlands grüner Mitte. Egal wie man die Lahn für sich erobert, ob als Wanderer, mit dem Drahtesel auf dem Lahn-Radweg oder mit dem Kanu flussabwärts paddelnd: Der Reisende fühlt sich auf Schritt und Tritt wie auf einer Reise in das Land von Schneewittchen, Rotkäppchen, Dornröschen und Rumpelstilzchen.

Die märchenhaften Szenen der Brüder Grimm, die hier spielen, wärmen die Seele. Allgegenwärtig sind die tiefen Wälder, erhabene Burgen und Schlösser grüßen, stille Dörfer schmiegen sich an sanfte Hügel, auf-

wendig restaurierte Fachwerkhäuser laden in schattigen Gassen zum Schauen und Bummeln ein, bunte Felder reichen bis zum Horizont. Das Lahntal geizt nicht mit kulturellen und natürlichen Sehenswürdigkeiten: Hier zeigt sich Deutschland von seiner romantischen Seite.

Zwei bedeutende Nebenflüsse hat die Lahn: Aus dem Vogelsberg kommend, mündet die Ohm nördlich von Marburg bei Cölbe in den Fluss. Die Dill, der größte Nebenfluss, mündet bei Wetzlar in die Lahn ein.

Beide Nebenflüsse bieten in ihrem Hinterland ebenso attraktive Naturerlebnisse wie die Lahn selbst. Am Oberlauf der Dill ist Dillenburg inmitten dichter Wälder einen Abstecher wert. Pferdebegeisterte besuchen die Hessische Landesreit- und Fahrschule oder kommen zu den jährlich im September/Oktober stattfindenden Hengstparaden.

Die Lahn ist für Erholungssuchende wie für aktive Sportler ein Reise- und Freizeitparadies ersten Ranges. Das Wasserwandern, in der Regel mit Kanu, Kajak oder Paddelboot, aber auch mit Ruder-Wander-Zweiern oder -Vierern, ist eine beliebte Freizeitbeschäftigung. Der 180 Meter lange Schiffstunnel bei Weilburg, der vor gut 150 Jahren in den Fels getrieben wurde, wird als Geheimtipp unter Wassersportlern gehandelt. Fahrgastschiffe und Flöße laden zu eher beschaulichen Ausflugsfahrten ein.

Der Dom und das Schloss von Limburg thronen hoch über der Lahn (großes Bild). Ebenfalls an der Lahn liegt Burg Runkel (kleines Bild).

LAHNTAL

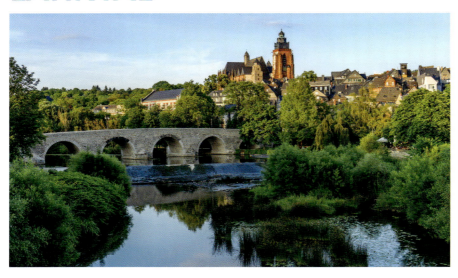

↗ **Auf dem Weg von der Lahnquelle in den Höhen des Naturparks Rothaargebirge über eine zunächst mäandrierende, später auch in Teilabschnitten begradigte Lahn bis zur Mündung in den Rhein erlebt der Reisende Natur pur. Der Fluss führt vorbei an malerischen Burgen sowie mittelalterlichen Städtchen, die mit engen Gassen und schönen alten Fachwerkhäusern zum Verweilen und Besichtigen einladen.**

Bad Laasphe Der liebliche Kneipp-Kurort liegt im Wittgensteiner Land, wo sich das Lahnbecken erstmals erweitert. Oberhalb der Lahn liegt Schloss Wittgenstein (1174), dessen ursprüngliche Gebäude direkt in den Fels gebaut wurden. Da sich in der Anlage heute ein Internat befindet, ist das Schloss nur von außen zu besichtigen.

Biedenkopf Am Ostrand des Rheinischen Schiefergebirges liegt das beschauliche Biedenkopf. Das im gotischen Baustil angelegte Landgrafenschloss (heute Hinterland-Heimatmuseum) thront hoch über der gemütlichen Altstadt mit ihren engen Gassen, schönen Fachwerkfassaden, einem schmucken Rathaus und dem Löwenbrunnen. Wer genau hinsieht, dem fällt auf, dass der Löwe der Burg die Zunge herausstreckt. Alle sieben Jahre lockt hier das Grenzgangfest zum ausgiebigen Feiern.

Marburg Zu Füßen des Landgrafenschlosses (14./15. Jh.) breitet sich die romantische Universitätsstadt aus. Auch heute noch gilt der Spruch: »Göttingen hat eine Universität, Marburg ist eine«, und zwar die erste protestantische Hochschule Deutschlands (1527). Am historischen Marktplatz rief 1248 Sophie von Brabant das Land Hessen aus. Die imposante Elisabethkirche im gotischen Baustil, deren Grundstein 1235 gelegt wurde, ist ein touristisches »Muss«. Entlang der Lahn bieten Rad- und Wanderwege herrliche Ausblicke auf das malerische Stadtbild. An der Weidenhäuser Brücke kann man Tret- oder Ruderboote mieten.

Gießen Diese Universitätsstadt ist im Zweiten Weltkrieg leider stark zerstört worden. Zu den verbliebenen Sehenswürdigkeiten gehören der Botanische Garten der Hochschule sowie das Neue Schloss und das Zeughaus, in denen Universitätsfakultäten untergebracht sind. In der nahen Umgebung laden bei Heuchelheim zahlreiche ehemalige Baggerseen zum Baden, Segeln, Surfen oder Angeln ein.

Wetzlar In der alten Domstadt, die im Rahmen einer Gebietsreform vorübergehend mit Gießen zu »Lahnstadt« politisch vereinigt worden war, beginnt für die meisten Wasserwanderer das Lahnerlebnis. Einzigartig ist der Blick von der Lahn über die alte Lahnbrücke zum weithin sichtbaren »Dom«, der evangelischen Stifts- und Pfarrkirche St. Maria. Die Altstadtgassen werden von verzierten Fachwerkhäusern gesäumt. In Wetzlar war der junge Goethe 1772 als Rechtspraktikant tätig. Hier verarbeitete er die Erfahrungen einer gescheiterten Liebe im Roman »Die Leiden des jungen Werthers« (1774), die im Lottehaus dokumentiert sind.

Weilburg Hoch über der Lahn thront das majestätische Schloss aus dem 16. Jahrhundert auf einem Felsen. Die barocke Altstadt hat einen quadratischen Marktplatz, der von schönen Bürgerhäusern aus dem beginnenden 18. Jahrhundert gesäumt wird. Ein Kuriosum ist der 195 Meter lange Lahntunnel, der über eine Doppelkammerschleuse eine Höhendifferenz von 4,65 Metern überwindet.

Der 1847 für den Verkehr freigegebene Tunnel verlor jedoch schon 1862 durch die Eisenbahn wieder seine wirtschaftliche Bedeutung.

Runkel Als Etappenziel bietet sich das liebliche Runkel mit seiner Burg (um 1150) und der gegenüberliegenden Trutzfeste Schadeck (1288) an, die nur von außen zu besichtigen ist.

Limburg In einer weiten Beckenlandschaft liegt das idyllische Limburg, das ehemals an einer Furt im Schnittpunkt zweier alter Handelsstraßen (Köln-Frankfurt und Koblenz-Wetzlar) gegründet wurde. Der weithin sichtbare siebentürmige romanische Dom, das Wahrzeichen der Stadt, und die romantische Altstadt mit ihren zahlreichen rot-weißen Fachwerkbauten sind einen ausgiebigen Besuch wert. Auf der Lahnbrücke, die einen schönen Ausblick bietet, wacht der heilige Nepomuk.

GASTRONOMIE

🍽 **Marburg: »Das kleine Restaurant«** Klein, aber fein: Dieses Bonmot passt perfekt zum nur 30 Plätze bietenden Restaurant mit einer ambitionierten Speisekarte und großer Weinauswahl. *(www.das-kleine-restaurant.de)*

🍽 **Gießen: »Heyligenstaedt«** Industriebau meets Gastronomie: In der ehemaligen Werkzeugmaschinenfabrik befindet sich seit 2012 ein modernes Restaurant, dessen Angebot von kleinen Gerichten bis zum Vier-Gang-Menü reicht. *(www.restaurant-heyligenstaedt.de)*

🍽 **Wetzlar: »Bootshaus«** Die Lahn fließt gemächlich an der lauschigen Terrasse vorbei, während in der Küche des seit 1880 bestehenden Ruderclubs internationale Speisen zubereitet werden. *(http://boots haus-wetzlar.de)*

🍽 **Limburg: »Himmel und Erde«** Das Familienunternehmen serviert seinen Gästen in der ehemaligen Kapelle am Schafberg regionale Speisen à la carte oder als Menü. *(www.kapelle-himmelunderde.de)*

Bad Ems Kuren im ursprünglichen Sinne oder auch Wellness nach Maß genießt der Besucher auch heute noch in Bad Ems, in dem sich einst auch gekrönte Häupter aus ganz Europa zur Kur einfanden. So sind die Bade- und Kurhäuser – vor allem die barocke Karlsburg (1669) – neben den Kirchen (Kaiser-Wilhelm-Gedächtniskirche, romanische St.-Martin-Kirche, russisch-orthodoxe Kirche) die Attraktionen der Stadt.

Lahnstein Über dem Ort an der Lahnmündung in den Rhein, der aus Nieder- und Oberlahnstein hervorgegangen ist, lohnt sich ein Besuch auf Burg Lahneck. Aber auch die Stadt selbst verspricht viel Sehenswertes.

In Wetzlar liegt der Dom, das Wahrzeichen der Stadt, oberhalb der Alten Lahnbrücke (linke Seite). Die Marburg thront hoch über den Häusern der gleichnamigen Stadt in Hessen (links).

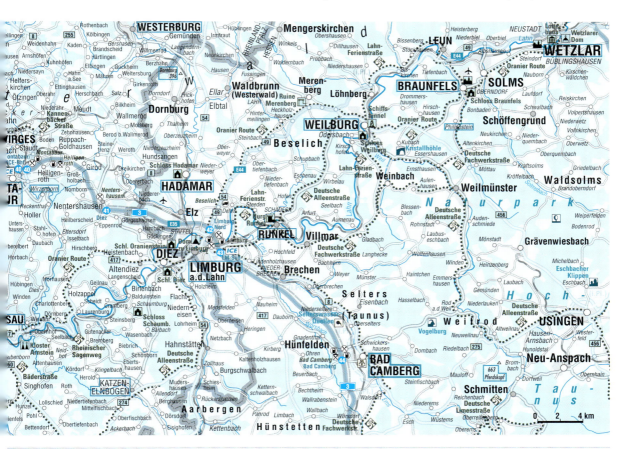

⮀ AKTIV AM WASSER

⮀ Mit dem Hausboot unterwegs

In diesem Zusammenhang bekommt die englische Bezeichnung »mobile home« eine völlig neue Bedeutung: Mit einem schwimmenden Ferienhaus lässt sich die Lahn aus ganz neuer Perspektive erkunden. Ein spezieller Führerschein ist nicht vonnöten, die Buchungszeiten reichen von einem Wochenende bis zu kompletten Wochen. (www.hausboote-lahn.de)

⮀ Lahn-Radweg

Der gut ausgeschilderte Lahn-Radweg führt den Radfahrer von der Quelle bis zur Mündung (http://lahn-radweg.de). Eine organisierte Tour mit ausgewählten Hotels, Gepäcktransport und Leihrädern bietet Velociped Fahrradreisen in Marburg (www.velociped.de) an.

⮀ Wasserski

Im Hot Sport See-Park in der Nähe von Marburg ist in Niederweimar auf dem Gelände einer ausgebeuteten Kiesgrube für Wassersportler und Sonnenanbeter ein Freizeitparadies entstanden. Hauptattraktion ist eine moderne Wasserski- und Wakeboard-Anlage. (http://seepark.hotsport.de/wakeboardangebote/beginner-angebote)

⮀ Schiffstunnel bei Weilburg

Seit 1847 können Schiffe den Weg abkürzen und statt um den Mühlberg herum einfach durch ihn hindurch fahren. Der Weilburger Schifffahrtstunnel ist damit der älteste seiner Art in Deutschland und mit 195,26 Metern auch der längste. Der Schifffahrtstunnel kann immer noch befahren werden. (www.weilburg-lahn.info/sehwert/schifft.htm)

⮀ Personenschifffahrt

Wer es eher gemütlich mag, der genießt die Flusslandschaft vom Deck der »Wappen von Limburg« der Lahntalschiffahrt Vomfell (https://lahntalschiffahrt.de). Die große Rundfahrt führt von Diez nach Balduinstein und retour. Schleusen und Stauwerke ermöglichen die Fahrt auf der kurvenreichen Strecke. Weitere Adressen listet die Interentseite www.daslahntal.de

⮀ Römerquelle Bad Ems

Die Römerquelle am Kurhaus ist eine von 15 Heilquellen, aus denen alkalisch-muriatische Thermalsäuerlinge hervorsprudeln. Umgeben von einem kleinen Säulenpavillon direkt an der Lahn sucht sich das 42 °C heiße Heilwasser seinen Weg an die Oberfläche. Besucher sind herzlich zu einem Probeschluck eingeladen.

🌊 Wochenendfahrt auf der Lahn

Die Lahn mit dem Kanu zu entdecken ist ein Natur- und Freizeitereignis ersten Ranges. Natürlich sollte auch der Weilburger Tunnel fester Bestandteil der Tour sein. Start für eine Wochenendfahrt ist die Schleuse in Solms-Oberbiel, möglicher Endpunkt kann das romantische Runkel sein. Mietstationen für Kanus gibt es überall an der Lahn. Anbieter sind u. a. Lahn Kanu in Wetzlar *(https://lahnkanu.com)* und Lahn Tours *(www.lahntours. de/kanu/mit-dem-kanu-auf-der-lahn)*. Einen guten Überblick über den Fluss und Adressen bietet der Bootsclub Limburg e. V. *(www.bcl-lahn.de)*.

Großes Bild: Blick über die Lahn zum Kurhaus Bad Ems; kleine Bilder: Sommer an der Lahn in Obernhof; Brunnen mit Mosaik in der Römerquelle Bad Ems; rechts: Kanufahrt auf der Lahn mit Blick auf die Lubentius-Basilika in Dietkirchen.

MOSEL

↗ **Sonnige Weinhänge, bewaldete Höhen, malerische Winzerorte, herrliche Städte und kulturelle Sehenswürdigkeiten kennzeichnen eine der bedeutendsten mitteleuropäischen Flusslandschaften.**

Die Mosel – französisch »Moselle« – ist der größte Nebenfluss des Rheins und nach diesem die zweitwichtigste Schifffahrtsstraße Deutschlands. 545 Kilometer Flusslauf mit vielen Schleifen, aber nur 278 Kilometer Luftlinie trennen die Quelle der Mosel am Col de Bussang in den südlichen französischen Vogesen von ihrer Mündung in den Rhein. Der Höhenunterschied zwischen Quelle und Mündung beträgt 1305 Meter, 14 Staustufen machen den Fluss ab Fronard für Güterschiffe befahrbar. Die Mosel verbindet drei europäische Länder und fließt durch eine der abwechslungsreichsten Landschaften Europas. Schon in frühester Zeit war das Tal Durchgangsland für viele europäische Völker, die die alte Kulturlandschaft Mosel nachhaltig geprägt haben – die ältesten Siedlungsspuren reichen bis in die Steinzeit zurück. Nach den Kelten kamen die Römer, sie brachten den Wein an die Mosel und machten das Moseltal damit zur ältesten Weinregion Deutschlands.

Wenn die Mosel bei Perl die deutsch-französische Grenze überquert, hat sie schon fast 300 Kilometer zurückgelegt, ist durch die Vogesen und das lothringische Stufenland geflossen und hat das Wasser einiger Nebenflüsse, darunter auch der Meurthe, aufgenommen. Zwischen der deutsch-luxemburgischen Grenze und der Einmündung von Sauer und Saar hat sie sich in die gewaltigen Keuper- und Muschelkalkschichten des Ostluxemburger Gutlandes ein breites Tal gegraben, das sich in den weichen Buntsandsteinschichten östlich von Igel zu der bis zu zwei Kilometer breiten Trierer Talweitung verbreitert. In diesem Flussabschnitt säumen immer wieder Klippen die romantische Auenlandschaft.

Während sich die Mosel von Perl bis Schweich in lang gezogenen Schleifen fortbewegt, windet sie sich nun zunächst stark mäandrierend durch ein enges, meist 200 bis 300 Meter tief eingeschnittenes Kastental zwischen Eifel und Hunsrück. Die wichtigsten Nebenflüsse aus den Höhenlagen des Hunsrücks sind die bei Trier einmündende Ruwer und die bei Neumagen-Dhron einmündende Dhron. Bedeutende Zuflüsse auf der Eifelseite sind bis Traben-Trarbach die Kyll, die Salm und die Lieser. Nördlich von Traben-Trarbach wird das Tal schmaler und steiler, zwischen Cochem und Koblenz nimmt es einen fast canyonartigen Charakter an. Schöne Nebentäler bilden der Alf-

bach, die Endert und der Elzbach, die alle auf der linken Uferseite einmünden. Die Mosel ist bekannt und berühmt für ihre großen Mäander mit steilen Prall- und sanften Gleithängen. Den längsten Mäander, den sogenannten Moselkrampen, hat sich der Fluss zwischen Bremm und Cochem geschaffen, der spektakulärste liegt gleich nebenan: Im Bremmer Calmont zwischen Bremm und Ediger-Eller liegt der steilste Weinberg der Welt. Eifel und Hunsrück gehören zum Rheinischen Schiefergebirge. Nördlich der Mosel erstreckt

sich die waldreiche und von Flusstälern durchzogene Mittelgebirgslandschaft der Eifel. Gebirgigen Charakter haben Hocheifel und Schneeeifel. Markanteste Merkmale der Eifel sind die Lavakuppen längst erloschener Vulkane sowie die idyllischen Maare. Besonders stimmungsvoll sind die Dauner Maare und der Laacher See, an dem die Abteikirche Maria Laach liegt.
Der durchschnittlich 400–500 Meter hohe Hunsrück ist der südlichste Teil des Rheinischen Schiefergebirges. In die nur leicht ge-

wellte Hochfläche, auf der sich viele kleine Ortschaften verteilen, haben sich schluchtartige Täler eingegraben, den Höhenrücken bedeckt eines der größten Waldgebiete Deutschlands.

Großes Bild: Die Piesporter Moselschleife liegt mitten in einem der größten Weinanbaugebiete an der Mosel. Kleines Bild: Gute Tropfen werden auch in Kröv an der Mosel angebaut.

OBERMOSEL

↗ **Wenn die Mosel die deutsch-französische Grenze passiert, hat sie schon über die Hälfte ihres Weges hinter sich. Doch noch immer ist sie ein schmaler Fluss, der sich nun im deutsch-luxemburgischen Grenzgebiet durch relativ breite Tal- und Auenlandschaften schlängelt, begleitet von schroffen Felsen, weitläufigen Rebhängen, intensiv genutzten Ackerbauflächen und gemütlichen Winzerdörfern.**

Perl Funde aus der Mittelsteinzeit, der Bronze- und der Eisenzeit belegen, dass die aus 14 idyllisch gelegenen Dörfern bestehende Weinbaugemeinde zu den ältesten Siedlungsgebieten des Saarlandes zählt, ihre Ortsnamen lassen auf eine frühe keltische Besiedlung schließen.
Zu den großartigsten römischen Hinterlassenschaften zählen die Überreste der prunkvollen Villa Urbana in Nennig. Der Mosaikfußboden gilt als der besterhaltene nördlich der Alpen.
In Borg werden seit 1987 die Reste eines großen gallo-römischen Gutshofes freigelegt und

teilweise rekonstruiert. Zur Römischen Villa Borg gehören Wohn- und Wirtschaftsgebäude, ein Badehaus, eine Taverne und wundervolle Gärten.
Aus dem Mittelalter stammen sehenswerte Kirchen und Schlösser. Schloss Berg oberhalb von Nennig wurde 1580 aus zwei Wasserburgen erbaut, sehenswert ist der Renaissancegarten. Nur wenige Kilometer entfernt erhebt sich Schloss Bübingen, dessen Neubau (18. Jh.) seit 1944 eine Ruine ist. Das herrliche Palais von Nell in Perl selbst wurde 1733 als Hofhaus des Trierer Domkapitels errichtet.

Palzem In der beschaulichen Winzergemeinde soll schon zu keltisch-römischer Zeit eine Brücke über die Mosel geführt haben. Das Ortsbild dominieren die Dorfkirche Helfanter Dom und das auf einem Felsen thronende Schloss Thorn (13. bzw. 16./17. Jh.), das älteste Schloss-Weingut an der Mosel.

Nittel liegt an einer von Dolomitfelsen gerahmten Moselschleife. Es gilt als das Zentrum des Weinbaus an der Obermosel, auch hier zeugen Funde von römischer Besiedlung. Im Ort fällt der Blick auf schöne, alte Winzerhöfe und auf die im 11. Jahrhundert erbaute Pfarrkirche. Oberhalb von Nittel lockt die St.-Rochus-Kapelle mit einer herrlichen Aussicht auf die Mosel und das Luxemburger Gutland.

Tawern Unbedingt empfehlenswert ist der Abstecher von Temmels nach Tawern. Zwischen 1986 und 1987 wurde auf dem Metzenberg eine gallo-römische Tempelanlage freigelegt und teilweise rekonstruiert. Im Mannebachtal unterhalb des Berges liegen die Überreste einer römischen Straßensiedlung an der historischen Straße zwischen Italien und Trier.

Igel Der alte Weinort breitet sich zu Füßen steiler Felsen an der Öffnung des Obermoseltals zum Trierer Talbecken aus. Berühmt gemacht hat ihn die Igeler Säule (3. Jh.), die zum Weltkulturerbe zählt. Das größte erhaltene römische Pfeilergrabmal nördlich der Alpen (etwa 23 Me-

ter hoch) gehörte einer kelto-romanischen Tuchhändlerfamilie. In den Weinbergen über Igel befindet sich mit dem Grutenhäuschen ein weiteres römisches Grabmal (3. Jh.).

Konz Auch an der Einmündung der Saar lebten schon in der Bronzezeit Menschen. Die Römer bauten eine sechsbogige Steinbrücke über die Saar, und im 4. Jahrhundert diente Konz dem römischen Kaiser Valentinian I. als Sommerresidenz. Überreste der Kaiservilla sind bei der Pfarrkirche St. Nikolaus zu besichtigen. Im Stadtteil Karthaus lohnt der Besuch der Kartause (17. Jh.) mit der hohen Kirche und Resten des Kreuzgangs. Außerhalb der Stadt zeigt das Freilichtmuseum Roscheider Hof neben einer volkskundlichen Sammlung auch Vorführungen alter Arbeitstechniken in historischem Umfeld.

Trier Von der römischen Vergangenheit der Stadt zeugen Bauwerke wie Porta Nigra, Palastaula, Kaiserthermen und Amphitheater. Aus dem Mittelalter stammen Dom und Liebfrauenkirche.

Trier-Pfalzel Am nördlichen Stadtrand von Trier liegt Pfalzel, dessen Name sich von »palatiolum« herleitet. Im Mittelalter wurden Teile einer spätrömischen Palastruine als Wände für eine Klosterkirche, Scheunen und Häuser genutzt. Pfalzel mit seiner Stadtmauer (16. Jh.) ist mit dem Schiff in 30 Minuten vom Zentrum aus zu erreichen.

Neumagen-Dhron Der älteste Weinort Deutschlands liegt bereits an der Mittelmosel. Ein archäologischer Rundweg führt zu den Resten des römischen Kastells Kaiser Konstantins sowie zu Nachbildungen römischer Kunstdenkmäler wie dem berühmten Neumagener Weinschiff.

Links: Nittel ist ein bedeutender Weinort an der Obermosel. Links unten: Porta Nigra in Trier.

GASTRONOMIE

👨‍🍳 **Perl: Restaurant »Maimühle«** Als Anhänger der Slow-Food-Initiative vertritt die »Maimühle« eine nachhaltige Esskultur und verwendet Lebensmittel nur in Bio-Qualität. Die Speisekarte des seit 1883 bestehenden Hauses saisonal und regional zu gestalten, gehört ebenfalls dazu. *(https://maimuehle.de)*

👨‍🍳 **Nittel: Gutsrestaurant »Sektscheune«** Dem originellen Namen wird die Sektscheune in all seiner Gegensätzlichkeit gerecht. Die Weine des Weinguts Zilliken treffen auf regionale Gerichte mit dem gewissen Etwas, während man gemütlich draußen im Garten oder drinnen in der ehemaligen Sektproduktionsstätte Platz nimmt. *(www.zilliken.com)*

👨‍🍳 **Neumagen-Dhron: »Hotel zum Anker«** Von der Weinlaube aus haben Gäste freie Sicht auf die Mosel und auf das Römerschiff »Stella Noviomagi«, das gleich gegenüber vor Anker liegt. Vielleicht sticht es sogar gerade zu einer Weinfahrt in See, während die Restaurantbesucher an Land Klassiker der Region genießen. *(www.hotelzumanker.de)*

⌇ AKTIV AM WASSER

⌇ Moselschifffahrt
Auf der Obermosel verkehrt im Sommer das Passagierschiff »Marie Astrid«, das fahrplanmäßig in Trier und auf luxemburgischer Seite anlegt. Auskunft über die Tourist-Information Trier *(An der Porta Nigra, Tel. 0651/97 80 80; www.trier-info.de).*

⌇ Schwimmen
In der Obermosel kann man zwar nicht baden, doch laden Freizeitbäder in der Region dazu ein:
Hallen- und Freibad Saarburg (Tel. 06581/98 87 00);
Saar-Mosel-Bad in Konz (Tel. 06501/609 21 70)

⌇ Radfahren an der Obermosel
Von Perl nach Trier geht es ein Stück auf dem Moselradweg entlang. Wer die ganze Etappe radelt, hat am Abend 55 Kilometer in den Beinen und auf seinem Weg Wincheringen, Wellen, Oberbillig und Konz passiert. In Konz, wo die Saar in die Mosel fließt, ist ein Wechsel auf den Saar-Radweg möglich. Informationen zur Etappe unter *http://mosel-radweg-etappen.com*

⌇ Moselhöhenweg
Er ist der bekannteste Wanderweg, doch schöne Wandermöglichkeiten versprechen auch die thematischen Lehrpfade. Informationen bei Mosellandtouristik *(Tel. 06531/973 30, www.mosellandtouristik.de).*

⌇ Weinlehrpfad Nittel
Der Weg führt, beginnend am Ortsausgang von Nittel, durch die Weinlage Nitteler Leiterchen. Infotafeln geben auf dem etwa 1,5 Stunden langen, mittelschweren Spaziergang Einblicke in Rebsorten, Weinanbau und historische Entwicklungen an der Obermosel. Informationen zum Weg unter Saar-Obermosel-Touristik in Konz *(www.saar-obermosel.de)*

⌇ Drachenbootrennen
In Neumagen-Dhron findet jeden Juni das große Weinblütenfest mit exotischem Drachenbootrennen statt. Auskünfte erteilt die Tourist-Information Neumagen-Dhron *(Tel. 06507/65 55).*

⌇ Römerweinschiff »Stella Noviomagi«

Das Vorbild der »Stella Noviomagi« ist ein antikes Weinschiff, das einst das Grab eines reichen Händlers zierte. Vorbei an berühmten Weinlagen wie der Trittenheimer Apotheke und dem Piesporter Goldtröpfchen fährt der Nachbau heute die Mosel auf und ab. An Bord erzählen Experten Wissenswertes über die lange Tradition des Weinanbaus in der Region. Informationen zu Fahrten mit dem Römerweinschiff über die Tourist-Information Neumagen-Dhron *(Tel. 06507/65 55)*

⌇ Skulpturenweg Rheinland-Pfalz

Von Konz bis Palzem fügen sich die Exponate der Ausstellung »Steine am Fluss« als Teil des Skulpturenwegs Rheinland-Pfalz in die Natur ein. Die 16 Werke von Bildhauern aus verschiedenen Ländern bereichern die Kulturlandschaft Obermosel auf 30 Kilometer Länge. Der ganze Weg eignet sich bestens für eine Tagestour mit dem Fahrrad. *(www. saar-obermosel.de/kultur/sehens wertes/skulpturenwege/skulpturen weg-mosel.html)*

⌇ Segeln und Surfen

Für Wassersportler hat die Mosel einiges zu bieten. Neumagen-Dhron beispielsweise verfügt über einen Jachthafen, wo Segler sowohl mit dem eigenen Boot anlegen als auch eines ausleihen können. Am Moselufer in Schweich-Issel befindet sich neben Liegeplätzen für Privatboote auch eine Wasserskianlage, die vielfältig genutzt werden kann. Im Wakepark Triolago in Riol bei Trier stehen sowohl Wasserskier als auch Wakeboards zum Benutzen bereit.

Oben: In Neumagen kann man eine Moselschifffahrt mit dem Römerschiff »Stella Noviomagi« unternehmen. Kleine Bilder: Weinlehrpfad Nittel; Hausboot auf der Mosel.

SAAR UND RUWER

↗ **Eine Auenlandschaft mit Weinhängen und Winzerorten begleitet die gewundene Saar, deren schönster Teil mit der Saarschleife bei Mettlach beginnt. Die Ruwer durchfließt abwechslungsreiche Landschaften, die zunächst von ausgedehnten Wäldern und später von den steilen Weinbergen und Weindörfern des Ruwertals gekennzeichnet sind. Dabei überwindet der Fluss von der Quelle bis zur Mündung 500 Höhenmeter.**

Das Saartal

Saarbrücken Die Saar teilt die Stadt an der französischen Grenze in zwei Teile. Durch die Bombenangriffe des Zweiten Weltkriegs hat die saarländische Hauptstadt nur noch wenig alte Bausubstanz aufzuweisen. Auf den Nassauischen Fürsten Friedrich Wilhelm geht der Bau des Schlosses und der Ludwigskirche zurück. Wenige Kilometer flussabwärts befindet sich die 1873 gegründete Völklinger Hütte, die als Industriedenkmal zum Weltkulturerbe der UNESCO zählt. Im 19. Jahrhundert war sie eine der modernsten Industrieanlagen Europas.

Merzig Die in grüne Hügel eingebettete Stadt, eine römische Gründung, gilt als das Tor zum romantischen Saartal. Bauwerke aus acht Jahrhunderten prägen das Stadtbild, darunter die reich ausgestattete Pfarrkirche St. Peter (13. Jh.), die einzige erhaltene romanische Kirche des Saarlands. Den Mittelpunkt des Stadtzentrums bildet das prächtige Stadthaus (historisches Rathaus), das im 17. Jahrhundert als kurfürstliches Schloss errichtet wurde.

Mettlach Seit 1809 befindet sich hier der Firmensitz der Keramikfirma Villeroy & Boch, die ihren Betrieb in einer ehemaligen Benediktinerabtei begann. Die schlossähnliche, mehr als 250 Jahre alte Abtei, in der ein Keramikmuseum untergebracht ist, gilt als eines der schönsten Fabrikgebäude Deutschlands. Im Abteipark stehen der Alte Turm, eine kleine Marienkirche (Ende des 10. Jh.) und ein restaurierter Schinkelbrunnen (1838). Die 1905 geweihte Lutwinuskirche beeindruckt vor allem durch ihre schönen Mosaiken und ein berühmtes Kreuzreliquiar (1230).

Kasteller Klause Über Taben-Rodt erreicht man die Klause in spektakulärer Lage auf einem steilen Felsen über dem Saartal. Der preußische Kronprinz Friedrich Wilhelm ließ die zweistöckige Grabkapelle um 1835 nach Entwürfen von Schinkel auf den Resten einer Kapelle aus dem 16. Jahrhundert erbauen. In keltischer Zeit befand sich auf der Felsnase eine Kultstätte.

Serrig Der Weinort liegt reizvoll inmitten sonnenbeschienener Weinberge und gegenüber den bizarren Buntsandsteinfelsen des anderen Saarufers. Mit Schloss Saarfels, das 1912 im Stil einer mittelalterlichen Burg errichtet wurde, und dem zauberhaften Weingut Schloss Saarstein besitzt die Gemeinde gleich zwei prächtige Schlösser. Zu den Zeugnissen aus römischer Zeit zählt u. a. das Widdertshäuschen, ein römisches Grabmal.

Saarburg Im Jahr 964 ließen die Grafen von Luxemburg auf einem Inselberg über der Saarschleife die eindrucksvolle Festung Saarburg errichten, die

haben. Das Dorf gehörte von 893 bis zur Französischen Revolution der Abtei Maximin auf der anderen Flussseite. Das im 19. Jahrhundert erweiterte Maximiner Hofhaus (1638) heißt heute Schloss Grünhaus und ist ein Weingut.

Eitelsbach Der kleine, aber bedeutende Weinort gehört zu Trier. Sehenswert ist die Kirche St. Clemens, eine gewölbte Säulenbasilika (19. Jh.). Bekannt gemacht hat den Ort der Eitelsbacher Kartäuserhof, der Anfang des 14. Jahrhunderts dem Trierer Kartäuserkloster geschenkt wurde und seit Anfang des 19. Jahrhunderts ein Weingut ist.

heute als romantische Ruine das Tal überblickt. Alljährlich besuchen unzählige Gäste den malerischen Altstadtkern mit den verwinkelten, oftmals steil ansteigenden Gassen und den verschachtelten Häusern, ihre reizende Unterstadt mit den hübschen, bunten Fischer- und Schifferhäuschen, ihr bezauberndes »Klein-Venedig« am Leukbach und vor allem den Wasserfall des Leukbaches, der mitten in der Stadt 20 Meter in die Tiefe stürzt und die Wasserräder der Mühlen antreibt. Einen Besuch lohnt auch die Saarburger Glockengießerei Mabilon.

Ayl Eine 1971er Trockenbeerenauslese seiner Weinlage »Kupp« hat den alten Winzerort und seinen Hausberg, die Ayler Kupp, weltweit bekannt gemacht. Dem Wein verdankt der Ort auch seine Hauptsehenswürdigkeit, einen barocken Weinhof, den die Trierer Erzbischöfe hier bauten. Reste aus römischer Zeit deuten auf eine frühe Besiedlung hin.

Ockfen Der berühmte Weinort erstreckt sich in einem alten Umlauftal gegenüber von Saarburg. Funde belegen, dass hier schon vor 2000 Jahren Wein angebaut wurde. Das idyllische Ortsbild wird durch barocke Weinhöfe und die neugotische Dorfkirche St. Valentin geprägt.

Wawern Im kleinen, ebenfalls im Talgrund einer alten Saarschleife gelegenen Winzerdorf

kann der Besucher im Rahmen eines Lehrpfads durch das Dorf und die nähere Umgebung die Historie des Orts kennenlernen. Besonders sehenswert sind der alte Dorfplatz mit der renovierten Synagoge (1820) und der Weinhof zu Wawern (1722).

Kanzem Der Abkürzungskanal der Saarschifffahrtsstraße hat eine Art Insel geschaffen. Auf ihr liegt im flachen Uferbereich des Saaraltarms der Weinort Kanzem mit seinen reizvollen alten Häusern. Eine Brücke verbindet ihn mit seinen Weinlagen am anderen Flussufer.

Das Ruwertal

Ruwerquelle Die Ruwer entspringt in mehreren Quellen unterhalb des 708 Meter hohen Rösterkopfes im Hunsrück auf ungefähr 660 Metern. Erster größerer Ort auf dem Weg zur Mosel ist der Luftkurort Kell am See, der im Ruwertal zwischen Osburger Hochwald im Norden und Schwarzwälder Hochwald im Süden liegt.

Zerf Ein jüdischer Friedhof mit neun Grabstätten, die aus der Zeit zwischen 1910 und 1920 stammen, erinnert an eine kleine jüdische Gemeinde, die es in der Ruwer-Ortschaft gab.

Waldrach Zu den Sehenswürdigkeiten der wohlhabenden und größten Weinbaugemeinde

im Ruwertal zählen die beeindruckende, neogotische Pfarrkirche und Reste der römischen Wasserleitung.

Kasel Als bekanntester Winzerort an der Ruwer kann Kasel bezeichnet werden, der Name geht auf das spätrömische casale (»Gehöft«) zurück. Hier gibt es gleich zwei alte Weinhöfe, die zur Abtei St. Maria bzw. dem Stift St. Paulin gehören.

Mertesdorf Die in einem kleinen Nebental der Ruwer gelegene Ortschaft gilt als der älteste Weinort im Ruwertal. Hier sollen schon die Römer Wein angebaut

Ruwer Im Trierer Stadtteil liegt der romantische, einstmals kurfürstliche Hof Duisberg. Um seinen Innenhof gruppieren sich ein Treppenturm von 1588, ein Wohnturm aus dem 14. Jahrhundert und ein zweigeschossiges Wohnhaus mit Treppenturm und Verteidigungsturm.

Linke Seite: Mettlach an der Saarschleife (oben); Saarburg und Merzig mit der Propsteikirche St. Peter (kleine Bilder). In Saarbrücken ist die nach dem Zweiten Weltkrieg wiederaufgebaute Ludwigskirche sehenswert (oben).

GASTRONOMIE

👨‍🍳 **Saarbrücken: »Herzenslust«** Egal, ob zum ausgiebigen Frühstück am Wochenende, mittags oder zum gemütlichen Dinner: Das Retro-Ambiente im Restaurant sorgt immer für gute Stimmung. *(https://herzenslust-saar.de)*

👨‍🍳 **Ockfen: »Restaurant im Weinhotel Klostermühle«** Gäste fühlen sich sofort zu Hause im familiären Ambiente dieses Hotelrestaurants. Die Weine kommen vom eigenen Weingut und die regionalen Gerichte schmecken beinahe so gut wie bei Muttern. *(www.hotel.klostermuehle-saar.de)*

👨‍🍳 **Mettlach: »Salzbadkeller«** Zwischen Saar und Langweiher liegt der »Salzbadkeller«, dessen Küche französisch und international inspiriert daherkommt. Platz findet sich entweder im historischen Kellergewölbe, im modernen Gastraum oder an einem der Tische direkt in der Fußgängerzone. *(http://salzbadkeller.de)*

👨‍🍳 **Mertesdorf: »Hotel Weis«** Restaurant und Vinothek verbreiten den anheimelnden Charme früherer Zeiten, den die regionale Speisekarte aufs Beste unterstützt. Auf der großzügigen Terrasse entspannt man bei einem Gläschen Wein vom eigenen Weingut. *(www.hotel-weis.de)*

≋ AKTIV AM WASSER

≋ Personenschifffahrt

Schiffsanlegestellen an der Saar gibt es u. a. in Konz, Mettlach, Ockfen, Saarburg und Serrig. Schiffsrundfahrten und Tagesfahrten auf Saar und Mosel bieten u. a. Saar-Personen-Schifffahrt in Saarburg *(Tel. 06581/991 88; www.saarflotte. de)* und Personen-Schifffahrt Gebr. Kolb in Briedern *(Tel. 02673/15 15; www.moselrundfahrten.de)* an.

≋ Kanufahrt

Das Wassersportzentrum am Saarufer *(Kanu SaarFari, Tel. 0152/34 00 34 62, www.KanuSaarFari.de)* verleiht Kanus und bietet verschiedene Touren auf der Mosel an.

≋ Volkskunde- und Freilichtmuseum Roscheider Hof

Auf dem Gelände des Freilichtmuseums wird ländliche Kulturgeschichte wieder lebendig. Historische Originalbauten zeigen anschaulich, wie die Menschen früher im Hunsrück und an der Mosel lebten. Rundum wachsen Blumen- und Pflanzenarten nach alter Tradition. *(www.roscheiderhof.de)*

≋ Sesselbahn Saarburg

Von Saarburg aus führt eine Sesselbahn auf den Wartberg, von wo verschiedene Touren starten. Wenn es allerdings schnell bergab gehen soll, empfiehlt sich eine rasante Talfahrt auf der Sommerrodelbahn. *(http://saarburger-sesselbahn.de)*

≋ Themenwanderwege rund um die Ruwer

Der Schutz der Ruwer und all ihrer natürlichen Landschaften steht in der Region an oberster Stelle. Um für diese sensiblen Ökosysteme zu sensibilisieren und gleichzeitig die einzigartige Natur erfahrbar zu machen, führen mehrere Wanderwege mit unterschiedlichen Schwerpunkten wie »Grünland ist mehr als nur Gras« oder »Zur Kinderstube der Libellen« durch die Landschaft. Auf *www.ruwer.eu/wandern* stehen die einzelnen Routen als PDF zur Verfügung.

⌐ Saarspektakel

Einmal im Jahr verwandelt sich die Saar-Promenade in Saarbrücken zur Erlebnismeile: Ein Wochenende lang strömen zahlreiche Besucher hierher, um beim alljährlichen Drachenbootrennen dabei zu sein, an den Ständen vorbeizuflanieren oder an einer der Musikbühnen mitzufeiern. *Informationen unter www.saarspektakel.de*

⌐ Saarburger Kreuzberg

Von der 2015 erbauten Aussichtsplattform auf dem Kreuzberg eröffnet sich Wanderern ein weiter Blick hinunter ins Saartal.

⌐ Unter Wölfen

Der Wolfsforscher Werner Freund lebt im einzigartigen Wolfspark im Kammerforst bei Merzig seit drei Jahrzehnten für seine Forschungen als »Wolf unter Wölfen«. In großzügigen Gehegen im Kammerforst bei Merzig tummeln sich hier rund 20 Wölfe, die von Wolfsforschern und Pflegern betreut werden. Bei den interessanten Führungen kann man beobachten, wie der »Wolfsmensch« – so der Titel eines der Bücher Werner Freunds – die Verhaltensweisen der Wölfe annimmt und als Rudelmitglied akzeptiert wird. *(Tel. 01717/49 69 99; www.wolfspark-wernerfreund.de).*

⌐ Ruwer-Hochwald-Radweg

Früher führte eine Eisenbahnstrecke hier am Nebenarm der Mosel entlang, heute fahren sportlich Aktive auf ihren Drahtrössern durch die reizvolle Landschaft. Die komplette Strecke von Ruwer bis Hermeskeil beträgt 50 Kilometer und führt über mehr als 20 Brückenbauwerke. Informationen zum Streckenverlauf unter *www.ruwer-hochwald-radweg.de*

Großes Bild: Über der Saar und der Stadt Saarburg erhebt sich die bereits im 10. Jahrhundert erwähnte Burg. Kleine Bilder oben: beim »Saarspektakel« in Saarbrücken; Kanufahrt auf der Mosel.

↗ **Hinter Trier beginnt der schönste Teil der Mosel. In weit geschwungenen Schleifen windet sie sich durch ein tief eingeschnittenes Kastental mit hohen Rebhängen und Bergwäldern. Ab Cochem wird der Flusslauf gerader, die steilen Felshänge mit den üppigen Weinterrassen lassen das Tal teilweise einem Canyon ähneln, und an fast keinem anderen Ort Deutschlands gibt es mehr prächtige Burgen als hier.**

Bernkastel-Kues Das Stadtbild wird von bestens erhaltenen historischen Bauwerken wie etwa dem Renaissance-Rathaus (1608) am bezaubernden Marktplatz in Bernkastel oder dem St.-Nikolaus-Hospital in Kues geprägt. Am Marktplatz steht auch der schönste der herrlichen Fachwerkbauten, das Spitzhäuschen aus dem 15. Jahrhundert, sowie die Pfarrkirche St. Michael (14. Jh.), die in ihrem Inneren kostbare Kunstwerke birgt. Ihr Glockenturm wurde einst als Wehrturm der Stadtmauer erbaut. Oberhalb von Bernkastel lockt die Burg Landshut mit einem traumhaften Ausblick.

Traben-Trarbach Die reizvolle Winzerstadt war seit Mitte des 18. Jahrhunderts gut 200 Jahre der reichste Ort an der Mosel, was sich noch heute an ihren prachtvollen Bauwerken ablesen lässt. Beeindruckend ist das luxuriös ausgestattete Böckinghaus (1760), das heute das Mittelmoselmuseum beherbergt, erlesen sind Jugendstilbauten wie die Huesgen-Villa. Ein interessantes Bau-Ensemble der Gründerzeit sind das Lorettahaus und das Kaiserliche Postamt. Von der Burgruine Grevenburg eröffnet sich eine prachtvolle Aussicht. An der nächsten, besonders schönen Moselschleife liegt der alte Weinbauernort Bremm.

Zell Zu den Sehenswürdigkeiten der kleinen Stadt zählen ritterliche Landsitze, das Kurfürstliche Schloss, der Runde Turm als Rest der alten Stadtbefestigung und die Pfarrkirche (18. Jh.). Der Katzbrunnen vor dem historischen Rathaus (Heimatmuseum) trägt das Wappentier der Stadt.

Beilstein Am Fuße der Burgruine Metternich liegt Beilstein, dessen kleiner Marktplatz im historischen Ortskern am Abend besonders romantisch wirkt. Auf dem Klosterberg erhebt sich die Klosterkirche der Karmeliter (17./18. Jh.) mit barocker Originalausstattung.

Cochem Die erstmals 886 urkundlich erwähnte Stadt zählt zu den meistbesuchten Orten des Moseltals. Bestechend ist ihre Lage zwischen der Reichsburg, der Ruine Winneburg im Enderttal und dem Aussichtspunkt Pinnerberg. Ihr malerischer Altstadtkern mit den engen Gassen und den verwinkelten Fachwerkhäusern, dem Marktplatz mit dem barocken Rathaus sowie den mittelalterlichen Stadttoren Martinstor, Balduinstor und Endertor wird von der Pfarrkirche St. Martin überragt, einer fränkischen Gründung. Das Wahrzeichen des schönen Ortes ist die im 19. Jahrhundert wiedererrichtete Reichsburg mit dem Hexenturm aus dem 11. Jahrhundert.

Moselkern Ein romantischer Spazierweg führt von dem reizvollen Weinort Moselkern durch das schöne Elzbachtal zu der auf einem steilen Felsen thronenden Burg Eltz – einer Bilderbuchburg aus dem 12. Jahrhundert mit Giebeln, Erkern und acht Wohntürmen.

Alken Alte Fachwerkhäuser und Weingüter, Teile der mittelalterlichen Stadtmauer, ein mächtiges Burghaus sowie die im Kern romanische Micheliskapelle bestimmen das idyllische Ortsbild. Über dem Ort erhebt sich die sehenswerte Burg Thurant.

Kobern-Gondorf Sanft geschwungene Hänge umgeben den gemütlichen Winzerort. Am Marktplatz mit dem Tatzelwurmbrunnen, der symbolisch für die Mosel und ihre zahlreichen Schleifen steht, steht das älteste Fachwerkhaus Deutschlands, der Abteihof St. Marien, und nicht weit davon entfernt beeindruckt die Kirche St. Lubentius (1826) mit ihrer wertvollen Ausstattung. Am Beginn des Mühltals geht es hinauf zu den Resten der Niederburg (12. Jh.) und der Oberburg mit dem gut erhaltenen Bergfried (12. Jh.). Als Meisterwerk der rheinischen Spätromanik gilt der Sechseckbau der Matthiaskapelle (um 1225) neben dem Bergfried, die bis zur Mitte des 14. Jahrhunderts das Haupt des Apostels Matthias barg. Den Ortsteil Gondorf dominieren das Schloss Liebig (19. Jh.) und das Schloss von der Leyen, eine der wenigen Wasserburgen im Moseltal.

Bilder oben: Blick auf Bernkastel-Kues mit Burg Landshut; romantisches Moselufer in Traben-Trarbach; links: Über dem Tal der Mosel erhebt sich die Reichsburg Cochem.

GASTRONOMIE

Bernkastel-Kues: »Schützenhaus« Der Ort liegt einem im wahrsten Sinne des Wortes zu Füßen, sobald man im Biergarten des »Schützenhauses« Platz nimmt. Ein Blick in die Weinkarte lohnt sich. *(www.schuetzenhaus-bernkastel.de)*

Cochem: »Straußwirtschaft Daniel Bach« Als die einzige Straußwirtschaft in der Stadt Cochem lädt das Lokal des Weinguts Bach seine Gäste von Mai bis September in den gemütlichen Innenhof des über 100 Jahre alten Winzerhauses ein. *(www.bach-wein.destrausswirtschaft.htm)*

Kobern-Gondorf: »Alte Mühle Höreth« Moselfränkische Spezialitäten kommen in diesem Traditionsgasthaus auf den Tisch. Draußen nehmen Gäste im Mühlengarten Platz. *(www.thomashoereth.de)*

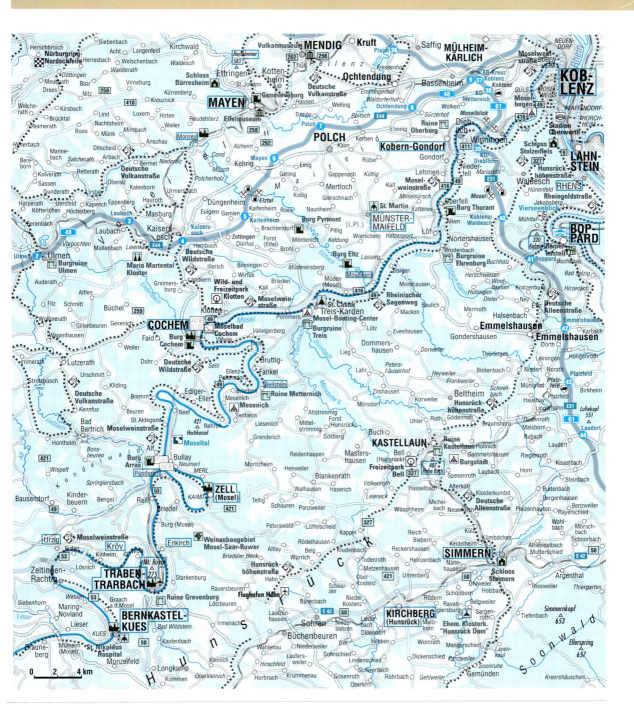

AKTIV AM WASSER

Kanufahrt auf der Mosel

Kanuverleihstationen entlang der unteren und der mittleren Mosel befinden sich in Piesport *(Tel. 06507/55 58)*, Zell *(Café im Hamm, Tel. 06542/ 45 66)* und Winningen *(neben Café Sander, Tel. 0171/310 07 25)*.

Calmont-Klettersteig

Gut gesichert geht es etwa 250 Höhenmeter hinauf auf den steilsten Weinberg Europas. Drahtseile und Trittleitern erleichtern die Fortbewegung im steilen Gelände. Gutes Schuhwerk, Trittsicherheit und Schwindelfreiheit sind Grundvoraussetzung für die erlebnisreiche Tour. Informationen erteilt die Tourist-Information Mosel Calmont Region *(Tel. 02675/13 44)*.

Maifeld-Radwanderweg und Mosel-Radweg

Im Frühjahr führt der Maifeld-Radweg von Mayen bis Münstermaifeld/Ochtendung durch ein goldgelb blühendes Rapsmeer. Besonders imposant ragt auf der Strecke ein 40 Meter hoher Natursteinviadukt über das Nettetal. Fahrradfahrer, die sich für eine Etappe auf dem Mosel-Radweg entscheiden, bekommen mit dem Audioguide was auf die Ohren: An mehreren »Lauschpunkten« erfahren Interessierte Wissenswertes und Sagenhaftes über die Region, zum Beispiel, was es mit dem Tatzelwurm bei Kobern-Gondorf auf sich hat. Damit das Hörerlebnis nicht im Funkloch verschwindet, steht der Audioguide per App zum Download bereit. *(www.sonnige-untermosel.de/rad fahren/audio-tour-am-mosel-rad weg)*

Burgen und Schlösser

Entlang der Mosel erzählen viele historische Bauwerke Geschichten aus vergangenen Zeiten. Ein Bild der Burg Eltz bei Wierschem zierte einst den 500-D-Mark-Schein, die Reichsburg Cochem gilt als »Neuschwanstein der Mosel«. Die Burgruine Landshut thront über der Altstadt von Bernkastel-Kues und ist touristisch bestens erschlossen. Die Burg Thurant hoch über dem Ort Alken befindet sich inzwischen in Privatbesitz, kann aber besichtigt werden. Des Weiteren befinden sich die Burgruine Winneburg, Burg Arras, die Burgruine Metternich, die Ehrenburg, die Ober- und die Niederburg und die Schlösser von der Leyen und Liebig in der Region. *Informationen zu Burgen, Festungen und Schlössern unter www.mosel. de/freizeit/burgen*

➽ Personenschifffahrt
Schiffsfahrten auf der Mosel bietet die Mosel-Schiffstouristik im Winzerstädtchen Bernkastel-Kues an *(Goldbachstr. 52, Tel. 6531/82 22)*. Informationen unter *www.mosel-personenschifffahrt.de*
Über das Zeller Land informiert die Internetseite *www.zellerland.de/moselrundfahrten.html*

➽ Wanderung durch das Enderttal
Der Wanderweg verläuft auf 20 Kilometern durch das Tal der wilden Endert von Ulmen nach Cochem. Er führt unter anderem an einem Wasserfall vorbei, wo das Wasser der Rausch sieben Meter in die Tiefe stürzt. Auskunft erteilt das Touristik-Büro Schieferland Kaisersesch *(www.schieferland-kaisersesch.de)*

➽ Koberner Burgpfad
Vom Startpunkt am Pfarrhaus in Kobern steigt der Weg gleich steil bergan, was herrliche Ausblicke hinunter ins Tal ermöglicht. Im weiteren Verlauf führt der Wanderweg durch die Wälder im Keverbachtal, vorbei an der keltischen Kultstätte Goloring und an zwei Mineralquellen. Dann erreichen Wanderer die Oberburg und die Burgruine Niederburg, die dem Pfad seinen Namen geben. Der als »schwer« eingestufte Burgpfad ist für sportliche Wanderer geeignet. *(www.sonnige-untermosel.de)*

➽ Moselhöhenweg
In Koblenz beginnt der Fernwanderweg, der im Hunsrück bis nach Palzem und auf der Eifelseite bis nach Wasserbillig führt. Ein wunderschöner Wanderweg durchzieht das zum Teil liebliche, zum Teil wildromantische Enderttal mit seinen acht erhaltenen Mühlen, von denen drei bewirtschaftet werden. Infos und Karten zu den thematischen Lehrpfaden über *Mosellandtouristik* *(Tel. 06531/20 91, www.mosellandtouristik.de)*.

Wunderbar wandern kann man rund um Cochem (oben) und am Moselsteig (linke Seite, kleines Bild ganz links); der Calmont-Klettersteig (linke Seite, rechts) ist etwas anspruchsvoller. Linke Seite, Mitte: Radweg bei Zell; großes Bild links: Ufer in Traben-Trarbach.

SIEG

↗ Bewaldete Höhenzüge und Täler prägen den Flusslauf der 130 Kilometer langen Sieg. Ihre Quelle liegt im Rothaargebirge im östlichen Sauerland; von dort bahnt sie sich ihren Weg zum Rhein, den sie bei Bonn erreicht.

Das Rothaargebirge – der Name bedeutet »raue Höhe« – gehört zum Hochsauerland und ist damit Teil des Rheinischen Schiefergebirges. Das Klima in dieser Region, deren Berge Höhen von über 800 Meter erreichen, war schon immer ungünstig für die Landwirtschaft: Die Winter sind lang und es fällt reichlich Niederschlag. Deshalb dominieren große Wälder mit Fichten- und Buchenbestand. Kein Wunder, dass sich in dieser feuchten Mittelgebirgslandschaft das Quellgebiet mehrerer Flüsse befindet: Eder und

Lahn entspringen hier, Ruhr, Lenne und Dill und – in einem Waldgebiet bei Bad Laasphe-Großenbach – auch die Sieg. Bald tritt die Sieg in ihrem Oberlauf in ein bewaldetes Bergland ein, das ihren Namen trägt – das zwischen Rothaargebirge und Westerwald gelegene Siegerland. Vorkommen an Spateisenstein, aber auch Blei- und Kupfererzen führten dazu, dass das heutige Siegerland schon früh vom Bergbau entdeckt wurde. Die Tradition des Hüttenwesens reicht hier schon bis in vorrömische Zeit

zurück; lange wurde das Erz im Tagebau abgebaut, später wurden immer tiefere Stollen gegraben. Mittlerweile gehört der Bergbau im Siegerland der Geschichte an.
Netphen im Altkreis Siegen säumt als eine der ersten größeren Städte den Lauf des Flusses. Die noch recht junge Stadt an der Sieg ging aus der Zusammenführung von nicht weniger als 21 Gemeinden hervor. Der Ortsteil Brauersdorf grenzt an ein weiteres Gewässer, den Obernau-Stausee.
Bald erreicht der Fluss Siegen, das wirtschaftliche und kulturelle Zentrum des Siegerlandes. Hier wurde Peter Paul Rubens im Jahr 1577 als Sohn niederländischer Calvinisten geboren. Vor langer Zeit war die Sieg sogar ein echter Grenzfluss, der die Stadt in zwei Hälften teilte: Im 13. Jahrhundert wurde der Stadtteil links der Sieg dem Erzbistum Köln zugeschlagen, während der rechte Teil im Besitz der Nassauer Grafen blieb.
Die Sieg schlängelt sich weiter in Richtung Südwesten, eingefasst von einer charakteristischen Mittelgebirgslandschaft. Bei Kirchen-Freusburg wird der Blick frei auf die mittelalterliche Burg Freusburg; sie zählt heute zu den beliebtesten Jugendherbergen. Links der Sieg erreicht der Windhahn eine Höhe von über 500 Meter. Bei Kirchen-Her-

kersdorf ragt der Druidenstein empor – eine Basaltpyramide, die an verschwundene Vulkane aus der Zeit des Tertiär erinnert.

Die Landschaft wird nun einsamer; in zahllosen Schleifen windet sich die Sieg weiter auf den Rhein zu und erreicht im Windecker Ländchen den Naturpark Bergisches Land. Dichte Wälder säumen hier den Flusslauf mit seinen natürlichen Auen; die Menschen leben nicht in großen Städten, sondern in Dörfern, kleinen Siedlungen oder Einzelgehöften.

Wahrzeichen des Ländchens ist die imposante Burgruine Windeck, im Mittelalter eine Grenzfeste der Grafen von Berg. Sie bietet einen schönen Blick über das mittlere Siegtal. Die einst etwas abgeschiedene Landschaft ist gerade wegen ihrer Stadtferne und

Naturbelassenheit zu einer Urlaubs- und Erholungsregion geworden.

Bei Schladern wurde Mitte des 19. Jahrhunderts in den Lauf der Sieg eingegriffen. Um beim Eisenbahnbau Brücken zu sparen, wurde das Flussbett verlegt, und es entstand ein 84 Meter breiter und vier Meter tiefer Wasserfall.

Eitorf am Südrand des Bergischen Landes ist die nächste größere Stadt am Flusslauf der Sieg, deren Tal sich hier weiter öffnet. An den einstigen Vulkanismus erinnert noch ein stillgelegter Basaltsteinbruch mit einigen senkrechten Basaltsäulen.

Am hohen Schaden (388 Meter) vorbei strömt die Sieg nun nach Westen, auf Hennef zu. Auf einem Felsen hoch über der Sieg thront dort die alte Stadt Blankenberg mit

ihrer imposanten Burganlage, die dank ihrer Lage im Mittelalter den Zugang zum Siegtal kontrollierte.

Von Hennef an den Ausläufern des Siebengebirges geht es noch einmal nach Nordwesten bis Siegburg und von dort direkt auf den Rhein zu. Das Mündungsgebiet in den Rhein nördlich von Bonn wurde als naturbelassene Auenlandschaft unter Naturschutz gestellt.

In Windeck-Herchen ist das direkt am Wasser gelegene »Parkhotel Löwenburg« eine Institution (großes Bild). Im Talkessel der oberen Sieg liegt die Kreisstadt Siegen (kleines Bild).

SIEG

⬈ **Die Sieg ist vielleicht kein imposanter Fluss, der den Charakter einer großen Region prägt. Dennoch hat sie ihren ganz eigenen Charme als Mittelgebirgsfluss: Von ihrer kristallklaren Quelle im Rothaargebirge bis zu den Ausläufern des Bergischen Landes windet sich ihr Tal durch eine waldreiche Naturlandschaft, bevor sie in einer weitgehend intakten Mündungsaue mit dem Rhein verschmilzt.**

Netphen Zu den bedeutendsten romanischen Bauwerken des Siegerlandes zählt die evangelische Pfarrkirche St. Martin. Die Wasserburg Hainchen, das Heimatzentrum Haus Pithan sowie das Heimatmuseum Netpherland

und die Wassermühle Nenkersdorf sind beliebte Ausflugsziele.

Siegen Das Zentrum des Siegerlandes, das im 11. Jahrhundert erstmals erwähnt wurde, gehörte lange Zeit den Nassauer Gra-

fen. Das Obere Schloss war im Mittelalter ihre Stammburg und ist trotz mancher Umbauten im Laufe der Jahrhunderte bis heute eine befestigte Höhenburg geblieben. Das Untere Schloss hingegen stammt aus dem 17. Jahrhundert. Im Oberen Schloss befindet sich schon seit 1905 das Siegerlandmuseum, das neben Porträts der Nassauer und Oranier auch Gemälde und Grafiken des in Siegen geborenen niederländischen Malers Peter Paul Rubens (1577–1640) ausstellt. Im Dachgeschoss befinden sich interessante Exponate zur Wohnkultur im 19. Jahrhundert. An die Tradition des Erzbergbaus in der

Region erinnert heute ein Schaubergwerk unter dem Schlosshof.

Freusburg Die Stadt gehört zur Gemeinde Kirchen und ist überregional bekannt für die um 1100 errichtete Freusburg, die nach unterschiedlichen Nutzungen im Laufe der Jahrhunderte heute eine beliebte Jugendherberge ist.

Burgruine Windeck Die einst mächtige Burganlage wurde 1174 erstmals erwähnt; sie diente damals den Grafen von Berg als Grenzfeste. Schwer beschädigt und weitgehend zerstört wurde die Anlage im Dreißigjährigen Krieg sowie im 19. Jahrhundert durch die Franzosen; für einen Wiederaufbau bestand dann keine Notwendigkeit mehr. Erst 1960 begann man mit der Restaurierung der Ruine.

Eitorf Schloss Merten in Eitorf geht auf ein ehemaliges Augustinerinnenkloster zurück. Von der Anlage erhalten sind heute Herrenhaus und Orangerie und die ehemalige Klosterkirche St. Agnes, eine romanische Basilika aus dem 12. Jahrhundert. Das Schlossgelände beherbergt heute ein Seniorenheim. Kultu-

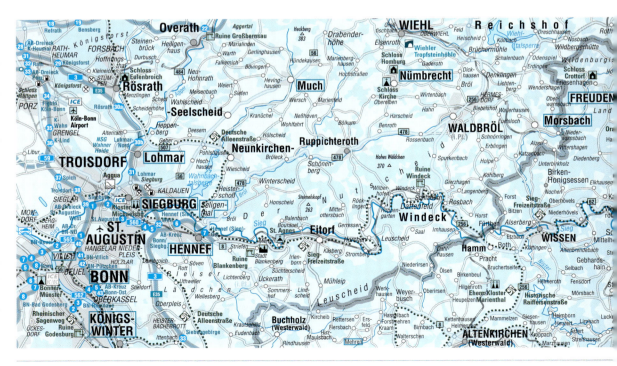

relle Zentren sind das Skulpturental mit Werken von Giovanni Vetere und die Alte Zigarrenfabrik, in der ein Atelier und eine Galerie untergebracht sind.

Ruine Blankenberg Ein hervorragendes Beispiel für eine mittelalterliche Großburganlage ist Blankenberg. Zu erkennen ist heute noch die Einteilung in Burg, Vorburg, Alt- und Neustadt. Die Befestigung der Neustadt wurde in der ersten Hälfte des 13. Jahrhunderts vollendet und ist bis heute recht gut erhalten. Beeindruckend ist Blankenberg, eine Gründung der Grafen von Sayn (12. Jh.), auch wegen der Lage hoch oben auf einem »blancken« (unbewaldeten) Berg. Die Aussicht auf das Siegtal ist großartig.

Siegburg Die wohl bedeutendste Sehenswürdigkeit Siegburgs ist von Weitem sichtbar: Hoch auf dem Michaelsberg thront die Benediktinerabtei St. Michael über der Stadt. Sie wurde 1064 vom heiligen Anno, dem Kölner Erzbischof, gegründet. Der Annoschrein aus dem 12. Jahrhundert gilt als wichtigstes Ausstattungsstück der Kirche. Die heutigen Gebäude stammen nicht mehr

aus der Gründungszeit; die meisten wurden nach dem Zweiten Weltkrieg wieder aufgebaut oder neu hinzugefügt. Unterhalb der Abtei, nahe am Marktplatz, steht die ebenfalls sehenswerte St.-Servatius-Kirche (12./13. Jh.). Die ursprünglich zur Abtei gehörige Pfarrkirche besitzt einen bedeutenden spätromanischen und gotischen Kirchenschatz. Ein berühmter Sohn der Stadt ist der Komponist Engelbert Humperdinck (1854–1921). Der einstige Assistent Richard Wagners ist u. a. mit seinen Märchenopern bekannt geworden, darunter »Hänsel und Gretel«. In seinem Geburtshaus ist heute das Stadt-

museum untergebracht. Viele Jahrhunderte lang war Siegburg ein renommiertes Zentrum der Keramikproduktion; eine Ausstellung im Stadtmuseum erinnert an diese Tradition.

Siegmündung Altarmschlingen, Rinnen und Tümpel, von denen nur noch Spuren geblieben sind, bildeten früher einmal das Mündungsgebiet der Sieg in den Rhein. Bereits im 18. Jahrhundert wurden die Bögen der Sieg jedoch durchstoßen, um das Wasser auf dem kürzesten Weg in den Rhein zu leiten. Da dies keine optimale Lösung war, wurden im 19. Jahrhundert Ände-

rungen vorgenommen. Heute ist der Einfluss der Kulturlandschaft natürlich nicht zu übersehen, doch sind immer noch alte Auen erhalten, besonders am Altarm Gyssel drei Kilometer vor der Einmündung in den Rhein. Das gesamte artenreiche Mündungsgebiet der Sieg steht seit 1986 unter Schutz, ist aber für Wanderer zugänglich.

Linke Seite: Kirche in Netphen; oben: Oberes Schloss von Siegen mit Schlossgarten; Boote an der Siegmündung in den Rhein bei Mondorf.

AKTIV AM WASSER

⌇ Auenwald bei Netphen
Auenwälder sind durch Flussbegra-
digungen und Flurbereinigung selten geworden. Umso größer sind
die Bestrebungen, das sensible Ökosystem bei Netphen zu erhalten.
Manche Eichen im Auenwald sind
über 200 Jahre alt. Informationen
unter *www.netphen.de*

⌇ Abtauchen
In Siegburg befindet sich das größte Indoor-Tauchcentre Europas.
Etwa drei Millionen Liter fasst der
20 Meter tiefe Wassertank, in dem
sich sowohl Anfänger als auch erfahrene Taucher munter wie die
Fische im Wasser fühlen. *(https://
dive4life.de)*

⌇ Wandern
Das Siegerland ist mit dem angrenzende Rothaargebirge eine klassische Wanderregion: Hunderte von
Kilometern umfasst das Wegenetz.
Der ambitionierte Wanderer kann
zwischen mehreren großen Strecken wählen. Nützliche Informationen findet man unter *www.rothaar
steig.de*

⇌ Wassermühle Nenkersdorf

Im Jahr 1240 erstmals erwähnt, dann im Besitztum der Burgherren von Hainchen und jetzt in privater Hand: Die Wassermühle in Nenkersdorf hat schon viel Wasser die Sieg hinunterfließen sehen. Das oberschlächtige Mühlenrad treibt auch heute noch ein Mahlwerk an. Die Mühle kann nach Absprache besichtigt werden. Auskunft erteilt das Tourismusbüro Netphen: *touristik buero@netphen.de*

⇌ Kohlenmeiler Walpersdorf

Einer der letzten Meilerplätze der Region befindet sich am Talausgang in Walpersdorf. Die Köhlerei hat hier eine lange Tradition, die Interessierten entlang des Köhlerpfades nahegebracht wird: Der Kohlenmeiler ist ein Teil davon. Nach Vereinbarung stellt ein Köhler am Kohlenmeiler Holzkohle wie früher her. Weitere Informationen: *touristik buero@netphen.de*

⇌ Siegfähre Troisdorf

Bei Troisdorf-Bergheim können Radfahrer und Fußgänger mit der letzten noch verbliebenen Siegfähre über den Fluss setzen. Die ohne Motor betriebene Fähre ist an einem langen Drahtseil befestigt *(www. troisdorf.de)*.

⇌ Sieg-Radwanderwege

Die Landschaft zwischen Rothaarkamm und Rhein ist bei Wanderern beliebt, Radtouren im Siegtal sind eine lohnende Alternative. Informationen zum 154 Kilometer langen Sieg-Radwanderweg finden sich unter *www.ruhr-sieg-radweg.de* und *https://naturregion-sieg.de*

Der Siegwasserfall bei Schladern ist eine beliebte Attraktion (großes Bild). Per Einmann-Fähre gleitet man bei Bergheim über die Sieg (links). Auch bei Windeck-Herchen erkundet man den Fluss (oben).

RUHR UND LIPPE

↗ **Die Ruhr, ein rechter Neben-fluss des Rheins, hat dem Ruhr-gebiet seinen Namen gegeben. Die Lippe fließt vom Teutobur-ger Wald durch flache ländliche Räume dem Rhein entgegen.**

Die Ruhr

Das Ruhrgebiet, früher auch Ruhr-Revier oder Ruhrpott genannt, erstreckt sich im Wesentlichen zwischen Rhein, Ruhr und Lippe. Hier entwickelte sich seit Mitte des 19. Jahrhunderts die deutsche Kohle- sowie Stahl- und später auch die Chemieproduktion. Bis Ende des 20. Jahrhunderts war das Ruhrgebiet die größte und bedeutendste Wirtschaftsregion in ganz Europa. Die Ruhr als Trinkwasserlieferant und wichtiger lokaler Schifffahrtsweg machte diese Entwicklung erst möglich: Schon Ende des 18. Jahrhunderts wurde die Ruhr für den Gütertransport

bis nach Fröndenberg-Langschede schiffbar gemacht. Als Großschifffahrtsstraße stellt sie auch heute noch die Verbindung vom Rhein bis Mülheim an der Ruhr her. Der Fluss selbst ist 235 Kilometer lang, entspringt in 674 Meter Höhe im Sauerland nordöstlich von Winterberg am Ruhrkopf und mündet bei Duisburg-Ruhrort in den Rhein. Auf ihrem teilweise stark mäandrierenden Weg dorthin durchquert sie fünf Stauseen: den Hengstey-, den Harkort-, den Kemnader, den Baldeney- und den Kettwiger See. Der größte Nebenfluss der Ruhr ist die Lenne.

In den letzten Jahrzehnten hat das Ruhrgebiet seine Bedeutung als Montanregion

verloren. Dafür ist das Ruhrgebiet eine Art Museum geworden mit wichtigen Stätten der Industriekultur. Das Tal ist zwar keine Industrieregion mehr, dafür aber ein Freizeit- und Erholungsraum mit weiten Auen. Neben seinem touristischen Zweck als Trinkwasserreservoir der Region nimmt es eine zweite wichtige Funktion ein: Feuchtwiesen, steile Ufer, alte Stauwehre, Leinpfade, Burgruinen und Herrensitze und natürlich der Schienenstrang der alten Ruhrtalbahn prägen das Bild. Die durch den Bergbau und Bergsenkungen entstandenen Weiher und Kleinseen entlang des Flusses haben das Ruhrtal zu einem der größten, aber noch weitgehend unbekannten Naherholungsgebiete Deutschlands werden lassen. Es gibt ein Netz von weit verzweigten Wander- und Radwegen. Die mit Ruhrsandstein gebauten und von schwarz-weißen Fachwerkhäusern geprägten Ortschaften laden zum Verweilen ein, so etwa der mittelalterliche Stadtkern von Hattingen. In Bochum lohnt unbedingt ein Besuch des Deutschen Bergbaumuseums. Mülheim liegt nicht nur an der Ruhr, sondern auch wie viele andere Ruhrgebietsstädte an der einzigartigen »Route der Industriekultur«. Innovative Konzepte haben in den letzten Jahren ehemalige Industrieanlagen in Kultobjekte verwandelt, in denen die

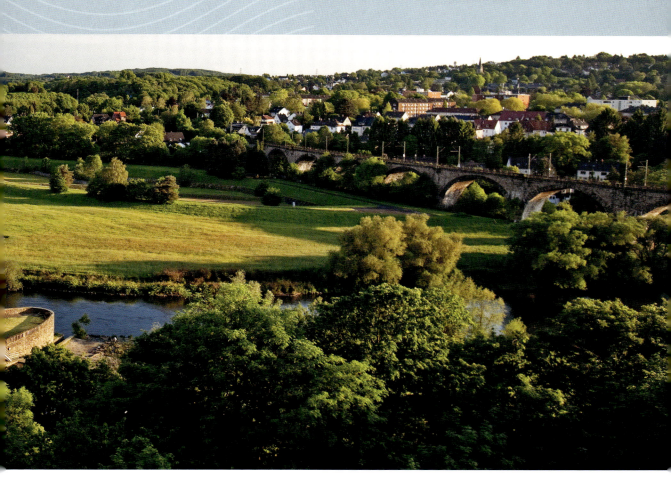

spannende Geschichte von Kohle und Stahl lebendig wird.

Die Lippe

Dieser rechte Nebenfluss des Rheins ist ein typischer Flachlandfluss mit geringem Gefälle (insgesamt nur 123 Meter) von der Quelle bis zur Mündung. Sie entspringt im Städtchen Bad Lippspringe und mündet nach 228 Kilometern bei Wesel in den Rhein. Auf dem Weg dorthin wird sie ab Hamm vom Lippe-Seitenkanal begleitet. Ihre wichtigsten Nebenflüsse sind Alme, Ahse, Stever und Seseke.

Die Lippe durchfließt die Städte Hamm, Lünen und Dorsten und ist in diesen Flussabschnitten ein stellenweise durch städtische Bebauung eingeengtes Gewässer. Außerhalb der Städte fließt die Lippe in zahllosen Flussschleifen vorbei an Wiesen, Weiden und Äckern durch zumeist flaches, grünes Land. Die weite Lippe-Niederung am Oberlauf wird von sehenswerten Wasserschlössern gesäumt, während am Unterlauf – mit Ausnahme des Naturparks Hohe Mark – Industrieanlagen zwischen Hamm und Datteln das Bild prägen.

Großes Bild: Im Südosten des Ruhrgebiets liegt die Stadt Witten. Kleines Bild: der Lauf der Lippe aus der Vogelperspektive.

RUHRTAL

↗ **Mit dem Ruhrtal und der Ruhraue bietet der ehemalige »Industriefluss« heute Anwohnern und Besuchern eine einzigartige Natur-, Kultur- und Freizeitlandschaft von seiner Quelle bis zur Mündung in den Rhein.**

Arnsberg Das »Tor zum Hochsauerland« hat eine sehenswerte mittelalterliche Altstadt mit verwinkelten Gassen und einer imposanten Schlossruine. Eine Besonderheit ist das unter Karl Friedrich von Schinkel entstandene »Preußenviertel« mit klassizistischen Straßenzügen.

Hagen Die Stadt reicht südwärts bis an das Ruhrtal heran.

Schon Anfang des 11. Jahrhunderts stand hier die Johanniskirche, um die herum sich die Stadt entwickelte. Seit dem 17. Jahrhundert kam es zu einer rasanten frühindustriellen Entwicklung durch die Klingenschmiede-, Papier- und Textilmanufakturen, die das Westfälische Freilichtmuseum in Selbecke in knapp 100 historischen Werkstätten dokumentiert.

Hengsteysee Nördlich von Hagen dient der schon 1928 geschaffene Hengsteysee als beliebtes Erholungsgebiet für Wassersportler, aber auch Radfahrer, Inlineskater und Spaziergänger. Der See liegt unterhalb der Hohensyburg, auf deren Hochplateau sich eine mittelalterliche Burgruine, ein Kaiser-Wilhelm-Denkmal, der 20 Meter hohe Vincke-Turm mit herrlicher Aussicht und die Spielbank Hohensyburg befinden.

Witten Hier liegen Ursprünge des Kohlebergbaus im Ruhrgebiet, die man auf einem zweistündigen Spaziergang durch das Muttental, oft »Wiege des Bergbaus« genannt, erkunden kann. Aussicht über diesen Abschnitt der Ruhr bieten die Burgruine Hardenstein und das 20 Meter hohe Berger-Denkmal. Bei Herdecke erhebt sich der imposante Bahnviadukt, dessen zwölf Bögen 30 Meter hoch aufragen. Bei seiner Eröffnung in den 1880er-Jahren war er eine Sensation.

Hattingen Die Lage der Stadt inmitten einer Ruhrschleife erkennt man am besten von der Burgruine Blankenstein aus. Der mittelalterliche Stadtkern mit über 100 liebevoll restaurierten Fachwerk- und Bürgerhäusern aus verschiedenen Epochen lohnt

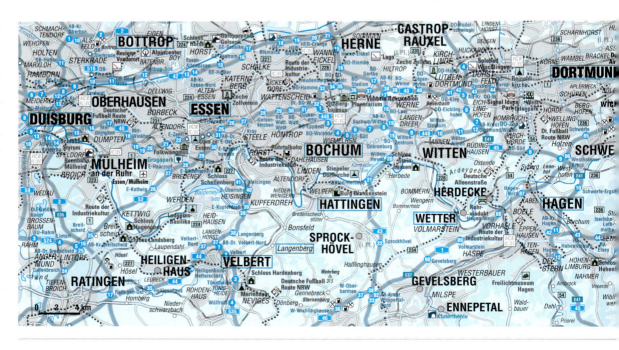

einen Stadtbummel, nicht zuletzt wegen des heimlichen Konkurrenten der italienischen Stadt Pisa, des schiefen Turms der Kirche St. Georg.

Bochum Seinen Aufschwung verdankt Bochum der Kohle und dem Stahl. Heute gibt es hier keine einzige Zeche mehr, aber die Erinnerung an diese Zeit wird wachgehalten im Deutschen Bergbaumuseum mit seinem 68 Meter hohen Förderturm. Unbedingt ansehen sollte man sich auch die Zeche Hannover (LWL-Industriemuseum). Von Bochum-Stiepel aus lohnt sich ein Ausflug zum Haus Kemnade, einem Wasserschloss (1664).

Essen Die Ruhrmetropole liegt zwischen den Flüssen Ruhr und Emscher und war bis zum Ende des 20. Jahrhunderts ein Zentrum der Montan- und Stahlindustrie. Das Münster wurde schon im 9. Jahrhundert erbaut. Weitere Highlights in Essen sind das Folkwang-Museum mit Gemälden von 1800 bis heute sowie die 1986 geschlossene letzte Zeche »Zollverein«, seit 2001 UNESCO-Weltkulturerbe. Im ehemaligen Kesselhaus befindet sich eine internationale Design-Ausstellung. An einem weiteren Stausee der Ruhr, dem Baldeneysee, liegt die schöne Villa Hügel, die sich Alfred Krupp um 1870 hier bauen ließ.

Mülheim Die Fundamente von Schloss Broich stammen aus der Karolingerzeit. Haus Ruhr-Natur informiert über das Ruhrtal und seine Flora und Fauna. In einem ehemaligen Wasserturm ist heute das Aquarius-Wassermuseum bei Schloss Styrum untergebracht, das über Wassergewinnung und -aufbereitung informiert.

Duisburg Die Stadt ist stolz auf den größten Binnenhafen der Welt: in Ruhrort. Schon zu Zeiten Karls des Großen gab es hier einen Stapelplatz für die Rheinschifffahrt. Am Alten Markt haben Ausgrabungen eine mittelalterliche Markthalle zutage

gefördert. Weitere Sehenswürdigkeiten sind das Wilhelm-Lehmbruck-Museum und das Museum der deutschen Binnenschifffahrt.
15 Kilometer nordwestlich der Stadt liegt das berühmte Kloster Kamp, das erste Zisterzienserkloster in Deutschland.

Bilder oben, von links: der Baldeneysee mit der Villa Hügel; Villa Hügel; Ruhrviadukt in Witten-Bommern; Kanu Club Wiking an der Ruhr bei der ehemaligen Fähre in Bochum-Stiepel.

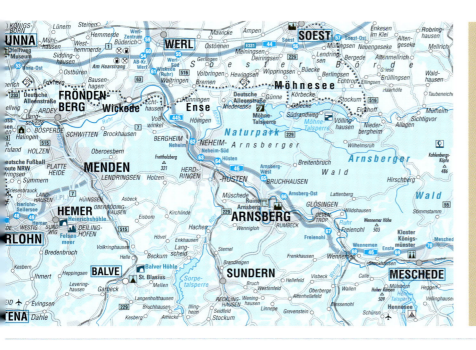

AKTIV AM WASSER

Kemnader See

Zwischen Witten und Bochum lädt das Naherholungsgebiet zu entspannten Stunden im Freien ein. Fahrradfahrer, Spaziergänger und Inlineskater kommen ebenso voll auf ihre Kosten wie Wassersportfreunde. Nur das Baden im See ist untersagt. Dafür lädt das Freizeitbad Heveny zum Sprung ins kühle Nass ein. *(https://kemnadersee.de)*

Styrumer Wasserturm

Dem Industriellen Alfred Thyssen verdankt der Mülheimer Ortsteil Styrum einen der schönsten Wassertürme im Ruhrgebiet. Er ließ den 50 Meter hohen Turm 1893 errichten, um die Wasserversorgung seines nahe gelegenen Walzwerkes und der Gemeinde zu sichern. Der Turm wurde 1982 stillgelegt, 1992 saniert und zum Museum umgebaut. *(www.aquarius-wassermuseum.de)*

Ruhrtal-Radweg

Dieser Radweg führt als einer der schönsten in Deutschland von der Ruhrquelle bei Winterberg bis zur Mündung bei Duisburg-Ruhrort. An der 240 Kilometer langen Strecke liegen u. a. die Orte Arnsberg, Hagen, Witten und Bochum, die den Radlern die einzigartige Kulturgeschichte des Ruhrtals näherbringen. Die Ruhr selbst überquert der komplette Radweg an insgesamt 36 Stellen. *(www.ruhrtalradweg.de)*

»Weiße Flotte«

Passagierschiffe verkehren auf der Ruhr zwischen den wichtigsten Städten und Stauseen.
Weiße Flotte Baldeney-GmbH in Essen (Tel. 0201/185 79 90; www.baldeneysee.com);
Weiße Flotte Mülheim (Touristinfo, Tel. 0208/455 81 30; www.muelheim-tourismus.de)

Deutsches Bergbaumuseum

Auf rund 8000 Quadratmeter Fläche vermittelt das größte Bergbaumuseum der Welt ein Stück deutsche Kulturgeschichte. In mehreren Ausstellungen stellt das Museum den Zusammenhang zwischen Rohstoffgewinnung, Weiterverarbeitung und gesellschaftlicher und wirtschaftlicher Entwicklung dar. Dabei geht es nicht nur um den Abbau von Kohle, sondern auch von Salz, Edelmetallen und seltenen Rohstoffen. *(www.bergbaumuseum.de)*

Stauseen

Die Ruhr hat mehrere schöne Stauseen – Hennestausee, Hengsteysee, Kemnader See, Baldeneysee –, die man vielfältig nutzen kann, sei es als Petri-Jünger mit Tagesangelschein, als Hobbysegler, Kanute oder Surfer.

ᘃ Innenhafen Duisburg

Um 1900 erhielt der Hafen Duisburg den Beinamen »Brotkorb des Ruhrgebiets«. Grund dafür war seine zentrale Bedeutung als Umschlagplatz für den Getreidehandel. Einige der damals gebauten Speicher und Mühlen sind noch erhalten und heute in die Architektur des Viertels integriert. Der Innenhafen liegt nahe an der Innenstadt und zeichnet sich durch eine hohe Dichte an Kultur und Kulinarik aus. *(www. duisburg.de/tourismus/stadterleben/industriekultur/duisburger-innenhafen.php)*

Am Nordufer des Baldeneysees steht der Turm der stillgelegten Zeche Carl Funke (Mitte). Der See lädt im Sommer mit Liegestühlen zum Entspannen ein (rechts). Der Wasserturm in Styrum ist abends beleuchtet (oben rechts). Kleine Bilder links: Fahrt mit der »Weißen Flotte« auf der Ruhr; Ruhrtal-Radweg.

LIPPETAL

↗ **Die Lippe markiert über weite Strecken die Nordgrenze des früheren »Ruhrpotts« und steht zusammen mit der Emscher für den »grünen Norden« des Ruhrgebietes. Heute zieht die Lippe-Emscher-Region mit viel Grün, idyllischen Wasserschlössern, verträumtem Heideland, Seen und Naturparks Besucher aus allen Teilen Deutschlands an.**

Bad Lippspringe Der Name der am Südrand des Eggegebirges liegenden Kurstadt geht auf Kaiser Karl den Großen zurück, der ihr anlässlich eines Reichstages den Namen »Lippiogyspringiae« verlieh. Das einzige Heilbad Nordrhein-Westfalens hat seine Anerkennung als Kurort den drei mineralischen Quellen auf dem Stadtgebiet sowie seiner guten Luft zu verdanken. An der aus dem 14. Jahrhundert stammenden Burgruine »springt die Lippe« in einem vom Volksmund auch als »Odinsauge« bezeichneten Quellteich.

Paderborn Die Stadt hat eine lange Geschichte als Kaiser-, Bischofs- und Hansestadt. Sie liegt am Lippe-Nebenfluss Pader, dem mit nur vier Kilometern kürzesten Fluss Deutschlands. Im Stadtgebiet sind mehr als 200 Paderquellen nachgewiesen. Der Keim Paderborns war eine Kaiserpfalz Karls des Großen, deren Reste noch teilweise erhalten sind. Im Zentrum der Altstadt erhebt sich der mächtige, dreischiffige Dom aus dem 11.–13. Jahrhundert, dessen 93 Meter hoher Westturm das Wahrzeichen der

Stadt ist. Dem Dom vorgelagert am weitläufigen Marktplatz liegt das Diözesanmuseum. Im Stadtteil Neuhaus kann das Schloss der Fürstbischöfe von Paderborn besichtigt werden (13.–16. Jh.). 20 Kilometer von Paderborn entfernt ragt die Wewelsburg (17. Jh.) empor, das Wahrzeichen des Paderborner Landes.

Lippstadt Gegründet wurde das »Venedig Westfalens« im Jahr 1185. Der Ehrentitel geht auf die Lage der Stadt mitten im Flussbett zurück, die einst Schutz vor Feinden sichern sollte. Noch heute fließt die Lippe rund um und mitten durch die Stadt. Als ihr Wahrzeichen gilt die Marienkirche aus dem 16. Jahrhundert, obwohl der Turm der Nicolaikirche das älteste erhaltene Bauwerk ist. In der Umgebung liegen die drei Wasserschlösser Overhagen, Herringhausen und Schwarzenbach.

Lippetal Elf Dörfer bilden die 1969 entstandene Großgemeinde an der Lippe, die an der Nahtstelle zwischen Münsterland und Soester Börde gelegen ist. Überragt wird sie von der neugoti-

schen Grabkirche der heiligen Ida, einer Nichte Karls des Großen. Weitere Sehenswürdigkeiten der Gemeinde sind das Wasserschloss Hovestadt und das Wasserschloss Assen, beide wurden im 16. Jahrhundert erbaut.

Hamm Seit der kommunalen Neugliederung 1975 ist Hamm eine der flächengrößten deut-

schen Städte. Sehenswert sind in der Altstadt restaurierte Bürgerhäuser und das Gustav-Lübcke-Museum mit altägyptischer und moderner Kunst. Hinzu kommt ein Freizeitpark mit einer Stahl-Glas-Konstruktion in Form eines Elefanten auf dem alten Zechengelände Maximilian. In einem Nebenarm der Lippe liegt das Wasserschloss Heessen.

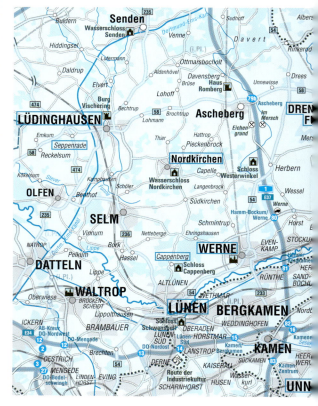

Datteln Diese Stadt ist jedem Binnenschiffer als wichtiger Knotenpunkt der Binnenschifffahrt ein Begriff: Hier treffen Weser-Datteln-Kanal, Dortmund-Ems-Kanal, Rhein-Herne-Kanal und Hamm-Datteln-Kanal aufeinander. Außerdem kreuzen Lippe und Emscher die Kanäle. Die Stadt ist der größte Kanalknotenpunkt der Welt.

Marl In der nordwestlich von Recklinghausen gelegenen Stadt zählt das Skulpturenmuseum »Glaskasten« mit rund 60 Großplastiken – u. a. von Max Ernst und Hans Arp – zu den Hauptsehenswürdigkeiten. Vor dem Stadttheater steht »La Tortuga«: eine auf den Kopf gestellte Lokomotive. Im Chemiepark, Teil der Route der Industriekultur, wird veranschaulicht, was man alles aus Plastik machen kann.

Wesel Von den Anfang des 18. Jahrhunderts erbauten Befestigungsanlagen der einstigen Hansestadt an der Einmündung der Lippe in den Rhein sind noch das Zitadellentor und das Berliner Tor erhalten. Sehenswert ist auch der spätgotische Willibrordi-Dom, der im Zweiten Weltkrieg fast völlig zerstört, aber wiederaufgebaut wurde.

Links: Dom von Paderborn; Mitte: Glaselefant von Horst Rellecke im Maximilianpark Hamm; rechts: Lippstadter Rathausplatz.

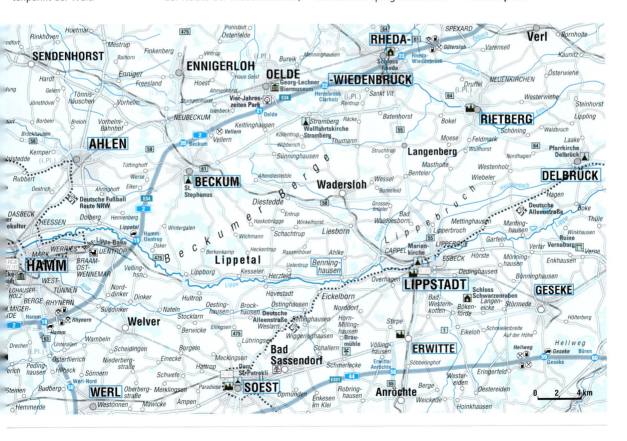

AKTIV AM WASSER

Kanu-Wandern auf der Lippe

Im Allgemeinen fließt die Lippe ruhig und gemächlich dahin, was sie für Wasserwanderungen geradezu prädestiniert. Mit dem Kanu geht es zum Beispiel in etwa fünf Stunden von Datteln nach Flaesheim. (*www.wanderwege-nrw.de/wandern-in-nrw/muensterland/auf-der-lippe-von-datteln-nach-flaesheim.php*)

Mit dem Fahrrad durch die Lippeaue

Wer mit dem Fahrrad von Lippstadt bis Vellinghausen fährt, bekommt auf 35 Kilometern einen nachhaltigen Eindruck der landschaftlichen Vielfalt dieser Region. (*www.naturschaetze-suedwestfalens.de/Touren/Lippeaue-Naturerlebnisweg-von-Lippstadt-nach-Vellinghausen*)

Hermannsdenkmal

Mit dem Hermannsdenkmal steht bei Detmold ein wahrhaft monumentales Bauwerk in der Landschaft. Mit knapp 54 Meter Gesamthöhe war die Statue bei ihrer Einweihung im Jahr 1886 die höchste der westlichen Welt. Sie ehrt den Cheruskerfürsten Arminius und seine Verdienste in der Schlacht im Teutoburger Wald. Das Denkmal kann besucht und die herrliche Rundum-Sicht auf das Lippetal genossen werden.

Naturschutzgebiet Lippeniederung

Vor allem Vogelliebhaber dürften sich für das Naturschutzgebiet zwischen Bad Lippspringe und Mastbruch interessieren. Hier brüten Eisvögel am Ufer der renaturierten Lippe, ebenso Wasseramseln und Gebirgsstelzen.

Paderquellen

Warme Pader, Dammpader, Börnepader, Rothobornpader, Dielenpader und Maspernpader heißen die Quellarme der Pader offiziell seit 1967: Vorher unterlagen die Bezeichnungen steter Veränderung. Aus den mehr als 200 Quellen schießen über 5000 Liter pro Sekunde in mehrere Quellbecken, was die Paderquellen mit zu den wasserreichsten in ganz Deutschland macht. Die kleinste Paderquelle, die Augenquelle, sprudelt heute unter der Stadtbibliothek. Sie heißt so, weil ihr reines Wasser früher oft für die Reinigung der Augen benutzt wurde. Das in Paderborn liegende Quellgebiet umgibt eine großzügige Grünanlage. (*www.paderborn.de/tourismus-kultur/sehenswuerdigkeiten/Pader_Sehensw.php*)

⌇ Schiffshebewerk Henrichenburg

Ein echtes Sahnehäubchen für Industrie-Romantiker ist das ehemalige Schiffshebewerk Henrichenburg bei Waltrop am Datteln-Hamm-Kanal aus der Zeit Kaiser Wilhelms II., umringt von Museumsschiffen, einer Museumswerft und einer Ausstellung im ehemaligen Kessel- und Maschinenhaus *(Di–So und feiertags 10–18 Uhr; www.lwl. org/industriemuseum/standorte/ schiffshebewerk-henrichenburg).*

⌇ Auesee bei Wesel

Der Auesee bietet Wassersportlern reichlich Platz zum Austoben: Surfen, Tauchen, Angeln und Segeln sind hier möglich. Über den Rhein hat Wesel Zugang zu einer der wichtigsten Wasserstraßen Europas.

⌇ Lippstadt: Grüner Winkel

Die Grüne Lunge von Lippstadt liegt im Stadtzentrum und wird von der Lippe und dem Schifffahrtskanal durchzogen. Es gibt also reichlich Wasser, auch in Form von Feuchtwiesen, Teichen und Auen, die Spaziergänger und Wassersportler zu schätzen wissen.

Großes Bild: Paddelboote auf der Lippe zwischen Dolberg und Hamm-Uentrop; kleines Bild links: Paderquellgebiet von Paderborn. In Waltrop ist das Schiffshebewerk Henrichenburg sehenswert (kleines Bild oben).

EMS

↗ **371 Kilometer legt die Ems von der Quelle westlich des Teutoburger Waldes bis zur Nordsee zurück. Mehrere wichtige Kanäle machen den Fluss dabei zu einer bedeutsamen Wasserstraße.**

Gewiss gibt es spektakulärere Flüsse – Flüsse, an deren Ufern bunte, abwechslungsreiche Landschaften vorbeiziehen, an denen zahllose, manchmal große Städte aufgereiht sind. Damit kann die Ems nicht konkurrieren. Sie prägt vor allem in ihrem Mittel- und Unterlauf stilles, weites, oft einsames Land im äußersten Nordwesten Deutschlands. Ihren Ursprung hat die Ems am Rande der Senne, einer eiszeitlichen Ablagerung von Sanden westlich von Teutoburger Wald und Eggegebirge. Obwohl das Meer hier im Osten der Westfälischen Bucht noch fern ist, findet man sogar Dünen, die mit Kiefernwald bestanden sind; die Weichsel-Kaltzeit hat

sie vor mehr als 10 000 Jahren hinterlassen. Die Quelle der Ems auf dem Gebiet der Gemeinde Hövelhof ist heute Teil des Naturschutzgebiets Moosheide. Weitere Schutzgebiete säumen den Oberlauf auf seinem Weg in Richtung Nordwesten, etwa die Rietberger Emsniederung mit ökologisch wertvollen Feuchtwiesen entlang des noch jungen Flusses.

Natürlich liegen auch Städte am Ufer der Ems, etwa die Doppelstadt Rheda-Wiedenbrück. In Rheda umgibt ein Nebenarm des Flusses sogar das Schloss. Wiedenbrück entwickelte sich wegen seiner Lage an einem wichtigen Emsübergang schon im 10. Jahr-

hundert zum Markt. Bald tritt die Ems – mittlerweile verstärkt durch einige kleinere Zuflüsse – in die grüne Parklandschaft des Münsterlandes ein. Warendorf, das Zentrum des westfälischen Pferdesports, ist eine erste wichtige Station. Dann folgt Telgte, der bekannte Marienwallfahrtsort vor den Toren von Münster: Wenn man die Ems als eine Linie sieht, bildet sie fast eine direkte Verbindung zwischen den beiden Bischofsstädten Paderborn und Münster.

Nachdem sie Telgte passiert hat, ändert die Ems ganz allmählich ihre Richtung: Zusehends geht es nun direkt nach Norden. Vor Greven kreuzt zum ersten Mal eine Wasserstraße den Weg, der die Ems auf ihrem weiteren Verlauf länger begleiten wird, sogar zeitweise mit ihr verschmilzt: der Dortmund-Ems-Kanal. Dieser Ende des 19. Jahrhunderts angelegte Kanal bietet dem Ruhrgebiet einen direkten Zugang zur Nordsee.

An Emsdetten vorbei geht es nun auf Rheine zu. Nördlich der alten Hansestadt verlässt der Fluss das Münsterland und Nordrhein-Westfalen und fließt nun durch den Westen von Niedersachsen.

Allmählich verändert sich das Bild: Die Ems kommt in ihrem Mittellauf gewissermaßen »nach Hause«, in die Landschaft, die ihren Namen vom »kleinsten Strom« ableitet: ins

Emsland. Das spürt man besonders nördlich der heutigen Industriestadt Lingen und erst recht nördlich von Meppen: Immer einsamer wird hier das weite und flache Land am Rand der norddeutschen Tiefebene, zwischen Bourtanger Moor im Westen und den Heideflächen des Hümmling im Osten.

Ein anderer wichtiger Fluss des Emslandes, die Hase, mündet bei Meppen von Osten her in die Ems. Die Hase ist übrigens bekannt für eine sogenannte Bifurkation (Zwiegabelung). Der Fluss gabelt sich so, dass ein Arm nach Westen zur Ems fließt, während der zweite in entgegengesetzter Richtung zur Weser verläuft.

Vorbei an Aschendorf erreicht die Ems schließlich Papenburg, die älteste Fehnkolonie Deutschlands. Ein dichtes Netz aus kleinen Kanälen erinnert an die Trockenlegung der einst schier unendlichen Moore. Bis ins 20. Jahrhundert hinein wurden große Teile des zuvor dünn besiedelten Landes kultiviert, und der Lauf der Ems wurde dabei teilweise reguliert. Ab Papenburg können auch große Seeschiffe die Ems befahren. Vorbei an Leer und Emden strömt die Ems dann in den Meerbusen des Dollart, und in einem breiten Mündungstrichter tritt sie vor der Insel Borkum in die Nordsee.

Großes Bild: Boote auf der Ems in Meppen. Kleines Bild: Die Ems mäandert wie hier bei Emsbüren in teils weiten Bögen durch die Landschaft.

↗ In ihrem schiffbaren Teil hat die Ems einen ständigen Begleiter: den Dortmund-Ems-Kanal, der teilweise sogar in den Flusslauf eingreift und ihn verkürzt. Die Ems dringt hier auf ihrem Weg nach Norden in einsames, flaches Land vor, das einst ganz von unzugänglichen Mooren durchsetzt war. Seither hat die Kolonisierung die Landschaft an der Ems verändert, doch hat diese ihr Wesen – Stille und Weite – bis heute bewahrt.

Rheda-Wiedenbrück Die Doppelstadt am Oberlauf der Ems vereinigt gleich zwei sehenswerte Altstädte mit aufwendig verzierten Fachwerkhäusern aus dem 16./17. Jahrhundert. Ein Nebenarm der Ems umfließt das westfälische Wasserschloss Rheda, das im 12. Jahrhundert auf einem künstlichen Erdhügel errichtet wurde. In Wiedenbrück stehen in der Langen Straße viele hervorragend restaurierte Fachwerkhäuser.

Warendorf Die heutige Kreisstadt besitzt eine schöne Altstadt mit gotischem Rathaus und vielen sehenswerten Bürgerhäusern aus unterschiedlichen Epochen. Einige der Giebelhäuser erinnern im Stil an die Weserrenaissance. Überregional bekannt wurde Warendorf vor allem als Stadt der Pferde.

Telgte Die kleine Stadt nordöstlich von Münster ist schon seit Mitte des 15. Jahrhunderts ein bedeutender Marienwallfahrtsort. Die achteckige Gnadenkapelle ließ Fürstbischof Christoph Bernhard von Galen im 17. Jahrhundert errichten. Eine weitere Besucherattraktion ist das Krippenmuseum.

Rheine Die Stadt am Nordrand des Münsterlandes war im Mittelalter durch die Tuchweberei zu Wohlstand gelangt; Rheines Mitgliedschaft in der Hanse unterstreicht seine Bedeutung als wichtiges Handelszentrum der Region. Kunsthistorisch bedeutsam ist der Falkenhof.

Meppen Durch eine flache, grüne Wiesenlandschaft schlängelt sich die Hase Richtung Westen. An ihrer Einmündung in die Ems liegt Meppen. Sehenswert ist das historische Rathaus am Markt, das auf die Zeit um 1400 zurückgeht und später im Stil der Renaissance erweitert wurde. Eine Hochwassermarke am Rathaus zeigt den Wasserstand bei der Überschwemmung von 1946 an. Ein wenig außerhalb der Innenstadt befindet sich die Koppelschleuse (1826–1830). Zwei gekoppelte Schleusenkammern ermöglichten Schiffen auch bei Niedrigwasser den vier Meter tiefen Abstieg aus dem ehemaligen Ems-Hase-Kanal in die Hase. Ein Kunstwerk beherrscht in Meppen-Hüntel weithin sichtbar die Landschaft: der Kühlturm eines alten Kraftwerks, den eine riesige Weltkarte schmückt.

Haren Der Ort mit den drei Segeln im Wappen gilt als Stadt der Binnenschiffer; zahllose Binnen- und Seeschiffe können hier im Freilichtschifffahrtsmuseum besichtigt werden. Bekannt ist auch die ungewöhnlich große St.-Martinus-Kirche.

Tinner und Staverner Dose Östlich der Ems zwischen Haren-Tinnen und Groß Stavern zeigt sich das Emsland so, wie es früher einmal war: Das Naturschutzgebiet Tinner und Staverner Dose gehört zu den größten und wichtigsten erhaltenen Hochmooren Mitteleuropas. In

diesem abgelegenen Moor findet man noch viele seltene Tier- und Pflanzenarten.

Hümmling Nordöstlich von Meppen überragt eine rund 800 Quadratkilometer große Geestlandschaft die Niederungen der Ems – der Hümmling. Es handelt sich dabei um den Ausläufer einer Grundmoränenplatte aus der Saale-Eiszeit. Die Landschaft ist karg, durchsetzt mit Wacholderheide, kleinen Mooren und Kiefernwäldern. Zahlreiche Hünengräber rund um Stavern sind Zeugnisse der Jungsteinzeit.

Versuchsstrecke Transrapid Unmittelbar am Dortmund-Ems-Seitenkanal erheben sich Schienen auf hohen Betonstelzen über die grünen Weiden. Sie gehören zur Teststrecke für den sogenannten Transrapid, eine Hochgeschwindigkeits-Magnetschwebebahn. 2011 wurde die Strecke stillgelegt.

Papenburg Das Schifffahrtsfreilichtmuseum zeigt Schiffsnachbildungen der in den letzten 250 Jahren hier gebauten Schiffstypen. Für den Brückenschlag zur modernen Industriegeschichte steht die Papenburger Meyer Werft. Die Überführung ihrer oft riesigen Kreuzfahrtschiffe zur Nordsee ist immer wieder ein spektakuläres Großereignis.

Leda-Sperrwerk Südlich von Leer, vor der Einmündung der Leda in die Ems, schirmt ein mächtiges fünftoriges Sperrwerk Leda und Jümme gegen die Ems hin ab – ein wichtiger Schutz vor Sturmfluten und Überschwemmungen.

Dollart Die knapp 100 Quadratkilometer große Dollart-Bucht liegt zwischen der Hafenstadt Emden und den Niederlanden. Watt, Flachwasserzonen und Salzwiesen machen diese Brackwasserregion, die über die Emsmündung mit der Nordsee verbunden ist, zu einem wichtigen Durchzugs- und Rückzugsgebiet zahlreicher Vogelarten. Entstanden ist der Dollart in einigen schweren Sturmfluten des 13. und 14. Jahrhunderts.

Emden Nur noch wenige Gebäude erinnern an die historische ostfriesländische Hafenstadt vor der Zerstörung 1945. Im Ratsdelft, dem mittelalterlichen Hafenbecken, liegen ein historisches Feuerschiff und ein Segel-Logger. Die Kunsthalle Emden ist ein Mekka aller Liebhaber von Kunstwerken des 20. Jahrhunderts.

Links oben: Papenburg; links unten: Marktplatz von Telgte mit Straßencafés; Museums-Feuerschiff »Amrumbank/ Deutsche Bucht« in Emden.

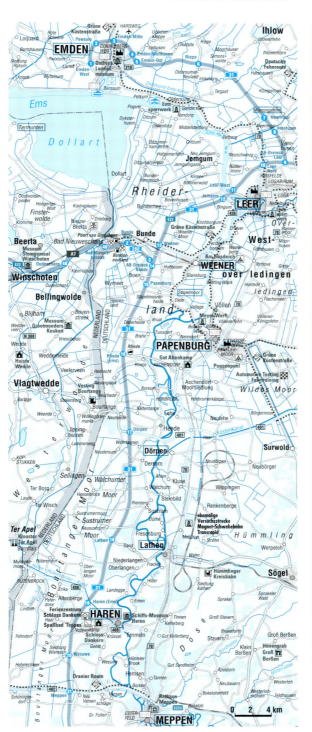

GASTRONOMIE

Rheda-Wiedenbrück: »Emshaus« Neben der einmalig schönen Lage zwischen dem Rosengarten im Schlosspark und dem Schloss Rheda mit Blick auf die Ems bietet das »Emshaus« gehobene Küche im Restaurant, sowie leckere Kuchen und Waffeln im Café. (https:// emshausrheda.de)

Telgte: »Böttcher Keller« Kleine und große Köstlichkeiten werden im historischen Kellergewölbe von 1776 serviert, dazu eine ausgesuchte Weinkarte – und kein Bier. (www.boett cher-keller.de)

Meppen: »Höltingmühle« Ein besonders idyllisches Plätzchen für ein entspanntes Sommer-Sonntagsfrühstück ist das kleine Bistro in der »Höltingmühle«: Auf der einen Seite fließt der Dortmund-Ems-Kanal vorbei, auf der anderen Seite die Hase. (Geöffnet Donnerstag bis Sonntag)

Papenburg: »Schnürboden« im Hotel »Alte Werft« Nach dem Motto »Geschichte trifft Moderne« passt sich der Gastraum in den ehemaligen Schnürboden der Schiffswerft Meyer ein. Im Sommer lockt der an das Restaurant angeschlossene Biergarten ins Freie. (www.hotel-alte-werft.de)

Emden: »Grandcafé« Der mondäne Name hält, was er verspricht: Kaffeespezialitäten und kleine Gerichte werden in stilvollem Ambiente mit Blick auf den Ratsdelft serviert. (www. grandcafe-emden.de)

⌇ AKTIV AM WASSER

⌇ Kanufahren auf der Ems

Da die Ems keine starke Strömung besitzt, ist sie für Fahrten mit dem Kanu sehr gut geeignet. Besonders attraktiv ist die vielfach gewundene Strecke zwischen Salzbergen (im Norden von Rheine) und Meppen. Hinter Meppen gibt es zwar noch schöne, durch den Dortmund-Ems-Kanal abgeteilte Altarme, doch die hier verkehrenden Binnenschiffe machen die Kanufahrt gefährlicher. *Kanu- und Kajakverleih Struckmann in Salzbergen (Tel. 05976/69 75 16; http://kanuverleihstruckmann.de); Campingplatz Meppen (Tel. 05931/ 164 11; www.campingplatz-kanu verleih-meppen.de).*

Großes Bild: Segelschiffe auf dem Dollart. In der Meyer Werft Papenburg werden Kreuzfahrtschiffe gebaut (oben rechts). Kleine Bilder, von links: am Ufer der Ems; Emsbrücke bei Leer; »Schwimmreifenmann« (2009) von Christel Lechner in der Ems bei Telgte.

⌇ Radwege an der Ems

Rund 380 Kilometer lang ist die Radstrecke von der Quelle der Ems in der Senne bis zur Mündung in die Nordsee. Ems-Route, Emsland-Route und Radroute Dortmund-Ems-Kanal ergänzen sich auf ihrem Weg am Fluss entlang. Meist fährt man auf ruhigen, befestigten Nebenstraßen und Radwegen durch flaches Land. *(www.emsradweg.de)*

⌇ Kanufahrten auf der Hase

Eine schöne Alternative zur Ems ist die Strecke zwischen Haselünne und Meppen. Zu den Kanu-Verleihstationen zählen »Hase Kanu« in Gehrde *(https://hase-kanu.de)* und der »Kajak-Verleih Haseltour« in Haselünne *(www.hasetour.de)*.

⋙ Meyer Werft

Im Familienunternehmen Meyer Werft in Papenburg werden seit 1795 Schiffe gebaut. Inzwischen fertigt die Werft vor allem luxuriöse Kreuzfahrtschiffe. Besonders spektakulär wird es, wenn einer der Ozeanriesen aus dem Baudock entlassen (»ausgedockt«) wird und die Reise an seinen Bestimmungsort antritt. Werftbesichtigungen sind möglich. Informationen unter *www.meyerwerft.de*

⋙ Hudelandschaften

Die alte Tradition, Nutzvieh in Waldgebieten weiden zu lassen, ließ über die Jahrhunderte hinweg einen eigenen Landschaftstypus entstehen: die Hudelandschaften. Im Emsland sind einige dieser Kulturlandschaften erhalten geblieben, zum Beispiel das Borkener Paradies oder die Meppener Kuhweide.

⋙ Personenschifffahrt

Die Germania-Schifffahrt bietet ab Leer Ausflugsfahrten zum Dollart an bzw. zum Emssperrwerk oder auf der Leda und der Wümme. Informationen bei Germania Schifffahrtsgesellschaft in Leer *(Tel. 0491/59 82; www.schiffsausfluege-in-ostfriesland.de).*

⋙ Segeln im Dollart

Der Sage nach sehen Seeleute bei ruhiger See noch die Dächer der überfluteten Häuser, wenn sie die etwa 100 Quadratmeter große Meeresbucht an der Emsmündung befahren. Schon im Mittelalter überflutete die wilde Nordsee das Land, heute gehört der Ostteil des Dollart zum Nationalpark Wattenmeer. Bei entsprechendem Wetter ist für erfahrene Segler der Weg in Richtung Wattenmeer frei.

WESER

↗ **Bei Hannoversch Münden vereinen sich Werra und Fulda zur Weser, die das Weserbergland durchfließt und an der Porta Westfalica in das Norddeutsche Tiefland eintritt. Der Fluss passiert Bremen und mündet, von Deichen begleitet, bei Bremerhaven in die Nordsee.**

»Wo Werra sich und Fulda küssen / Und ihren Namen büßen müssen / Entsteht durch diesen Kuss / Hier deutsch bis zum Meer der Weserfluss.« Das steht auf dem »Weserstein« in Hannoversch Münden, wo Werra und Fulda sich zur Weser, einem der wichtigsten norddeutschen Flüsse, vereinigen. Die Fulda entspringt in der Rhön und legt bis zu ihrer Einmündung in die Weser eine

180 Kilometer lange Reise zurück. Einer ihrer Zuflüsse ist die 135 Kilometer lange Eder, die im Rothaargebirge entspringt und sich südöstlich von Baunatal mit der Fulda »vermählt«. Die Werra, der zweite Quellfluss der Weser, entspringt im Thüringer Wald. Von Hannoversch Münden bis zur Mündung in die Nordsee bei Bremerhaven legt die Weser stattliche 477 Kilometer zurück. Als

Oberweser fließt sie durch das gebirgige Weserbergland bis nach Minden, wo kurz vorher die Porta Westfalica den Weg frei macht für ihren weiteren Weg durch das Norddeutsche Tiefland. Von hier bis Bremen heißt sie nun Mittelweser. Bei Minden kreuzt der Mittellandkanal in einem riesigen Wassertrog den Fluss, der auf seinem weiteren Verlauf durch zahlreiche Staustufen, Wehre und Schleusen reguliert wird.

Bei Verden mündet die Aller aus südöstlicher Richtung kommend in die Weser und hat auf ihrem Weg dorthin ihrerseits schon die Oker und Leine aufgenommen. Ab dem Weserwehr in Bremen spricht man von der Unterweser. Ab jetzt ist bereits der Tidenstrom der Nordsee spürbar, die Ufer sind deshalb von Deichen gesäumt.

Der Mündungstrichter der Weser bei Bremerhaven schließlich gilt schon als Außenweser. Hier ist die Weser stattliche 1,8 Kilometer breit und ermöglicht einen prosperierenden Fischereihafen und das größte Container-Terminal Europas.

Jahrhundertelang war die Weser der Transportweg und die Lebensader vieler Mittelgebirgsregionen. Der germanische Name der Weser ist unbekannt, die Römer nannten sie »Visurgis«, zur Zeit Karls des Großen hieß der Fluss »Wirraha«. Daraus wurde im Mit-

Erkervorbauten, Urflucht genannt, und sogenannte, meist einstöckige Zwerchhäuser, Dachhäuschen quer zur Firstlinie, sowie üppiges Giebelschweifwerk und Zierquaderbänder. Besonders eindrucksvoll ist die abwechslungsreiche Gestaltung ganzer Straßenzüge in diesem Stil in Hameln, Minden und Lemgo westlich der Weser.

An der Museumsstraße im Mühlenkreis Minden-Lübbecke liegen über 40 zumeist funktionstüchtige Wind-, Wasser- und Rossmühlen aus dem 18./19. Jahrhundert. Viele dieser Mühlen säumen den Fluss zwischen Minden und Loccum.

Erleben kann man das Weserbergland am besten auf der Wesertalstraße, die mal links, mal rechts des Flusses entlangführt – und nicht zuletzt bei den alljährlichen Freilichtaufführungen zum Gedenken an den Rattenfänger von Hameln, den »Lügenbaron« von Münchhausen in Bodenwerder und Doktor Eisenbart in Hannoversch Münden.

telalter die »Werser«, später die neuhochdeutsche »Weser«. Für die Flussschifffahrt genutzt wurde die Weser nachweislich schon seit dem 7. Jahrhundert, heute allerdings fast nur noch von Ausflugsschiffen. Von ihnen aus kann man herrliche Blicke auf die dicht bewaldeten Erhebungen des Weserberglandes werfen, einer reizvollen Mittelgebirgslandschaft beiderseits des Flusses mit dichten Laub- und Nadelwäldern, die im Süden in das Hessische Bergland übergeht. Im 16./17. Jahrhundert entstanden hier prunkvolle Schlösser, prachtvolle Bürgerhäuser und eindrucksvolle Rathäuser im Stil der sogenannten Weserrenaissance, in der spätgotische Fachwerkfassaden und Renaissance-Elemente eine eigenwillige Verbindung eingegangen sind. Typische Merkmale dieses Baustils sind skulpturenreiche

Morgens hängt der Nebel noch über der Weser bei Bodenwerder (großes Bild). Alte Fachwerkhäuser spiegeln sich in einem Wehr an der Fulda in Rotenburg (kleines Bild).

FULDA UND EDERTAL

↗ **Die Quelle der Fulda liegt nahe der Wasserkuppe in der Rhön. Unterwegs, kurz hinter Guxhagen, nimmt sie noch die Eder mit auf die Reise, die oft »Die Eilige« und »Juwel der hessischen Flüsse« genannt wird. Nördlich und südlich der Eder erstreckt sich das Waldecker Land, so benannt nach dem Fürstengeschlecht der Grafen von Waldeck.**

Die Fulda

Gersfeld Die Dreischlösserstadt am Fuß der 950 Meter hohen Wasserkuppe ist vor allem als Mekka der Segelflieger bekannt. Auf der Wasserkuppe findet sich auch das Deutsche Segelflugmuseum. Neben dem historischen Marktplatz mit hübschen Fachwerkhäusern lohnen das Barockschloss (17. Jh.) sowie die Barockkirche einen Besuch.

Fulda Das heutige Stadtbild wurde während des Barockzeitalters maßgeblich von den Fürstäbten geprägt, die im 1721 vollendeten Stadtschloss residierten. Am Domplatz steht der barocke Dom (18. Jh.) mit dem Grab des heiligen Bonifatius. Die Michaelskirche ist eine der ältesten Kirchen Deutschlands.

Bad Hersfeld Die Stadt östlich des Knüll liegt in einer Talweitung der Fulda und geht zurück auf eine schon im Jahr 769 gegründete Benediktinerabtei. Zu den eindrucksvollsten deutschen Theaterkulissen zählen die Rui-

nen der ehemaligen Stiftskirche der Abtei (11./12. Jh.): Hier finden alljährlich die Bad Hersfelder Festspiele statt.

Rotenburg an der Fulda Die zahlreichen Fachwerkhäuser aus dem 15.–18. Jahrhundert geben der Stadt – verstärkt durch die in Teilen erhaltene Stadtmauer mit zwei Rundtürmen – ein mittelalterliches Gepräge. Zu den Hauptsehenswürdigkeiten zählen neben dem Rathaus von 1597 die Alte Landvogtei aus dem Jahr 1555, die Neustädter Kirche, die Jacobi-Kirche und das Schloss.

Melsungen Die malerische Altstadt mit Fachwerkhäusern rund um das Rathaus und den Marktplatz erreicht man über eine mächtige mittelalterliche Bogenbrücke über die Fulda. Schloss und Schlosspark stammen aus dem 16. Jahrhundert.

Kassel Die im Jahr 913 erstmals urkundlich erwähnte Stadt liegt in einem Talbecken der Fulda am Fuß des Habichtswaldes. Den Brüdern Grimm, die 1798 bis 1830 hier lebten, ist das Brüder-Grimm-Museum in Schloss Bellevue gewidmet. International bekannt ist Kassel durch die Kunstausstellung »documenta«. Zu den wenigen nach dem Krieg erhaltenen Sehenswürdigkeiten zählt das Ottoneum, das erste frei stehende Theatergebäude in Deutschland (1605). Das prächtige Schloss Wilhelmshöhe beherbergt die Gemäldegalerie Alter Meister. Auch der Schlosspark lohnt einen Besuch. Auf einem Hügel im Bergpark steht das Oktogon, von dem aus man zum 71 Meter hohen Herkules-Monument hinaufsteigen kann. Die in den Flussniederungen der Fulda liegende Karlsaue ist eine der größten barocken Parkanlagen Deutschlands.

Das Edertal

Frankenberg Das Städtchen ist stolz auf seine mittelalterliche Stadtmauer, die schönen Fachwerkhäuser und sein zehntürmiges Rathaus. Überragt wird es von der gotischen Liebfrauenkirche (1286–1360). Das Schloss (1488) zählt zu den wenigen vollständig erhaltenen Wohnschlössern Deutschlands.

Waldeck Die einstige Festung (12.–16. Jh.) liegt am nördlichen Ufer des Edersees. Vom Edersee führt die Waldecker Bergbahn zum Schlossberg hinauf, von dem aus sich ein herrlicher Blick über den Ort Waldeck und den Stausee bietet.

Bad Wildungen In der Altstadt des Kurortes nahe der Eder sind noch etliche sehenswerte Fachwerkhäuser erhalten. Der größte Kirchenschatz der Stadtkirche (Mitte 13. Jh.) ist der eindrucksvolle Wildunger Altar von 1403. Der Wehrturm Roter Hahn diente zumeist als Gefängnis. Zu den größten viergeschossigen Fachwerkgebäuden der Region zählt der aus dem 18. Jahrhundert stammende Waisenhof.

Nationalpark Kellerwald-Edersee Südlich des Edersees liegt der etwa 60 Quadratkilometer große Nationalpark – eines der letzten großen unzerschnittenen Laubwaldgebiete

Mitteleuropas. Buchenwälder sind hier landschaftsprägend.

Fritzlar Seit dem 13. Jahrhundert wird die Eder von der Alten Brücke überspannt. Das Wahrzeichen der Stadt ist der romanische St.-Petri-Dom (11. bis 14. Jh.) mit seiner Doppelturmfassade. Im Zentrum der von einer gut erhaltenen Stadtmauer umgebenen Altstadt stehen rund 450 Fachwerkhäuser und der Rolandsbrunnen am Markt.

GASTRONOMIE

Fulda: »Dachsbau Feinschmeckerlokal« Mitten in der Fußgängerzone von Fulda hat sich mit dem »Dachsbau« alteingesessene Gastronomie erhalten. Die gerahmten Zeichnungen ergeben mit dem rustikalen Interieur ein stimmiges Bild, zu dem die klassisch-ambitionierte Küche Gaumenfreuden liefert. (www.dachsbau-fulda.de)

Kassel: »Humboldt 1a« Das Restaurant direkt am Fürstengarten in Kassel präsentiert sich stilsicher, jugendlich-frisch und mit einer ambitionierten Speisekarte. Dafür kann man schon mal Bestnoten vergeben. (http://humboldt1a.de)

Eichenzell: Schlossrestaurant »Die Fasanerie« Allein die märchenhaftschöne Kulisse vor dem Barockschloss Fasanerie bewirkt, dass sich die Gäste des Schlossrestaurants fühlen wie die Könige. Und so schreitet man irgendwie erhaben zu Tischen in einem der ausladenden Gasträume, auf der Schlossterrasse oder im Biergarten »Postenhaus«. (https://die-fasanerie.de)

Fritzlar: »Restaurant Café Hahn« Die Liebe zum Genießen steht in diesem Lokal im Mittelpunkt, und das gilt nicht nur für die Speisekarte mit großer Frühstücksauswahl. Die Kunst an den Wänden stammt von Malern aus einem chinesischen Dorf und kann käuflich erworben werden. (www.cafehahnfritzlar.de)

AKTIV AM WASSER

Edersee
Der Stausee zwischen Herzhausen und Affoldern ist der zweitgrößte Stausee in Deutschland. Von der Staumauer windet sich die Eder 27 Kilometer lang fjordartig durch ein steilwandiges Kerbtal. Der See dient der Stromerzeugung, dem Ausgleich sommerlicher Niedrigwasser in Oberweser und Mittellandkanal sowie dem Hochwasserschutz und ist ein beliebtes Freizeitrevier. Bei Niedrigwasser tauchen die Bögen der versunkenen Aseler Steinbrücke wieder auf. (*www.edersee-verkehrsverein.de*)

Radwege an Fulda und Eder
Informationen zum 194 Kilometer langen Fulda-Radweg unter *www.fuldaradweg.de*. Zum Eder-Radweg stellt folgende Seite Informationen bereit: *www.eder-radweg.de*

Segelflugmuseum Wasserkuppe
Das Deutsche Segelflugmuseum hoch über der Rhön zeigt Exponate rund um den Segelflug von der Pionierzeit bis heute. Für Kinder und all diejenigen, die jung geblieben sind, wird das Museum durch eine interessante Modellflugzeugsammlung ergänzt. (*www.segelflugmuseum.de*)

Rotes Moor
Das große Feuchtbiotop bei Gersfeld wurde mit Stegen und Pfaden für jedermann zugänglich gemacht. So zeigt das Naturschutzgebiet anschaulich, wie der natürliche Lebensraum Moor von Mensch und Tier genutzt und belebt wird. (*www.quermania.de/hessen/ausflug/rotes-moor.php*)

⋙ Wasserspiele im Bergpark Wilhelmshöhe

Es ist faszinierend zu beobachten, wie sich der Wasserstrom spielerisch mühelos und völlig ohne technische Unterstützung über den Steinhöfer Wasserfall, die Teufelsbrücke und das Aquädukt ergießt. Das Schauspiel gipfelt in der Großen Fontäne am Ende des gut zwei Kilometer langen Spazierwegs, auf dem Besucher dem Wasser folgen und eine Ahnung davon bekommen, mit welch ausgefeilten psychologischen Tricks frühere Machthaber ihren Herrschaftsanspruch untermauerten. Informationen zu Veranstaltungszeiten unter *https://museum-kassel.de/de/museen-schloesser-parks/unesco-welterbe-bergpark-wilhelmshoehe/wasserspiele*

⋙ Personenschifffahrt

Ausflugsfahrten auf dem Edersee bietet die Personenschifffahrt Edersee in Waldeck (*www.personenschifffahrt-edersee.de*). Auf der Fulda verkehren die Schiffe der Personenschifffahrt Rehbein in Kassel (*www.schifffahrtslinie-rehbein.de*).

⋙ Die Gärten von Fulda

Die Barockstadt Fulda verfügt über prächtig angelegte Garten- und Parkanlagen, die zum Spazierengehen und Die-Seele-baumeln-Lassen einladen. Dazu gehören der Dahliengarten (Eingang am Domplatz), der Klostergarten im Kloster Frauenberg und das Naherholungsgebiet Fulda-Aue. (*www.tourismus-fulda.de/sehenswuerdigkeiten/parks-und-gaerten.html*)

⋙ Wandern auf dem Märchenlandweg

Mehrere Etappen des insgesamt 430 Kilometer langen Märchenlandwegs führen bei Kassel vorbei und können zu unterschiedlich langen Touren kombiniert werden. Etappe 13 beispielsweise beginnt in Wattenbach und führt nach Rengershausen. Etappe 8 verläuft von Schäferberg bis Kassel.

⋙ Flusswandern

Fulda wie Eder sind hervorragende Kanuflüsse. Tourenvorschläge unter www.hessen-tourismus.de. Organisierte Fahrten und Bootsverleih auf der Eder über Erlebnistouren Odenhardt in Edertal (*www.eder-kanu.de*); auf Eder und Fulda über Eder-Fulda-Tour Michael Brückler (*www.kanutour.com/eder_tages touren.htm*). Verleihstationen: Campingplatz Affolderner See (*www.campingplatz-affoldernersee.com*) und Campingplatz Rotenburg a. d. F. (*www.campingplatz-rof.de*)

Der Edersee bei Rehbach liegt unweit vom Nationalpark Kellerwald-Edersee (großes Bild). Oben: Kanufahrt auf der Eder; kleine Bilder links: Radweg an der Eder; Ausflugsschiff »Stern von Waldeck« auf dem Edersee.

WERRATAL

↗ **Die Werra, neben der Fulda der zweite Quell-fluss der Weser, entspringt bei Eisfeld im Thü-ringer Wald und hat ihrerseits zwei Quellflüsse. Auf ihrem Weg nach Hannoversch Münden bewältigt sie 293 Kilometer. Zahlreiche Burgen und Schlösser, romantische Städtchen, bewal-dete Bergrücken, in den Fluss hineinragende Felswände und Schilfgebiete sorgen für den besonderen Charme dieser Flusslandschaft.**

Eisfeld Die kleine Stadt am Oberlauf der Werra östlich von Hildburghausen hat ein hüb-sches historisches Stadtbild. Das mittelalterliche Burg-Schloss wurde nach dem Dreißigjährigen Krieg umgebaut.

Hildburghausen Der Ort im oberen Werratal liegt im Süden des Thüringer Waldes. Sehens-wert sind u. a. der historische Marktplatz mit seinen Fachwerk-häusern und das Renaissance-rathaus. Ähnlich wie in Mün-chen wird hier alljährlich im Oktober anlässlich der Heirat zwischen Prinzessin Therese von Sachsen-Hildburghausen und dem späteren bayerischen König Ludwig I. das Theresienfest ge-feiert.

Meiningen Die Stadt im oberen Werratal zwischen Thüringer Wald und Rhön wurde 982 erst-mals urkundlich erwähnt. 1866 bis 1914 förderte hier der »The-aterherzog« Georg II. in großem Stil das Theater- und Musikleben und konnte damit zeitweise be-rühmte Musiker für ein Engage-ment am 1831 erbauten Theater im Goethe-Park begeistern. Hauptsehenswürdigkeit ist je-doch das Schloss Elisabethen-burg, eine dreiflügelige barocke Schlossanlage aus dem 17. Jahr-hundert mit prachtvollen Innen-räumen. Im zehn Kilometer süd-lich von Meiningen gelegenen Ort Bauerbach erinnert ein Schil-ler-Museum an den berühmten Dichter, der hier in den Jahren 1782/83 vorübergehend Zuflucht gefunden hatte.

Wasungen 14 Kilometer nord-westlich von Meiningen liegt das für seinen traditionellen Karne-val bekannte Städtchen Wasun-gen mit einem spätgotischen Rathaus und zahlreichen Fach-werkhäusern.

Schmalkalden Westlich von Niederschmalkalden liegt an der Schmalkalde, einem Nebenfluss der Werra, das idyllische Städt-chen Schmalkalden, in dem im Jahr 1531 der protestantische »Schmalkaldener Bund« gegrün-det wurde. Die Hauptsehens-würdigkeit ist heute das Renais-sanceschloss Wilhelmsburg, er-baut von 1585 bis 1589.

Bad Salzungen Der über 1200 Jahre alte Kurort verdankt seine Existenz den Solequellen. Die Kelten hatten eine Technik ent-wickelt, aus der Quellsole Salz herzustellen. Zur Blütezeit der historischen Salzstadt an der Werra arbeiteten hier 24 Gra-dierhäuser, von denen einige Ge-bäude aus dem 18./19. Jahrhun-dert erhalten sind. Das Salz bildete jahrhundertelang die Grundlage des städtischen Wohl-stands. Der Kurbetrieb begann in der ersten Hälfte des 19. Jahr-hunderts. 1923 erhielt die Stadt den Titel Bad. Zu den weiteren Sehenswürdigkeiten zählt der Marktplatz mit seinem barocken Rathaus. Einige Kilometer hinter der Stadt macht die bis dahin westlich fließende Werra einen Neunzig-Grad-Schlenker nach Norden.

Eisenach Der zu den ge-schichtsträchtigsten Städten Deutschlands zählende Ort am Fuß der Wartburg (11./12. Jh.) liegt unweit der Werra an deren Nebenflüsschen Hörsel und Nes-se. Am historischen Markt un-terhalb der Wartburg stehen das spätgotische Rathaus und das barocke Stadtschloss (18. Jh.). Unweit davon, am Lutherplatz, lohnt das Lutherhaus einen Be-such. Am Frauenplan 21 steht das Bach-Haus, in dem 1685 der berühmte Komponist geboren wurde. Wesentlich näher an der Gegenwart liegt zweifellos das Eisenacher Automobilmuseum, das echte Oldtimer und den letz-ten gebauten »Wartburg« zeigt.

Wanfried Im Mittelalter war das malerische Städtchen eine bedeutende Hafenstadt für die Werra-Flussschifffahrt. Waren, die über Weser und Werra hier-her kamen, wurden am Wanfrie-der Schlagd auf Pferdewagen umgeladen und nach Thüringen, Sachsen und Bayern transpor-tiert. Das restaurierte Stapelhaus (16./17. Jh.) und die schön de-korierten Fachwerkhäuser erin-nern an diese Blütezeit.

Eschwege Das am linken Wer-raufer liegende Städtchen gefällt wegen seiner über 1000 zum Teil vorbildlich restaurierten Fachwerkhäuser am Marktplatz, den angrenzenden Straßenzügen und seinem Rathaus (1660). Die unterhalb der Werra gelegene Handwerkerviertel Stad mit sei-ner geschlossenen mittelalter-lichen Bebauung ist eine Zeitrei-se in die Vergangenheit.

Hoher Meißner Südlich von Bad Sooden-Allendorf erstreckt sich links der Werra das Berg-massiv des Hohen Meißners (754 Meter), das als das Dach Nordhessens bezeichnet wird und ein Naturschutzgebiet ist. Wegen der niedrigen Jahres-durchschnittstemperatur haben sich hier eiszeitliche Pflanzen-arten wie Trollblume und Arnika erhalten, ja sogar ein Karsee

Bilder oben (von links): Schmalkalder Herrscheklas-markt; Lutherdenkmal in Eisenach; Meininger Theater.

GASTRONOMIE

🍴 **Meiningen: »Turmcafe im Hessensaal« und Restaurant »Schloss-Stuben«** Im Schloss Elisabethenburg sind Besucher kulturell und kulinarisch bestens versorgt. Tee- und Kaffeeliebhaber werden im wunderschönen barocken Hessensaal verwöhnt. Abends genießen Gäste thüringische Spezialitäten im historischen Kreuzgewölbe. Im Innenhof des Schlosses betreibt die Schloss-Stuben einen Biergarten. (*www.schloss-stuben-mgn.de*)

🍴 **Eisenach: Restaurant im Romantikhotel auf der Wartburg** Im Sommer schweift der Blick von der Terrasse auf den Metilstein und die Stadt Eisenach. Von der Landgrafenstube aus sieht man bis zur Rhön und weit über Hessen. Klassische Kochkunst mit Regional- und Bio-Anspruch hat hier Vorrang. (*https://wartburghotel.de*)

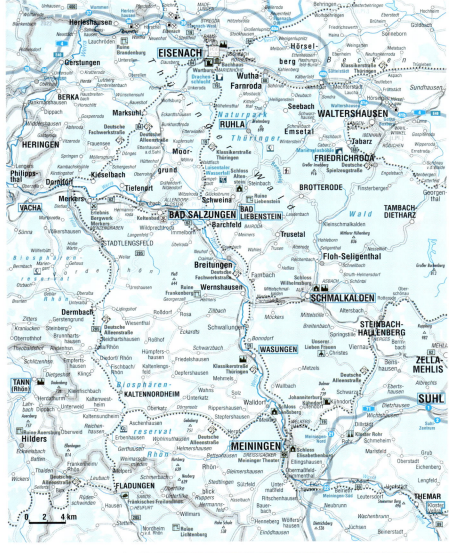

ähnlich jenen der Alpengletscher. Im Winter herrscht dank Loipe und Schleppliften reger Skibetrieb.

Bad Sooden-Allendorf Seit 1929 ist der Kurort am linken Werraufer mit Allendorf am rechten Ufer zu einer Gemeinde vereint. Salz, früher »Weißes Gold« genannt, brachte dem heutigen Doppelort vom 16. bis 19. Jahrhundert Wohlstand dank einer in Sooden liegenden Saline in 330 Meter Tiefe. Von den einst 19 Gradierwerken zur Salzgewinnung arbeitet heute nur noch eines für den Kurbetrieb. Wie früher Salz gewonnen wurde, kann im Salzmuseum im Söder Tor besichtigt werden. Sehenswert sind auch der Kurpark mit den Fachwerkhäusern der »Weinreihe« (Allendorf) und der ebenfalls von Fachwerkhäusern gesäumte Marktplatz. Vor dem Steintor steht unter einer Linde der »Brunnen vor dem Tore«, an dem das gleichnamige Lied entstanden sein soll.

Witzenhausen Am Rand des Kaufunger Waldes liegt die »Kirschblütenstadt« Witzenhausen. Den Ehrentitel verdankt sie den 150 000 Kirschbäumen, die dort im Frühjahr blühen; es gibt auch verschiedene Festlichkeiten rund um die Kirchen. Das Städtchen selbst besticht durch seine Fachwerkhäuser, sein Renaissancerathaus und die Liebfrauenkirche. Von der alten Wehrmauer (13. Jh.) sind noch zwei Wachtürme erhalten.

AKTIV AM WASSER

Werratalsee und »Werranixe«

Am Werratalsee lässt es sich vor allem bei sommerlichen Temperaturen bestens aushalten: An den Sandstränden am Südufer bei Eschwege oder im Osten bei Meinhard-Schwebda fühlt sich der deutsche Sommer an wie Urlaub am Meer. Sportlich Aktive können sich an beiden Badestellen auf Beachvolleyballplätzen austoben, den See per Fahrrad oder zu Fuß umrunden, segeln oder in einem der separaten Teiche die Angel auswerfen. An Bord des Ausflugsschiffs »Werranixe« sind Seerundfahrten möglich. *(www.werratal-tourismus.de)*

Badeseen bei Meinhard

Baden, segeln, surfen, rudern und Tretboot fahren kann man am Badesee bei Meinhard-Jestädt. Informationen unter *www.werra-meissner.de; www.naturparkfrauholle.land/natur-entdecken/aktiv-unterwegs-sein/baden/badeseen*

Wasserwandern

Ein besonderes Erlebnis ist eine Kanufahrt auf der Werra, vor allem zwischen Eschwege und Wanfried. Informationen über die Kanutouristik Werratal in Eschwege *(Tel. 05651/229 05 15)* oder bei *www.werra-kanu.de*. Eine schöne Einstiegsmöglichkeit bietet sich in Wanfried an der Schlagd an, dem ehemaligen Werrahafen.

Bachhaus und Lutherhaus in Eisenach

Wer Eisenach besucht, betritt damit die Geburtsstadt des großen Komponisten Johann Sebastian Bachs und den Ort, wo Martin Luther einen Teil seiner Kindheit verbrachte. Dieses historische Erbe bewahren zwei sehenswerte Museen in der Altstadt. Informationen dazu unter *www.eisenach.info*

Werra-Radweg

Er ist knapp 300 Kilometer lang, beginnt in den Höhenlagen des Thüringer Waldes bei Eisfeld bzw. den beiden Werraquellen bei Fehrenbach und Siegmundsburg und führt bis nach Hannoversch Münden. Informationen über *http://werra-radweg-etappen.com*. Auf etwa 50 Kilometern einmaliger Flusslandschaft haben Künstler der Region ihre Werke installiert (*www.werratal-tourismus.de/de/freizeittipps/kunst-trifft-geschichte.php*).

Geo-Naturpark Frau-Holle-Land

Große Teile des Werratals liegen im drittgrößten Naturpark Hessens, der direkt an das Grüne Band (frühere innerdeutsche Grenze) heranreicht. Durch den Park führen Wander- und Fahrradwege wie der Werra-Burgen-Steig von Hannoversch Münden bis zur Wartburg, der bereits 1885 markiert wurde. (*www.naturparkfrauholle.land*)

Bad Salzungen Gradierwerk

Den natürlichen Solevorkommen in Bad Salzungen sind die Verdunstungsanlagen (»Gradierwerke«) zu verdanken, die ab dem Hochmittelalter in der Werraaue zum Salzabbau gebaut wurden. Die Ostwand des Gradierwerks ist das letzte Überbleibsel von einst 24 Werken und stammt aus den Jahren 1796/97. Unter dem Begriff »Gradieren« versteht man heutzutage das Inhalieren des Salznebels, das erwiesenermaßen heilsame Wirkung auf das körperliche Wohlbefinden hat. Das Gradierwerk in Bad Salzungen ist täglich geöffnet, eine Tafel am Beginn des Rundwegs gibt Informationen zu Nutzungsmöglichkeiten. (*https://gradierwerk-badsalzungen.de/informationen*)

Schlagd Wanfried

Zwei von ehemals fünf Schlagdhäusern erinnern heute dort, wo früher vom Endhafen Wanfried aus die damals bedeutende Handelsmetropole Mühlhausen beliefert wurde, an vergangene Zeiten. Zur Uferbefestigung rammte man lange Holzpfähle in den Schlick, woher die Bezeichnung »Schlagd« rührt. Der Förderverein Historischer Hafen e. V. setzt sich für den Erhalt und die Wiederherstellung der Anlage ein. In einer der alten Schlagdscheunen finden kulturelle Veranstaltungen statt und es gibt eine Hafengaststätte. (*www.wanfriederhafen.de*)

Großes Bild: Im Süden von Bad Salzungen liegt die Schnepfenburg, eine im 18. Jahrhundert auf den Resten einer mittelalterlichen Burg errichtete Schlossanlage. Oben rechts: Im Gradierwerk in Bad Salzungen inhalieren Kurgäste die salzhaltige Luft. Kleines Bild links: Ausflug auf dem Wasser.

OBERE WESER

⤢ **Mitten in Hannoversch Münden, am Weserstein an der Spitze einer Landzunge, beginnt die Weser, der längste »rein deutsche Fluss«, ihren Lauf in Richtung Nordsee durch die Porta Westfalica und durchquert dabei zwischen Hannoversch Münden und Minden das reizvolle Weserbergland mit dem Reinhards-, Bram- und Kaufungerwald.**

Hannoversch Münden Die Stadt am Zusammenfluss von Werra und Fulda wurde um 1170 auf einer Landzunge zwischen den beiden Flüssen von Heinrich dem Löwen gegründet. Das mittelalterliche Stadtbild ist geprägt von fast 500 Fachwerkhäusern im Stil der Weserrenaissance sowie Kirchen und Resten der alten Befestigungsanlage. Im Stadtzentrum liegt der Marktplatz vor dem eindrucksvollen Rathaus mit seiner ursprünglich gotischen Fassade, die 1603 bis 1613 im Stil der Weserrenaissance umgestaltet wurde. In der Nähe der alten Werrabrücke steht das ehemalige Welfenschloss aus dem 16. Jahrhundert, heute Sitz des Städtischen Museums. Von der Tillyschanze am westlichen Stadtrand aus hat man einen herrlichen Blick auf die Altstadt.

Veckerhagen Hier ist noch eine der alten Weserfähren in Betrieb: Das Schiff wird von Drahtseilen gehalten, die über Rollen mit einem über den Fluss gespannten Kabel verbunden sind. Auf diese Weise drückt die Strömung das Schiff von Ufer zu Ufer. Die nächste Station entlang des Flusses ist Bursfelde im Bramwald mit den Überresten eines ehemaligen Benediktinerklosters (11./12. Jh.). Von dort geht es weiter nach Gieselwerder, einem Luftkurort mit schönen Fachwerkhäusern und der Ruine einer alten Wasserburg.

Bad Karlshafen Die Stadt geht auf eine Gründung hugenottischer Flüchtlinge im Jahr 1699 an der Mündung der Diemel in die Weser zurück. Davon zeugen noch schöne Barockhäuser, das Hugenottenmuseum und das symmetrisch angelegte Straßennetz. Seinen Namen verdankt das Städtchen einer 1730 entdeckten Solequelle und einem damals angelegten Hafenbecken. Von hier lohnt sich ein Abstecher entlang der Diemel zum Fachwerkstädtchen Trendelburg, das von der gleichnamigen Burg überragt wird. Wieder zurück auf der Wesertalstraße, führt der Weg zunächst weiter nach Beverungen. Ein Stück weiter kann man die im Jahr 1747 gegründete Porzellanmanufaktur im rechts der Weser gelegenen Fürstenberg besuchen.

Höxter In der Altstadt stehen zahlreiche herrliche Fachwerkhäuser im Stil der Weserrenaissance, u. a. die sogenannte Dechanei, ein früherer Adelssitz, das Tillyhaus, benannt nach dem kaiserlichen Feldherrn im Dreißigjährigen Krieg, und das Rathaus. Die romanische Kilianikirche mit ihren ungleich hohen Westtürmen stammt aus dem 12./13. Jahrhundert. Zum Welterbe der UNESCO wurde die

nahe gelegene alte Benediktiner-abtei Corvey ernannt.

Kloster Corvey Zwei Kilome-ter nordöstlich von Höxter liegt das im Jahr 822 von Ludwig dem Frommen gegründete und 1802 säkularisierte Kloster, in dem während des 12. Jahrhunderts mehrere Reichstage stattfanden. Seine heutige Gestalt geht aller-dings weitgehend auf das Ba-rockzeitalter zurück, mit Aus-nahme des romanischen West-werks mit der »Kaiserloge«, die den deutschen Kaisern als Gast-kirche diente. Sehenswert sind auch die barocken Prunkräume der ehemaligen Abtei, darunter der »Kaisersaal«, in dem alljähr-lich im Frühjahr die Corveyer Musiktage stattfinden. In der Bi-bliothek hat Hoffmann von Fal-lersleben 1860–1874 als Biblio-thekar gearbeitet; er liegt in Corvey begraben.

Holzminden Am rechten We-serufer liegt das Hafenstädtchen mit stattlichen Fachwerkhäusern aus dem 17. Jahrhundert. Die Lutherkirche ist eines der Wahr-zeichen der Stadt. Der Markt im Zentrum der Altstadt mit Brun-nen und Baumreihen wird von einer Reihe hübscher Ackerbür-gerhäuser gesäumt. Das Seve-rinsche Haus von 1683 (Nr. 9) ist das größte der Holzmindener Ackerbürgerhäuser. Es ist reich geschmückt und wird von einer kunstvoll gestalteten Wetterfah-ne bekrönt.

Bevern Der etwas nördlich ge-legene Nachbarort liegt eben-falls auf der rechten Flussseite, ist aber von der Wesertalstraße aus mit einer der alten Seilfäh-ren erreichbar. Der Ort lohnt vor allem wegen des sogenannten Münchhausen-Schlosses, eines Juwels der Weserrenaissance (1603–1612), einen Besuch.

Bodenwerder Zwischen Holz-minden und Bodenwerder ist das Wesertal besonders malerisch,

Links oben: Weserfähre Wahm-beck. Links unten: In Höxter beeindrucken das Fachwerk-rathaus und das ehemalige Benediktinerkloster Corvey.

eng und windungsreich. Der Name Bodenwerder ist untrenn-bar verknüpft mit dem Freiherrn von Münchhausen und liegt idyl-lisch eingebettet in das Weser-tal. Im Zentrum des Jodsole-bades steht das Geburtshaus des »Lügenbarons«, ein Fachwerk-bau (1600), der heute als Rat-haus dient und ein Museum be-herbergt. Am Münchhausen-brunnen reitet der Lügenbaron auf seinem legendären halben Pferd. Bis 1948 lag die histori-sche Altstadt auf einer Insel, dann wurde der Weserarm, der die Stadt vom linken Weserufer trennte, verfüllt. Doch bleibt die Struktur der mittelalterlichen Siedlung bis in die Gegenwart erkennbar.

GASTRONOMIE

🍴 **Hannoversch Mün-den: »Die Reblaus«** Das kleine zum gleichnamigen Hotel gehörende Restaurant in der Altstadt von Hanno-versch Münden serviert deutsche und mediterran inspirierte Gerichte und ver-wöhnt seine Gäste mit der gemütlichen Atmosphäre eines alten Fachwerkhauses. *(www.die-reblaus.com)*

🍴 **Höxter: »Café & Zim-mertheater«** Cafébetrieb am Tage, abends Theater: Die Betreiber dieses kleinen Lokals in der Innenstadt von Höxter haben ihre beiden Leidenschaften einfach per-fekt kombiniert. Es gibt ei-nerseits leckere Kuchen, Waffeln, Eis und kleine Spei-sen – der Kaffee dazu wird handgefiltert. Andererseits genießen die Theatergäste Kultur. *(https://cafe-zimmer theater.de)*

🍴 **Holzminden: »Hafen-bar«** Die Betonung liegt wegen der besonders schö-nen Lage direkt am Weserkai eindeutig auf »Bar«: Bei Sonnenuntergang schmeckt der »Sundowner« im Strand-korb oder an Bistrotischen hervorragend. *(Steinhof 99, Weserkai)*

🍴 **Polle: Restaurant und Café »Graf Everstein«** Im stilvollen Restaurant mit klassischer Speisekarte eröff-net sich durch die großen Pa-noramafenster ein traumhaft schöner Blick übers Weser-bergland. *(www.graf-ever stein.de)*

AKTIV AM WASSER

Barockhafen von Bad Karlshafen
In den 20er-Jahren des 19. Jahrhunderts wurde der historische Binnenhafen der Barockstadt vom Weserzugang abgeschnitten. Seit 2019 macht eine neu gebaute Schleuse die Einfahrt für kleinere Jachten, Sportboote und Kanus in den Hafen wieder möglich. Informationen erteilt die Tourist-Information Bad Karlshafen unter *www.bad-karls hafen-tourismus.de*

Draisinentour Bodenwerder
Draisinenfahrer müssen über ordentlich Muskelkraft verfügen, die die Draisine auf der fünf Kilometer langen Strecke von Bodenwerder nach Disselmissen »pumpen« – vier haben die Arbeit, acht können entspannt die Fahrt entlang der Lenne genießen. *(www.3sine.net/boden werder/index.html)*

Flusswandern
Organisierte Bootstouren und Kanuverleih auf Weser, Leine und Emmer bietet z. B. Kanu-Touren und Erlebnisreisen Till Merkord in Blomberg *(www.kanute.de/kanutouren/ emmer.php).*

Münchhausen-Museum
Wer die weltberühmten Geschichten des Barons Hieronymus von Münchhausen nochmals nachlesen will, kann das in den 1400 Buchausgaben des Museums in 48 Sprachen tun. *(Münchhausen-Museum, Münchhausenplatz 1, 37619 Bodenwerder)*

Naturpark Solling-Vogler
Die Vielfalt des Naturraums Weserbergland offenbart sich den Besuchern des Naturparks an verschiedenen Erlebnisorten wie dem Hochmoor Mecklenbruch bei Silberborn oder dem Lackenteich. Aktivurlauber werden mit ausgeschilderten Wanderwegen und 15 Mountainbike-Touren unterschiedlicher Schwierigkeitsstufen bestens eingebunden. *(www.naturpark-sol ling-vogler.de)*

Burgführung auf Burg Polle
Auf Burg Polle ist die Märchenfigur Aschenputtel nun offiziell zu Hause und besitzt hier sogar ein eigenes Zimmer. Nach vorheriger Anmeldung sind Führungen durch die Burg möglich, bei der neben märchenhaften auch historische Fakten vermittelt werden. Außerdem bleibt genug Zeit, um die herrliche Aussicht zu genießen. Nähere Auskunft erteilt die Tourist-Information Bodenwerder *(www.muenchhausen land.de).*

Schillat-Höhle
In der Schauhöhle vergeht die Zeit wortwörtlich wie im Flug: Ein gläserner Aufzug bringt Besucher der Höhle in 45 Meter Tiefe, während die Gesteinsschichten die Geschichte der Erdzeitalter verraten. *(www. schillathoehle.de)*

Kanal-Kreuzfahrt

Eine gute Gelegenheit, das größte Wasserstraßenkreuz der Welt »auf der Durchreise« zu besichtigen. Die Fahrt führt über die Kanalbrücken des Wasserstraßenkreuzes auf dem Mittellandkanal über die Weser und in die Mindener Hafenanlagen, dabei werden die Schachtschleuse, das Pumpwerk, die Kanalbrücke und der Südabstieg erläutert. Infos über Mindener Fahrgastschifffahrt *(An der Schachtschleuse, Tel. 0571/648 08 00, www.mifa.com).*

Wandern

Der äußerst reizvolle »Weserbergland-Wanderweg« führt vom Geburtsort der Weser in Hannoversch Münden bis zur Porta Westfalica (etwa 210 Kilometer). Man benötigt dazu etwa zehn Tage. Freilich kann man auch kürzere Etappen wählen, etwa von Hannoversch Münden nach Neuhaus in circa 5 Tagen. Weitere Informationen findet man unter *www.weserbergland.com, www.weser.org/bad-karlshafen; www.bodenwerder.de; www.hameln.de*

Erholungsgebiet Doktorsee

Baden, angeln und Tretboot fahren, all das ist möglich am Freizeitgelände Doktorsee bei Rinteln. Die große Wasserrutsche zieht vor allem junge Besucher an, während Erwachsene gern in der ausgedehnten Saunalandschaft »SeeSa« entspannen. *(www.doktorsee.de)*

Weser-Radweg

Der 500 Kilometer lange Radweg führt von Hannoversch Münden bis zur Nordsee und zählt zu den beliebtesten Radwanderwegen in Deutschland *(www.weser.org/weser-radweg/weserradweg.html; www.weserradweg.de).*

Fähren

Kostenpflichtige Fähren für Autos und Personen überqueren den Fluss bei Hannoversch Münden, Wahlsburg-Lippoldsberg, Bodenfelde-Wahmbeck, Polle, Hehlen, Emmerthal und Hessisch Oldendorf. Die Fähren in Bad Oeynhausen und Beverungen befördern nur Personen und Fahrräder.

Bückeburg Residenz Grafschaft Schaumburg-Lippe

Ein Triumphtor, ein goldener Saal mit Götterpforte – der Beiname Klein-Versailles scheint für das über 700 Jahre alte Residenzschloss nicht zu hoch gegriffen. Noch heute lebt Alexander Prinz zu Schaumburg-Lippe im Schloss, das neben Prunksälen und traumhaften Gärten auch die Fürstliche Hofreitschule beherbergt. *(www.schloss-bueckeburg.de)*

Raddampfer »Wappen von Minden«

Das »Raddampfern« hat eine lange Tradition auf der Weser. Das Schiff ist ein restaurierter Original-Raddampfer, der zwischen Nienburg und Minden verkehrt.

»Boat and Bike«

Eine interessante Kombination aus Fahrradtour und Schiffsausflug. Mögliche Routen: Weser-Radweg von Minden über Petershagen nach Stolzenau und Rückfahrt mit dem Schiff zum Schiffsanleger in Petershagen-Heisterholz oder zum Wasserstraßenkreuz in Minden. Infos unter *www.mifa.com*

Fahrradweg Storchenroute

Die Stadt Petershagen nennt sich stolz »Storchen-Hauptstadt« und arbeitet unermüdlich daran, den Lebensraum von Meister Adebar zu erhalten und zu verbessern. Mehrere Storchenpaare entlang der Weser nisten in ihren Horsten; der Fahrradweg Storchenroute führt an den Standorten vorbei und informiert über die Vögel. *(www.reiseland-niedersachsen.de/erleben/radfahren/radfernwege-und-radtouren/storchenroute)*

Bei Bad Karlshafen im Weserbergland kann man den Fluss per Kanu erkunden (linke Seite). Oben: Radweg nach Holzminden; Gierseilfähre in Polle.

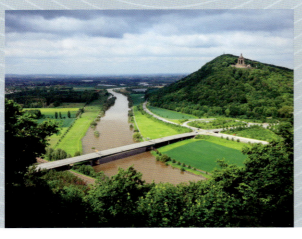

Hameln Die ehemalige Hansestadt liegt beiderseits der Weser. Der Sage nach lockte hier einst der Rattenfänger von Hameln mit seinem Flötenspiel 130 Kinder auf Nimmerwiedersehen aus der Stadt, weil ihm der Magistrat den Lohn für seine Vertreibung der Ratten verweigerte. Hameln gilt zu Recht als eine der schönsten Städte Deutschlands, denn kaum anderswo gibt es so viele Fachwerkhäuser und Bürgerhäuser im Stil der Weserrenaissance. Dazu gehören in der Bäckerstraße der »Rattenkrug« (1568) und die Löwenapotheke (um 1300). Am historischen Marktplatz steht man wenig später vor der Fassade des Hochzeitshauses (1610–1617), heute Rathaus und Schauplatz des Rattenfänger-Freilichtspiels. Gegenüber der frühgotischen Nikolaikirche, einst Gotteshaus der Weserschiffer, präsentiert sich die Prunkfassade des Dempterhauses. Am Marktplatz beginnt auch die Osterstraße mit so ein-

drucksvollen Fassaden wie der des Stiftsherrn- (1558), des Leist- (1589) und des Rattenfängerhauses (1603). Sehenswert ist auch das wuchtige Münster St. Bonifatius (12.–14. Jh.).

Rinteln In Teilen präsentiert sich die Altstadt von Rinteln noch wie zur Zeit des Stadtgründers Graf Adolf IV. von Schaumburg, der sie im Jahr 1230 plante. Das Rathaus wurde im 16. und 17. Jahrhundert im Stil der Weserrenaissance erbaut.

Porta Westfalica Sechs Kilometer südlich von Minden durchbricht die Weser das Weserbergland und macht sich auf den Weg durch das Norddeutsche Tiefland in Richtung Nordsee. Hier überragt der 270 Meter hohe Wittekindsberg den Fluss, auf dessen Gipfel das monumentale, 88 Meter hohe Kaiser-Wilhelm-Denkmal thront. Von hier aus bietet sich ein grandioser Ausblick auf das Wesertal und über das Norddeutsche Tiefland.

Bückeburg Sieben Kilometer südöstlich von Minden liegt in reizvoller Landschaft etwas abseits und rechts der Weser die ehemalige Residenz der Grafen und Fürsten von Schaumburg-Lippe (Bau ab 1609) mit einem sehenswerten Wasserschloss im Stil der Weserrenaissance.

Minden Die Stadt liegt nördlich der Porta Westfalica unweit des Mindener »Wasserstraßenkreuzes«, wo die Weser in einem 375 Meter langen Wassertrog in 13 Meter Höhe vom Mittellandkanal überquert wird und kurz darauf die beiden Wasserwege durch eine Schleuse miteinander verbunden sind. Hier ankern auch die Weser-Ausflugsschiffe. Schon für das Jahr 1042 ist für den alten Brückenort ein hölzerner Steg über die Weser verbürgt. In der Hanse- und Bischofsstadt selbst, deren Ursprünge bis ins 8. Jahrhundert zurückreichen, sind vor allem der gewaltige Dom (11.–13. Jh.), der Laubengang des Rathauses

(13. Jh.) – eines der ältesten überhaupt in Deutschland –, die Ritterstraße mit ihren Fachwerkhäusern, die Löwenapotheke am Marktplatz sowie das Schmiedingsche Haus und das Hagemeyer-Haus sehenswert.

Petershagen In der 1972 aus 29 Gemeinden entstandenen Stadt finden sich nenneswerte Zeugnisse alter Bauernkultur und schöne Bauten der Weserrenaissance, darunter die spätromanischen Weserkirchen in Buchholz (frühes 13. Jh.), Heimsen (13. Jh.), Ovenstädt (17. bzw. 18. Jh.) und Windheim (ebenfalls frühes 13. Jh.). Der Mindener Bischof Waldeck erbaute im Jahr 1306 Schloss Petershagen, das seit 1967 als Hotel genutzt wird. Im sogenannten Scheunenviertel im Stadtteil Schlüsselburg bilden 27 Fachwerkscheunen, die nach einem Brand 1617 entstanden, ein einzigartiges architektonisches Ensemble, zu dem auch die Fachwerkkapelle Röhden (1659) gehört. In Petershagen an der Westfälischen Mühlenstraße finden sich außerdem noch elf restaurierte Mühlen, darunter die Plaggen-Mühle in Döhren, eine Wassermühle aus der Mitte des 18. Jahrhunderts, die Windmühle Meßlingen (etwa 1843) mit doppelter Windrose und hölzerner Galerie, die Klostermühle Lahde, eine Turmwindmühle von 1876 und die Windmühle Bierde von 1802.

Oben: Blick über die Weserbrücke zum Wittekindsberg; Ritterstraße in Minden; links: Windmühle in Petershagen.

GASTRONOMIE

🍴 **Hameln: Spezialitäten- restaurant »Pfannekuchen«** Schon so manch bekanntes Ge- sicht fand den Weg in das Re- staurant in einem der ältesten Fachwerkhäuser von Hameln, das man aufgrund seiner de- tailverliebten Einrichtung und seines verwinkelten Grundris- ses einfach ins Herz schließen muss. Und die Spezialität des

Hauses? Pfannkuchen – in al- len Variationen. *(www.pfanne kuchen-hameln.de)*

🍴 **Rinteln: Bistro »Stadt- kater« und Restaurant »Waldkater«** Am Stadtrand liegt das »Ringhotel«. Das dor- tige Restaurant »Waldkater« besticht vor allem durch den hohen, an einen großen Win- tergarten erinnernden Gast- raum. Das Bistro, sozusagen

der kleine Restaurantbruder, ist in einem historischen Ge- bäude der Altstadt unterge- bracht. *(www.waldkater.com)*

🍴 **Minden: »Böhmerwald«** Das sehr gepflegte Restaurant besticht innenarchitektonisch mit der stilvollen Kombination aus Gold und dunklem Holz und kulinarisch mit böhmi- schen Spezialitäten. *(www.res taurant-boehmerwald.de)*

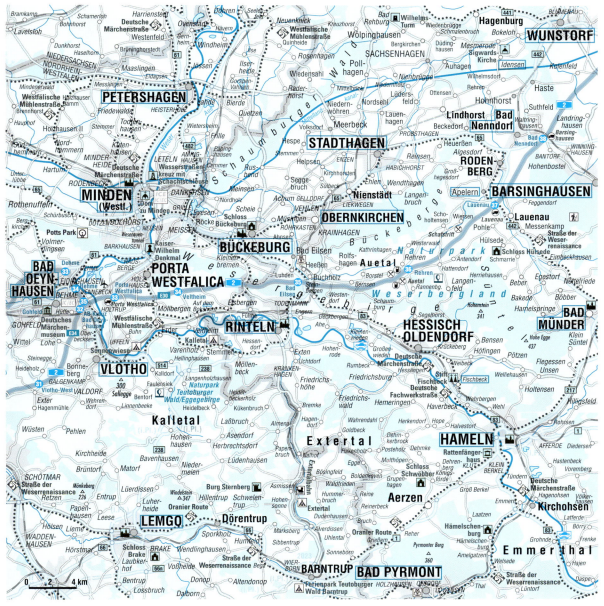

WESERRENAISSANCE

Im Einzugsgebiet der Weser bildete sich ab 1520 für rund 100 Jahre ein eigenständiger Baustil heraus, die sogenannte Weserrenaissance. Voraussetzung war eine Wirtschaftsblüte des Weserberglandes, das als »Kornkammer« Norddeutschlands große Gewinne machte. Zwischen Hannoversch Münden und Bremen, Bielefeld und Paderborn

sowie in Alfeld, Wolfsburg und Celle ließen Adel und Landesherren zahlreiche Schlösser, wie etwa Schloss Bevern, Schloss Hämelschenburg, das Welfenschloss in Gifhorn oder Schloss Brake bei Lemgo, in dem sich heute das Weserrenaissance-Museum befindet, neu erbauen oder alte Bauten umgestalten. In den Städten errichteten die

Bürger Rathäuser und Wohnhäuser mit reich geschmückten Fassaden und teils mit den für diesen Stil typischen Erkervorbauten, wie in Höxter, Hameln, Minden, Lemgo und Rinteln. Rund 400 Kilometer lang ist die »Straße der Weserrenaissance«, die von Hann. Münden bis Bremen viele der Juwelen dieses Architekturstils vereint.

Schloss Bückeburg (rechts) befindet sich seit 700 Jahren im Besitz der Grafen von Holstein-Schaumburg. In seinem Inneren beeindruckt u. a. der Goldene Saal mit seiner üppigen Schnitzkunst die Besucher (großes Bild).

ALLER UND OKERTAL

↗ **Die 211 Kilometer lange Aller, ein rechter Nebenfluss der Weser, entspringt in der Magdeburger Börde und mündet bei Verden in die Weser. Sie ist einer der wenigen weitgehend naturbelassenen deutschen Flüsse. Die nur 125 Kilometer lange Oker entspringt am Bruchberg im Harz und mündet zwischen Celle und Gifhorn in die Aller. Das Okertal ist ein wildromantisches Flusstal mit eindrucksvollen Felsformationen.**

Die Aller

Wolfsburg Die Keimzellen der 1938 im Zuge der Errichtung des Volkswagenwerkes gegründeten Stadt waren die beiden Dörfer Wolfsburg und Fallersleben sowie das an der Aller gelegene Schloss Wolfsburg. Jenseits der Aller am Mittellandkanal erstreckt sich heute das riesige Areal des Volkswagenwerkes, zu dem auch die »Autostadt« gehört, eine Park- und Seenlandschaft. Ihr Wahrzeichen sind die beiden gläsernen »AutoTürme«.

Gifhorn Die Stadt in den Niederungen der Aller war einst ein Knotenpunkt der »Salzstraße« von Lüneburg nach Braunschweig und der »Kornstraße« von Magdeburg nach Celle. Von der Blütezeit der Stadt zeugen Fachwerkhäuser (16./17. Jh.) und der Ratsweinkeller, das ehemalige Rathaus. Das alte Welfenschloss wurde im Stil der Weserrenaissance erbaut. Sehenswert ist auch der nahe gelegene Internationale Mühlenpark mit insgesamt neun historischen Wind- und Wassermühlen.

Celle Die traditionsreiche Brückenstadt an der Aller liegt am Südrand der Lüneburger Heide und war von 1378 bis 1705 Sitz der Herzöge von Lüneburg. Davon zeugt ihr Schloss, das seine heutige Gestalt im 16./17. Jahrhundert erhielt. Es präsentiert sich in einem Stilmix aus Renaissance- und Barockelementen. Das Schlosstheater ist Deutschlands ältestes bespieltes Theater. Besonders stolz ist Celle auf seinen geschlossenen Komplex von etwa 500 Fachwerkhäusern. Den besten Blick auf den Ort hat man vom Turm der Stadtkirche St. Marien.

Wienhausen Zehn Kilometer südöstlich von Celle lohnt ein Besuch im ehemaligen Zisterzienserkloster, einem der bedeutendsten Bauwerke Norddeutschlands, das berühmt für seine Wand- und Gewölbemalereien sowie seine gotischen Wandteppiche ist.

Verden Die Stadt liegt nahe der Mündung der Aller in die Weser und ist das unbestrittene Zentrum der Hannoveranerzucht. Karl der Große hielt hier 782 sein »Verdener Blutgericht« über die besiegten Sachsen ab.

Kurz darauf wurde Verden zum Bischofssitz. Der Bau des Verdener Doms dauerte von 1290 bis 1490. Weitere Sehenswürdigkeiten sind die Andreaskirche aus dem 13. und die Johanniskirche aus dem 12.–15. Jahrhundert.

Das Okertal

Okerstausee Der im Oberharz nördlich vom Wintersportort Altenau liegende Stausee wurde 1952–1956 als Trinkwasserspeicher, Hochwasserregulierer und zum Ausgleich sommerlicher Niedrigwasserstände erbaut. Die Energiegewinnung spielte ursprünglich nur eine Nebenrolle.

Goslar Am Nordwestrand des Harzes liegt die einstige Kaiser-, Reichs- und Hansestadt Goslar, deren Ursprünge bis ins 10. Jahrhundert zurückreichen, als am nahe gelegenen Rammelsberg eine schon zu Römerzeiten ausgebeutete Silberader wiederentdeckt wurde. Heinrich II. verlegte deshalb seine Kaiserpfalz hierher – der heute größte roma-

nische Palastbau Deutschlands. Die UNESCO erhob die Kaiserpfalz (1039–1056), die von Fachwerkhäusern gesäumte Altstadt, die fast intakte Stadtbefestigung sowie das 1988 stillgelegte Silberbergwerk Rammelsberg zum Weltkulturerbe. Am historischen Marktplatz mit dem Marktbrunnen steht das Rathaus (1450) mit dem sogenannten Huldigungssaal und seinen einzigartigen Wand- und Deckengemälden. Dahinter liegt die gotische Marktkirche. Ebenfalls sehenswert ist die spätromanische Kirche Neuwerk aus dem 12./13. Jahrhundert.

Wolfenbüttel Die Stadt zwischen zwei Flussarmen der Oker war 1308–1758 Sitz der Herzöge von Braunschweig und bietet noch heute mit ihren weitgehend erhaltenen 500 Fachwerkhäusern das Bild einer kleinen Residenzstadt. Im Zentrum der Altstadt liegt das ab 1715 im Barockstil umgestaltete Schloss, gegenüber das ehemalige Zeughaus (1613–1618). Östlich vom Schloss steht das Rathaus. Weltberühmtheit erlangte die Stadt durch die Mitte des 17. Jahrhunderts gegründete Herzog-August-Bibliothek mit wertvollen mittelalterlichen Schriften.

Braunschweig Die Stadt liegt im fruchtbaren Tal der Oker und war im 12. Jahrhundert Residenz von Heinrich dem Löwen. 1247 wurde sie Mitglied der Hanse und erlebte im 15. Jahrhundert ihre Blütezeit. Am Burgplatz in der Stadtmitte erhebt sich Burgwarderode, die einstige Residenz von Heinrich dem Löwen. Als Zeichen seiner Macht ließ dieser einen bronzenen Löwen (1166) – die erste frei stehende romanische Skulptur Deutsch-

lands – aufstellen. Auch der romanische Dom St. Blasius geht auf den Herrscher zurück, der hier zusammen mit seiner Frau Mathilde begraben liegt. Westlich vom Dom erstreckt sich der Altstadtmarkt mit dem gotischen Altstadtrathaus, der Martinikirche und dem Gewandhaus im Renaissancestil.

Links: Verden an der Aller; links unten: Burgplatz von Braunschweig; Nonnenchor im Kloster Wienhausen; unten: Mühlenmuseum Gifhorn.

〰 AKTIV AM WASSER

〰 Internationales Wind- und Wassermühlen-Museum Gifhorn
Seit seiner Gründung 1980 wurde das Museum stetig erweitert, sodass mittlerweile 14 funktionstüchtige Mühlen im Ausstellungsgelände aufgebaut sind. Sogar eine koreanische Wassermühle befindet sich darunter. Informationen unter *www.muehlenmuseum.de*

〰 Okertalsperre
Die 75 Meter hohe Okertalsperre ist ein beliebtes Ausflugsziel für Segler, Surfer und Erholungssuchende. Auf dem See werden Bootsfahrten angeboten. *Informationen bei der Okersee-Schiffahrt GmbH in Schulenburg (Tel. 05329/811; www.oker see.de)*

〰 Floßfahrten
Auf der Aller geht es während einer Floßfahrt romantisch zu *(Flößerei Aller-Leine e. V., Tel. 0152/28 47 51 53; buchungen@floesserei-aller-leine-tal.de)*. Floßfahrten auf der Braunschweiger Oker bieten die Braunschweiger Floßfahrten *(www. braunschweiger-flossfahrten.de)* und Oker-Tour *(www.okertour.de)*.

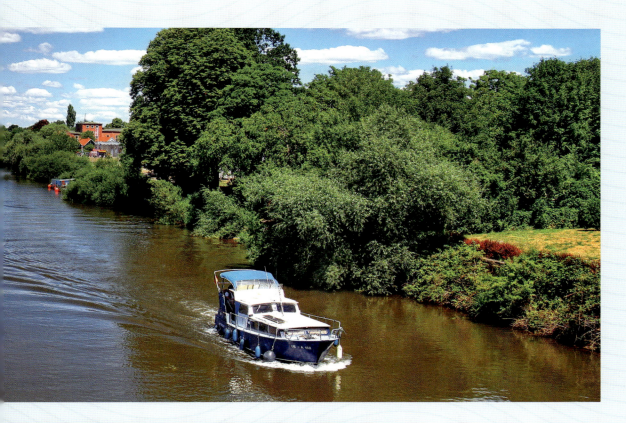

⮾ Allerpark Wolfsburg

Der künstlich angelegte Allersee bildet das Zentrum des Naherholungsgebiets nahe der Innenstadt von Wolfsburg. Im und auf dem Wasser sind Schwimmer, Ruderer und Segler unterwegs, während der Park vor allem von großen Sportstätten dominiert wird. Selbst aktiv werden können Interessierte zum Beispiel im Hochseilgarten oder ganz gemütlich bei einem Spaziergang rund um den See. Erbe der Expo 2000 ist der Kolumbianische Pavillon, der zum Restaurant umgebaut wurde. *(www.wolfsburg.de)*

⮾ Schlossmuseum Wolfenbüttel

Erbaut wurde das Schloss als mittelalterliche Wasserburg. Im Laufe der Jahrhunderte wurde es allerdings zerstört, wiederauf-, um- und angebaut. Ein berühmter Gast auf dem Schloss war Gotthold Ephraim Lessing, der einige Jahre während seiner Zeit in Wolfenbüttel dort lebte. Heute beherbergt das Schloss ein Gymnasium, eine Bildungseinrichtung und ein Museum. *(www.schlosswolfenbuettel.de)*

⮾ Bootsfahrten auf der Aller

Informationen zu Ausflugsschiffen erhält man bei der Celler Schifffahrt *(https://celler-schifffahrt.de)* beziehungsweise bei der Flotte Weser *(www.flotte-weser.de/fahrplan/verden.html)*.

Großes Bild: Flusslandschaft der Aller nahe der Stadt Verden. Kleine Bilder, von links: Okerstausee; Kayaking auf der Oker; unterwegs mit Paddelbooten.

↗ **Die Leine, ein von Süden kommender linker Nebenfluss der Aller, entspringt bei Leinefelde im thüringischen Eichsfeld und fließt hinter Göttingen durch den Leinegraben. Beiderseits des Leinetals erstreckt sich das Leinebergland, das im Westen in das Weserbergland und im Osten in den Harz übergeht und auch Schneewittchenland genannt wird. Nach insgesamt 281 Kilometern mündet die Leine nördlich von Schwarmstedt in die Aller.**

Göttingen Diese ist eine der traditionsreichsten deutschen Universitätsstädte. An der 1734 gegründeten Georg-August-Universität wirkten u. a. Heinrich Heine, Alexander von Humboldt und die Brüder Grimm. Im Zentrum der Altstadt rund um den historischen Marktplatz mit schönen Fachwerkhäusern steht der Gänselieselbrunnen, das Wahrzeichen der Stadt. Unweit davon stehen das gotische Alte Rathaus (13./14. Jh.) und die Johanniskirche mit ihren Doppeltürmen (1300–1344). Weitere sehenswerte Kirchen der Altstadt sind St. Michael, St. Albani und St. Jakobi. Am Wilhelmsplatz beeindruckt die alte Aula der Universität (1835–1837).

Northeim Das mittelalterliche Fachwerkstädtchen im Leinebergland ist Ausgangspunkt für Wander-, Rad- und Kanutouren auf der Rhume.

Einbeck Am Nebenflüsschen Ilme liegt die einstige Hansestadt mit Resten der ehemaligen Stadtmauer, Fachwerkhäusern aus dem 16. Jahrhundert und dem Rathaus mit drei schiefergedeckten Türmen, die in den Jahren 1550–1556 errichtet wurden. Zu frühem Wohlstand kam Einbeck durch die schon 1378 gegründete Brauerei – die erste von schier unglaublichen 600, die es später in der Stadt gab. Vom heute noch gebrauten Einbecker Bier (»ainpöckisch«) leitet sich das »Bockbier« ab.

Alfeld Die Stadt rechts der Leine liegt im Herzen des Leineberglandes. Ihre teilweise noch mittelalterliche Altstadt wird überragt von den Zwillingstürmen der gotischen Hallenkirche St. Nicolai (15. Jh.). Das älteste der Fachwerkhäuser stammt von 1490. Fast ein Jahrhundert jünger ist das Rathaus nördlich der Kirche. Bei Alfeld verengt sich das Leinetal und wird zum Durchbruchstal.

Hildesheim Kurz vor Nordstemmen sollte man unbedingt einen Abstecher in die 18 Kilometer entfernte alte Bischofsstadt (Ernennung 815) einplanen. Das frühere Hansemitglied (ab 1367) liegt am Leine-Nebenfluss Innerste. Gleich zwei der hiesigen Kirchen hat die UNESCO zum Weltkulturerbe erklärt: den Dom St. Mariä und die Michaeliskirche. Letztere wurde im 11. Jahrhundert von Bischof Bernward als dreischiffige Basilika im ottonischen Stil in Auftrag gegeben. Einzigartig sind hier außer der imposanten Gesamtanlage auch sakrale romanische Kunstwerke wie der Epiphaniusschrein (1140), die Bernwardtür und -säule (1120), der Herzilo-Leuchter (1060) und der Tausendjährige Rosenstock an der Apsis. Weitere Sehenswürdigkeiten sind der nach dem Zweiten Weltkrieg restaurierte historische Marktplatz mit dem Wedekindhaus, dem Knochenhaueramtshaus – das angeblich größte und schönste Fachwerkhaus Deutschlands –, dem Tempelhaus (14. Jh.) und dem Rokokohaus (1757).

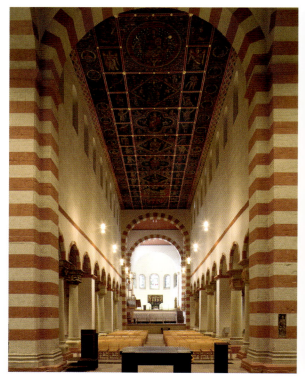

Schloss Marienburg Einer der schönsten Ausblicke auf das Leinetal eröffnet sich vom Welfenschloss Marienburg in Nordstemmen, rund 20 Kilometer südlich von Hannover gelegen. Das Mitte des 19. Jahrhunderts erbaute Schloss im neugotischen Stil entspricht den idealen Vorstellungen von einem mittelalterlichen Schloss.

Hannover Die im Jahr 1150 erstmals urkundlich erwähnte heutige niedersächsische Landeshauptstadt an der unteren Leine ist als Messe- und Museumsstadt weltberühmt. Zu den international bekannten Museen zählt das Sprengelmuseum (deutscher Expressionismus bis zu Niki de St. Phalle), das Kestner-Museum (Kulturgeschichte) und das Niedersächsische Landesmuseum (frühgeschichtliche, völkerkundliche und kulturhistorische Sammlung) sowie die angegliederte Landesgalerie. Vor dem Hauptbahnhof überwacht König Ernst August (reg. 1837–1851) von seinem Reiterdenkmal aus mit strengem Blick das rege Treiben zu seinen Füßen, denn dieser Platz »unterm Schwanz« ist ein beliebter Treffpunkt der Hannoveraner. Von hier aus gelangt man zum neoklassizistischen Opernhaus (1845–1852), entlang dem Prachtboulevard Georgstraße zur Ruine der Aegidienkirche (14. Jh.) und zum fast 100 Meter hohen, barock anmutenden Neuen Rathaus. Der 1901–1913 errichtete Kuppelbau mit seinen zwei Fassadentürmen ruht auf etwa 6000 Buchenstämmen. Weitere Sehenswürdigkeiten in Hannover sind das Leineschloss (17. Jh.), das Wangenheim-Palais, die Marktkirche (14. Jh.) und das Alte Rathaus (15. Jh.) – beides schöne Beispiele für die norddeutsche Backsteingotik. In Herrenhausen ließen die Hannoveraner Herrscher vom 17. bis zum 19. Jahrhundert die berühmten Herrenhauser Gärten anlegen, darunter den barocken

Oben: Maschteich und Neues Rathaus Hannover; Welfenschloss Herzberg; links unten: St. Michael zu Hildesheim.

Großen Garten mit den Überresten des Herrenhauser Schlosses (erhalten sind nur noch die Orangerie und das Galeriegebäude, 1694–1700). Im Georgengarten im englischen Stil wartet das Wilhelm-Busch-Museum auf Besucher. Der Berggarten ist heute ein Botanischer Garten mit mehr als 12 000 Pflanzen. Eine Attraktion der besonderen Art in den Herrenhauser Gärten ist das Regenwaldhaus – ein Stück Brasilien mitten in Hannover.

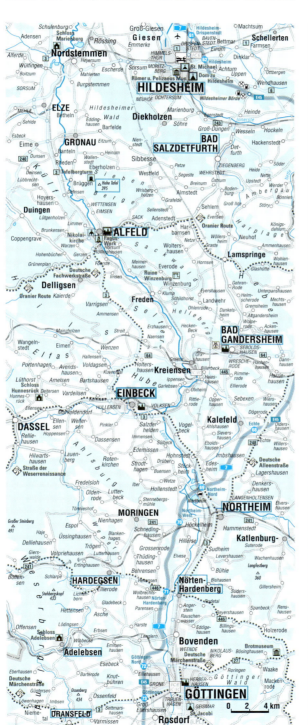

GASTRONOMIE

🍴 **Göttingen: Restaurant und Brasserie »Augusta«** Unverputzt heben sich die alten Klostermauern vom übrigen Kellergewölbe des Gastraums ab. Durch eine verglaste Wand können Gäste das rege Treiben in der Küche beobachten, wo die Köche deutsche und französische Spezialitäten zubereiten. *(www.restaurant-augusta.de)*

🍴 **Northeim: »Gasthaus zur Schere«** Die Speisekarte im urig-gemütlichen Traditionsgasthaus bietet deutsche Hausmannskost für jeden Geschmack. *(www. gasthauszurschere.de)*

🍴 **Einbeck: »Brodhaus«** Der Name erinnert an die Vergangenheit des Ortes: Als das Wirtshaus noch Herberge für umherreisende Bäckergesellen war, dürfte es ebenso trubelig zugegangen sein wie heute an gut besuchten Abenden. *(www.brodhaus-einbeck.de)*

🍴 **Hildesheim: »Café Viva«** Eine Oase der Ruhe ist das kleine Café am Kalenberger Graben. Hier kann man den Tag bei einem entspannten Frühstück beginnen oder sich die Sonne mit einem Getränk in der Hand ins Gesicht scheinen lassen. *(www.cafeviva.de)*

🍴 **Hannover: »basil«** Präzise, puristisch und modern europäisch mit regionalem Bezug – soviel zu den Speisen. Die Atmosphäre auf der Sommerterrasse ist entspannt, im Restaurant geschichtsträchtig: Schließlich war hier früher der königliche Pferdestall untergebracht. *(www.basil.de)*

AKTIV AM WASSER

Schloss Marienburg

Als König Georg V. von Hannover seiner Gemahlin Königin Marie Schloss Marienburg schenkte, war das ein Beweis seiner Liebe zu ihr. Zwar konnten die beiden aufgrund historischer Wirren keine traute Zweisamkeit auf dem Schloss verbringen, doch mit dem Bauwerk hinterließ der König eines der eindrucksvollsten Denkmäler Deutschlands. Die einstige Sommerresidenz befindet sich heute immer noch im Familienbesitz der Welfen und ist für Besucher geöffnet. *(www. schloss-marienburg.de)*

Ausflugsschiff

Von Hannover aus startet die »Leineschloss« zu verschiedenen Ausflugsfahrten rund um Hannover, durch die Kanäle und zur Hindenburgschleuse. *Informationen unter www.ihme-schifffahrt.de*

Maschsee

Der 2,4 Kilometer lange und bis zu 530 Meter breite, in den Jahren 1934–1936 künstlich angelegte See in Hannover ist ein beliebtes Sport- und Erholungsgebiet für die Hannoveraner mit schönen Uferwegen, Strandbad, Segelschule und Motorbootverkehr.

Northeimer Seenplatte

Das durch Kiesabbau entstandene, 360 Hektar große Seengebiet besteht aus zwölf künstlichen Seen. Informationen erhält man unter *www.northeim.de/wohnen-freizeit/ northeimer-seenplatte.html.* Wassersport Kellermann in Northeim *(www.wassersport-kellermann.de)* bietet Motorbootführerscheine sowie Segel- und Surfkurse an.

⚓ Badeseen rund um Hannover

Im nahen Umkreis der Großstadt liegen mehrere Seen, die bei warmen Temperaturen zum Baden einladen. Das mit feinem Sandstrand gesäumte Ufer der Badeinsel Steinhude ist vor allem bei Familien mit Kindern beliebt und auch am Parksee Lohne bei Isernhagen findet jeder ein geeignetes Plätzchen, der auf der Suche nach Ruhe und Entspannung ist. *Weitere Informationen unter www.hannover.de*

⚓ Koldinger Seen

Nachdem der Mensch abgezogen war, übernahm die Natur das Regiment: Als der intensive Kiesabbau Ende 2002 eingestellt worden war, entstand auf der riesigen Wasserfläche eine Seenlandschaft, die heute eine reiche Flora und Fauna beherbergt. Die Region steht unter Naturschutz und gilt neben dem Steinhuder Meer als das bedeutendste Vogelrastgebiet der Region. Rund um die Seen führen mehrere Wanderwege, auf denen Vogelbeobachtung möglich ist.

⚓ Wasserwandern

Zwei mögliche Kanutouren sind der 36 Kilometer lange Leineabschnitt von Friedland nach Göttingen und der 23 Kilometer lange Teil von Salzderhelden nach Freden. Verleihstationen für Fahrten auf der Leine und dem Nebenfluss Rhume über den Bootsverleih Northeim *(Tel. 05551/908 91 60; https://bootsverleihnortheim.hpage.de)* oder Leine Erlebnis *(www.leine-erlebnis.de/angebote/kanutouren).*

Großes Bild: das traditionelle »Crazy Crossing« beim Maschseefest in Hannover. Auf dem Maschsee kann man auch segeln (kleines Bild oben). Die Autobahn A7 geht an den Kiesteichen bei Northeim vorbei (linke Seite). Links: Binnenschiff in der Hindenburgschleuse.

ELBE

↗ **Die Elbe zählt zu den längsten Strömen Mitteleuropas. Sie ist eine wichtige Verbindung zwischen Ost- und Westeuropa. Teile des Flusses sind als Biosphärenreservat geschützt.**

Zwischen ihrer Quelle im Riesengebirge auf 1386 Meter Höhe im tschechisch-polnischen Grenzgebiet und ihrer Mündung in die Nordsee in Niedersachsen durchquert die mehr als 1100 Kilometer lange Elbe vielfältige Naturräume.

Die junge Elbe, die in Tschechien Labe heißt, durchfließt das Böhmische Becken und bricht nach der Einmündung der Nebenflüsse Moldau und Eger durch das Böhmische Mittelgebirge. Mit dem Elbsandsteingebirge stellt sich der Elbe erneut ein mächtiges Hindernis in den Weg, doch hat der Fluss hier schon eine so große Kraft, dass er dieses Bergland in einem markanten Durchbruchstal durchqueren kann. Die engen Schluchten und steilwandigen Canyons liegen jenseits der deutsch-tschechischen Grenze im Bundesland Sachsen. Die bizarren Landschaftsformen verdanken ihre Entstehung der Erosionstätigkeit der Elbe, die sich hier tief in den Sandstein eingeschnitten hat. Die schroffen Felsnadeln und Felstürme des Elbsandsteingebirges sind eine in Europa einzigartige Landschaft und ein wahres Dorado für Kletterer. 1990 wurde der Nationalpark Sächsische Schweiz eingerichtet.

Nach Durchquerung der vom Wasser aus wildromantischen Berglandschaft weitet sich das Elbtal. Hinter Pirna, dem »Tor zur Sächsischen Schweiz«, wird der Verlauf des Flusses ruhiger, die Höhenzüge weichen zurück. Die Barockstadt Dresden zeigt, dass nicht nur die Natur, sondern auch der Mensch Eindrucksvolles schaffen kann. Die sächsische Kulturmetropole trägt den Beinamen »Elb-Florenz« zu Recht. Die Stadt wartet zu beiden Seiten des Flusses mit historisch wertvollen Bauwerken auf.

Von hier geht es weiter durch malerische Orte zwischen idyllischen Hügellandschaften. Das günstige Klima erlaubt in dieser Region intensiven Obst- und Weinbau. Das obere Elbtal endet in Meißen, dem historisch bedeutenden Produktionsstandort für Porzellan.

Bei Riesa tritt die Elbe in das Norddeutsche Tiefland ein. Hinter der Einmündung der Schwarzen Elster erreicht der Fluss die Lutherstadt Wittenberg. Die Luthergedenkstätten wurden ebenso wie die Bauhausstätten in Dessau 1996 von der UNESCO zum Weltkulturerbe erklärt.

In Dessau mündet die Mulde von Süden kommend in die Elbe. Der Strom schlängelt sich nun in seinem mittleren Abschnitt durch eines der größten zusammenhängenden Auenwaldgebiete Mitteleuropas, die einmündende Saale erhöht nochmals die Wassermenge des Stromes.

Hinter Magdeburg leuchtet das Elbtal in der Magdeburger Börde im Sommer goldgelb – auf den fruchtbaren Böden wächst Getreide. Künstliche Wasserstraßen wie Mittellandkanal (Richtung Westen) und Elbe-Havel-Kanal (Richtung Osten) schaffen Verbindungen zu anderen Flusssystemen.

Einen weiteren Schub erhält die Elbe in der Altmark durch die bei Havelberg einmündende Havel. Souverän bahnt sich die Elbe nun ihren Weg durch sanftwellige Moränengürtel der letzten Eiszeiten und streift anschließend die Lüneburger Heide.

Je mehr sich die Elbe ihrem Unterlauf nähert, desto intensiver wird die Schifffahrt. Hinter dem Elbeseitenkanal und dem Elbe-Lübeck-Kanal, der Verbindung zur Ostsee, bestimmen immer mehr Werften und Reedereien das Bild. Die Elbe erreicht Hamburg, das durch seinen Hafen – nach Rotterdam und Antwerpen der drittgrößte Hafen Europas – zur Weltstadt wurde.

Nach Verlassen der Hansestadt passiert die Elbe das Alte Land. Großflächiger Obstbau prägt dort die Marschlandschaft. Hier weht der Seewind der Elbe schon kräftig entgegen. Der Mündungstrichter öffnet sich bis auf eine Breite von 15 Kilometern. Bei Cuxhaven hat der Fluss dann im Nationalpark Wattenmeer sein Ziel erreicht: die Nordsee.

Zwei der bedeutendsten Orte an der Elbe sind die Barockstadt Dresden (großes Bild) und die Hansestadt Hamburg (kleines Bild).

↗ **Wenn die Elbe der Nordsee in die Arme sinkt, dann hat sie eine weite Reise hinter sich. Auf ihren ersten Kilometern nach Verlassen ihres Geburtslandes Tschechien gräbt sie sich durch eine abenteuerliche Landschaft: das Elbsandsteingebirge. Später fließt sie durch sanfte Hügellandschaften mit romantischen Weindörfern und stattlichen Schlössern.**

Bad Schandau Der Zielhafen der »Weißen Flotte« heißt Bad Schandau. Er ist für seine eisenhaltige Quelle berühmt, die bereits um 1730 entdeckt wurde. Die spätgotische Kirche St. Johannis stammt aus dem 14. und 15. Jahrhundert. Ihr Renaissancealtar war für die Dresdner Kreuzkirche bestimmt. Das Heimatmuseum des beliebten Kurortes dokumentiert die Entwicklung der Elbschifffahrt und zeigt eine geologische Sammlung mit Funden aus der Umgebung.

Rathen Unmittelbar zu Füßen der Bastei zeigt sich Rathen als beschaulicher Kurort. Er ist ein günstiger Ausgangspunkt für Wanderungen durch die Felsen der Sächsischen Schweiz oder hinauf zur Felsenbühne.

Bastei Der wohl berühmteste Teil der Sächsischen Schweiz erhebt sich majestätisch über der Elbe: die Bastei. »Nur« 200 Meter hoch ist sie, doch ihre schroffe Gestalt ist ungleich beeindruckender als diese schlichte Zahl. Wie viele weitere Felsen der Sächsischen Schweiz wurde auch die Bastei von der Elbe geschaffen, als sich diese in das sich hebende Bergland markant eintiefte. Insgesamt rund 900

frei stehende Felsen ziehen zahlreiche Kletterer in den Bann.

Dresden Der Kosename »Elb-Florenz« sagt alles: Dresden ist eine bedeutende Kulturmetropole. Gegründet bereits im frühen 12. Jahrhundert, begann der Aufstieg der Stadt erst unter den Wettinern, als diese im ausgehenden 15. Jahrhundert ihre Residenz hierher verlegten. Auf diese Zeit gehen auch die Anfänge des Schlosses zurück. Unter den Kurfürsten Moritz (1541–1553) und August (1553 bis 1586) wurde dieses großzügig erweitert. Ihren baulichen Ausdruck fand die Stärke Sachsens im weltberühmten Zwinger mit dem imposanten Kronentor,

in den Schlössern Pillnitz (am östlichen Stadtrand) und Großsedlitz (in Heidenau), aber auch in der protestantischen Frauenkirche und der katholischen Hofkirche. Als letzter großer Baumeister Dresdens gilt Gottfried Semper. Von ihm stammen die Pläne für die Gemäldegalerie, die den Zwinger zur Elbseite hin abschließt (1847–1854), und für das Hoftheater (1870–1878), besser bekannt als »Semperoper«. Auf das 19. Jahrhundert geht auch der »Fürstenzug« zurück, ein Wandbild aus Porzel-

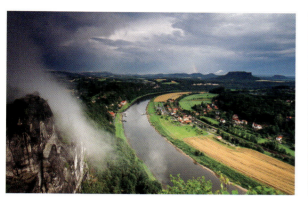

lankacheln, das 35 sächsische Fürsten aus der Dynastie der Wettiner zeigt. Zum Fluss hin öffnet sich das linkselbische Dresden mit der Brühlschen Terrasse, einem imposanten Bauensemble im Rokokostil. Den Abschluss der Brühlschen Terrasse nach Osten bildet das Albertinum, das eine beachtliche Skulpturensammlung und die renommierte Gemäldegalerie »Neue Meister« beherbergt. Das »Grüne Gewölbe« im Residenzschloss ist das reichste Schatzkammermuseum Europas.

Radebeul Die Umgebung Dresdens erkundet man am besten per Schiff. So gelangt man an Weinbergen entlang nach Radebeul. Berühmtester Sohn des Ortes ist Karl May (1842–1912). Der wohl meistgelesene Autor deutscher Sprache hat hier den größten Teil seines Lebens verbracht. Nördlich Radebeuls lockt Schloss Moritzburg, einst Jagdsitz Augusts des Starken.

Meißen Über 500 Jahre lang wurde Sachsens Geschick von Meißen aus bestimmt. Den wah-

ren Ruhm brachte jedoch erst das »weiße Gold« – das Porzellan, das in der 1710 gegründeten Porzellanmanufaktur, die sich damals in der Albrechtsburg befand, hergestellt wurde. Dieser sollte man unbedingt einen Besuch abstatten, bietet sie doch außer einer Kunst- und Porzellansammlung ein erlesenes Beispiel höfischer Architektur der Spätgotik. Neben der Burg ragt eines der meistbesuchten Baudenkmäler Sachsens auf: der Dom St. Johannes und St. Donatus mit seinen grandio-

sen Steinskulpturen. Vom Burgberg aus hat man einen herrlichen Blick auf das Elbtal.

Bilder oben, von links: Skyline von Dresden vom Neustädter Elbufer mit Hofkirche, Residenzschloss und Frauenkirche; Dresdener Neumarkt mit Frauenkirche; Blick von der Bastei in der Sächsischen Schweiz; Albrechtsburg und Dom in Meißen.

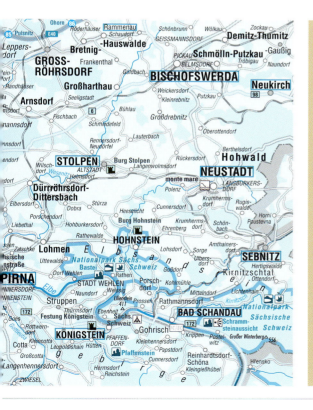

⮆ AKTIV AM WASSER

⮆ **Schlauchboot und Kanu**

Ein Abenteuer mit viel Spaß und herrlichen Natureindrücken bietet eine Bootsfahrt auf der Elbe mit dem Schlauchboot oder Kanu. Schlauchboote mit und ohne Motor sowie Paddelboote und Kanadier kann man sich in der Stadt Wehlen mieten. Die Boote sind unsinkbar und für Binnenwasserstraßen zugelassen. Informationen bei Elbe Adventure *(Tel. 0152/08 56 38 85; www.elbe-adventure.de/index.php/ startseite.html)*

⮆ **Sächsische Dampfschifffahrt**

Mit ihrer größten und ältesten Raddampferflotte der Welt lädt die Sächsische Dampfschifffahrt zu Fahrten durch die Landschaft der südlichen Elbe ein. Neue (z. B. Heiraten an Bord), aber auch bewährte Angebote (Jazz- und Dixielandfahrten, Operettenfahrten, Seniorenfahrten, Sommernachtsfahrten mit Tanz und Büfett) sowie Linienfahrten werden auf der Flussstrecke zwischen Tetschen in Tschechien und Seußlitz angeboten. *Sächsische Dampfschifffahrt in Dresden (Tel. 0351/86 60 90; www.saechsische-dampfschiffahrt.de)*

⮆ **Unterwegs mit der Postkutsche**

Südlich von Dresden führen einige historisch belegte Postkutschenstraßen durch Sachsen, die der 1. Sächsische Postkutschenverein e. V. wiederbelebt. Nach altem Vorbild können Interessierte auf verschiedenen Routen unterschiedlicher Dauer durchs Land reisen und von »hoch auf dem gelben Wagen« aus die Landschaft genießen. Informationen und Preise unter *www. poststrassen-erleben.de*

⌁ Sächsisches Staatsweingut auf Schloss Wackerbarth

Mitten in den Radebeuler Weinbergen liegt Sachsens älteste Sektkellerei. Seit 850 Jahren werden hier edle und ausgezeichnete Tropfen in die Flaschen abgefüllt. Täglich finden Führungen mit Verkostung durch das Weingut statt. Außerdem gibt es einen gut gefüllten Veranstaltungskalender. Weitere Informationen unter *www.schloss-wackerbarth.de*

⌁ Wasserfall Priesnitz

Als rechter Nebenarm der Elbe fließt die Priesnitz durch das Stadtgebiet von Dresden. Ein zweistündiger Spaziergang führt von Dresden Klotzsche zum Wasserfall, von dort weiter zu Ludens Ruh und durch die Dresdner Heide. *(www.sachsen-erkunden.de/zum-priesnitzwasserfall-und-ludens-ruh)*

⌁ Wanderung auf dem Flößersteig

Dieser neun Kilometer lange Lehrpfad führt Wanderer auf den Spuren der Flößer an der Kirnitzsch entlang. Über 90 Tafeln informieren über die regionale Geschichte und Natur, und mehrere Gaststätten entlang des Weges sorgen für das leibliche Wohl. *(https://bad-schandau.de/flosersteig)*

⌁ Auf dem Elbe-Radweg

Als einer der reizvollsten und vielseitigsten Radwanderwege Europas gilt der etwa 1300 Kilometer lange Elbe-Radweg. Nicht ohne Grund wurde er vom ADFC mehrfach als Deutschlands beliebtester Radfernweg gekürt. Informationen zum Streckenabschnitt rund um Dresden unter *www.elberadweg.de/aktivitaeten-sehen-erleben/etappen-highlights/von-dresden-bis-zur-quelle*

⌁ Klettern im Elbsandsteingebirge

Wer als Freeclimber einmal in der Kletterregion unterwegs gewesen ist, kommt mit größter Wahrscheinlichkeit wieder: Die Bedingungen an den frei stehenden Sandsteinfelsen sind optimal und die Naturkulisse phänomenal. Profis sollten sich vorab mit den hiesigen Kletterregeln vertraut machen, denn das weiche Gestein verlangt besondere Behandlung. Für Neulinge bietet unter anderem der Deutsche Alpenverein Schnuppertage an. *(www.dav-dresden.de)*

Links: Elbsandsteingebirge mit Elbblick; oben: Lingnerschloss und Schloss Eckberg am Elbufer bei Dresden; kleine Bilder: Brücke »Blaues Wunder« in Loschwitz; Schloss Albrechtsberg und Lingnerschloss; mit dem Boot unterwegs auf der Kirnitzsch bei Sebnitz.

ELBSANDSTEINGEBIRGE

Wohl kaum eine andere deutsche Landschaft übt eine solche Faszination aus wie das zauberhafte Elbsandsteingebirge. Vor etwa 90 Millionen Jahren verfestigten sich in einer Bucht zwischen dem Erzgebirge und der Oberlausitz große Mengen Sand, Tonschlamm und kalkhaltige Überreste von Meereslebewesen zu einer mächtigen Kalksandsteinplatte. Etwa zehn Millionen Jahre später begann sich die Erdkruste zu heben und es entstand eine Hochebene, aus der im Laufe von Jahrmillionen Wind und Regen sowie die Elbe und ihre Nebenflüsse diese einzigartige Landschaft herauspräpariert haben. Folgt man der Elbe von Dresden zur tschechischen Grenze, fühlt man sich wie in ein fernes Land versetzt: Man entdeckt alsbald tiefe Canyons, einsame Tafelberge und moosbedeckte Felsnadeln. »Schrammsteine«, »Pfaffenstein« oder »Verlassene Wand« heißen die unverwechselbaren Felsformationen. Die schönsten Gebiete am nördlichen Elbufer sind als Nationalpark Sächsische Schweiz geschützt.

Von der Basteiaussicht aus und über die Basteibrücke gelangt man zum berühmten Ferdinandstein (großes Bild). Bei Königstein an der Elbe erhebt sich der Tafelberg Lilienstein (rechts). Von der Bastei blickt man nach unten auf Rathen (rechts außen).

MITTLERE ELBE

↗ **Typisch für den Mittellauf der Elbe ist ihr geringes Gefälle in der flachen Norddeutschen Tiefebene. In markanten Flussschlingen und Mäandern durchquert sie, bei starker Wasserführung nach beiden Seiten weiträumig ausholend, Schutzgebiete wie das Biosphärenreservat Mittlere Elbe und passiert historisch bedeutende Städte, die durch ihre architektonischen Schätze weltberühmt sind.**

Torgau Schloss Hartenfels, Deutschlands ältestes Renaissanceschloss, die Stadtkirche St. Marien und die Nikolaikirche (13. Jh.) zieren die Stadt. Hier gibt es zudem die älteste Apotheke Sachsens und das älteste Spielwarengeschäft Deutschlands.

Lutherstadt Wittenberg Die Stadt am nördlichen Elbufer zählt zu den kulturhistorischen Höhepunkten entlang des Flusses. 1508 kam Martin Luther hierher, um an der Universität zu lehren. Das wohl bekannteste Bauwerk ist die spätgotische Schlosskirche, an deren Tor der Reformator 1517 seine 95 Thesen gegen die Bußpraxis der Kirche schlug. Nicht mehr erhalten ist das berühmte Holztor – es fiel 1760 einem Brand zum Opfer. Vom Turm der Kirche bietet sich ein prachtvoller Blick über Teile des mittleren Elbtals. Interessante Abstecher führen zum Lutherhaus (Staatliche Lutherhalle) und zum Kurfürstlichen Residenzschloss.

Coswig Nur die Elbe trennt den Ort von der Stadt Wörlitz mit dem weltbekannten Landschaftspark, der die natürlichen Gegebenheiten der Elbauen beispielhaft ausnutzt. Das aus dem beginnenden 12. Jahrhundert stammende Städtchen wurde im Schmalkaldischen Krieg (1546 bis 1547) fast vollständig zerstört. Auf den Grundmauern der einstigen mittelalterlichen Burg wurde zwischen 1667 und 1677 ein Renaissanceschloss errichtet. Eine technisches Denkmal ist die Gierfähre über die Elbe. Die alte Dorfkirche (1497) ist ebenfalls sehenswert.

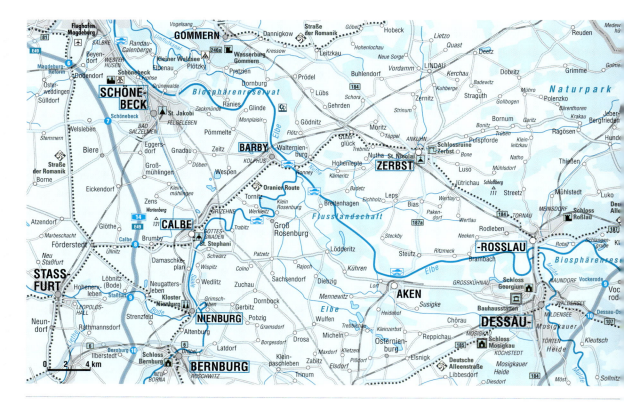

Roßlau Gegenüber der Mündung der Mulde in die Elbe liegt Roßlau. Zu seinen ältesten Bauwerken gehört die Wasserburg (12. Jh.). Im Sommer wird das Burggelände als Freilichtbühne für Theater- und Musikabende genutzt. Einen Besuch lohnt auch die Ölmühle; sie überstand die Schlacht an der Elbbrücke (1626), der weite Teile Roßlaus zum Opfer fielen.

Biosphärenreservat Mittlere Elbe Die größten zusammenhängenden Auenwälder in Mitteleuropa machen den besonderen landschaftlichen Reiz des mittleren Elbtals aus. Im Überschwemmungsbereich des Stroms findet man eine artenreiche Pflanzenwelt, die neben Wäldern auch Auenwiesen, Sumpfvegetation und an den randlichen Hügeln auch Trockenrasen umfasst. Diese Vielfalt an Lebensräumen ist die ideale Voraussetzung für das Entstehen einer einzigartigen Tierwelt. So gilt der Talabschnitt als wahres Vogelparadies – mehr als 100 Arten brüten hier. Auch Amphibien, Reptilien und Insekten kommen in reicher Zahl vor. Ein besonderer Vertreter der Säugetiere ist der Elbebiber. Im Jahr 1979 wurde das Gebiet zum Biosphärenreservat erklärt.

Schönebeck Als Handelszentrum an der Elbe machte sich die heutige Kreisstadt früh einen Namen. Neben der Schifffahrt, deren Geschichte das Kreismuseum dokumentiert, bestimmten die Salzvorkommen nachhaltig die Entwicklung der Stadt unterhalb der Saalemündung: 1705 wurde eine königlich-preußische Saline gegründet und 1756 gebaut, bis 1972 wurde Salz gefördert. Durch die Solequellen wurde Schönebeck zum Kurort. Vom alten Gradierwerk steht noch ein 350 Meter langer Abschnitt, über dessen Wände Sole geleitet wird – eine Windkunst, die aus 85 Meter Tiefe die Sole ans Tageslicht pumpte –, und ein 32 Meter hoher Soleturm. Die Salzblumenfeste am Elbufer sind überregional bekannt.

Magdeburg Die Landeshauptstadt Sachsen-Anhalts besitzt einen bedeutenden Binnenhafen am Schnittpunkt von Elbe, Elbe-Havel-Kanal und Mittellandkanal. Der Elbauenpark mit seinem 60 Meter hohen Jahrtausendturm zieht Besucher an. Beliebt ist auch das Museumsschiff – der Dampfer »Württemberg« ging nach seiner letzten Fahrt 1974 auf der Insel Rotehorn auf Dauer vor Anker. Im Oktober 2003 wurde das Wasserstraßenkreuz Magdeburg für die Binnenschifffahrt freigegeben – ein Meilenstein für den Verkehr über die Elbe.

Linke Seite: Blick auf Magdeburg; oben: Schloss Hartenfels in Torgau.

⌇ AKTIV AM WASSER

⌇ Familien- und Freizeitpark Elbauenpark

Früher war die Auenlandschaft am Ostufer der Elbe Militärgebiet. Anlässlich der Bundesgartenschau 1999 wurde das Areal komplett umgestaltet und ist heute eine wunderschöne Parkanlage mit breitem Angebotsspektrum. Unter den Überbegriffen »Durchblicken«, »Durchatmen« und »Durchstarten« erfahren Besucher alles über informative, erholsame und aktive Angebote des Parks. Informationen zu Öffnungszeiten und Preisen unter *www.mvgm.de/de/elbauenpark*

⌇ Passagierschifffahrten

Zwischen Magdeburg und Wittenberg werden Ausflugsfahrten auf der Elbe angeboten. Infos bei Akener Fahrgastschiffahrt *(Tel. 0171/ 772 75 39; www.klabautermann-schiffsreisen.de).*

⌇ Gartenreich Dessau-Wörlitz

Die Kulturlandschaft in den Auen von Elbe und Mulde verbindet Natur und Kunst, Wirtschaft und Erziehung auf solch einzigartige Weise, dass das Gartenreich seit 2000 Teil des UNESCO-Weltkulturerbes ist. Es entstand in der zweiten Hälfte des 18. Jahrhunderts, befindet sich zwischen Dessau und der Lutherstadt Wittenberg und macht mit seinen Denkmälern und Gärten den damaligen Zeitgeist erlebbar. *(www. gartenreich.de)*

⌇ Unterwegs auf der Elbe

Es muss ja nicht immer ein Dampfer sein: In Magdeburg kann man sich auch gemütlich in schwimmenden Donuts oder auf einem Floss auf der Elbe treiben lassen. Los geht es im Jachthafen Magdeburg. *(www.elbe-event.com)*

⌇ Wasserstraßenkreuz Magdeburg

Das Wasserstraßenkreuz stellt das Bindeglied zwischen Mittellandkanal und Elbe-Havel-Kanal dar. Zwei Schleusen und eine Brücke wurden dafür neu gebaut und damit die wichtige Ost-West-Verbindung im Zusammenschluss mit bereits bestehenden Bauwerken hergestellt. Sachkundige Führungen zur Wasserkreuzstraße bietet der Verein Magdeburger Urania e. V. an. *(www.urania-magdeburg.de)*

⌇ Solepark in Schönebeck

Die Badelandschaft Solequell, das Therapiezentrum Lindenbad, die Totes-Meer-Salzgrotte und nicht zuletzt der Kunsthof Bad Salzelmen zeigen im Solepark, welch erstaunliche Wirkungsvielfalt im »weißen Gold« steckt. Informationen zu Angeboten und Preisen unter *www. solepark.de*

⌇ Lutherhaus Wittenberg

Als »Lutherstadt« trägt Wittenberg den großen Reformator in seinem Namen und so ist ein Besuch des größten reformationsgeschichtlichen Museums der Welt sehr zu empfehlen. Das ehemalige Augustinerkloster war 35 Jahre lang das Zuhause der Familie Luther. In diesen Räumen entwickelte Martin Luther nicht nur seine weltverändernden Ideen, sondern lebte, liebte und lachte darin. Die Ausstellung misst dem Menschen Luther und der Lebensweise seiner Zeit ebenso viel Bedeutung zu wie seinem Gedankengut. *(www.martinluther.de)*

Wer die Natur liebt, dem macht der Urlaub an der Elbe Spaß. Oben: Radweg zwischen Torgau und Riesa; Zelten an der Flussaue. Rechts: Elbauenpark und Flussufer in Magdeburg.

DESSAU-WÖRLITZER GARTENREICH

Fürst Franz von Anhalt-Dessau verwirklichte zwischen 1765 und 1810 sein Ideal eines riesigen Volksgartens nach englischem Vorbild. Der 100 Hektar große Park am Wörlitzer See, einem Altwasser der Elbe, ist einer der ersten großen Landschaftsgärten des kontinentalen Europas – und seit dem Jahr 2000 ein Monument des Welt-kulturerbes der UNESCO. Die meisten Baudenkmäler wurden vom Architekten Friedrich Wilhelm von Erdmannsdorff entworfen, der sich auf Bildungs-reisen durch Europa für seine Bauvorhaben inspirieren ließ. Nach seinen Plänen entstand in den Jahren 1769 bis 1773 das Wörlitzer Schloss, der erste Bau des Klassizismus in Deutschland.

Die Innenausstattung orientiert sich vorwiegend an antiken Vor-bildern. Wer sich schnell einen Überblick im gärtnerischen Fan-tasiereich verschaffen will, kann die schönsten Punkte auch mit einer Gondel erreichen. Sportli-che erkunden das Gartenreich mit dem Fahrrad. Der Park ist außerdem mit der Wörlitzer Ei-senbahn zu erreichen.

Über die 112 Hektar große Anlage mit exotischen Blu-men, Bäumen und Skulpturen (großes Bild) sind zahlreiche Kulissenbauten verstreut, so etwa das herrlich gelegene Wörlitzer Schloss (rechts). Kleine Bilder links: Felseninsel Stein; Gotisches Haus (ab 1773 im neugotischen Stil errichtet); Villa Hamilton.

MULDENTAL

↗ **Die Mulde gehört zu den längsten Neben-flüssen der Elbe. Sie entsteht südöstlich von Grimma durch den Zusammenfluss der im Erzgebirge entspringenden Quellflüsse Frei-berger Mulde und Zwickauer Mulde. In ihrem Oberlauf bildet die Mulde ein markantes Durchbruchstal. Später weitet sie sich und durchfließt die ausgedehnten Muldeauen. Im Norden Dessaus mündet der Fluss nach 124 Kilometern in die Elbe.**

Colditz Wenige Kilometer nörd-lich der Stadt vereinigt sich die von Süden kommende Zwickau-er Mulde mit der aus Osten dazustoßenden Freiberger Mul-de zur Vereinigten Mulde. Das Städtchen ist für seine lange Steinguttradition und sein auf das 11. Jahrhundert zurückge-hendes Schloss (1578–1591) be-kannt, das zu den schönsten des Freistaats Sachsen zählt.

Grimma Die denkmalgeschütz-te historische Altstadt der »Perle des Muldentals« wurde nach den Zerstörungen durch die Jahr-hundertflut wieder weitgehend restauriert. Die Stadt ist das Zen-trum des Kloster- und Mühlen-tals. Eine der bekanntesten Mühlen ist die flussaufwärts lie-gende Schiffsmühle Höfgen, die einzige noch funktionstüchtige Mühle dieser Art in Deutschland.

Kollauer Wehr Das kleine Dörfchen Kollau ist ein Ortsteil von Thallwitz und liegt direkt an der hier besonders reizvollen Mulde. Nördlich des Dorfes be-findet sich eine wasserbaulich imposante Anlage, das Kollauer Wehr (Bobritzer Damm), das ver-mutlich im Spätmittelalter von flämischen Einwanderern erbaut wurde. Seit mehr als 300 Jahren wird die Mulde am Kollauer Wehr in einen Haupt- und einen als Mühlgraben bezeichneten Nebenarm geteilt. Das um eine Fischtreppe erweiterte Wehr hat neben einer wichtigen wasser-wirtschaftlichen auch eine be-deutende biologische Funktion.

Eilenburg Wegen ihrer strate-gisch günstigen Lage an der Mulde erreichte die mehr als 1000 Jahre alte Stadt schon früh große Bedeutung für den Fern-handel. Davon zeugen neben den Resten einer wehrhaften Burg (10. Jh.) auf dem Schloss-berg auch prachtvolle Kirchen-bauten wie St. Nikolai und St. Marien sowie das im Stil der Frührenaissance erbaute Rat-haus. Von dem im 12. Jahrhun-dert errichteten Sorbenturm bie-tet sich eine herrliche Aussicht über weite Teile des Muldentals.

Zschepplin Am Steilufer der Mulde erhebt sich Schloss Zschepplin. Die von einem schö-nen Schlossgarten umrahmte Anlage wurde über mehrere Stilepochen hinweg errichtet. Eindrucksvoll ist vor allem der im Stil der Neorenaissance ein-gerichtete Festsaal.

Bad Düben Der innerhalb einer waldreichen Umgebung gelege-ne Kurort blickt auf eine lange Tradition als Moor- und Heilbad zurück. Das Landschaftsmuseum der Dübener Heide widmet sich besonders der Entwicklung der von der Mulde durchflossenen Region. Die sehenswerte Berg-schiffmühle (16. Jh.) ist eine der letzten Schiffmühlen auf deut-schen Flüssen.

Oben: Schloss Colditz; links: Pöppelmannbrücke; rechts oben: Bauhaus.

Naturpark Dübener Heide

Der Naturpark zählt zu den landschaftlichen Höhepunkten im Einzugsbereich der Mulde. Der inselartige Baumbewuchs wechselt in der Heidelandschaft auf kleinem Raum: An feuchteren Standorten gedeihen Eschen und Erlen, auf trockeneren Böden wachsen verbreitet Kiefernbestände. Vor allem nahe der Mulde sind Moore entwickelt, die bei den jährlichen Überflutungen durch die Mulde reichlich Wassernachschub erhalten. Eine Besonderheit sind die im Uferbereich lebenden Elbebiber.

Bitterfeld Östlich von Bitterfeld durchfließt die Mulde den Muldestausee. Der bei der Renaturierung des ehemaligen Tagebaues Muldenstein entstandene Stausee ist heute ein Erholungsgebiet. Der Abbau von Braunkohle und die Chemieindustrie prägen die Umgebung der Kreisstadt. Die Einleitung von Schadstoffen beeinträchtigt die Wasserqualität der Mulde seit Jahrhunderten, doch wurde die Entsorgung in einigen Bereichen zwischenzeitlich deutlich verbessert. Doch Bitterfeld hat auch eine »edle« Seite: Die Edelstein-Schauschleiferei bietet Einblick in Herstellung und Verarbeitung von Edelsteinen.

Dessau Wo die Mulde in die Elbe mündet, hatte das Bauhaus 1925–1932 seine Wirkungsstätte. Von dieser berühmtesten Gestaltungsschule des 20. Jahrhunderts gingen weltweit Impulse für Architektur und Design aus. Das Bauhaus entstand 1925/26 nach Plänen von Walter Gropius und ist heute Sitz der Stiftung Bauhaus Dessau. Das Gebäude und die »Meisterhäuser« wurden von der UNESCO 1996 zum Weltkulturerbe erklärt. 2019 feierte das Bauhaus sein 100-jähriges Bestehen. Der am Stadtrand von Dessau gelegene Landschaftspark Luisium umrahmt ein klassizistisches Schloss. Das neun Kilometer südöstlich von Dessau gelegene Rokokoschloss besitzt eine wertvolle Gemäldesammlung.

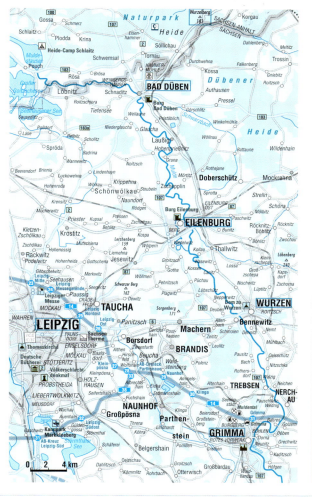

AKTIV AM WASSER

Muldenvereinigung Sermuth

Wenn die Zwickauer Mulde und die Freiberger Mulde bei Colditz zusammenfließen, entsteht die Vereinigte Mulde. Davon können sich Interessierte während eines Spaziergangs selbst überzeugen.

Burgen und Schlösser

Burg Kriebstein, Hubertusburg Wermsdorf, Burg Mildenstein, Kohren-Sahlis und Burg Gnandstein liegen ebenso wie die Schlösser Colditz, Nossen, Trebsen, Rochsburg, Osterlant, Rochlitz, Wermsdorf, Grimma, Wurzen und das Jagdschloss Kössern in der Region Zweimuldenland – eine beachtliche Auswahl für Interessierte. Nähere Infos zu den Bauwerken und Besichtigungsmöglichkeiten unter *www.zweimuldenland.de*

Kanufahrten

Die Mulde zählt zu den weitgehend unverbauten Flüssen Sachsens und durchfließt einige Natur- und Landschaftsschutzgebiete, deren Reiz sich besonders vom Wasser aus erschließt. Organisierte Bootsfahrten und Kanuvermietung über Wassersport-Sachsen in Grimma *(Tel. 030437/97 26 12; www.wassersport-sachsen.de)*

Wasserschloss Podelwitz

Der kleine Park des Wasserschlosses unweit der Stelle, wo sich Freiberger und Zwickauer Mulde vereinen, reicht bis an den Fluss. Dort liegt auch eine Bootsanlegestelle für Schlauchboote oder Kanus. Im Schloss selbst erzählt eine Sammlung von Alltagsgegenständen in der Heimatstube vom Leben früherer Zeiten. *(www.wasserschloss-podelwitz.de)*

Muldental-Radwanderweg

Drei Fernradwege erschließen die Mulde und ihre Zuflüsse: Eine Strecke führt von Freiburg nach Colditz, eine weitere von Zwickau nach Colditz und die dritte von Dessau nach Colditz. Alle Strecken sind durchgängig beschildert. Ausführliche Informationen erhält man über *www.muldentalradweg.de*

Ferropolis

Eine Stadt nur aus Eisen: Das Freilichtmuseum Ferropolis liegt im Gremminer See und entstieg einer Zeit, als hier noch mit schwerem Gerät Tagebau geleistet wurde. Heute stehen die fünf riesigen Bagger aus Eisen im Dienst der Kultur und schaffen es, damit eine versöhnliche Brücke zwischen Vergangenheit und Zukunft zu schlagen. Der Veranstaltungskalender von Ferropolis steht auf *www.ferropolis.de*

🌊 Waldbaden im Naturpark Dübener Heide

Den Wald zu sehen, zu fühlen, zu riechen, zu hören – also mit all seinen Sinnen wahrzunehmen, kann Körper und Geist nachhaltig beruhigen und Stress reduzieren. Unter Anleitung lernen Interessierte Übungen und Möglichkeiten zur Entspannung kennen, um nach dem Waldbad mehr Achtsamkeit im Alltag zu spüren. *(https://naturpark-duebener-heide.de/waldbaden)*

🌊 Bauhausgebäude und Meisterhaussiedlung in Dessau-Roßlau

Bei einem Besuch der Gebäude in Dessau-Roßlau lässt sich der berühmte Bauhausstil in seiner ursprünglichen Realität erleben. Informationen zu Führungen und Öffnungszeiten unter *bauhaus-dessau.de*

🌊 Muldestausee

Der in den Jahren 1975/76 angelegte Muldestausee bietet ein vielfältiges Freizeitangebot, darunter neben verschiedensten Wassersportarten und einem ufernahen Naturlehrpfad auch eine Schiffsfahrt mit der »Muldeperle«.

Ruhig zeigt sich die Landschaft am Fluss Mulde bei Grimma (links oben). Ebenso idyllisch ist es an der Mulde bei Dessau (kleines Bild oben). Großes Bild: Motorboot auf der Mulde.

UNTERE ELBE

↗ **Ein Mosaik vielfältiger Lebensräume mit artenreicher Flora und Fauna prägt den Unterlauf der Elbe. Zum Schutz vor Hochwasser wurden weite Uferabschnitte eingedeicht. Doch das Elbtal besitzt weiterhin ausreichend breite Überflutungsräume. Mit der Annäherung an Hamburg nimmt der Schiffsverkehr zu. Über Elbeseitenkanal und Elbe-Lübeck-Kanal bestehen Verbindungen zu anderen Landesteilen.**

Tangermünde Die Stadt an der Einmündung der Tanger wird auch als das »Rothenburg des Nordens« bezeichnet: Kaiser Karl IV. machte Tangermünde neben Prag zu seiner zweiten Residenz. Die Stadt wurde Mitglied der Hanse. Trotz Zerstörungen im Dreißigjährigen Krieg ist das historische Stadtbild eindrucksvoll erhalten geblieben: Eine Stadtmauer aus Backsteinen (13. Jh.) mit vier Stadttürmen gehört ebenso dazu wie die im 17. Jahrhundert erbauten Fachwerkhäuser.

Wendland Unberührte Natur und lebendige Kultur – für viele ist das Wendland ein Inbegriff der Idylle. Die Elblandschaft mit ihren Eichenhainen und Hügeln, ihren Windmühlen und Hünengräbern inspirierte viele Künstler. Typisch für das Wendland ist die Dorfform des Rundlings mit ringförmig um einen zentralen Platz gelegenen Gehöften. Gut erhaltene Fachwerkhäuser finden sich in vielen wendländischen Dörfern.

Hitzacker Hinter einem weiten Mäander befindet sich am steilen Elbufer der malerische Ort Hitzacker. Am Rand des von ver-

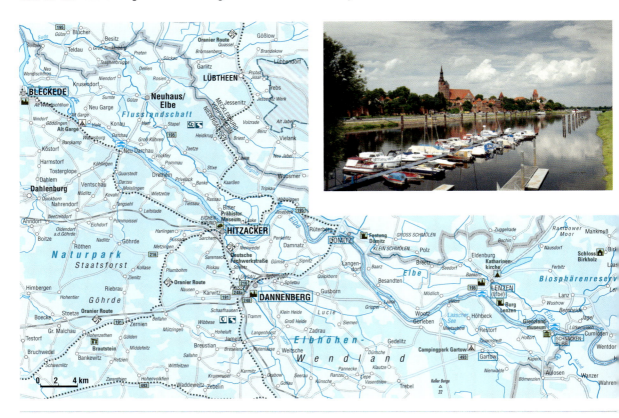

winkelten Gassen geprägten Ortes, an dem die Jeetzel in die Elbe mündet, erhebt sich der nördlichste Weinberg Deutschlands. Eine botanische Rarität ist die rund 300 Jahre alte Riesenkastanie.

Naturpark Elbufer-Drawehn Ein stilles Gebiet voller Kontraste – hier präsentiert sich das Elbufer mit parkähnlichen Landschaften, Marschen, Wäldern, Wanderdünen, Seen und Bächen. Der Fluss bildet zusammen mit seinen Nebenarmen einen wichtigen Lebensraum für zahlreiche Vogelarten. Beim alljährlichen Zug der Kraniche im November scheint sich fast der Himmel zu verdunkeln.

Naturpark Mecklenburgisches Elbetal Das Pendant auf der rechten Seite des Flusses umfasst eine einmalige Flusslandschaft, die sich weitgehend naturnah entwickeln konnte. Dies liegt vor allem an der ehemals abgeschiedenen innerdeutschen Grenzlage. Die Elbe wird hier von lang gestreckten Dünen begleitet. Ein Großteil des ursprünglichen Waldes wurde gerodet, einige wenige Kiefernbestände sind noch erhalten. Trotz starker Eindeichungen bestimmen Hochwasserereignisse auch weiterhin den Charakter der Region.

Lauenburg Bei der südlichsten Stadt Schleswig-Holsteins zweigt der Elbe-Lübeck-Kanal nach Norden ab. Sehenswert ist neben Fachwerkhäusern entlang der Elbstraße auch das Museum zur Elbschifffahrt. Lauenburg

liegt an der Alten Salzstraße, einer der ältesten Handelsstraßen in Norddeutschland. Die stadtnahen Lauenburgischen Seen sind ein wahres Paradies für Wassersportler.

Schiffshebewerk Scharnebeck Der vom Mittellandkanal nach Norden abzweigende Elbeseitenkanal bedeutet eine wesentliche Verkürzung des Schiffsweges zwischen dem Ruhrgebiet und Hamburg. Kurz vor seiner Mündung in die Elbe befindet sich das größte Doppelschiffshebewerk Europas: Hier werden Frachtschiffe in zwei riesigen Trögen 38 Meter gehoben.

Lüneburger Heide Die niedersächsische Geestlandschaft südlich der Elbe ist zu jeder Jahreszeit ein Erlebnis, besonders reizvoll jedoch im Spätsommer, wenn das Heidekraut in seiner ganzen Pracht violett erblüht. Die Heideflächen wurden in den vergangenen Jahrzehnten stark reduziert: Schafzucht mit Heidschnucken und Imkerei verloren zugunsten des Ackerbaus an Bedeutung.

Vierlande Die Elbmarschniederung nördlich der Elbe zwischen Hamburg und Geesthacht wird durch Deiche geschützt und von den Altarmen der Elbe – Gose- und Dove-Elbe – durchflossen. Die Bewohner der traditionellen Hufendörfer leben vor allem vom Gemüse-, Blumen- und dem Obstanbau. Die Reitbrooker Mühle (1773–1809) ist noch in Betrieb. Die Riepenburger Mühle (1318) in Kirchwerder, die älteste Kornwind-

mühle Hamburgs, wurde 1990 stillgelegt.

Hamburg Die Elbmetropole ist das wirtschaftliche Bindeglied zwischen dem offenen Meer und dem deutschen Wasserstraßennetz. In Hamburg, das am innersten Teil des Mündungstrichters liegt, teilt sich der Strom in Norder- und Süderelbe. Beide Flussarme umschließen den größten Teil des Hamburger Hafens. Gemeinsam mit der seenartig aufgestauten Alster

und vielen Nebenarmen bildet die Elbe ein dichtes Gewässernetz. Hamburg besitzt mehr Brücken als Venedig und Amsterdam zusammen!

Links oben: Blick auf Hitzacker an der Oberelbe; Nikolaikirche in Mölln; links unten: Tangermünde. Oben: Hamburger St.-Pauli-Landungsbrücken mit dem Hafen im Hintergrund; reetgedecktes Fachwerkhaus in Vierlande.

HAMBURG: SPEICHERSTADT UND HAFEN

Der Hafen ist das lebendige Herz der Elbmetropole. Hier liegen Vergangenheit und Zukunft dicht beieinander. Die Speicherstadt mit ihren imposanten Backsteingebäuden entstand Ende des 19. Jahrhunderts. Direkt daneben wächst Hamburgs neues Quartier mit grandiosem Blick auf Schiffe und Kaianlagen: die HafenCity, eines der größten urbanen Projekte Europas. Wer ahnt beim Gang durch die Speicherstadt mit ihren Backsteinfassaden, Türmchen und Kupferdächern, dass sich hier bis Ende des 19. Jahrhunderts noch ein dicht bevölkertes Altstadtviertel befand? Damals brauchte Hamburg, gerade dem Deutschen Zollverein beigetreten und wenig sentimental im Umgang mit historischen Bauwerken, neue Flächen zur zollfreien Zwischenlagerung von Waren. Das gesamte Wohnquartier auf der Kehrwieder- und Wandrahminsel wurde dafür abgerissen und über 20 000 Bewohner mussten umgesiedelt werden. Mittlerweile hat das Gebiet den Status als Freihafen verloren. Etliche Lagerhäuser wurden aufgegeben. Berühmt ist die Speicherstadt heute für ihre Museen.

Großes Bild: Das Wasserschloss thront auf einer Halbinsel zwischen den Fleeten. Bildleiste links: Elbphilharmonie; Hafen mit Kehrwiederspitze; Blick auf den Sandtorkai im Sandtorhafen; rechts: St.-Pauli-Landungsbrücken.

AKTIV AM WASSER

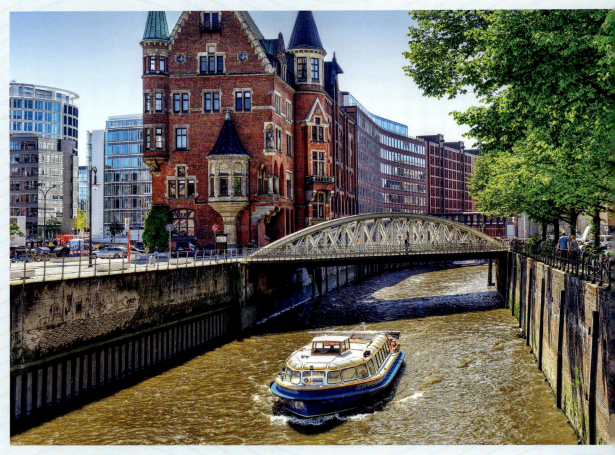

Hafenrundfahrten in Hamburg

Die meisten Ozeanriesen in den Hafenbecken sieht man auf der »Großen Hafenrundfahrt«. Die »Historische Fleetfahrt« mit einer restaurierten Barkasse führt hingegen durch die Fleete und Kanäle von Speicherstadt und Innenstadt. (www.hamburg.de/hafenrundfahrt; https://hamburgtourist.info/hafen rundfahrten.html)

Alter Elbtunnel in Hamburg

Als der Elbtunnel 1911 eingeweiht wurde, war er eine technische Sensation. Seit 2003 steht er unter Denkmalschutz. Für Fahrradfahrer und Fußgänger ist der Tunnel kostenfrei und durchgängig geöffnet.

Museumshafen Oevelgönne

Einer privaten Initiative ist es zu verdanken, dass rund 20 Oldtimer der Schifffahrt für Jung und Alt kostenfrei zugänglich am Museumshafen bestaunt werden können. In mitunter jahrelanger Arbeit wurden sie restauriert und hier vor Anker gelegt. Ein Ausflug zum Museumshafen macht sogar beim legendären Hamburger Schiet-Wetter Spaß. (www.museumshafen-oevelgoen ne.de)

Schiffshebewerk Scharnebeck

Das gewaltige Bauwerk kann nach vorheriger Anmeldung besichtigt werden. Informationen unter www. schiffshebewerk-scharnebeck.de

Fahrradtour Elbhöhe

Zwischen Hitzacker und Neu Darchau können Radler auf 34 Kilometern die schöne Landschaft genießen, solange der Weg am rechten Elbeufer entlangführt. Auf der linken Elbseite bringt der Drawehn-Höhenzug den ein oder anderen ins Schwitzen, doch das herrliche Panorama ist es wert. (https://region-wendland.de)

Wasserskifahren und Wakeboarden

Nahe an der Großstadt befindet sich die Fünf-Mast Wasserskianlage, wo sich Anfänger und Profis auf dem Neuländer Baggerteich die Trainingsgeräte unter die Füße schnallen können. Wer das Ganze lieber vom Ufer aus betrachtet, der kann es sich in der Beach Bar bequem machen. (https://wasserski-hamburg.de)

⚓ Wasserwandern

Für Paddler hat die Internetseite *https://paddelsport.de/elbe/elbe. php* viele Informationen zusammengestellt.

Rund um Hamburg zieht die Außenalster Wassersportfreunde an. Auch hier kann man sich ein Kanu mieten: *www.hamburg.de/kanufahren* Ruderer und Kanuten erhalten Infos über Wegstrecken und Anlegeplätze im Raum Tangermünde über den Tangermünder Ruderclub e. V. *(http://tangermuender-ruderclub. de)*; Kapitäne von Motorbooten und Segler wenden sich an den Tangermünder Wassersportverein e. V. *(http://www.tangermuender-was sersportverein.de).*

⚓ Biosphärium Elbtalaue

Das Informationszentrum gehört zum Biosphärengebiet Niedersächsische Elbtalaue und informiert über die besondere Tier- und Pflanzenwelt der Region. Eine Biberanlage und ein Aquarium mit Elbfischen bringen Natur und Betrachter so nah wie möglich zueinander. Weitere Informationen zum Biosphärium unter *www.biosphaerium.de*

⚓ Schaufelraddampfer »Kaiser Wilhelm«

Der Schaufelraddampfer »Kaiser Wilhelm« in Lauenburg ist weltweit einer der letzten kohlebefeuerten Raddampfer in noch weitgehend original erhaltenem Zustand. Das mit einer Dampfmaschine des Jahres 1900 betriebene Schiff verkehrt von Ende Mai bis Anfang Oktober ab Lauenburg. *(Museumsschiff Raddampfer Kaiser Wilhelm, Tel. 0170/ 190 05 20; https://raddampfer-kai ser-wilhelm.de)*

Großes Bild: Sankt Annenfleet in der Speicherstadt Hamburg; kleines Bild: Am Elbstrand in Hamburg kann man an lauen Sommerabenden entspannen. Rechte Seite: Mit dem Ausflugsschiff kommt man in Tangermünde am Pegelhaus und an der Burg vorbei (oben); mit dem Dampfer »Kaiser Wilhelm« ist man auf der Elbe unterwegs (unten).

ELBMÜNDUNG

Altes Land Zwischen der Süderelbe und Stade erstreckt sich das nördlichste geschlossene Obstanbaugebiet Deutschlands. Vor allem zur Zeit der Kirschblüte zwischen April und Mai entfacht es einen Zauber. Auch Pflaumen, Äpfel und Birnen gedeihen auf den sandigen Böden der Geest. Einen besonderen Charme strahlen die reetgedeckten Bauernhäuser aus. Der parallel zur Elbe verlaufende Obstmarschenweg wird von in den Fluss mündenden Kanälen gequert.

Jork Der historische Hauptort des Alten Landes ist Jork, dessen Fachwerkhäuser von einer wohlhabenden Bauernkultur zeugen: Die Straßenfront zieren kunstvoll

gegliederte Fassaden. In Jork kann man sich im Museum Altes Land über Geschichte und Brauchtum der Gegend informieren. Eine besonders schöne Backsteinkirche erhebt sich im nahen Estebrügge.

Stade Auf halbem Weg zwischen Hamburg und Cuxhaven liegt die mehr als 1000 Jahre alte Stadt, die sich zu beiden Ufern der Schwinge unmittelbar vor deren Mündung in die Elbe erstreckt. Der Elbhafen in Stadersand vor den Toren der Stadt ist als Umschlagplatz von großer wirtschaftlicher Bedeutung für Stade, das im Mittelalter nach Hamburg die wichtigste Stadt an der unteren Elbe war. Besucher zieht es vorbei an schönen Fach-

werkhäusern zum Alten Hafen mit der Rekonstruktion eines Krans aus dem 17. Jahrhundert.

Glückstadt In dem Abschnitt der Elbmarschen liegt Glückstadt. Die Eindeichung war erst 1615 abgeschlossen. Eine Attraktion sind die Glückstädter Matjeswochen im Juni. Sie gehen auf die Tradition der Heringsfischerei in der Nordsee zurück, als viele Boote in Glückstadt ablegten. In den vergangenen Jahren erhielt die Stadt umfangreiche Fördermittel zur Sanierung und Restaurierung einiger Bauwerke aus dem 18. und 19. Jahrhundert. Im Rahmen einer Fahrt auf der Elbe kommen viele Besucher auf einen kurzen Abstecher in die Stadt.

Brunsbüttel Die Hafen- und Schleusenstadt befindet sich am Endpunkt des 1895 für den Verkehr freigegebenen Nord-Ost-

see-Kanals. Der Schleswig-Holstein durchquerende Kanal ist die meistbefahrene künstliche Wasserstraße der Welt. Schiffe, die auf ihrem Weg zwischen Nordsee und Ostsee diese ca. 100 Kilometer lange Route zwischen der Kieler Förde und Brunsbüttel wählen, sparen sich mehr als 300 Kilometer Wegstrecke und die schwierige Passage um die dänische Halbinsel Jütland. Im Schleusenmuseum werden anhand von Schiffsmodellen Bau, Betrieb und Bedeutung des Nord-Ostsee-Kanals dokumentiert.

Cuxhaven Das Nordseeheilbad an dem etwa 15 Kilometer breiten Mündungstrichter der Elbe besitzt einen der wichtigsten Fischereihäfen des Landes. Hier legen die meisten Fischerboote ab, die vor der deutschen Nordseeküste im Einsatz sind. Der frische Fang wird auf dem Fisch-

markt verkauft oder in einer der Fabriken verarbeitet. Imposant ist der Anblick des Hafens, wenn Hochseekutter und einfache Krabbenkutter dicht nebeneinander vor Anker liegen.

Nationalpark Schleswig-Holsteinisches Wattenmeer Vor Cuxhaven befindet sich eine der weltweit größten zusammenhängenden Wattflächen.

Der zu den letzten Naturlandschaften Europas zählende marine Raum ist Teil des Nationalparks Wattenmeer. Das Gebiet ist Lebensraum für Tier- und Pflanzenarten.

Linke Seite: der Hafen von Cuxhaven (oben); Fachwerkhaus in Jork (unten). **Oben:** alter Hansehafen von Stade.

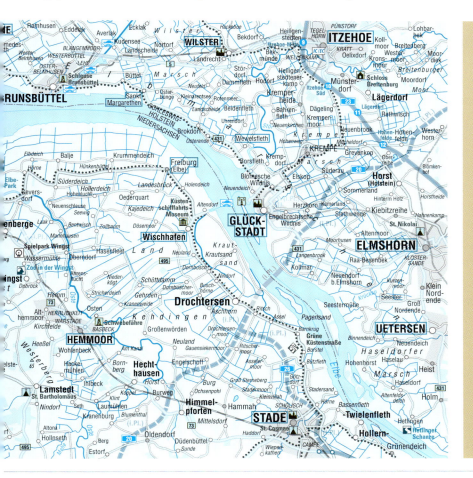

〜 AKTIV AM WASSER

〜 Schleuse Brunsbüttel

An dieser Stelle geht der Nord-Ost-see-Kanal über in die Elbe, was von historischer Bedeutung ist. Denn erst die Fertigstellung der Schleuse ermöglichte Kaiser Wilhelm I. Ende des 19. Jahrhunderts militärisches Taktieren, weil die Flotte nun ungehindert verschoben werden konnte. Heute passieren hier immer wieder riesige Ozeanriesen vor großem Publikum. Auch Führungen durch das Bauwerk sind möglich. Informationen rund um die Schleuse unter *www.echt-dithmarschen.de/urlaubsorte/brunsbuettel/schleuse*

〜 Elbe-Radweg bei Cuxhaven

Der Elbe-Radwanderweg führt auf gut beschilderten Wegen entlang der Deiche, durch Auenlandschaften und malerische Dörfer. Wichtige Informationen über Streckenverlauf, Länge und Sehenswertes entlang des Weges unter *www.elberadweg.de/Ort/cuxhaven*

➴ Neptuntaufe Cuxhaven

Ein Muss für jeden Küstenbesucher ist die Teilnahme an einer Neptuntaufe. Das Ritual ist ein Erlebnis für Jung und Alt. Teilnehmer melden sich an den angegebenen Treffpunkten am Strand. Anschließend gehen Neptun, sein Gefolge und alle Teilnehmer in Neptuns Reich – das Watt. Dort folgt eine Ansprache durch den Meeresgott und die Durchführung des Taufzeremoniells durch ihn. *(https://tourismus.cuxha ven.de/events)*

➴ Fleetkahnfahren auf dem Burggraben Stade

Aurora und August heißen die beiden Fleetkähne, die zu einer etwa einstündigen Rundfahrt auf dem Burggraben der Stadt einladen. Die Tour startet und endet am Holzhafen. Da die Plätze bei öffentlichen Touren begrenzt sind, ist die vorherige Anmeldung empfohlen. *(www. stade-tourismus.de)*

➴ Unterwegs mit Kanu, Tret- und Ruderboot

Für die Elbmündung können Boote und Kanus ausgeliehen werden, u. a. in Glückstadt beim Kanuverleih Blockhaus Ulf Ostermann *(Tel. 04124/75 57; www.rhin-kanu.virtu ga.com)*. Unterwegs auf der Schwinge ist man mit Tret-, Ruderbooten oder auch Kanus mit dem Kanuverleih Stade e. V. *(www.kanuverein stade.de)*.

➴ Wattwandern

Die Einzigartigkeit der Wattlandschaft erschließt sich auf einer Wattwanderung, die allerdings immer unter fachkundiger Begleitung stattfinden sollte. Neben dem Wirken der Gezeiten erfahren die Teilnehmer viel Wissenswertes über Flora und Fauna des Watts. In zahlreichen Ortschaften nahe des Nationalparks Wattenmeer können Wanderungen gebucht werden *(www.nationalpark-partner-watten meer-nds.de/natur-erlebnis/watt f-hrerinnen)*.

In Cuxhaven lohnt sich eine Wattwanderung (großes Bild oben). In Stade passiert man einige Sehenswürdigkeiten der Stadt bei einer Kanu- oder Bootsfahrt (links). Fahrradfahrer finden an der Elbmündung ein Dorado vor (oben).

SAALE

↗ **Die Saale führt durch das Herz Mitteldeutschlands, ein Land der Burgen und alten Städte. Ihre berühmten »hellen Strände« säumen anmutige Auen und Weinberge. Nicht minder reizvoll sind die Nebenflüsse Unstrut, Ilm und Weiße Elster.**

Die Saale, die zu den bedeutendsten Nebenflüssen der Elbe zählt, entspringt wie Naab, Eger und Main im Fichtelgebirge. In einem tiefen gewundenen Tal folgt sie zuerst dem natürlichen Gefälle des Frankenwaldes und des Thüringischen Schiefergebirges nach Nordwesten, verlässt das Gebirge bei Saalfeld und biegt dann im Vorland in nordöstliche Richtung ab. Bei Weißenfels erreicht die Saale die Leipziger Tieflandsbucht und ergießt sich nach ihrem ungefähr 427 Kilo-

meter langen Lauf bei der Stadt Barby in die Elbe. Auf dem Weg zur Elbe fließt der Fluss durch dunkle Wälder, enge Schluchten und malerische Stauseen. Das Tal der oberen Saale schneidet sich tief in das Thüringische Schiefergebirge ein. Durch die steil eingelassenen Talmäander kommt der Gebirgscharakter dieser Region überhaupt erst zum Tragen und so entstehen die gegensätzlichen Landschaftsbilder, die diesem Saaleabschnitt seinen besonderen Reiz verleihen.

Heute bildet die obere Saale zwischen Blankenstein und Saalfeld eine Kette von Stauseen, die kaum noch jene Urtümlichkeit vergangener Tage erkennen lassen, als der Fluss noch der Flößerei des Holzes aus dem Mittelgebirge diente. Dafür haben sich die Stauseen zu beliebten Ausflugszielen der Städter entwickelt. Der Wechsel zwischen tiefen Flusstälern und großen Stauseen verleiht dem oberen Saaletal einen ganz eigenen Charakter.

Auf Hof an den Ufern der Saale folgen alte thüringische Städte wie etwa Saalfeld und Rudolstadt.

Der Mittellauf der Saale ist mit seinen zahllosen Burgen und Schlössern und dem sanft geschwungenen Flusslauf landschaftlich außerordentlich reizvoll. Die alte Universitätsstadt Jena liegt malerisch zwischen Kalkfelsen ins Saaletal gebettet. Goethe konnte von seinen geliebten Dornburger Schlössern auf dem hohen Saaleufer ein Leben lang nicht lassen. Nördlich folgen Merseburg und Halle, die größte Stadt an der Saale.

Träge fließt nun der Fluss durch das untere Saaletal. Wenngleich Industrie und Landwirtschaft in diesem Flussabschnitt das Bild der Landschaft stärker geprägt haben als am Oberlauf, lohnen grüne Wiesen und Auenwälder, Schlösser wie in Wettin, Plötzkau und Bernburg allemal einen Besuch.

Doch das Schönste, was der Fluss zu bieten hat, sind die Burgen, die von der Quelle bis zur Mündung zu beiden Seiten der Saale in dichter Folge wie kaum an einem anderen deutschen Fluss stehen. Sie entstanden in der Mehrzahl um die Jahrtausendwende, als die Saale, die damals der Grenzfluss zum slawischen Königreich war, mit vielen Grenzfesten gesichert wurde. Einige sind nur noch an spärlichen Erdwällen zu erahnen, manche gingen in prachtvollen Schlössern auf, andere wiederum sind zu romantischen Ruinen verfallen.

Die Saale nimmt eine ganze Reihe kleinerer malerischer Flüsse auf: Die Unstrut, an deren Ufern sich Weinberg an Weinberg reiht, zählt zu den schönsten Flüssen in Thüringen. Heimelige Ortschaften, Weinberge und Obstwiesen prägen die Landschaft dieses kleinen Flüsschens, das auf 192 Kilometer Länge vom Eichsfeld über das Thüringer Becken nach Naumburg fließt. Das Weinbaugebiet Saale-Unstrut rund um die liebenswerte mittelalterliche Stadt Naumburg ist nicht groß, doch hier werden vorzügliche Tropfen gekeltert. Weitere bekannte Nebenflüsse sind die Ilm (129 Kilometer) und die Weiße Elster (248 Kilometer), die in Leipzig die Pleiße aufnimmt und südlich von Halle in die Saale mündet.

Die Region rund um die Saale und ihre Nebenflüsse ist wie ein buntes Märchenland: Sie zeigt sich mal romantisch und lieblich, mal geheimnisvoll und sagenumwittert. Die Dichte landschaftlicher Attraktionen, kultureller und historischer Höhepunkte sucht in Deutschland ihresgleichen. Malerische kleine Städte verbreiten eine besondere Behaglichkeit und heißen Besucher zu jeder Jahreszeit willkommen.

An der Saale finden sich zahlreiche alte Burgen und Schlösser, so auch das Renaissanceschloss in Bernburg (oben), das als Krone Sachsen-Anhalts bezeichnet wird. Andere Abschnitte des Flusslaufs sind dagegen naturbelassen (links).

↗ **Stolze Burgen und imposante Schlösser reihen sich entlang der oberen Saale und künden von alten Adelsgeschlechtern, die Thüringen über Jahrhunderte geprägt haben. Der kulturelle Reichtum der Region spiegelt sich in Residenzstädten mit beeindruckenden Baudenkmälern und Parkanlagen wider. Zwischen den Städten winden sich die Saale und ihre Nebenflüsse ihren Weg durch enge Täler.**

Die obere Saale

Hof Die im Frankenwald gelegene Stadt wurde bereits im Jahr 1214 erstmals urkundlich erwähnt und ist nach einem Großbrand 1823 in einheitlichem Biedermeierstil wiederaufgebaut worden. Zu den sehenswerten Bauten der für ihre Filmtage bekannten Stadt gehört die Lorenzkirche aus dem 13. Jahrhundert mit dem spätgotischen »Hertnid«-Altar aus dem Jahr 1480.

Bleilochtalsperre Der oberste der fünf Saalestauseen ist mit einem Fassungsvermögen von 215 Millionen Kubikmeter Wasser die größte Talsperre Deutschlands. Ihre mächtige Staumauer bei Saalburg ist 59 Meter hoch. Unterhalb der Staumauer liegt das Ausgleichsbecken Burgkammer. Die Talsperre ist ein beliebtes Ausflugsziel in der Region und bietet vielfältige Freizeitaktivitäten, vor allem rund um den Wassersport.

Lobenstein Flussabwärts liegt unterhalb der Bleilochtalsperre die Stadt Lobenstein. Sie ist das Tor zum Naturpark Thüringer Schiefergebirge. 1557–1918 gehörte die Stadt zum Fürstentum Reuß. Etwa 200 Jahre lang war sie die Residenz des Hauses Reuß-Lobenstein. Von der Burg auf dem Burgberg blieb der für den Blick weit über das Schiefergebirge und das Saaletal schweifen lassen kann.

Naturpark Thüringer Schiefergebirge Hier treffen ganz unterschiedliche Naturräume aufeinander. Auf erstaunlich kurzer Distanz erlebt man reizvolle und gegensätzliche Landschaftsbilder: Wellige Hochflächen, vorwiegend landwirtschaftlich genutzt, bieten eindrucksvolle Panoramablicke – eine Besonderheit dieser hohen und offenen Landschaft. Typisch für das Gebiet sind auch die flachen Talmulden und die großflächigen Rodungsinseln um die Dörfer sowie die tief eingeschnittenen Täler der Saale und ihrer Nebenflüsse. Variationen der Elemente Wald, Wasser und Fels bestimmen das Bild des Saalelaufs im Naturpark. Wiesen und Weiden in romantischen Bachtälern und bewaldete Hänge sind charakteristisch für den gesamten Naturraum. Der Schieferbergbau hat – wie es der Name des Gebirges schon nahelegt – in diesem Gebiet seine Spuren hinterlassen. Die zahlreichen stillgelegten Schieferbrüche und Halden sind zu attraktiven Bestandteilen der Landschaft und zu Lebensräumen für seltene Tiere und Pflanzen geworden.

Schleiz Die ehemalige Residenzstadt liegt in einer Talmulde der Wisenta, eines Nebenflusses der Saale. Die sehenswerte Stadt, die sich im 12. Jahrhundert aus einem slawischen Dorf entwickelte, gilt als das Tor zur Schleizer Seenplatte. Schleiz war für einige Zeit Wirkungsstätte von Konrad Duden und Johann Friedrich Böttger, dem Erfinder des europäischen Porzellans.

Hohenwartetalsperre Dem mit kuppigen Höhen und dichtem Wald bestandenen Tal folgend, erreicht die Saale die Hohenwartetalsperre. In der Nähe liegt 60 Meter über der Saale die Wisentatalsperre. Beide Stauseen haben dazu beigetragen, die naturgegebenen Reize der Landschaft im oberen Saaletal zu steigern. Die Felswände stürzen jäh in die Tiefe, während sich die von Booten belebten Wasserflächen weit ausdehnen. Es gibt idyllische Winkel und Ausbuchtungen des Stausees, die fast schon fjordartigen Charakter tragen.

Thüringer Holzland Bei Saalfeld verlässt die Saale das Thüringische Schiefergebirge und erreicht das tiefer gelegene Thüringer Holzland. Dem Holzreichtum der Gegend entsprechend findet man noch heute hier die früher so typischen Berufe wie Leitermacher, Pechschmied und Muldenhauer. Ende des 19. Jahrhunderts kam die Porzellanindustrie in diese Region und stellt bis heute einen wichtigen Wirtschaftsfaktor dar.

Links oben: Blick auf die Saaleschleife an der Hohenwartetalsperre; links unten: Schlossteich mit Burg in Bad Lobenstein.

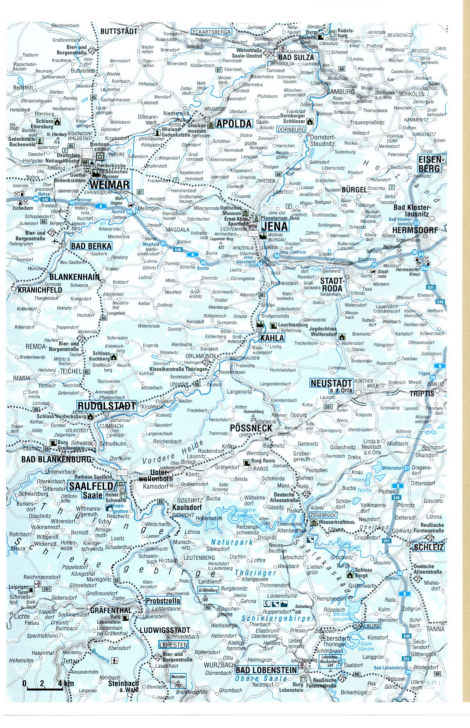

GASTRONOMIE

🍴 **Bad Lobenstein: »Zum alten Forsthaus«** Vor allem der schön angelegte Garten, der vor der mit Wein bewachsenen ehemaligen Sommerresidenz des Hauses Reuß liegt, lädt zum Verweilen ein. Es gibt sowohl hausgemachte Kuchen als auch deftige Thüringer Spezialitäten. (www.zumalten-forsthaus.net)

🍴 **Schleiz: »Hotel Luginsland«** Das Hotel am Park Heinrichsruh liegt etwas außerhalb, was dem Namen seine Berechtigung verleiht: Der Blick über das Schleizer Oberland von der Terrasse aus ist weit und unverstellt. In der thüringisch-vogtländischen Küche sind Wildgerichte eine Spezialität. (www.hotel-luginsland.de)

🍴 **Saalfeld: »Güldene Gans«** Die raffinierte, aber bodenständige Küche der Güldenen Gans ist preisgekrönt. Das traditionelle Interieur bildet den heimeligen Rahmen dazu. (www.gueldene-gans.de)

🍴 **Rudolfstadt: »Schillerhaus«** Wunderschön sitzt man im Sommer im Garten. Angeboten werden sowohl kleine Gerichte als auch zeitgemäße saisonale Hauptspeisen. (www.schillerhausrudolstadt.de)

🍴 **Jena: »Landgrafen«** Hoch über den Dächern der Stadt thront das Restaurant und kann deshalb auch mit einem Panorama aufwarten, das nicht jeder zu bieten hat. Die Speisekarte ist fein zusammengestellt und nicht ganz günstig. (www.landgrafen.com)

🍴 **Weimar: Restaurant und Café »Gretchens«** Familienfreundliches und unkompliziertes Lokal mit schöner Dachterrasse. (https://gretchens-weimar.de)

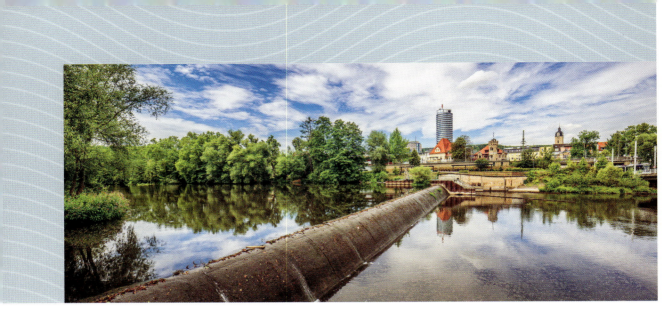

Saalfeld Urkundlich erstmals im 9. Jahrhundert erwähnt, entwickelte sich Saalfeld nach der Stiftung eines Benediktinerklosters im Jahr 1071 zu einem kirchlichen Zentrum in Thüringen. Saalfelds verkehrsgünstige Lage am Schnittpunkt der Kupferstraße und der Böhmischen Straße, der seit dem 13. Jahrhundert einsetzende Silber- und Kupferbergbau sowie die Verarbeitung dieser Rohstoffe und der Handel beschleunigten den Aufschwung der Stadt. Zahlreiche Baudenkmäler verschiedener Epochen prägen das Bild der Altstadt. Dieser Vielfalt wegen wird die Stadt auch als Steinerne Chronik Thüringens bezeichnet. Im Norden von Saalfeld liegt auf dem Schlossberg das frühere Schloss der Herzöge von Sachsen-Saalfeld. Das Wahrzeichen der Stadt, der »Hohe Schwarm« nahe der Saale mit seinen schlanken Türmen, ist der Rest eines viertürmigen Kastells der

Grafen von Schwarzburg. Eine weitere Attraktion in Saalfeld sind die Feengrotten. Diese etwa einen Kilometer südlich der Stadt gelegenen Tropfsteinhöhlen sind mit bunt schillernden Mineralien und Tropfsteinen angefüllt – eine faszinierende unterirdische Welt, die nicht nur bei Kindern für große Begeisterung sorgt.

Schwarzburg An der Schwarza, einem kleinen Nebenfluss der Saale, liegt im schönsten Abschnitt des Schwarzatals der Ort Schwarzburg, der einst Sitz des thüringischen Geschlechts der Grafen von Schwarzburg war. Das überaus malerisch gelegene Schloss erhebt sich majestätisch auf einem zum Fluss hin steil abfallenden Bergvorsprung.

Rudolstadt Nur wenige Kilometer nach der Einmündung der Schwarza in die Saale erreicht der Fluss, noch immer von be-

waldeten Bergen umgeben, die ehemalige Residenzstadt Rudolstadt. Die ursprünglich karolingische Grenzstation wurde 1326 erstmals in Urkunden als Stadt genannt. Die Fürsten von Schwarzburg-Rudolstadt zogen im 18./19. Jahrhundert mit ihrem Ehrgeiz, die Residenz in ein »Klein-Weimar« zu verwandeln, Dichter und Gelehrte an ihren Hof. Rudolstadt ist bis heute umgeben vom Hauch der alten Residenzstadt, in der sich Goethe und Schiller erstmals begegneten. Der deutsche Dichterfürst Goethe leitete einige Jahre am Rudolstädter Theater eine Theatergruppe. Hoch über der Stadt thront majestätisch ihr Wahrzeichen, die Heidecksburg und zeugt von der einstigen Macht des Fürstenhauses. Es ist das am prunkvollsten ausgestattete Barockschloss Thüringens. Mit seinen reich ausgestalteten Sälen und herrlichen Stuckarbeiten zieht es wohl jeden Besucher in

seinen Bann. Zu Füßen der Heidecksburg lädt die Altstadt mit ihren verwinkelten Gassen, alten Kirchen und Renaissancebürgerhäusern zum Verweilen ein.
Nur zwölf Kilometer entfernt befindet sich das Wasserschloss Kochberg, der ehemalige Wohnsitz der Charlotte von Stein. Für Goethe war es ein beliebtes Ausflugsziel während seiner Zeit in Weimar.

Kahla Rund 25 Kilometer flussabwärts erreicht die Saale nach unzähligen Windungen durch anmutig kuppige Landschaft das kleine Städtchen Kahla. In der noch heute durch ihre Keramikindustrie bedeutenden Stadt sind größere Abschnitte der Stadtmauer aus dem 14./15. Jahrhundert erhalten. Oberhalb von Kahla steht weithin sichtbar die mittelalterliche Leuchtenburg, die einst eine der mächtigsten Burgen in Thüringen war.

Jena Die Universitäts- und Industriestadt liegt in einem Talkessel der mittleren Saale. Die Universität, die im 17./18. Jahrhundert zu den führenden im deutschsprachigen Raum gehörte, hat noch heute einen guten Ruf. Mit der Gründung der Universität 1558 wurde Jena einer der begehrtesten Studienorte in Deutschland. Ihre größte Bedeutung erlangte die Universität nach 1785 dank Goethes Förderung, die Jena zu einem führenden geistigen Zentrum in Deutschland werden ließ. Im Jahr 1789 wurde Friedrich Schiller an die Universität berufen, um Geschichte und Philosophie

zu lehren. Unter dem Eindruck der Freiheitskriege gründeten Studenten der Universität Jena 1815 die »Jenaische Burschenschaft«, deren Mitglieder 1817 auf der Wartburg die staatliche Einigung Deutschlands forderten. Der Physiker und Mathematiker Ernst Abbe schuf in Jena die wissenschaftlichen Grundlagen für die feinmechanisch-optische Industrie. 1846 hatte der Mechaniker Carl Zeiss eine Werkstatt in Jena errichtet, in der Abbe seit 1866 neue Werkzeuge entwickelte. Zusammen mit dem Chemiker und Glastechniker Otto Schott schuf Zeiss die für die neuen Instrumente erforderlichen optischen Gläser. 1880 nahm die erste Jenaer Zeiss-Fabrik die Produktion auf. Bis heute ist Jena ein Zentrum der deutschen optischen Industrie. Neben der Universität Jena sollte man sich außerdem das Rathaus aus dem 13. Jahrhundert, die spätgotische Kirche St. Mi-

chael und die Johanneskirche als älteste Kirche der Stadt ansehen.

Dornburger Schlösser Etwa zwölf Kilometer stromabwärts am Steilufer der Saale gelegen, ist Dornburg mit seinen Schlössern und den gepflegten Parkanlagen ein beliebtes Ausflugsziel. Die Schlösser – das Alte Schloss, das Renaissanceschloss und das Rokokoschloss – wurden vor allem durch Goethes Aufenthalte bekannt.

Das Ilmtal

Ilmenau Die Hochschulstadt liegt am Oberlauf der Ilm, einem linken Seitenfluss der Saale. Die Entwicklung des Ortes wurde lange Zeit vom Silber- und Kupferbergbau bestimmt. Mitte des 18. Jahrhunderts ging die Blütezeit des Bergbaus in Ilmenau zu Ende, die Glasindustrie und die Porzellanherstellung sind seit-

dem die wichtigsten Wirtschaftszweige. In den Jahren ab 1776 weilte Johann Wolfgang von Goethe als Minister des Weimarer Hofes wiederholt in Ilmenau. Hier und in der malerischen Umgebung des Thüringer Waldes betrieb Goethe seine naturwissenschaftlichen Studien.

Weimar Es gibt wohl keine andere Stadt vergleichbarer Größe in Deutschland, die eine ähnliche Bedeutung im deutschen, ja europäischen Geistesleben, in Kunst und Kultur erreicht hat. Nachdem schon Martin Luther, Lucas Cranach d. Ä. und Johann Sebastian Bach hier gewirkt hatten, begründeten die großen Dichter Wieland, Goethe, Herder und Schiller die bedeutende Epoche Weimars im 18. Jahrhundert, die dem Ort den Namen »Stadt der deutschen Klassik« gab. Ab 1547 war Weimar Hauptstadt des Herzogtums Sachsen-Weimar. Die sogenannte klassische Periode der Stadt begann 1758 mit dem Regierungsantritt der Herzogin Anna Amalia, die 1772 Christoph Martin Wieland an den Hof holte. Ihr Sohn Carl August lud 1775 Goethe an seinen Hof.
Weimar vermittelt trotz seiner zahlreichen, berühmten Kulturdenkmäler das Flair einer kleinen Stadt. Viele Bauten (Rathaus, Cranach-Haus, Stadtschloss, Wittumspalais, Herderkirche) lassen eine lange kulturelle und historische Tradition erkennen. Einen besonderen Akzent verleiht dem Stadtbild der Park an der Ilm, in dem sich unter anderem Goethes Garten-

haus befindet. Im Jahr 1997 wurden die Bauhaus-Gebäude in Weimar in die Liste des Weltkulturerbes der UNESCO aufgenommen.

Oßmannstedt Am Ufer der Ilm steht auf halbem Weg zwischen Weimar und Apolda in dem kleinen Örtchen das barocke Gutshaus, in dem der Dichter Christoph Martin Wieland, der Wegbereiter der deutschen Klassik, mehrere Jahre lebte und arbeitete. In dem das Haus umgebenden Park mit Rokokogarten befindet sich die Grabstätte des Dichters.

Apolda Das kleine thüringische Städtchen liegt rund 20 Kilometer von Weimar entfernt am unteren Lauf der Ilm und am östlichen Rand des Thüringer Beckens. Größere Bedeutung erlangte der Ort durch seine Glockengießerei.
Südwestlich von Apolda befindet sich in Kapellendorf eine stattliche Wasserburg. Die fünfeckige Anlage ist ein besonders schönes Beispiel für eine gotische Niederungsburg mit Wassergraben.

Linke Seite: Blick über die Saale zum Bahnhof Jena Paradies (oben); die Dornburger Schlösser: das Renaissance-, das Rokoko- und das Alte Schloss (unten). Oben: Schloss Kochberg in Großkochberg; die Herzogin Anna Amalia Bibliothek in Weimar. Links: Saalfeld.

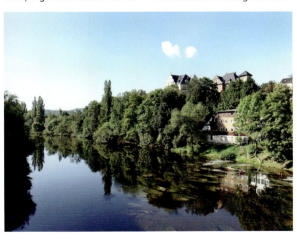

AKTIV AM WASSER

Ilmtal-Radweg
Der beliebteste Radwanderweg Thüringens führt auf 125 Kilometern von der Ilmquelle in Allzunah bis zur Mündung der Ilm in die Saale bei Großheringen. Auf seinem Weg liegen Burgen, Schlösser, eine Karsthöhle und Heilquellen, die besichtigt werden wollen. Außerdem führt er durch eine Natur, die man in vollen Zügen genießen kann. (*www.ilmtal-radweg.de/radweg*)

Mühlen an der Ilm
Die Kunst- und Senfmühle in Kleinhettstadt ist so manchem Gourmet ein Begriff. 1999 wurde das Steinmahlwerk wieder in Betrieb genommen. Die hier hergestellten Senfsorten erfreuen sich größter Beliebtheit. Auch die Wassermühle bei Bad Berka mahlt wieder. Das alte Mahlwerk läuft heute mit technischer Unterstützung. Beide Mühlen können besichtigt werden. Informationen unter *www.buchfarter-muehle.de* und Kunst- und Senfmühle Kleinhettstadt (*Kleinhettstedt 44, Tel. 03629/80 10 37*).

Saale-Radweg
Der über 400 Kilometer lange Radwanderweg ist einer der anspruchsvollsten Flussradwege Deutschlands. In seinem Oberlauf ist er durch viele Anstiege gekennzeichnet – vor allem im Bereich der Saaletalsperren, wo ein wassernahes Radeln nicht möglich ist. Ab Saalfeld kann er auch Familien empfohlen werden. Informationen über Streckenverlauf und mögliche Etappen unter *www.saaleradweg.de*

Kanufahrten
Kanuten stehen von Jena aus mehrere Touren verschiedener Länge und Schwierigkeit zur Auswahl. Zum Beispiel geht es an einem Tag durch den Naturpark Unteraue bis nach Camburg, oder in drei Tagen bis nach Weißenfels. Bei letztgenannter Tour bekommen Kanufahrer möglicherweise Gesellschaft von Motorbooten auf der Saale. (*www.saalestrand-kanu.de*)

Hohenwarte-Stausee
Im Volksmund heißt er Thüringer Meer, der riesige Stausee, in dem die Saale durch die in den 1930er-Jahren errichtete Talsperre zusammenfließt. Die 412 Meter lange und 75 Meter hohe Staumauer beeindruckt und lässt die acht Rohre des Pumpspeicherwerks beinahe klein wirken. (*www.thueringen.info/stauseeregion-hohenwarte.html*)

Feengrotten Saalfeld
Faszinierend: Geführte Höhlenwanderungen führen auf eine Entdeckungsreise durch diese »farbenreichsten Schaugrotten der Welt«. (*www.feengrotten.de*).

Para-Trike-Flug
Wer sich einmal wie ein Vogel über der Region Saale-Unstrut fühlen will, kann dies per Gleitschirm-Trike tun. Das wie ein Buggy wirkende Fluggerät verspricht sicheren und angenehmen Flug und beste Aussicht. *Flüge buchbar unter www.burgenland-rundfluege.de*

Schlossbesichtigung Heidecksburg

Einst residierten hier standesgemäß die Fürsten von Schwarzburg-Rudolstadt in einem Bauwerk, das das Stadtbild von Rudolstadt nachhaltig prägt. Das prachtvolle Barockschloss beherbergt heute verschiedene Ausstellungen und mehrere historische Festräume, die im Rahmen einer Führung zu besichtigen sind. *(www. heidecksburg.de)*

Flößen auf der Saale

Zwischen Kirchhasel und Uhlstädt haben Interessierte die Möglichkeit, mit erfahrenen Flößern auf den großen Holzgefährten die Saale entlangzuschippern. An der Anlegestelle in Uhlstädt befindet sich gleich das Flößermuseum – zur Nachbereitung sozusagen. *(www.thueringerwald.com/urlaub-wandern-winter/floessen-auf-der-saale-in-uhlstaedt-111873.html)*

Bleilochtalsperre

Mit einer Uferlänge von 28 Kilometern ist die Talsperre in den Bleibergen größer als alle anderen in Deutschland. Sie ist heute ein beliebtes Naherholungsgebiet mit zahlreichen Wassersportmöglichkeiten. Im August verwandelt sich das Ufer der Talsperre beim Sonne-MondSterne Festival, einem riesigen Open-Air-Event, zur Bühne für elektronische Tanzmusik.

Dicker Turm im Oberschloss Kranichfeld

Von der Besucherplattform des noch im romanischen Stil erbauten alten Wehr- und Wohnturmes aus erstreckt sich das Ilmtal in all seiner Schönheit. Der massive Turm hat einen Durchmesser von 14 Metern bei 27 Meter Höhe. Im Anschluss an den Panoramablick bietet sich eine Besichtigung des Oberschlosses Kranichfels an. *(www.kranichfeld.de)*

Großes Bild: Kanufahrt auf der Saale vorbei an den Dornburger Schlössern; oben: Floßfahrt auf der Saale; kleine Bilder rechts: Schloss Heidecksburg; auf dem Saale-Radweg bei Schloss Burgk.

Goethes Gartenhaus

Niemand Geringerer als Herzog Carl August von Sachsen-Weimar und Eisenach erwarb das ehemalige Weinberghaus und machte es Johann Wolfgang von Goethe zum Geschenk. Es wurde ein wichtiger Rückzugsort für den Dichter und war bis zu seinem Umzug 1782 seine Wohn- und Arbeitsstätte. Die Räume sind eingerichtet mit Möbeln und Artefakten aus Goethes Nachlass. *(www.klassik-stiftung.de/goethes-gartenhaus)*

Hohenwarte-Stausee-Weg

Der Rundweg führt in vier Etappen rund um das Thüringer Meer. Auf 74 Kilometer Länge tauchen Wanderer tief ein in die Tier- und Pflanzenwelt dieser einzigartigen, vom Menschen geschaffenen Landschaft.

Stausee Hohenfelden

Am idyllisch gelegenen See locken eine Liegewiese, Tret- und Paddelboote und ein großer Abenteuerspielplatz große und kleine Ausflügler an. Auch Angeln, Segeln und Surfen sind erlaubt. *(www.erlebnisregion-hohenfelden.de)*

↗ **Wenn die Saale, gestärkt von der Unstrut, bei Weißenfels die sonnigen Hänge mit ihren Burgen und Rebstöcken verlässt, begibt sie sich in die weite Ebene der Leipziger Tieflandsbucht. Fruchtbare Felder, die bis an den Horizont reichen, werden nur durch kleine Dörfer unterbrochen. Die Saale, die in Halle die Weiße Elster aufnimmt, fließt nun durch das frühere Anhalt, wo fast jede Stadt an ihren Ufern einst eine Residenzstadt war.**

Untere Saale

Bad Kösen Rund zehn Kilometer von der Mündung der Unstrut entfernt liegt das einstige Flößer- und Salzsiederstädtchen, das heutige Solebad Kösen, in dem ein Gradierwerk und alte Soleförderanlagen erhalten sind. Einen guten Ruf hatte einst die evangelische Landesschule Schulpforta in Pforta, einem Ortsteil von Bad Kösen. 1543 ließ Moritz von Sachsen dort in einem aufgehobenen Zisterzienserkloster eine Fürstenschule einrichten. Die benachbarte Burg Saaleck, 1050 auf einem Felsen hoch über der Saale errichtet, bietet herrliche Ausblicke über das Saaletal.

Naumburg Die durch ihren Dom bekannte Stadt gehört zu den schönsten Städten Mitteldeutschlands. Sie liegt inmitten von romantischen Weinbergen. Etwa um 1000 entstand an der Kreuzung zweier Handelsstraßen die »neue Burg« der Markgrafen von Meißen. 1028–1564 war der Ort Bischofssitz. Neben dem Dombezirk als geistlicher Residenz wuchs eine Bürger- und Handelsstadt, die erst mit dem Leipziger Messeprivileg von 1506 an Bedeutung einbüßte. Imposante Bürgerhäuser, die Stadtbefestigung, der Marktplatz, der weltberühmte Dom und andere Kirchen sind Zeugen der ereignisreichen Geschichte.

Weißenfels Die einstige Residenzstadt liegt 17 Kilometer nordöstlich von Naumburg an der mittleren Saale vor ihrem Austritt in die Leipziger Tieflandsbucht. Die Stadt wurde im 12. Jahrhundert am Fuß des Burgbergs als Marktsiedlung angelegt. 1680–1746 war sie Residenz des Herzogtums Sachsen-Weißenfels. Das Stadtbild wird geprägt vom beeindruckenden Barockschloss Neu-Augustusburg (Ende 17. Jh.). Unterhalb des Schlosses erstreckt sich rund um den Markt die Bürgerstadt mit ihren zahlreichen hübschen Barockhäusern.

Merseburg Bei Weißenfels erreicht die Saale das Norddeutsche Tiefland. Weinberge und liebliche Täler weichen der flachen Leipziger Tieflandsbucht mit ihren weiten Feldern. Die Saale, die in ihrem oberen Lauf noch in engen Kurven um die Höhen zog, fließt nun breiter und langsamer in der Ebene. Die frühere Bischofs- und Residenzstadt Merseburg liegt auf halbem Weg zwischen Weißenfels und Halle. Um 800 bestand an der strategisch wichtigen Saale-Elbe-Grenzlinie des Frankenreichs eine karolingische Burg. König Heinrich I. gründete hier eine Pfalz, in der bis zum 13. Jahrhundert alle deutschen Kaiser und Könige Hoftage hielten. Durch das 968 von Otto I. begründete Bistum wurde Merseburg zum Bischofssitz. Im 17. und 18. Jahrhundert war die Stadt die Residenz der Herzöge von Sachsen-Merseburg. Der Braunkohleabbau machte aus Merseburg im beginnenden 20. Jahrhundert eine Industriestadt, die im Zweiten Weltkrieg allerdings schweren Luftangriffen ausgesetzt war. Bis heute aber beherrschen der Dom St. Johannes der Täufer und St. Laurentius (1015–1042) und das Renaissanceschloss (1604), oberhalb des Saalehochufers gelegen, das Panorama dieser Stadt.

WEISSE ELSTER

sität wurde im 18. Jahrhundert zu einem Zentrum der Aufklärung und des Pietismus. Die Franckeschen Stiftungen südlich der Altstadt waren ein zweites Zentrum der Aufklärung und dienten als Waisenhaus und Armenschule. Die nördlich der Altstadt gelegene Moritzburg wurde im späten 15. Jahrhundert als Zwingburg der Erzbischöfe von Magdeburg gegen die Hallenser Bürgerschaft an einem Saalearm errichtet. Sie beherbergt heute die Staatliche Galerie Moritzburg.

Halle Die Geburtsstadt Händels – in der Mitte des Marktplatzes, über dem sich die mächtigen Türme der Kirchen erheben, steht das berühmte Händeldenkmal – liegt am Westrand der fruchtbaren und braunkohlereichen Leipziger Tieflandsbucht. Halle ist zugleich kultureller wie wirtschaftlicher Mittelpunkt der Region. Die erstmals im Jahr 806 erwähnte Siedlung wurde zur Erschließung der Salzquellen und an wichtigen Handelswegen an einem Saaleübergang errichtet. Durch den Salzhandel gelangte Halle schnell zu Reichtum. Die Univer-

Linke Seite: Merseburg (oben); Halle und Naumburg (unten); oben: Bad Kösen.

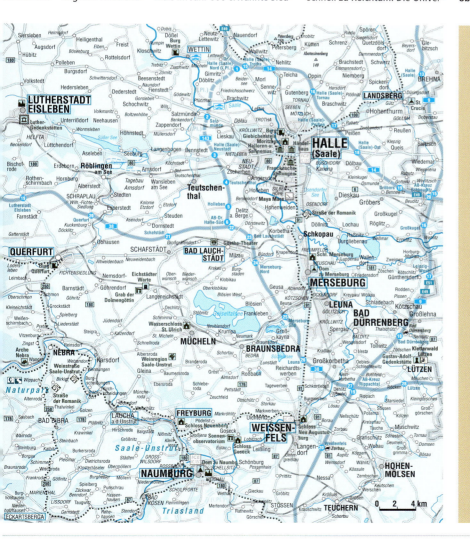

Wettin Etwa 15 Kilometer fluss-abwärts steht die 961 erstmals urkundlich erwähnte Stammburg der Wettiner, des sächsischen Königsgeschlechts. Der Burg-komplex ist wegen seiner Lage und Größe (stolze 500 Meter lang) noch heute beeindruckend, wenngleich kaum mehr etwas von der alten Bausubstanz erhalten geblieben ist.

Bernburg Wenige Kilometer vor der Mündung der Saale in die Elbe liegt Bernburg, einst-mals Residenz der Fürsten und Herzöge von Anhalt-Bernburg. Mit seinem Schloss und den Baudenkmälern aus verschiede-nen Stilepochen in der histori-schen Innenstadt ist Bernburg heute ein beliebtes Touristen-ziel. Im Schutz der im 12. Jahr-hundert errichteten askanischen Festung entstanden drei unab-hängige Siedlungen: die Alt-stadt, die Neustadt und die Bergstadt. Mit dem direkt an der Saale gelegenen Renaissance-schloss und zahlreichen sehens-werten Häusern in der Altstadt versetzt Bernburg seine Besu-cher in längst vergangene Epo-chen zurück.

Die Unstrut

Mühlhausen Die einstige Freie Reichs- und Hansestadt Mühl-hausen liegt zwischen Hainich und Oberem Eichsfeld an der noch jungen Unstrut. Als letzte

Wirkungsstätte des Volksrefor-mators Thomas Müntzer trägt sie den Beinamen Thomas-Müntzer-Stadt. Mit der weitge-hend erhaltenen Stadtmauer, dem Rathaus (14. Jh.), den Kir-chen und bemerkenswert alten Bürgerhäusern besitzt Mühlhau-sen ein intaktes mittelalterliches Stadtzentrum.

Nationalpark Hainich Südlich von Mühlhausen beginnt hoch über dem Unstruttal der Natio-nalpark Hainich, das größte zu-sammenhängende Laubwald-gebiet Deutschlands. 2011 wurde der Park zusammen mit anderen Buchenwäldern in die Liste des UNESCO-Weltnatur-erbes aufgenommen. Der Hai-nich selbst ist ein Muschelkalk-Höhenzug mit einem unbe-rührten Rotbuchenwald, wie er einst für Deutschland typisch war. Hier findet man noch Wald-flächen, wie sie von Natur aus

in Mitteleuropa ohne Einfluss des Menschen großflächig auf-treten würden.

Sömmerda Der Flussabschnitt der Unstrut zwischen Sömmerda und Freyburg wird von den Be-wohnern auch gern mit der tou-ristischen Umschreibung »Tos-kana des Ostens« charakterisiert. Sanft schmiegen sich die Wein-berge dieses nördlichsten deut-schen Weinanbaugebietes an den Fluss, der sein blaues Band durch die Landschaft zieht. Der hervorragende Wein, der hier an den sonnigen Hängen gedeiht, findet nicht nur in Deutschland immer mehr Liebhaber.

Freyburg Diese ist die größte Stadt im unteren Unstruttal und die Weinhauptstadt des Saale-Unstrut-Gebietes. Wein- und Sektherstellung sind hier kon-zentriert. Die steilen Muschel-kalkhänge der Schweigenberge

im Westen der Stadt sind mit ihren Trockenmauern und bis in den Spätbarock zurückreichen-den Weinberghäuschen gewiss die reizvollsten der Gegend. Der Bergsporn, der sich im Südosten schützend vor die Kulisse der Stadt schiebt, trägt die erstmals 1062 errichtete Neuenburg. Während die Gebäude des Schlosses sich scheinbar harmlos über die Höhe schieben und erst aus kürzester Distanz ihre wah-re Größe offenbaren, ist der mit einer barocken Haube ge-schmückte, auf höchster Stelle errichtete Bergfried, der »Dicke Wilhelm«, schon von Weitem sichtbar.

Die Weiße Elster

Plauen Der Ort liegt landschaft-lich malerisch eingebettet in den Tälern der Weißen Elster und de-ren Zuflüssen. Das wohl schöns-

te Gebäude der Stadt ist das spätgotische Alte Rathaus am Altmarkt, an dessen Renaissancegiebel von 1548 eine prachtvolle Nürnberger Uhr prangt. Im Inneren des Rathauses illustriert das einzige Spitzenmuseum Deutschlands die Geschichte und Machart der Plauener Spitzen.

Vogtland Das Vogtland umfasst im weitesten Sinne das Gebiet zwischen Thüringer Wald, Fichtelgebirge und Erzgebirge. Die Landschaft wird geprägt von einer welligen, durch tiefe Täler mit steilen Hängen und vielen Windungen gegliederte Hochfläche. Die Weiße Elster bildet das größte und bedeutendste Tal in diesem Grenzland. Sein Name »Land der Vögte« geht darauf zurück, dass hier vom Ende des 12. Jahrhunderts und bis ins 15. Jahrhundert hinein kaiserliche Reichsvögte die Macht aus-

übten. Bereits im Mittelalter wurden im Vogtland Tuche und Leinwand hergestellt. Und noch heute ist die Textilindustrie vielerorts sehr wichtig.

Greiz Von waldreichen Höhen umrahmt, war Greiz einst der Sitz des kleinen Fürstentums Reuß. Das Stadtbild wird beherrscht vom Schlossberg mit dem Oberen Schloss. Rechts der Elster erstreckt sich die Altstadt mit dem klassizistischen Unteren Schloss. Im 1650 entstandenen und im 19. Jahrhundert nach englischem Vorbild gestalteten Greizer Park steht das im frühklassizistischen Stil errichtete Sommerpalais, in dessen Räumen sich Museen befinden.

Gera Nach Verlassen des Vogtlandes erreicht die Weiße Elster als erste größere Stadt die alte Residenzstadt Gera. Gerberei, Bierbrauerei und besonders die

Tuchmacherei waren traditionelle Wirtschaftszweige, deren Blüte im 18. Jahrhundert die heute noch erhaltenen Bürgerhäuser jener Zeit bezeugen. Sie entstanden überwiegend nach dem großen Stadtbrand von 1780. Das Bier wurde früher in einem rund acht Kilometer langen System von unterirdischen Gängen unter der Altstadt und dem Nikolaiberg gelagert. Diese »Höhler« sind heute zu besichtigen. Der Markt von Gera gehört durch die Geschlossenheit der Bebauung zu den schönsten Marktplätzen Thüringens. Sehr bemerkenswert ist das Rathaus (15. Jh.). Es zeichnet sich vor allem durch sein reich verziertes Hauptportal am achtgeschossigen Turm und die drei Nebenportale aus. In der Nähe des Rathauses steht am Nikolaiberg die im Barockstil erbaute dreischiffige Salvatorkirche. Das Innere wurde im Jugendstil ausgestattet.

Zeitz Die alte Dom- und Residenzstadt liegt am Eintritt der Weißen Elster in die Ebene der Leipziger Tieflandsbucht. Zu den Sehenswürdigkeiten zählt Schloss Moritzburg, eine barocke Anlage, die auf den Ruinen des Bischofsschlosses entstand. Darin befindet sich das Deutsche Kinderwagenmuseum. In der Schlosskirche liegen in einer Krypta die Särge der Herzöge von Sachsen-Zeitz. Unter der Stadt kann man ein mittelalterliches Gängesystem begehen.

Leipzig Rund 40 Kilometer flussabwärts, vorbei an wogenden Getreidefeldern und verträumten Ortschaften, erreicht die Weiße Elster die pulsierende Großstadt Leipzig. Hier nimmt sie die Pleiße auf und wendet sich nach Westen, um nach ca. 30 Kilometern bei Halle in die Saale zu münden. Noch heute geben zahlreiche bedeutende Fachmessen den Takt im Wirtschaftsleben Leipzigs an. Vor den Toren der Stadt entstand 1996 die durch ihre imposante Glaskonstruktion beeindruckende Neue Messe, die die Handelstradition Leipzigs in das 21. Jahrhundert getragen hat. Von jeher gilt Leipzig, Sitz der Deutschen Bücherei, auch als Stadt des Buches und der Musik. Diese Traditionen halten zahlreiche namhafte Verlage, der Thomanerchor und das Gewandhausorchester aufrecht. Die Universität Leipzig wurde 1409 gegründet. In der Innenstadt laden aufwendig sanierte Passagen und Messehäuser zu einem Bummel ein. Zu den berühmtesten und schönsten Passagen zählt die Mädlerpassage.

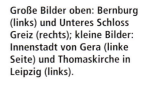

Große Bilder oben: Bernburg (links) und Unteres Schloss Greiz (rechts); kleine Bilder: Innenstadt von Gera (linke Seite) und Thomaskirche in Leipzig (links).

AKTIV AM WASSER

Memlebener Kloster-weinberg

Die Region Saale-Unstrut blickt auf eine tausendjährige Weinanbau-Tradition zurück, der sich das Kloster Memleben verpflichtet fühlt. 2012 wurden im klösterlichen Weinberg neue Reben gesetzt und der Weinanbau damit wiederbelebt. Nach vorheriger Anmeldung können Gäste des Klosters aktiv daran teilhaben und Informationen zum Handwerk in Verbindung mit der Geschichte des Klosters und der Weinanbauregion Saale-Unstrut erhalten. Nähere Infos unter *www. kloster-memleben.de*

Sektkellerei Rotkäppchen

Der Stammsitz und die historischen Kelleranlagen der weithin bekannten Sektkellerei liegen in Freyburg und können besichtigt werden – selbstverständlich inklusive Sekt-proben. (*www.rotkaeppchen.de*)

Elster-Radweg

Die Quelle der Elster liegt in Tschechien, und dort beginnt auch der 250 Kilometer lange Fahrradweg. Bei Bad Elster erreicht er deutschen Boden, führt über Plauen, Greiz, Gera, Crossen, Bad Köstritz und Leipzig bis Halle, wo die Weiße Elster in die Saale mündet. Ab Gera gilt der Radweg als familientauglich, der bergige erste Abschnitt wird für Mountainbike-Begeisterte empfohlen. (*www.elsterradweg.de*)

Bootstour auf der Weißen Elster

Sportlich Aktive können die Plagwitzer Industriearchitektur bestens vom Wasser aus erfahren. Die Stadt Leipzig bietet eine etwa vierstündige Kanutour an, die Anfänger und erfahrene Kanuten an einigen Sehenswürdigkeiten vorbeiführt. *Informationen unter www.leipzig details.de/bootstouren.html*

Elsterperlenweg

Das wildromantische Elstertal erleben Wanderer entlang des Elster-perlenwegs hautnah. Die Veitskirche mit ihrer 1000-jährigen Geschichte, Kloster Mildenfurth und die 120 Jahre alte Holzbrücke bei Wünschendorf sind nur einige Entdeckungen, die es auf 72 Kilometer Gesamtstrecke zu machen gibt. Querverbindungen über den Fluss sind mehrfach möglich. (*www.vogt land-tourismus.de/wandern/elster perlenweg.html*)

Talsperren im Vogtland

Mehrere Talsperren verheißen Wanderern, Naturfreunden und Wassersportlern tolle Ausflugsziele mit zahlreichen Möglichkeiten zu Aktivitäten am Wasser. Da gibt es die Talsperren Pöhl, Pirk und Falkenstein, außerdem das Zeulenrodaer Meer mit seiner 307 Meter hohen Staumauer.

Fundort der Himmelsscheibe von Nebra

Die etwa 4000 Jahre alte Bronzeplatte gehört zu den bedeutendsten archäologischen Funden der Neuzeit, gibt sie doch Aufschluss über astronomische Kenntnisse aus dieser längst vergangenen Zeit. Die Scheibe selbst befindet sich im Landesmuseum für Vorgeschichte in Halle/Saale. Am Fundort der Himmelsscheibe informiert die Arche Nebra über Entstehung, Nutzung und Wiederauffinden der Scheibe und viele andere Themen rund um die Archäologie und die Astronomie. *(www.himmelsscheibe-erleben.de)*

Auwald

Der Leipziger Auwald bietet einer artenreichen und einzigartigen Tier- und Pflanzenwelt einen geeigneten Lebensraum. Ständig wiederkehrendes Hochwasser bedingt in Ufernähe Weichholzauen, weiter oben schließen sich Auen aus Hartholz an und den Totholzzonen kommt eine besonders wichtige Rolle im hiesigen Ökosystem zu. Der Leipziger Auwald lässt sich auf einem Erlebnispfad durchwandern, der als App aufs eigene Smartphone oder Tablet geladen werden kann. *(www.leipziger-auwald.de)*

Vogtland Panorama-Weg

Start und Ziel des 225 Kilometer langen Wanderwegs ist die größte Ziegelsteinbrücke der Welt, die Göltzschtalbrücke. 26 Millionen Ziegelsteine setzte die Sächsisch-Bayerische Eisenbahngesellschaft für die 78 Meter hohe und einen halben Kilometer lange Brücke aufeinander, bis sie schließlich 1851 die Eisenbahnstrecke zwischen Leipzig und Nürnberg verband. Der Panoramaweg führt aber noch an weiteren Attraktionen vorbei, beispielsweise an der Drachenhöhle Syrau, an Schloss Voigtsberg Oelsnitz und Burg Mylau. *Nähere Informationen unter www.fernwege.de/d/vogtland/index.html*

Cospudener See

Wenn im August das alljährliche Drachenbootrennen auf dem Cospudener See stattfindet, herrscht noch mal so viel trubeliges Leben am Ufer wie üblich. Das ehemalige Braunkohle-Abbaugebiet am südlichen Stadtrand von Leipzig wurde Ende des vergangenen Jahrhunderts geflutet und ist heute ein beliebtes Naherholungsgebiet. *(www.leipzigseen.de/die-seen/cospudener-see.html)*

Schloss Neuenburg

Hoch über der Stadt Freyburg thront die im Jahr 1090 erbaute Neuenburg. Das 30 000 Quadratmeter große Burgareal bietet faszinierende Einblicke in das Leben zu Zeiten des Hochmittelalters. Der Blick vom Schloss reicht weit über das Unstrut-Tal. *(www.schloss-neuenburg.de)*

Elsterfloßgraben

Die Flößerei hatte zu Zeiten des Kurfürsten August I. von Sachsen als Transportmöglichkeit von Holz auf dem Wasserweg große Bedeutung. Der Elsterfloßgraben schloss die Saline Poserna und später die Städte Leipzig und Halle auf dem Wasserweg zusammen, indem unter anderem die Flüsse Weiße Elster, Zwickauer Mulde, Zwota, Pleiße, Luppe und Saale verbunden wurden. Heute ist der Elsterfloßgraben ein überregionales technisches Denkmal. *(www.saale-unstrut-tourismus.de/elsterflossgraben)*

In Leipziger Stadtteil Plagwitz können Besucher eine Bootstour auf der Weißen Elster unternehmen (großes Bild). Kleine Bilder: Windsurfer auf dem Cospudener See; Radfahrer im Auwald bei Leipzig.

HAVEL

↗ **Die Havel ist eine der wichtigsten Lebensadern Brandenburgs. Auf ihrem Weg fließt sie an unberührt gebliebenen Naturlandschaften, beschaulichen Orten und bedeutenden historischen Städten vorbei.**

Tief im Herzen Brandenburgs durchquert die Havel als ruhiger Binnenfluss die Mark. Ihr Quellgebiet liegt im Süden der Mecklenburgischen Seenplatte bei Dambeck. Von dort sind es bis zur Mündung in die Elbe bei Havelberg 325 Kilometer. Als typisches Tieflandgewässer zeigt sie ein extrem geringes Gefälle von nur 41 Metern, die große Zahl der durchflossenen Seen und seenartigen Erweiterungen, die zahlreichen Verzweigungen sowie die gestauten und kanalisierten Abschnitte sind markante Kennzeichen dieses Flusstyps.

Die Havel wird gewöhnlich in drei Abschnitte gegliedert: Der Flusslauf von der Quelle bis zur Spreeeinmündung wird Obere Havel genannt, bis zur Stadt Brandenburg fließt die Mittlere Havel und von dort bis zur Mündung die Untere Havel.

Oberhalb Berlins ist die Havel eher als Flüsschen denn als Fluss zu bezeichnen. Das verträumt dahinfließende Gewässer gleitet vorbei an so malerischen Orten wie Fürstenberg und Himmelpfort. Kurz vor Berlin weichen die stille, naturbelassene Landschaften mit Schutzgebieten und heimeligen Dörfern dem

pulsierenden Leben des Großraums Berlin. Dichte Bebauung und Industrie prägen in diesem Abschnitt das Flussbild.

Zum größten rechtsseitigen Zufluss der Elbe wird die Havel erst mit Aufnahme der Spree, die im Berliner Stadtteil Spandau in die Havel einmündet. Da sie bei Mittelwasser mehr als das Zweieinhalbfache der Wassermenge der Havel führt, müsste streng genommen die Havel unterhalb der Spandauer Zitadelle als »Spree« weiterfließen.

Die Mittlere Havel ist der belebteste und auch bekannteste Teil der Havel. Zwischen Spandau und Brandenburg durchfließt die Havel zahlreiche Becken, die während der letzten Eiszeit durch das Inlandeis geschaffen wurden. Heute reiht sich in diesem Abschnitt ein See an den anderen. Kein Wunder, dass Preußens Könige hier ihr Arkadien suchten: Sie errichteten in Potsdam und der Umgebung zahllose Parks und Schlösser, die oft auf die Havel und ihre Seen ausgerichtet wurden.

Die Mittlere Havel umspült das sogenannte Havelland, das sich nördlich dieses Flussabschnitts erstreckt. Landwirtschaft prägt die von der letzten Eiszeit geschaffene Region mit ihren sanft gewellten Feldern, mit Kiefern bestandenen Hügelketten und beschaulichen Dörfern.

An der Unteren Havel wird es stiller. Der Schiffsverkehr nimmt ab und der Fluss führt durch naturbelassene Landschaften wie den Naturpark Westhavelland. Seit jeher ist die Havel eine der brandenburgischen Hauptlebensadern. Bereits um 1300 wurden in den Städten Brandenburg und Rathenow Mühlenstauen und Flutrinnen für die Schifffahrt angelegt. Im vorigen Jahrhundert begann der Bau eines Kanalsystems, das den Fluss heute mit der Elbe und dem Mittellandkanal sowie mit der Müritz und Oder verbindet. Aber nicht nur für Industrie, Landwirtschaft und Schifffahrt hat die Havel einen hohen Stellenwert, auch Angler, Wassersportler und Erholungsuchende schätzen ihre Reize. Überragende Bedeutung besitzt die Havel als Biotopverbindung zwischen den Auen des Spreewaldes und denen der Havelniederung und Elblandschaft. Dabei stellt der Havelunterlauf mit seinen Nebenarmen, Altwässern und Auenwäldern ein noch weitgehend intaktes Flussökosystem dar.

Die Zeit ist auch an der Havel nicht spurlos vorübergegangen: Industrie und moderner Lebensstil prägen heute vielfach ihr Gesicht. Die Spuren der Vergangenheit sind jedoch noch vielfach vorhanden. Weite Teile des Flusses blieben zu DDR-Zeiten nahezu unberührt und stehen heute unter Naturschutz.

Am Jachthafen von Werder an der Havel liegen Boote (große Bilder). Schloss Fürstenberg liegt in der Mecklenburgischen Seenplatte (kleines Bild).

OBERLAUF DER HAVEL

↗ **Von den Mecklenburgischen Seen kommend, fließt das noch kleine Flüsschen Havel in seinem Oberlauf südwärts. Auf dem Weg nach Berlin durchquert die Havel eine stille und romantische Landschaft, in der die Natur mit allen Sinnen zu erleben ist. Vorbei an historischen Ortschaften und beschaulichen Dörfern gelangt man in die Hauptstadtregion.**

Havelquelle bei Dambeck

Die Wiege der Havel ist noch nicht annähernd so alt wie sie selbst: Als vor rund 600 Jahren zwischen den Dörfern Ankershagen und Klockow ein Damm aufgeschüttet wurde, trennte man die junge Havel von ihren Quellseen ab und verlegte ihre Geburtsstätte auf eine südlich des Dammes gelegene Quellwiese im Gebiet des heutigen Nationalparks Müritz.

Im nur zwei Kilometer von der Quelle entfernten Ankershagen erinnert das Heinrich-Schliemann-Haus an den Entdecker Trojas.

Fürstenberg an der Havel

Kurz nach der Grenze zu Brandenburg fließt die Havel auf ihrer noch jungen Reise zur 750 Jahre alten Stadt Fürstenberg. Mitte des 12. Jahrhunderts errichteten die Markgrafen von Brandenburg auf der Hauptinsel der Stadt eine Burg als vorgeschobenen Stützpunkt auf slawischem Gebiet. Bis zum Bau der Schleuse 1836 diente Fürstenberg als Umschlagplatz für Waren vom Schiff auf die Fuhrwerke und umgekehrt. Mit dem Bau der Berliner Nordbahn 1877 verlor die Stadt zwar ihre Bedeutung als Handelsplatz, jedoch entdeckten die Berliner Sommerfrischler Fürstenberg mit seinen vielen Seen und seiner reizvollen Landschaft als Naherholungsgebiet für sich.

Fürstenberger Seenland

Ausgedehnte Wälder, durchsetzt mit zahlreichen kleinen und großen Seen, machen den Reiz dieser Region aus, die mit ihrem naturnahen Flusslauf und den Auwäldern vielen Tierarten den idealen Lebensraum bietet. Beim Wasserwandern lassen sich Fischotter, Biber, Seeadler und Eisvögel beobachten.

Ravensbrück

Am Ende des Schwedtsees liegt – völlig abgelegen und in schon bedrückender Ruhe – die Gedenkstätte des Frauenkonzentrationslagers Ravensbrück. Zwischen 1939 und 1945 inhaftierte die SS in Ravensbrück über 130 000 Frauen und Kinder sowie rund 20 000 Männer. Heute bewahrt die Mahn- und Gedenkstätte Zeugnisse und Spuren, fördert Erinnerung und Forschung und ist ein aktiver Lern- und Begegnungsort. Einen Abstecher lohnt der Lychener See, der nicht zum Fürstenberger Seenland gehört.

Himmelpfort

Hinter Ravensbrück macht der Fluss einen Bogen zum Stolpsee mit dem Ort Himmelpfort, der seinen Namen der Gründung des Zisterzienserklosters Coeli Porta (1299) zu verdanken hat. Teile des Klosterkomplexes, darunter der gotische Backsteinbau aus dem 14. Jahrhundert, sind erhalten geblieben.

Zehdenick

Auf der Krummen Havel kommt man nach Zehdenick, das durch seine Ziegelindustrie Ende des 19. bis Mitte des 20. Jahrhunderts geprägt wurde. Auffallend sind unmittelbar nördlich von Zehdenick die rund 50 Seen beiderseits der Havel: ehemalige, inzwischen mit Wasser gefüllte Tongruben, die heute beliebte Badeseen und Anglerparadiese sind. Der reich vorhandene Ton diente seit den Gründerjahren als wichtiger Rohstoff für die Herstellung von Ziegeln. In unmittelbarer Nähe zu den Tongruben entstanden damals Ziegeleien, die ihre Produkte über die Havel in das aufstrebende, südlich gelegene Berlin verschifften. Hier wurde der Fluss mehrmals begradigt und mit einer Schleuse und einem Hafen ausgestattet. Am Stadtrand teilt sich der Fluss: Die Schnelle Havel ist längst verwachsen und der Natur überlassen, parallel zu ihr verläuft der 1884 fertig gestellte und für die Schifffahrt relevante Voss-Kanal. Westlich von Zehdenick liegt das Städtchen Gransee mit der gut erhaltenen Stadtmauer und der Pfarrkirche St. Marien (14. bis 16. Jahrhundert) am gleichnamigen See. Nordöstlich lockt am Templiner See Templin mit

seinem mittelalterlichen Stadtbild, das von zahlreichen Türmen geprägt ist.

Liebenwalde Die Havelstadt liegt am Knotenpunkt des märkischen Wasserstraßensystems: Hier fließt der Voss-Kanal in den Malzer Kanal und dieser südlich der Stadt in den größeren Oder-Havel-Kanal. Durch die zahlreichen Wasserwege hat sich die Stadt Liebenwalde nicht nur für viele Berliner Ausflügler zu einem attraktiven Wassersportzentrum entwickelt. Die Endstation der Heidekrautbahn ist auch für Tagesausflügler aus Berlin ein Erlebnis.

Oranienburg Ihrem Namen zum Hohn fließt das Wasser der Schnellen Havel flach und ruhig in vielen Bögen gemächlich Oranienburg entgegen. Der Name geht auf eine Schenkung des Amtes Bötzow durch den Kurfürsten Friedrich Wilhelm an seine Gemahlin Louise Henriette (Prinzessin von Oranien) im Jahr 1650 zurück. Diese erteilte den Auftrag, Schloss Oranienburg zu bauen. Bald nannte sich der schnell wachsende einstige Fischerort Bötzow nach dem königlichen Gemäuer Oranienburg. Das Dorf wurde zur Stadt, doch das Schloss fiel dem Desinteresse späterer Könige und nach seinem Verkauf der industriellen Fremdnutzung zum Opfer. 1998/99 wurde es in Vorbereitung einer Oranier-Ausstellung originalgetreu saniert. Die Stadt am westlichen Ufer des Lehnitzsees, der seit über 300 Jahren mit der Havel und anderen Gewässern durch Kanäle verbunden ist, ist ein Zentrum für Wassersport-Enthusiasten.

Sachsenhausen Das Konzentrationslager in einem Vorort der Stadt wurde im Sommer 1936 errichtet. Die von SS-Architekten am Reißbrett als idealtypisches KZ konzipierte Anlage sollte dem Weltbild der SS architektonischen Ausdruck geben und nahm als Modell- und Schulungslager und Konzentrationslager in unmittelbarer Nähe zu Berlin eine Sonderstellung im System der nationalsozialistischen Lager ein. Zwischen 1936 und 1945 waren hier mehr als 200 000 Menschen inhaftiert. Zehntausende verloren durch Hunger, Krankheit, Zwangsarbeit und Misshandlungen das Leben oder wurden Opfer von systematischen Vernichtungsaktionen.

Velten Südlich von Oranienburg stößt die Havel auf den 650 Jahre alten Ort Velten, der früher eine Hochburg der Kachelofenherstellung war. Der erste Ofenbetrieb wurde 1835 gegründet, mit dem rasant gestiegenen Wohnungsbau in der nahe gelegenen Metropole Berlin schossen ab 1870 die Ofenfabriken wie Pilze aus dem Boden: Um 1900 gab es rund 40 Fabriken.

Niederneuendorf und die Berliner Seenkette Die Havel erreicht die Berliner Stadtgrenze

am Niederneuendorfer See. Mit ihm beginnt die 22 Kilometer lange Seenkette, die das Bild des Flusses in Berlin prägt. An seinen Ufern liegen die beschaulichen Orte Niederneuendorf und gegenüber Heiligensee. Weiter südlich stößt der vier Kilometer lange Tegeler See einschließlich seiner sieben Inseln und dem gleichnamigen Dorf an den Hauptfluss. Das Tegeler Schloss mit Museum, dem dazugehörigen Park sowie auf der Halbinsel Reiherwerder die Villa der Berliner Großindustriellenfamilie Borsig sind lohnenswerte Ausflugsziele.

Spandau Stromabwärts an Industrieanlagen und der Insel Eiswerder vorbei gelangt man zur Spandauer Schleuse mit der angrenzenden mächtigen Zitadelle. An der Stelle der Befestigung stand schon im 13. Jahrhundert die Residenz der askanischen Markgrafen. Nach der Verlegung des Hohenzollernschen Sitzes in das neue Berliner Schloss entwickelte sich Spandau über die Jahrhunderte hinweg zu einer Festungs- und Garnisonsstadt. Die Bevölkerung wuchs angesichts der immensen Rüstungsschmieden, die hier seit dem 18. Jahrhundert bis hin zum Ende des Zweiten Weltkriegs angesiedelt waren. Kurz nach der Spandauer Schleuse mündet die Spree in die Havel.

Bilder oben, von links: Herbststimmung am Templiner See; Rathaus von Velten; Zitadelle Spandau; links: Schloss Oranienburg.

≋ AKTIV AM WASSER

≋ Wasserparadies Fürstenberger Seenland

»Erleben wie Stille klingt« – so lautet der Slogan des Seenlandes. Die Gegend lässt sich am besten vom Wasser aus erkunden, egal, ob mit dem eigenen Kanu, einem gemieteten Haus- oder Motorboot (auch ohne Führerschein möglich!), auf einem Fahrgastschiff, einem Floß oder mit dem »Kaffenkahn«, einem historischen Lastensegler.

≋ Bootsfahrschule Wassersportzentrum Oranienburg

Hier kann man Motorboote, Segeljachten oder Drachenboote mieten oder auf einem Grillboot grillen *(Tel. 03301/53 95 90; www.wasser sportzentrum-oranienburg.de)*.

≋ Havel-Radweg

Die Strecke folgt dem Fluss von seinem Ursprung in Mecklenburg-Vorpommern bei Ankershagen bis zur Mündung in die Elbe bei Gnevsdorf. Auf den über 370 Kilometern ist ruhiges Genussradeln angesagt, denn die Havel fließt gemächlich dahin und der Weg bietet immer wieder gute Gelegenheiten, um abzusteigen und Natur oder Kultur zu bestaunen. *(www.havel-radweg.de)*

≋ Schloss Ribbeck

Theodor Fontane selbst war nie in Ribbeck, doch den kleinen Ort hat er mit seinem Gedicht über den Birnbaum berühmt gemacht. Anlässlich des Fontane-Jahres 2019 wurde ein Museum im neobarocken Schloss eröffnet, das einst der Wohnsitz der Familie Ribbeck war. *(www.schlossribbeck.de)*

Der Baalensee (linke Seite) gehört zum Rheinsberger Seengebiet. Auf dem Malzer Kanal herrscht reger Verkehr (kleines Bild, linke Seite). Oben: Zehdenick; links: zwischen Berlin und Spandau.

🌿 Großer Stechlinsee

Am Stechlin, der durch Theodor Fontane literarische Berühmtheit erlangte, wird es nachts so dunkel wie an keinem anderen Ort in Europa. Ein Umstand, den Astronomiebegeisterte nutzen können, um den Sternenhimmel zu erkunden. Alle anderen bekommen einen Eindruck davon, wie die Welt vor Erfindung der Elektrizität wirkte. Der See liegt im Landkreis Oberhavel.

🌿 Dreiseentour per Kanu

Mit dem Kanu geht es von Wassersport Bothe in Caputh (*https:// boote-caputh.de*) aus auf eine Tour in den Schwielowsee und von dort über den Wentorfgraben in den Petzinsee. Ziel ist der Templiner See. (*www.havelland-tourismus.de/ havel/bootstouren-auf-der-havel/ kanutouren*)

🌿 Naturpark Uckermärkische Seen

Zwei Landschaftsschutzgebiete, zwanzig Naturschutzgebiete und mehrere Vogelschutzgebiete zählen zum 897 Quadratkilometer umfassenden Naturpark nördlich von Berlin. Auf achtsame Weise die Natur erleben heißt die Devise und so führen zahlreiche Touren per Boot, Fahrrad oder zu Fuß durch die Region. Tagesausflüge bieten sich beispielsweise in die Kleine Schorfheide oder ans Lychener Seenkreuz an. *Informationen zu verschiedenen Routen unter www.uckermaerki sche-seen-naturpark.de*

HAVELSEEN UND HAVELLAND

↗ **Von Berlin bis zur Stadt Brandenburg durchfließt die Havel eine Vielzahl aufeinanderfolgender Seen. In der Mitte dieses Flussabschnitts liegt das »preußische Arkadien«, das die Preußenkönige mit ihren Schlössern und Parkanlagen rund um Potsdam schufen. Den Trubel Berlins und die Eleganz Potsdams hinter sich lassend, fließt die Havel gemütlich durch das noch ursprüngliche Havelland.**

Wannsee Kurz bevor die Havel Berlin verlässt, durchfließt sie noch den Großen Wannsee, an dessen Beginn sich die Insel Schwanenwerder mit ihren vielen schönen Gründerzeitvillen aus dem Wasser hebt. Gegenüber dem Grunewald reiht sich am anderen Wannseeufer eine Villa an die andere, darunter die Villa Lemm des ehemaligen britischen Stadtkommandanten und die Wannseevilla.

Pfaueninsel Inmitten der Havel spiegelt die seit dem Jahr 1924 unter Naturschutz stehende Pfaueninsel ihre Schönheit im Wasser. Der Garten am Schloss wurde von dem berühmten preußischen Landschaftsarchitekten Peter Joseph Lenné gestaltet, der u. a. auch verantwortlich war für die Parks von Schloss Charlottenburg und Babelsberg oder Sanssouci.

Glienicker Brücke Sie markiert den Austrittspunkt des Flusses aus dem Berliner Stadtgebiet. Die 1907 erbaute Brücke durfte nach dem Mauerbau nur noch von alliierten Offizieren und Diplomaten betreten werden und war Schauplatz spektakulärer Agentenaustauschaktionen zwischen den gegnerischen Seiten des Kalten Krieges.

Potsdam In der ehemaligen Residenzstadt fließt zunächst der Griebnitzsee in die zum Tiefen See sich weitende Havel. Den Tiefen See verlassend, wird die Havel zum Stadtzentrum hin wieder schmaler und teilt sich in die Alte Fahrt und in die Neue Fahrt. An deren Südufer endet der lange Weg des südbrandenburgischen Flüsschens Nuthe.

Caputh Der Templiner See mit der Halbinsel Hermannswerder, den Badeplätzen, Bootshäusern und dem langen bewaldeten Ostufer bildet den Anfang der Potsdamer Seenkette inmitten der hügeligen Umgebung. Am Übergang zum Schwielowsee wird der Fluss von einer 150 Jahre alten Havelfähre gekreuzt. Schloss Caputh ist das älteste erhaltene Hohenzollernschloss und widmet sich der Zeit des Großen Kurfürsten.

Glindow Glindow zieht sich weit um den Schwielowsee herum. Mitte des 19. Jahrhunderts wurde es durch reichhalti-

ge Tonvorkommen zum Zentrum märkischer Ziegelherstellung. Über den Wasserweg konnte auch der hohe Ziegelbedarf der Baustellen in Berlin und Potsdam kostengünstig gedeckt werden.

Werder Inmitten des breiten Havelstroms liegt verträumt die schöne, mittelalterliche Inselstadt Werder. Vier Seen und die Havel umschließen die Stadt, deren ältester Teil, die Havelinsel, von der Havel umschlos-

sen wird. Der Ort ist außerdem für seine großen Obstanbaugebiete und die Weinlage am Wachtelberg berühmt.

Paretz Ende des 18. Jahrhunderts kaufte König Friedrich Wilhelm III. den gesamten Ort und ließ das Dorf samt Häusern komplett umgestalten, um hier bis 1806 im ebenfalls neu erbauten Schloss seine Sommer zu verbringen. Das Schloss sollte dem Königspaar einige unbeschwer-

te Sommerwochen auf dem Land ermöglichen.

Brandenburg an der Havel Die älteste Stadt der Mark Brandenburg und das touristische Wassersportzentrum kann auf 1100 Jahre Stadtgeschichte zurückblicken. Eingebettet in die wald- und seenreiche Landschaft der Havel, erlebte die Stadt als »Chur- und Hauptstadt der Mark Brandenburg« ihre Blütezeit. Noch heute wird in den Straßen

der drei mittelalterlichen Stadtkerne Dom, Alt- und Neustadt mit ihren prächtigen Backsteinkirchen das Mittelalter lebendig.

Rathenow Die fast 800-jährige Stadt war eines der ersten Zentren der optischen Industrie in Deutschland. Zu den Sehenswürdigkeiten der im Krieg stark zerstörten Stadt zählen der wiederaufgebaute Bismarckturm und ein weltweit einzigartiges Großfernrohr.

Naturpark Westhavelland Die Havel ist das prägende Element des Naturparks und eröffnet Wassersportlern paradiesische Möglichkeiten. Neben Fließgewässern und Seen bestimmen Moore die Landschaft.

Bilder oben, von links: Schloss auf der Pfaueninsel; Freundschaftsinsel; Werder. Linke Seite unten: der Wannsee.

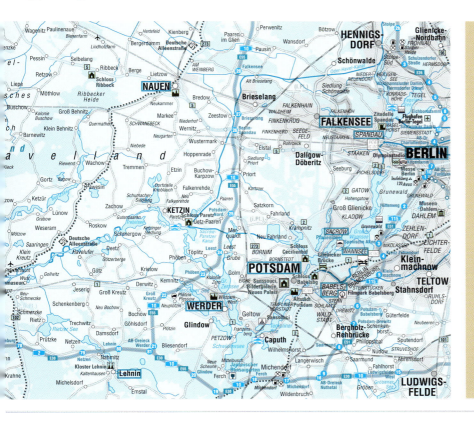

GASTRONOMIE

Wannsee: »Clubrestaurant« Schön sitzt man am Wannsee auf der Terrasse des Restaurants. Die saisonale Küche trägt bestens zum Gesamteindruck bei – willkommen im Club. *(www.restaurant-wannsee.de)*

Potsdam: »Seerose« Extravaganter Bau an der Neustädter Havelbucht mit Bootsanlegestelle und Surf- & Turf-Speisekarte. Mit einem Drink in der Hand will man sich nie wieder aus den Liegestühlen erheben. *(www.seerose-potsdam.de)*

Brandenburg: »Brückenhäuschen« An der Jahrtausendbrücke kann man es bestens aushalten: Einen Platz auf den großen Steinstufen am Fluss suchen und das Leben genießen. *(www.pension-havelfloss.de)*

AKTIV AM WASSER

Motorbootverleih
Verschiedene Bootsverleiher bieten geführte, aber individuell geplante Bootstouren in und um Potsdam sowie in Werder an.
Bootscharter Potsdam (Tel. 0176/60 74 95 62; www.potsdam-boots-charter.de);
Yachtcharter Werder (Tel. 03327/ 54 90 72; https://yachtcharter-wer der.de)

Strandbad Wannsee
Das am Ostufer des Großen Wannsees gelegene städtische Strandbad (Frühjahr bis Herbst geöffnet) ist das größte seiner Art in Europa *(Wannseebadweg 25, Berlin-Zehlendorf, Tel. 030/803 56 12).* Informationen zu den Badeseen Brandenburgs unter *www.brandenburg. de/land/mlur/badestellen*

Angeln
Auskunft zum Erwerb von Angelkarten, zu Angeleinschränkungen und Schonzeiten, Bootsverleihern sowie Übernachtungsmöglichkeiten vermittelt der Landesanglerverband Brandenburg e.V. *(Tel. 033200/52 39 16; www.lavb.de).*

Regattastrecke Beetzsee
Seit 1969 finden an der Naturregattastrecke an der Havel nationale und internationale Wettkämpfe statt. Besucher haben von mehreren Tribünen aus besten Blick auf die Strecke und können Kanuten, Rudern oder Motorbootsportlern die Daumen drücken. Informationen zu stattfindenden Veranstaltungen unter *www.havel-regatta-verein.de*

Havelland-Radweg
Vom Naturpark Westhavelland geht es mit dem Fahrrad auf gut 100 Kilometern durch den Regionalpark Krämer Forst bis nach Schönwalde bei Berlin. Der als mittelschwer eingestufte Radwanderweg führt durch die weiten Wiesen und Felder des Havellandes und am Fluss entlang durch die Feuchtgebiete der Unteren Havelniederung. Nähere Informationen zum Streckenverlauf unter *www.havelland-tourismus. de/radfahren/havelland-radweg*

Wasserski
Dieser Wassersport ist im Land Brandenburg nur auf bestimmten Gewässern erlaubt. Informationen erteilen der Wasserskiverein Glower See e.V. und die Marina Beeskow *(www.marina-beeskow.de).*

Pfaueninsel Berliner Wannsee

Als UNESCO-Welterbe bewahrt die Pfaueninsel nicht nur architektonisches Kulturgut, sondern auch eine einzigartige Naturlandschaft. Die mitunter exotische Flora der Insel passt zum historischen Kontext, denn als die Insellandschaft angelegt wurde, waren gerade die Südseeinseln entdeckt worden. Die frei laufenden Pfauen sind auch heute noch spektakulär. Besucher gelangen per Fähre auf die Insel. Weitere Informationen unter *www.pfaueninsel.info*

Urlaub auf dem Havelfloß

Eine ganz besondere Form der Entschleunigung erleben Urlauber, die sich für einen Trip mit dem Havelfloß entscheiden. Die mit kleinen rostroten Campinghütten bestückten Gefährte fahren mit gemütlichen acht PS den Fluss hinunter und laden dazu ein, allen Stress am Ufer zurückzulassen. *(www.pension-havelfloss.de)*

Ältester Flugplatz der Welt

Otto Lilienthal, der große Pionier der Luftfahrt, startete seine ersten Flugversuche in den Jahren 1893 bis 1896 vom Gollenberg in Stölln. An historischer Stätte kann heute ein Langstreckenflugzeug besichtigt werden, außerdem informiert das Lilienthal-Centrum Stölln über die Flugkunst und das Leben des Piloten. *(www.otto-lilienthal.de)*

Mit dem Fahrgastschiff »Bellevue« (großes Bild) oder mit dem Hausboot »Connoisseur Magnifique« (rechts) schippern Besucher durch den Babelsberger Park in Potsdam. Oben: im Strandbad am Wannsee.

POTSDAM

Die Hauptstadt des Landes Brandenburg ist gleichzeitig seine größte touristische Attraktion. Die mehr als 1000 Jahre alte Stadt an den Seen der Havel erlebte ihren Aufschwung, als sich ab 1640 die Hohenzollern dort ihre neben Berlin wichtigste Residenz errichteten. Einzigartig ist die Ensemblewirkung der Parkanlagen, die über Jahrhunderte unter preußischen Kurfürsten, Königen und Kaisern entstanden. Neben den Schlössern und Parks sind es vor allem die barocken Stadtanlagen, das Holländische Viertel, die russische Siedlung Alexandrowka und die hübschen Villenvororte, die Potsdam sein einzigartiges Flair verleihen. In den vergangenen Jahren sind erhebliche Anstrengungen zur Wiederherstellung des alten Glanzes unternommen worden.

Die weltberühmten Schlossbauten und der Park von Sanssouci sind ein außergewöhnliches Ensemble von Architekturschöpfungen und Landschaftsgestaltung des 18./19. Jahrhunderts. Mit seinem plastischen Schmuck und der reichen Ausstattung gilt es als ein Hauptwerk des deutschen Rokoko.

Am Heiligen See im Neuen Garten von Potsdam sind das Marmorpalais (oben) und die Gotische Bibliothek (rechts) sehenswert. Schloss Sanssouci (rechts außen) zählt zu den herausragendsten Bauten des Rokoko.

SPREE

Zu den Flüssen, die nicht so recht zu wissen scheinen, wohin sie ihre Fluten tragen sollen, zählt die Spree: Auf ihrer rund 380 Kilometer langen Reise durchquert sie Sachsen, Brandenburg und Berlin und ändert dabei ungewöhnlich oft ihre Fließrichtung.

Die Spree entspringt im Lausitzer Bergland unweit der tschechischen Grenze und mündet in Berlin-Spandau in die Havel. Auf ihrem Weg dorthin durchfließt sie abwechslungsreiche Landschaften, die mal still und natürlich sind wie im Spreewald, mal bizarr und doch beeindruckend wie die »Mondlandschaften« der Lausitz oder aber hektisch und betriebsam wie das Berliner Stadtgebiet.

Der Flusslauf der Spree lässt sich in einen oberen Abschnitt zwischen Quelle und Spreewald und in einen unteren Teil zwischen dem Spreewald und der Mündung in die Havel gliedern.

In ihrem Oberlauf ist die Spree ein Flüsschen, das über weite Strecken den Charakter eines Baches trägt. Ausgehend von den Höhen des Lausitzer Berglandes fließt die Spree zunächst nach Norden und erreicht in einem tief eingeschnittenen Tal Bautzen. Hier, im Herzen der Oberlausitz, gelangt die Spree allmählich in flachere Regionen: Das Gefälle des Flusses und damit auch die Fließgeschwindigkeit nehmen ab.

Kurz vor Spremberg verlässt die Spree Sachsen und erreicht die brandenburgische Niederlausitz, die wie auch die südlich gelegene Oberlausitz von flachen Hügeln, wogenden Getreidefeldern, dunklen Kiefernwäldern und verträumten Dörfern geprägt ist. Doch unter dieser Idylle lagern große Vorkommen an Braunkohle, deren Abbau einige Teile der Lausitz landschaftlich für immer verändert hat. Immer wieder wird die dörfliche Beschaulichkeit von den Gruben der Tagebaue unterbrochen, von denen nur noch wenige in Betrieb sind. Und innerhalb weniger Jahre schon konnten sich dort, wo vor Kurzem noch Bagger lärmten, Erholungssuchende an der neuen Lausitzer Seenkette vergnügen.

Die Lausitz ist außerdem die Heimat der Sorben, die als einzige ethnische Minderheit Deutschlands slawischen Ursprungs sind. Die Sorben der Ober- und Niederlausitz unterscheiden sich in ihrer Konfession und in ihrer sprachlichen Nähe zu anderen slawischen Sprachen.

Unterhalb von Cottbus wendet sich die Spree nach Westen und ergießt sich in eine europaweit einmalige Niederungs- und Auenlandschaft – den Spreewald, in dem die Spree den Charakter eines Flussdeltas annimmt. Dieses Gebiet wird von rund 1300

Kilometer Wasserläufen durchzogen. In den über 300 intakten Gewässern tummeln sich so Seltenheiten wie Quappe und Bachneunauge. Die Wälder bieten Lebensraum für Schwarzstörche und Seeadler. Dieses durch seinen Artenreichtum und sein Erscheinungsbild einmalige Ökosystem wurde zu einem Biosphärenreservat erklärt.

Nördlich des Spreewaldes nimmt die Spree wieder ihren eigentlichen Flusslauf an. Sie durchfließt nun in gemächlichem Tempo einige Seen, kleine Ortschaften, die an Eigenart und Ursprung nur wenig verloren haben, säumen ihre Ufer.

Nachdem die Spree in mehreren großen Bögen mal der Oder, mal der Elbe zugestrebt ist, wendet sie sich nördlich von Beeskow endgültig der Havel zu. Bei Fürstenwalde erreicht der Fluss dann das Berliner Umland.

Die beschaulichen Wiesen und Auen beiderseits des Flusses weichen nun zunehmend Gewerbegebieten, Verkehrswegen und Wohngebieten. In Berlin fließt die Spree zunächst in den Müggelsee und erreicht nach 45 Kilometern durch das Berliner Kanal- und Schleusensystem die Havel.

Die Spree ist in weiten Teilen noch ein sehr natürlicher Fluss. Nur im letzten Drittel ist sie schiffbar und durch den Oder-Spree-Kanal mit der Oder verbunden. Auf nahezu allen Flussabschnitten bietet sie zahlreiche Attraktionen für Wasserwanderer und Naturfreunde, aber auch für historisch Interessierte. Ihr besonderer Reiz liegt in der Vielfalt und den Kontrasten ihrer Sehenswürdigkeiten und ihrer Naturlandschaften, die es links und rechts des Flusslaufs zu entdecken gilt.

Mit einem Spreewaldkahn (oben) fahren Besucher heute durch das Biosphärenreservat. Lange Zeit waren die flachen Boote das einzige Fortbewegungsmittel im Spreewald. Kleines Bild: Köpenick.

⬈ **In ihrem Oberlauf durchströmt die Spree die Lausitz – die Heimat der Sorben. Auf ihren ersten Kilometern noch wildromantisch, wird sie zusehends ruhiger und zieht vorbei an ehrwürdigen Städten wie Bautzen und Cottbus. Auf halber Strecke macht die Spree eine Pause und verliert sich anschließend in den unzähligen Wasserarmen des einem verwunschenen Urwald gleichenden Spreewalds.**

Oberlausitzer Bergland Das Quellgebiet der Spree präsentiert sich als eine vielgestaltige Mittelgebirgslandschaft mit Granitbergen, vulkanischen Kuppen und malerischen Tälern.

Bautzen Nach rund 25 Kilometern erreicht die noch junge Spree bei Bautzen am Fuß des Oberlausitzer Berglandes das Tiefland. Eindrucksvoll ragt die Kulisse des 1000-jährigen Bautzen mit seinen malerischen Türmen aus der vielgestaltigen Landschaft. Trotz oder gerade wegen ihrer bewegten Geschichte, der Zerstörung und dem Wiederaufbau hat die Stadt sich ein einzigartiges Gesicht bewahrt.

Zu den architektonischen Meisterwerken der hoch über der Spree gelegenen Altstadt von Bautzen zählen die Ortenburg, das barocke Rathaus, die stolzen Bürgerhäuser, der Reichenturm und der gotische Petridom. Das Wahrzeichen der Stadt ist die Alte Wasserkunst, die der Wasserversorgung diente und heute der Sitz des Technischen Museums ist.

Oberlausitzer Heide- und Teichlandschaft Slawische Siedler nannten die nördlich von Bautzen gelegene Landschaft wegen ihrer vielen Moore, Sümpfe, Tümpel und Gewässer »Luza« (Sumpfland), eine treffende Charakterisierung dieses von der Spree durchflossenen

Naturraums. Aus dem sorbischen »Luza« ging die heutige Bezeichnung »Lausitz« hervor. Die Region ist das größte Teichgebiet Deutschlands: Von den über 1000 Teichen gehören 343 zu einem Biosphärenreservat. In den verschiedenen Vegetationszonen trifft man auf eine mannigfaltige Flora und Fauna. So können hier seltene Vogelarten wie Kraniche, Seeadler, Wespenbussarde oder die Große Rohrdommel beobachtet werden. Zu den floristischen Kostbarkeiten zählen der Sonnentau, die Glockenheide und Orchideen.

Talsperre Spremberg Aus der weitgehend flachen Landschaft ragen unvermittelt hohe Erdwälle auf, die zum Komplex der mitten im Tiefland gelegenen Talsperre gehören. Sie wurde 1958–1965 erbaut. Das künstliche Meer hat eine zwei Kilometer lange Staumauer und einen 3,7 Kilometer langen Erdstaudamm. Sie dient dem Hochwasserschutz des Spreewalds und zur Sicherung der Brauchwasserversorgung der Braunkohlenkraftwerke und hat außerdem einen hohen Freizeit- und Erholungswert für die gesamte Region.

IBA Fürst-Pückler-Land Zwischen Spremberg und Cottbus scheint die Spree einen fremden Planeten zu durchfließen. Links und rechts des Flusses erstrecken sich bizarre Landschaften: Der jahrzehntelange Braunkohlebergbau hat seine Narben in der Landschaft hinterlassen. Mit der Internationalen Bauausstellung Fürst-Pückler-Land soll diese geschundene Landschaft nun wieder erlebbar gemacht und eine Seenkette geschaffen werden. Ausgehend vom historische Kern des Fürst-Pückler-Parks in Bad Muskau sollen die landschaftlichen Visionen Pücklers Anregungen für eine lebendige und kreative Auseinandersetzung mit den umliegenden Landschaftsräumen geben.

Cottbus Die grüne Stadt an der Spree ist ein Paradies für Park-Liebhaber. Vor den Toren der Stadt stoßen der Spreeauenpark, der Tierpark und der welt-

berühmte Landschaftspark Branitz des Fürsten Hermann von Pückler-Muskau aufeinander. Die alten und neuen Parkanlagen, die bis in die Innenstadt reichen, entwickelten sich zum Markenzeichen von Cottbus.

Lübben Nördlich von Cottbus wendet sich die Spree nach Westen und spaltet sich im Spreewald in unzählige Seitenarme auf. Lübben, inmitten des Biosphärenreservats Spreewald gelegen, wird auch gern als Tor zum Oberen und Unteren Spreewald bezeichnet. Zu den Sehenswürdigkeiten der Stadt zählen z. B. das Schloss im Renaissancestil, das Ständische Landhaus (18. Jh.) und das Neuhaus (19. Jh).

Im Dorf Lehde stehen noch alte Häuser (links oben). Prunkvoll zeigt sich das Neue Schloss im Fürst-Pückler-Park (oben, Mitte). Links unten: Schlosspark Branitz; oben: Ständ. Landhaus Lübben.

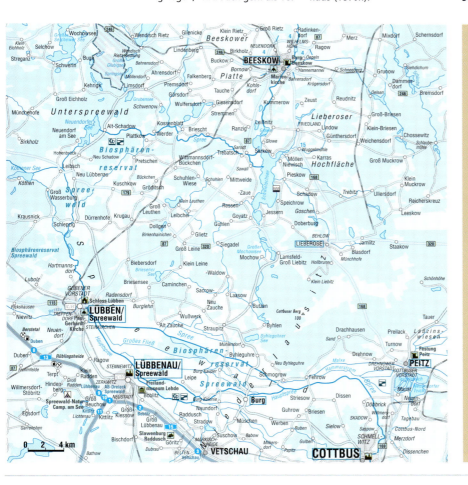

AKTIV AM WASSER

Themenradweg »Sorbische Impressionen«
Entlang des Themenwegs »Sorbische Impressionen« erhalten Interessierte einen Eindruck vom modernen Leben der Sorben. Das sorbische Volk ist seit dem 6. Jahrhundert in der Oberlausitz ansässig und hat sich seine eigene Sprache und Kultur bewahrt. Zwei markante Wegpunkte auf der 260 Kilometer langen Strecke sind das sorbische Museum in Bautzen und das Krabat-Haus in Eutrich. (*www.radwandern-oberlausitz.de/sorbische-impressionen.html*)

Besucherbergwerk F60
Als liegender Eiffelturm ist die ehemalige Abraumförderbrücke F60 bekannt, die das Ende des Tagebaus überstand und heute Museum und Veranstaltungsort ist. Mit 502 Meter Länge, 204 Meter Breite und beinahe 80 Meter Höhe beeindruckt die Brücke auch jetzt noch, obwohl sie seit 1992 nicht mehr in Betrieb ist. Im Rahmen einer Führung können Besucher von der Brücke aus den weiten Blick über die umliegende Landschaft genießen. Informationen zum Angebot des Besucherbergwerks unter *www.f60.de*

Kahnfahrten
Auf einer Kahnfahrt erschließt sich die Einzigartigkeit des Spreewalds. Der Fährmann vermittelt beim Staken viel Wissenswertes über den Alltag der Spreewaldbewohner. Verschiedene Anbieter finden sich unter *www.luebbenau-online.de*

Aussichtsturm am Cottbuser Ostsee
Bald wird die Lausitz um einen Überflutungssee reicher sein, noch dazu um einen der größten der Bergbaufolgelandschaft. Von der 31 Meter hohen Aussichtsplattform des Turms in Merzdorf haben Besucher beste Sicht auf das Überflutungsgebiet und können live verfolgen, wie der See entsteht. Der Aussichtsturm Merzdorf liegt etwa einen Kilometer hinter dem Ortsausgang Cottbus Richtung Peitz.

Schwimmen mit Pinguinen
Die »Spreewelten« Lübbenau machen es möglich: Nur durch eine große Plexiglasscheibe getrennt, planschen Mensch und Humboldt-Pinguin um die Wette. Bei der Pinguinfütterung können Badegäste sogar auf Tuchfühlung mit den Tieren gehen. Neben dieser besonderen Attraktion bieten die Spreewelten in Lübbe alle Annehmlichkeiten eines modernen Erlebnisbads inklusive Rutschenspaß. (*www.spreewelten.de*)

Spree-Radweg
Ein 410 Kilometer langer ausgeschilderter Radweg führt entlang des Flusses von seiner Quelle bis nach Berlin. Alle wichtigen Informationen finden sich auf den Webseiten *www.spreeradweg.de* und *www.fluss-radwege.de/spree-radweg*

🍂 Schloss Branitz

Schon zu Lebzeiten im 19. Jahrhundert war Hermann Fürst von Pückler-Muskau eine schillernde Figur, ein weltgewandter Gartenkünstler, Schriftsteller, Frauenheld und Genussmensch. Das Familienschloss Branitz gestaltete er nach seinen Vorstellungen um und ließ seiner Kreativität dabei freien Lauf. Heraus kamen zum Beispiel drei Orientzimmer, ein Musikzimmer und das Speisezimmer, in dem mit großer Wahrscheinlichkeit einst Fürst-Pückler-Eis gereicht wurde. *(www.pueckler-museum.eu)*

🍂 Talsperre Bautzen

Die Talsperre wurde zum Schutz vor Hochwasser und zur Bereitstellung von Brauchwasser errichtet – für die Bevölkerung entwickelte sich der Stausee aber vor allem zum beliebten Naherholungsgebiet. Mit Wandern, Radfahren, Baden und Wassersport lässt sich die Freizeit hier bestens verbringen. *(www.bautzen.de/tourismus-kultur-freizeit/aktiv-freizeit/talsperre)*

🍂 Kanufahren

Wer den Spreewald auf eigene Faust entdecken möchte, kann sich ein Kanu mieten. Über Kahn- und Bootsanbieter und vieles andere mehr informiert der Tourismusverband Spreewald e. V. *(Gruppenreise-Veranstalter Tel. 035433/581 17; www.spreewald.de/tourismusverband-spreewald-e-v).*

Linke Seite: Eine Kanutour im Spreewald ist ein Riesenspaß für Groß und Klein. Oben: Im Zwei-Mann-Kajak paddelt man gemächlich auf einem Flussarm im Unterspreewald. Das Biosphärenreservat können weniger Sportliche auf einer Fahrt mit dem Kahn kennenlernen.

↗ **Vom Spreewald kommend, zieht die Spree eine große Schleife durch das Brandenburger Land, als müsste sie noch einmal tief Luft holen, bevor sie in das bunte Leben Berlins eintaucht. Durch verträumte märkische Landschaften fließend, erreicht die Spree kurz vor Fürstenwalde das Berliner Urstromtal, eine breite, von den Wassermassen der letzten Eiszeit geschaffene Niederung.**

Beeskow Das beschauliche Städtchen an der Spree ist ein Ort von höchst malerischem Reiz. Beeskow wurde um 1253 gegründet, als an der alten Handelsstraße zwischen Frankfurt/Oder und Leipzig am Spreeübergang eine Burganlage errichtet wurde. Noch heute strahlt die Kreisstadt viel mittelalterlichen Charme aus. Das Stadtzentrum wird auf drei Seiten von einer restaurierten mittelalterlichen Stadtmauer umgeben. Liebevoll sanierte Häuser prägen das Bild rund um den Marktplatz. Aus allen vier Himmelsrichtungen kommend, sieht man schon von Weitem die Marienkirche: Als eine der schönsten und größten Backsteinkirchen Brandenburgs bildet sie den Mittelpunkt der Stadt. Vom Bergfried der Burg eröffnet sich ein freier Blick auf die Spreelandschaft, denn Beeskow liegt inmitten des Oder-Spree-Seengebietes. Wassersportler finden hier ideale Voraussetzungen für Kanuwanderfahrten von Berlin zum Schwielochsee oder in den Spreewald.

Oder-Spree-Seengebiet Rund um Beeskow mit der Spree als Rückgrat erstreckt sich das Oder-Spree-Seengebiet. In dieser landschaftlich vielfältigen Region befinden sich zwei Naturparks (Schlaubetal im Osten und Dahme-Heideseen im Nordwesten). Klare, stille Seen, eingebettet in dunkle Wälder, glitzern im Sonnenlicht. Als schönstes Bachtal Brandenburgs ist das Schlaubetal bekannt. Auf einer Länge von 20 Kilometern schlängelt sich die Schlaube durch Wälder und Schluchten, durchfließt Seen und Teiche, lässt Bäche und Moore hinter sich, säumt Wiesen und Binnendünen. Zeugnisse der Kulturgeschichte sind die seit dem 15. Jahrhundert entstandenen Wassermühlen, die heute – unter Denkmalschutz – touristische Anziehungspunkte bilden. Über 1000 Pflanzenarten, darunter 13 Orchideenarten und bedeutende Farne, sowie fast 200 Vogelarten sind in den beiden Naturparks nachgewiesen.

Fürstenwalde Am äußersten östlichen Rand des Berliner Umlandes gelegen, kann Fürstenwalde auf eine reiche und nicht unbedeutende Geschichte zurückblicken. Die Stadt wurde Mitte des 13. Jahrhunderts im Zuge der deutschen Ostexpansion gegründet und erlebte ihre erste Blütezeit im Mittelalter, als die Bischöfe von Lebus 1385 Fürstenwalde zu ihrem Sitz erkoren. Nach der Reformation und in Folge des Dreißigjährigen Kriegs erlebte die Stadt einen langen quälenden Niedergang. Erst durch den Anschluss an die Eisenbahnlinie Berlin-Frankfurt/Oder im Jahr 1842 und die einsetzende Industrialisierung wurde Fürstenwalde wieder zu einer bedeutenderen Stadt. Mit der Ansiedlung großer Maschinenbaufirmen stieg Fürstenwalde zu einer der wichtigsten Industriestädte der Mark auf. Sichtbares Zeichen der Stadt ist bis heute der mächtige Dom, der nach schweren Kriegsschäden erst 1995 wieder eingeweiht werden konnte.

In der Nähe Fürstenwaldes zeugen die zwei Markgrafensteine auf den Rauener Bergen (153 Meter) von der letzten Eiszeit. Diese größten und bekanntesten Findlinge dieser Art im norddeutschen Raum liegen zugleich auf der größten deutschen Binnendüne.

Bad Saarow-Pieskow Südlich der Berge liegt der fast 100 Jahre alte Kurort Bad Saarow am Scharmützelsee, dem mit zehn Kilometer längsten und fast 14 Quadratkilometer größten der rund 3000 Seen der Mark Brandenburg. In Anlehnung an die bekannte Villenkolonie Wannsee wurde am Nordufer

des Sees ab 1906 eine Wohnkolonie errichtet. Mit dem Bau eines Moorbades, der Erschließung einer Heilquelle (1927) und der Anlage von einem Kurpark und anderen Freizeiteinrichtungen wurde der Ort zu einem beliebten Kurort der Berliner Prominenz.

Erkner Der Ort liegt in idyllischer Lage im Berliner Urstromtal, am Rande einer eiszeitlichen Endmoränenerhebung. Eingebettet in die wald- und gewässerreiche Landschaft zwischen Dämeritz- und Flakensee sowie Spree und Löcknitz und umgeben von Berliner und Brandenburger Forsten ist Erkner das Tor in die Erholungsgebiete südöstlich von Berlin. In unmittelbarer Nähe des Ortszentrums erinnert in der ehemaligen Villa Lassen das Gerhart-Hauptmann-Museum an den großen deutschen Dichter. Zusammen mit seiner Familie hatte er von 1885 bis 1889 die Villa bewohnt. Südwestlich von Erkner durchfließt die Spree den Dämeritzsee, um dann wenige Kilometer weiter den Großen Müggelsee zu durchqueren.

Großer Müggelsee Nur wenige europäische Großstädte verfügen über ein derartig ausgedehntes Wald- und Seengebiet innerhalb ihrer Stadtgrenzen wie Berlin. Viele Stunden können die Ausflugsschiffe auf den Gewässern fahren, ohne Köpenick zu verlassen. Allein der Große Müggelsee, der größte See Berlins, hat eine Ausdehnung von 779 Hektar, ist 4,3 Kilometer lang, 2,6 Kilometer breit und bis zu acht Meter tief. Eine Dampferfahrt erweckt daher bisweilen den Eindruck, auf hoher See zu sein. Wassersport hat hier eine lange Tradition. Neben den Bootshäusern der Sportvereine haben sich Werften, Bootsverleih- und Charterfirmen sowie Surf- und Segelschulen niedergelassen, moderne Marinas sind entstanden.

Müggelberge Von den Müggelbergen, 115 Meter hoch und zugleich Berlins höchste natürliche Erhebung, grüßt der Müggelturm herüber – ein Bauwerk aus Beton, Stahl und Glas mit einem Aussichtsplateau unter seinem Dach, das sich 30 Meter in die Höhe reckt. Bei klarem Wetter reicht der Blick bis nach Königs Wusterhausen und zur alten Hussitenstadt Bernau hinüber. Zu seinen Füßen liegt der sagenumwobene Teufelssee. Hier leuchtet das Grün ausgedehnter Wälder, das zu den blinkenden Gewässern einen willkommenen Kontrast bildet.

Köpenick In Köpenick mündet die Dahme, die über weite Strecken südlich von Berlin durch eine Seenkette fließt, in die Spree. Auf einer von ihr umflossenen Insel liegt die Keimzelle des historischen Köpenick. Erst 1920 wurde die vorher selbstständige Stadt nach Berlin eingemeindet. Köpenick, das übrigens älter als Berlin ist, zählt zu den größten und landschaftlich attraktivsten Stadtteilen Berlins. Bei einem Bummel durch den Fischerkiez mit seinen hübschen, teilweise bis zu 200 Jahre alten Häusern fühlt man sich in längst vergangene Zeiten zurückversetzt. Ähnlich malerisch ist die Altstadt mit ihren schmalen, kopfsteingepflasterten Gässchen. Der historische Kern, eng und verwinkelt, wurde sehr schön restauriert.

Bilder oben, von links: Blick über die Spree nach Beeskow mit der Marienkirche; der Bahnhof Bad Saarow; der Fluss Dahme in der Nähe des Berliner Ortsteils Köpenick.

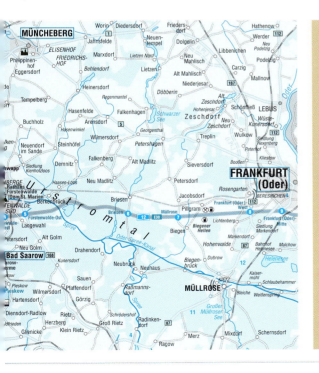

BERLIN: »SPREE-ATHEN«

Auf ihrem Weg durch Berlin führt die Spree den Besucher an wichtigen alten und neuen Bauwerken der Stadt vorbei. Zu den wichtigsten Stationen vor allem in Berlin-Mitte zählen das Nikolaiviertel, der Berliner Dom und die Museumsinsel. Ab der Friedrichsbrücke folgen am Reichstagsufer das Bundespresseamt, der Reichstag, der Spreebogen mit Bundesministerien und Kanzleramt und beim Tiergarten Schloss Bellevue. Nach zwei weiteren Mäandern strömt die Spree noch an Schloss Charlottenburg vorbei.

Spree-Athen nannten die Berliner ihre Stadt im 17. Jahrhundert. Nach den Ideen von Friedrich Wilhelm I. entstanden auf der nach Norden an das Alte Museum (1830) angrenzenden Spreeinsel über fast 100 Jahre das Neue Museum (1843–46), die Alte Nationalgalerie (1862 bis 1865), das Bode-Museum (1897–1904) und das Pergamonmuseum (1904–1930), entworfen von so namhaften Architekten wie Schinkel, Stüler und von Ihne. Die nach schweren Zerstörungen im Zweiten Weltkrieg ab 1976 restaurierte Museumsinsel konnte nach der Wende die über West- und Ostberlin verstreuten Sammlungen wieder zusammenführen. 1999 wurde die Museumsinsel in das Weltkulturerbe der UNESCO aufgenommen.

Oben: Panorama der Stadt an der Spree; rechts: Bode-Museum am Spreeufer; Reichstag.

AKTIV AM WASSER

〰 Müggelsee

Mit 7,4 Quadratmetern Wasserfläche ist der Müggelsee der größte der Berliner Seen. Die Spree fließt durch den Müggelsee, was ihr auf diesem Abschnitt den Namen Müggelspree einbringt. Unter dem See hindurch führt seit 1927 für Fußgänger der Spreetunnel Friedrichshagen, der die Kämmereiheide bei Köpenick mit dem Müggelpark im Ortsteil Friedrichshagen verbindet. Wassersportler, Segler und Surfer fühlen sich am Müggelsee besonders wohl, doch auch für Wanderer, Radfahrer und Sonnenanbeter bietet das Gewässer großen Erholungswert. *(www.am-mueggelsee.de)*

〰 Spreeweg Berliner Urstromtal

Entlang des Flusses im Berliner Urstromtal verläuft der Spreeweg durch die Hauptstadt, beginnend im Westen am Falkenhagener Feld bis in den Osten zum Hessenwinkel. Auf den 59 Kilometern zeigt sich die Stadt in all ihren Facetten, vom grünen Stadtrand über den mittelalterlichen Stadtkern bis ins moderne Regierungsviertel. *(www.berlin. de/senuvk/umwelt/berlin_move/de/ hauptwege/weg01.shtml)*

〰 Scharmützelsee

Von oben gesehen, bildet der Scharmützelsee mit dem Großen Storkower See, mit dem er auch über einen Kanal verbunden ist, ein langgezogenes V in der Landschaft. Der Rinnensee entstand bereits während der Eiszeit. Besuchern der Region steht ein reichhaltiges Programm an Unternehmungen zur Verfügung, angefangen von Wanderwegen und Radwanderwegen, die rund um den See führen, über vier Fahrgastschiffe, die regelmäßige Touren anbieten, bis hin zu mehreren Häfen und Bootsanlegestellen für aktive Wassersportler. In der Nähe des Sees liegt außerdem die Binnendüne Waltersberge, deren Besichtigung einen Ausflug wert ist. *(www.scharmuetzelsee.de)*

⚓ Badeschiff
Eine schwimmende Badeanstalt auf der Spree – ein vor Anker liegender Schubleichter in Alt-Treptow macht es möglich. Mit Blick auf den Fernsehturm und die Oberbaumbrücke lässt sich hier im Becken planschen oder an einem der vielen Events teilnehmen. *(www.arena.berlin/veranstaltungsort/badeschiff)*

⚓ Krimidinner auf der Spree
Nehmen Sie Platz, genießen Sie das Essen und erfahren Sie, wer der Mörder war: Während einer Dampferfahrt auf der Spree werden die Gäste Teil eines Kriminaltheaters, das für beste Unterhaltung sorgt. Verschiedene Touren sind im Angebot. Informationen unter *www.berlin.de/tourismus/dampferfahrten/schiffstouren-schifffahrten*

⚓ Eiszeitweg
Die Spuren der eiszeitlichen Entwicklung können Wanderer auf dem Eiszeitweg erfahren. Er führt 18 Kilometer lang von Trebus nach Rauen und lässt Grundmoräne, Ursprungtal und Endmoräne erkennen. Informationen zur Strecke unter *https://fuerstenwalde-tourismus.de/index.php/naturtourismus/wandern/eiszeitweg-menu*

⚓ Saarow Therme
Mit den Moorwiesen und der Catharinenquelle verfügt Bad Saarow über zwei natürliche Heilvorkommen, deren positive Wirkeigenschaften in der modernen Saarow Therme genutzt werden können. Das Sauna-, Wellness- und Thermalangebot lädt zu einem entspannten und erholsamen Aufenthalt für Geist und Körper ein. *(https://therme.bad-saarow.de)*

⚓ Mit dem Wasserflugzeug über Berlin
Wenn das mal nicht aufregend ist: Mit einem knallroten Wasserflugzeug starten mutige Copiloten von der Spree aus zu einem Rundflug über die Stadt. *(https://air-service-berlin.de/tag/wasserflugzeug)*

Linke Seite: Der Berliner Dom auf der berühmten Museumsinsel wurde im Zweiten Weltkrieg stark beschädigt und bis 1984 vereinfacht wiederaufgebaut. Kleines Bild links: Sprung in den Muggelsee. Ganz oben: Den Scharmützelsee umgibt ein dichter Schilfgürtel. Kleine Bilder oben: auf dem Badeschiff an der Spree bei Sonnenuntergang; in der Saarow Therme.

ODER

↗ **Breite, grüne Auen, dunkle Wälder und geheimnisvolle Moore prägen das Land an Oder und Neiße. Die abgeschiedene Grenzlage des Odertals schuf eine der ursprünglichsten Landschaften Deutschlands, in der die Zeit stillzustehen scheint.**

Die Oder entspringt im Odergebirge der tschechischen Ostsudeten und durchfließt die Mährische Pforte bis zur tschechisch-polnischen Grenze. Der weitaus größte Teil des Flusslaufs liegt auf polnischem Boden, wo die Oder durch ganz Schlesien fließt. Bei Küstrin erreicht die Oder schließlich Deutschland. Von der Quelle bis zur Mündung in die Ostsee bei Swinemünde legt die Oder dabei 910 Kilometer zurück, davon 162 Kilometer als deutsch-polnischer Grenzfluss. Zusam-

men mit der Lausitzer Neiße, einem ihrer linken Nebenflüsse, bildet die Oder seit dem Ende des Zweiten Weltkriegs auf diesem Abschnitt die deutsche Ostgrenze.
In der stillen Landschaft entlang von Oder und Neiße geht es gelassen zu. Nur wenige Brücken überspannen den ruhig dahinfließenden Grenzfluss. Altehrwürdige Städte wie Görlitz und Frankfurt an der Oder künden mit ihren sorgfältig restaurierten Baudenkmälern von ihrem einstigen Reichtum.

Vorbei an alten Baumalleen und fruchtbaren Feldern fließt die Oder in Richtung Norden. Sie wird dabei begleitet von mittelalterlichen Wehranlagen, Feldsteinkirchen und norddeutscher Backsteingotik. Die kleinen Ortschaften sind mit ihrem Fachwerk, romantischen Hinterhöfen und winkligen Gassen besuchenswerte Kleinode.
Das Oderland ist altes Kolonistenland, das die preußischen Könige erst urbar gemacht und anschließend besiedelt haben. Bis heute kann man zahllose alte Kolonistendörfer beispielsweise im Oderbruch besuchen, deren liebevoll gepflegte Fachwerkhäuser aus den ersten Jahren der Besiedelung stammen. Das im 18. Jahrhundert trocken gelegte Oderbruch hat sein Gesicht seitdem behalten: hohe Hecken, Streuobstwiesen und weite Felder. Über dem Strom kreisen Störche, Kormorane und Reiher. Weiden markieren die Wege durch die Landschaft, vorbei an einem Labyrinth von Entwässerungsgräben, über Deiche und kopfsteingepflasterte Dorfstraßen. Das Oderbruch ist eine Gegend der stillen Reize.
Das Lebuser Land rund um die alte Bischofsstadt Lebus ist die Landschaft, die Theodor Fontane so anschaulich beschrieb. Wenig hat sich seitdem in diesem Landstrich verändert. Das Oderbruch und das vorgelager-

Natur. Die Abgeschiedenheit des Odertals machte diese Region in Mitteleuropa einzigartig. Unbehelligt konnten sich großflächig Auen, Wälder, Wiesen und Moore ihre artenreiche Flora und Fauna bewahren. Hier, wo die Zeit wundersamerweise stehen geblieben zu sein scheint, konnte sich eine Natur entwickeln, die die Visionen der Naturschützer einholte: Sie brauchten nur noch Gebiete abzustecken, um sie zu Natur- und Nationalparks zu erklären.

Zusammen mit der Neiße bildet die Oder heute das Rückgrat für grenzenlos ineinanderfließende Naturlandschaften von der tschechischen Grenze bis zur Mecklenburger Bucht an der Ostsee.

Alte Alleen führen unter einem hohen Himmel höchst abwechslungsreich und in engem Kontakt zur Natur durch die romantischen Landstriche und zu den kulturellen und touristischen Sehenswürdigkeiten. Eine heile Welt zum Wandern, Entdecken und Erholen.

te Lebuser Land bilden zwei Gegensätze, die jeden Besucher in ihren Bann ziehen. Hier jene Höhen, von denen man weit über die Oder hinwegblicken kann, dort die ausgedehnten Acker- und Weideflächen.

Die Oder war seit jeher die Lebensgrundlage der Menschen in dieser Region. Lange Zeit war es der Fischfang und später der Handel. Mit dem Zusammenwachsen Europas werden die alten Brücken wieder aufgebaut, durch die Grenzziehung geteilte Städte arbeiten mit ihren östlichen Nachbarn eng zusammen. Einen eindeutigen Gewinner gab es durch die Grenzziehung nach dem Krieg: die

Der Oder-Neiße-Radweg führt am Rand des Nationalparks Unteres Odertal entlang (großes Bild). Im alten Verladeturm am Hafen Groß Neuendorf ist heute ein Café untergebracht (kleines Bild).

LAUSITZER NEISSE

↗ **Als Nebenfluss der Oder bildet die Lausitzer Neiße den südlichen Teil der deutsch-polnischen Grenze. Zwar ist die Neiße kein großer und bedeutender Fluss, doch beeindruckende Stadtanlagen und reizvolle Naturlandschaften reihen sich an ihr wie an einer Perlenkette entlang. Städte wie Görlitz und Guben künden von den Umbrüchen in dieser Grenzregion, die wieder in die Mitte Europas gerückt ist.**

Zittau Wo die Lausitzer Neiße von Tschechien nach Deutschland wechselt, liegt im Dreiländereck mit Polen und Tschechien die Stadt Zittau. Einst für den Handel bedeutend, ist sie heute Hochschulstadt und wichtiges Kultur- und Industriezentrum der Region. Vor allem aber besitzt der Ort eine wunderschöne Altstadt mit klassizistischen Bauten Karl Friedrich Schinkels. Naherholungsgebiet der Stadt ist das Zittauer Gebirge.

Kloster Marienthal Der Barock der Anlage konkurriert mit der Schönheit seiner idyllischen Lage im Neißetal. Das Kloster wurde 1234 als erstes Zisterzienserinnenkloster in Sachsen gegründet und erhielt im 17. und 18. Jahrhundert sein heutiges Aussehen.

Görlitz Deutschlands östlichste Stadt lag am Kreuzungspunkt wichtiger Handelsstraßen. Die Stadt entwickelte sich rasch zu einer bedeutenden Siedlung. Ab 1346 spielte Görlitz eine führende Rolle im Oberlausitzer Sechsstädtebund. Der Ort verdankte seinen Reichtum, der sich in großartigen Bauten der Gotik und der Renaissance spiegelt, der langen Zugehörigkeit zu Böhmen. 1945 fielen die östlichen Stadtteile an Polen und tragen seitdem den Namen Zgorzelec. Heute ist Görlitz eine der wichtigsten Ost-West-Verbindungen in Europa. Wenn sich manch hiesiges Städtchen als »Perle der Oberlausitz« bezeichnet, dann ist Görlitz zweifelsohne das Kronjuwel, denn es hat den Zweiten Weltkrieg beinahe unbeschadet überstanden. Die zahllosen prächtigen Bauten aus Mittelalter und Renaissance verleihen der Stadt ein einmaliges architektonisches Gepräge. Das städtebauliche Ensemble des Untermarkts mit 1600 Gebäuden steht unter Denkmalschutz. Ein Beispiel der Spätgotik ist die Frauenkirche mit einem schön gestalteten Westportal.

Bad Muskau Das ganz im Nordosten der Oberlausitz gelegene Bad Muskau ist untrennbar mit dem Namen von Hermann Fürst von Pückler-Muskau (1785 bis 1871) verbunden, der sich mit den hiesigen Parkanlagen einen Platz im Olymp der Gartengestalter sicherte. Die Parkanlagen, die von 1815 an nach den Plänen des Fürsten gestaltet wurden, erstrecken sich über einen großen Teil der Neißeaue sowohl auf deutschem wie auf polnischem Gebiet. Dem Exzentriker schwebte die Verbindung seines Schlosses als »vergrößerter Wohnung« mit dem Park als »idealisierter Natur« vor. Als ihm schließlich 1845 das Geld ausging, musste er Schloss und Park verkaufen. Viele seiner Ideen blieben deshalb unrealisiert. Trotz der Zerstörungen im Zweiten Weltkrieg kann man auch heute noch auf eindrucksvolle Weise das Genie des Fürsten im Wechsel von belebten und ruhigeren Parkabschnitten, von Grünzonen und Wasserflächen, Natur und Bauwerken erkennen. Das 1980 wiederaufgebaute Schloss gründet auf einer Burg des Deutschritterordens aus dem 14. Jahrhundert. Das aus dem 13. Jahrhundert stammende Neue Schloss, das 1945 ein Raub der Flammen wurde, errichtete man in den Jahren 1996 bis 2003 erfolgreich wieder.

waren die Gubener Hüte. 1945 wurde die beiderseits der Neiße gelegene Stadt durch die neue deutsch-polnische Grenze geteilt. Der Fluss, vorher die Mitte der Stadt, wurde nun zu einer trennenden Barriere.

Neuzelle Unweit der Mündung der Lausitzer Neiße in die Oder liegt auf der Hochfläche über dem Fluss das brandenburgische Barockwunder Neuzelle. Das sehenswerte ehemalige Zisterzienserkloster mit seiner üppig ausgestalteten Barockkirche und dem weitläufigen Klosterkomplex ist heute ein besonders beliebtes Ausflugsziel.

Forst Im 19. Jahrhundert hatten sich zahllose große Textilfirmen in Forst angesiedelt, die die früher berühmten Forster Stoffe produzierten. Die größte Attraktion der Stadt ist heute der Ostdeutsche Rosengarten auf der inmitten der Neiße gelegenen Wehrinsel, in dem man sich vom Anblick und Duft der rund 30 000 Rosenstöcke bezaubern lassen kann.

Guben Die Stadt liegt eingebettet in die Gubener Berge, die das Flusstal malerisch begrenzen. Ähnlich wie Forst wurde Guben im 19. Jahrhundert ein Zentrum der Textilindustrie, weltberühmt

Oben: Kathedrale von Görlitz; Kloster St. Marienthal bei Ostritz; links unten: Fürst-Pückler-Park; Zittau.

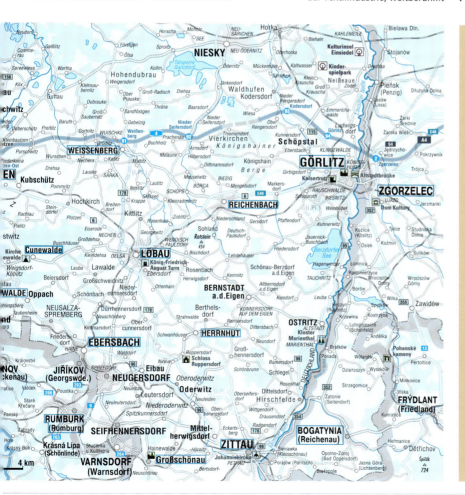

4 km

Zittau: »Wirtshaus zur Weinau« Im Spiegel- und Rosensaal, im Winter- und Biergarten werden Spezialitäten serviert. *(www.wirtshaus-zur-weinau.de)*

Görlitz: »Café Herzstück« Vegan-vegetarisches Nähcafé – wen die Beschreibung anspricht, der findet in dem gemütlichen und kreativen Lokal allerlei handgemachte Lieblingsstücke. *(www.cafe-herzstueck.de)*

Bad Muskau: Restaurant im »Kulturhotel Fürst Pückler Park« Gäste können Gerichte bestellen, die Fürst von Pückler-Muskau einst bei einer seiner Tischgesellschaften serviert bekam. *(http://kulturhotel-fuerst-pueckler-park.de)*

Neuzelle: »Wilde Klosterküche« Wie der Name schon vermuten lässt, erwartet die Gäste hier eine innovative Speisekarte mit Bezug zur Region. Handwerklich ausgefeilt, jung, frisch. *(www.wildeklosterkueche.de)*

〰 AKTIV AM WASSER

〰 Berzdorfer See

Früher wurde hier im Braunkohleabbau geschuftet, heute ist die Region ein beliebtes Naherholungsgebiet. Unternehmungslustige finden bei sportlichen Aktivitäten im und am Wasser den passenden Ausgleich zum Alltag, Ruhebedürftige suchen sich ein Plätzchen an einem der Sandstrände oder im Grünen. Am Südufer in Hagenwerder erinnert noch ein riesiger Schaufelradbagger an die einstige Betriebsamkeit der Kumpel. *(www.goerlitz.de/ Berzdorfer_See-1.html)*

〰 Kloster St. Marienthal

Das im Jahr 1234 von Königin Kunigunde von Böhmen gegründete Kloster ist das älteste deutsche Frauenkloster der Zisterzienserinnen. Derzeit leben zehn Ordensschwestern in den alten Gemäuern und geben ihre Spiritualität in Kursen, Seminaren und Fastenangeboten weiter. *(http://kloster-marien thal.de)*

〰 Oder-Neiße-Radweg

Eine Radtour, zwei Flüsse, drei Bundesländer – so präsentiert sich der 465 Kilometer lange Fernradweg entlang der Grenze zu Polen, der vielfach auf oder entlang der Deiche führt *(www.oder-neisse-rad weg.de)*. Fahrräder für die verschiedenen Etappen können Besucher ausleihen über die Elbe Rad Touristik GmbH *(Tel. 0391/733 03 34; info@ elbe-rad-weg.de)*.

〰 Zittauer Schmalspurbahn

Ein herrlich nostalgisches Gefühl stellt sich bei einem Ausflug mit den liebevoll restaurierten Fahrzeugen ein: Schon seit 1890 verkehren die Dampfbahnen von Zittau nach Jonsdorf oder Oybin in ganz gemächlichem Tempo. *(www.zittauer-schmal spurbahn.de)*

Oben: Viel Natur gibt es im Fürst-Pückler-Park in Bad Muskau (großes Bild); Stiftskirche St. Marien in Neuzelle (kleines Bild). Rechte Seite: beim Baden in der Neiße (großes Bild); Radler genießen die Fahrt auf dem Oderradweg bei Küstrin (kleines Bild).

⌇ Landskron Braumanufaktur
In Görlitz wird seit 1869 in der Brauerei Landskron Bier gebraut. Im denkmalgeschützten Backsteingebäude direkt am Neiße-Ufer können Besucher den Braumeistern während einer Führung über die Schulter gucken oder eine der Veranstaltungen besuchen, die auf dem Gelände im Rahmen der Kulturbrauerei stattfinden. (*www.lands kron.de*)

⌇ Kloster Neuzelle
Das märkische Barockwunder Kloster Neuzelle kann besichtigt werden. Buchung über Besucherinformation Neuzelle (*Tel. 033652/61 02; www.kloster-neuzelle.de*).

⌇ Wasserwandern
Eine fünftägige, geführte Kanuwanderung zwischen Guben und dem Zusammenfluss der Neiße bis zum Oderbruch veranstaltet der Anbieter Albatross Outdoor Natur- und AktivReisen in Beeskow (*www.al batros-outdoor.de*), der auch Kanus verleiht.

⌇ Muskauer Faltenbogen
Der Geopark Muskauer Faltenbogen schützt eine der schönsten Stauchendmoränen in Mitteleuropa. Diese besondere Landschaft entstand am Ende der Eiszeit, als sich der riesige Muskau-Gletscher aus dem Inland zurückzog und dabei die Erdschichten in Falten legte. Die freigelegten Rohstoffe wurden in langer Tradition hier abgebaut; nach Ende des Bergbaus bildeten sich dicht aneinanderliegende, lang gezogene Seen in der Landschaft, die beeindrucken. Weitere Informationen zum Geopark unter *www.muskauer-falten bogen.de*

⌇ Muskauer Park
Einer der schönsten deutschen Landschaftsparks liegt im kleinen Kurort Bad Muskau. Seit 2004 zählt die 1815 von Fürst von Pückler-Muskau meisterhaft gestaltete Gartenanlage zum UNESCO-Welterbe. Die Neiße durchfließt den Park und verbindet mit der Doppelbrücke Deutschland und Polen. (*www.mus kauer-park.de*)

↗ **Bei Eisenhüttenstadt nimmt die Oder die Lausitzer Neiße auf und strebt als deutsch-polnischer Grenzfluss der Ostsee zu. Die Oder ist nun ein breiter Strom, der dennoch nur gemächlich dahinfließt. Vorbei an kleinen Ortschaften mit Feldsteinkirchen und Fach-werkhäusern gleitet die Oder in den Gemüse-garten des Oderbruchs und die Auenwälder des Unteren Odertals. Stille und Erhabenheit prägen diese Landschaft.**

Eisenhüttenstadt Südlich der Stadt erreicht die Oder Deutschland und wendet sich nun nach Norden. Eisenhüttenstadt wurde ab 1950 als Planstadt rund um einen neu errichteten Stahl-werkskomplex errichtet. Der vorübergehend als Stalinstadt bezeichnete Ort zeichnet sich heute durch sein vollständig im stalinistischen Zuckerbäckerstil errichtetes Stadtzentrum aus, das unter Denkmalschutz steht.

Oder-Spree-Seengebiet Zwi-schen Eisenhüttenstadt und Frankfurt (Oder) weitet sich die grüne Oderlandschaft zum Oder-Spree-Seengebiet, einem zusam-menhängenden System natür-licher Flussläufe, historischer Kanäle und Seen. Kleine Neben-flüsse der Oder durchfließen enge Täler, sodass man sich in Mittelgebirgslandschaften ver-setzt fühlt. Dann wieder reihen sich glitzernde Seen aneinander.

Frankfurt an der Oder Die größte Stadt an Deutschlands Ostgrenze und zugleich der wichtigste Grenzübergang nach Polen liegt an der Stelle bedeu-tender Fernhandelsstraßen und entstand um das Jahr 1225 als Kaufmannssiedlung. Frankfurt wurde schnell reich, angesehen und mächtig. Aus Jahrmärkten entwickelten sich im 14. Jahr-hundert Messen. 1506 eröffnete mit der Viadrina Brandenburgs erste Universität. In der Geburts-stadt des Dichters Heinrich von Kleist (1777–1811) lebt die Idee von der Brückenstadt zwischen West und Ost: Die alte Universi-tät Viadrina wurde zur Europa-Universität. Das heutige Wahr-zeichen der Stadt ist die St.-Marienkirche – eine einzig-artige Hallenkirche der nord-deutschen Backsteingotik, deren wertvolle mittelalterliche Glas-fenster nach fast 60 Jahren rus-

sischen Exils an ihren Heimatort zurückgekehrt sind.

Oderbruch Im Gefolge der letz-ten Eiszeit ließen Massen von Schwemmsand entlang des Stroms eine Auen- und Sumpf-landschaft entstehen, die regel-mäßig zweimal im Jahr überflutet wurde. Der »Garten Eden« war-tete darauf, urbar gemacht zu werden. Preußenkönig Fried-rich II. wagte vor über 250 Jahren das für damalige Verhältnisse ge-waltige Projekt: Die Oder erhielt über 20 Kilometer ein neues, be-gradigtes Flussbett, ausgedehn-te Sumpfgebiete wurden trocken-gelegt. Von Oderberg im Norden über Wriezen bis Lebus im Süden entstand mit 60 Kilometer Länge und 17 Kilometer Breite die größ-te Eindeichung an einem deut-schen Strom. Aus sumpfiger Wildnis wurde der »Gemüse-garten Berlins«.

Nationalpark Unteres Odertal Zwischen Hohensaaten im Süden und Gartz im Norden erstreckt sich der Nationalpark Unteres Odertal, der das gesamte untere Odertal (über 60 Kilometer) einschließt. Die zwei bis vier Kilometer breiten deutschen Flussauen werden von vielen Altarmen durchzogen. Hier werden alljährlich ein paar Tausend Hektar Wiesen und Weiden, Auenwälder und Moore überflutet.

Stolpe An den Oderhängen wurde im 12. Jahrhundert eine Burganlage errichtet, von der nur noch der Turm steht, ein mächtiger Bergfried mit fünf Meter dicken Mauern. Von hier aus hat man einen weiten Blick in die Trockenpolder, die ein Teil des zu Beginn des 20. Jahrhunderts nach niederländischem Vorbild geschaffenen Poldersystems sind.

Schloss Criewen Das im Jahr 1820 errichtete Schloss ist von einem englischen Landschaftspark, gestaltet von Peter Joseph Lenné, umgeben. Im Schloss befindet sich heute die Verwaltung des Nationalparks Unteres Odertal. Die Dorfkirche ist eine 700 Jahre alte Feldsteinkirche.

Schwedt An der parallel zur Oder verlaufenden Hohensaaten-Friedrichsthaler-Wasserstraße liegt Schwedt, das wirtschaftliche und kulturelle Zentrum der Uckermark. Im Jahr 1685 wurde die Stadt nach einem verheerenden Brand in regelmäßigem Grundriss neu angelegt. Den Hauptzweig des Wirtschaftslebens bildete die Tabakverarbeitung, die heute im Tabakmuseum dokumentiert ist.

Gartz Flussabwärts verzweigt sich die Oder in mehrere Arme und die Flussaue wird zusehends breiter. Bei Gartz erreicht das Odertal seine größte Breite: Die Oder fließt nun bis zu ihrer Mündung auf polnischem Boden. Das Ortsbild des kleinen beschaulichen Gartz wird von der alten Stadtmauer, dem Stettiner Tor, dem historischen Rathaus und der alles dominierenden Kirche St. Stephanus geprägt. An den Silberbergen und den Geesower Hügeln erreichen die Oderhänge zum Teil bis zu 50 Meter Höhe. Die durch jahrhundertelange extensive Beweidung entstandenen Trockenrasen stehen heute unter Naturschutz.

Links: Blick über die Oder auf die Friedenskirche und die Konzerthalle Carl Philipp Emanuel Bach in Frankfurt (Oder). Kleine Bilder: Nikolaikirche in Fürstenberg; St.-Stephanuskirche in Gartz.

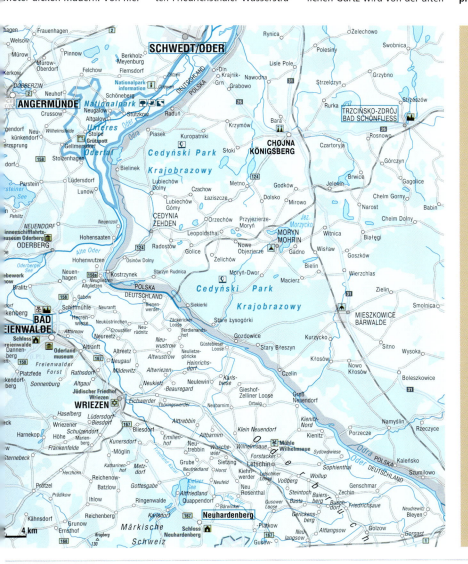

GASTRONOMIE

Eisenhüttenstadt: »Bollwerk 4« Ein Hauch von Jugendstil weht den Gästen hier um die Nase. Die in dafür charakteristischer Schrift gehaltene Speisekarte überzeugt mit saisonalen Klassikern und einer ausführlichen Weinauswahl. (https://bollwerk4.webxsite.com)

Briesen: Restaurant im »Hotel Klostermühle« Etwa 20 Kilometer von Frankfurt an der Oder entfernt liegt das Gut Klostermühle, das zwei Restaurants beherbergt. Im rustikal-schicken Ambiente der Klosterscheune wird bodenständig und regional gekocht, während in der Klostermühle international gehobene Gerichte auf den Teller kommen. (www.gut-klostermuehle.com)

Lebus: Restaurant »Oderblick« Der Blick von der Terrasse auf die Oder ist wunderschön. Die Hausmannskost dieses Lokals schmeckt ausgezeichnet – das Interieur spielt in diesem Fall eine untergeordnete Rolle. (www.restaurant-oderblick.de)

Angeln im Nationalpark Unteres Odertal

Seit der Nationalpark besteht, hat sich die Natur die Auenlandschaft großflächig zurückerobert. Die großen Polder im Herzen des Naturschutzgebietes werden regelmäßig überschwemmt, womit sie einer artenreichen Tier- und Pflanzenwelt einzigartigen Lebensraum bieten. Und zwar grenzübergreifend, denn die Schutzzone reicht über die deutsche Grenze hinüber ins Nachbarland Polen. Ein verantwortungsvoller Umgang mit diesem besonderen Naturraum in Deutschlands einzigem Auen-Nationalpark ist also wichtigste Voraussetzung, wenn Hobbyangler hier ihre Ruten auswerfen wollen. Angelkarten für bestimmte Gebiete im Nationalpark können an verschiedenen Stellen erworben werden. *(www.national park-unteres-odertal.eu)*

Wandern entlang des Oderlandwegs

Dieser Rundweg startet und endet am Stadtsee Wriezen. Auf etwa 60 Kilometern entdecken Wanderer so ziemlich alles, was die Natur Brandenburgs zu bieten hat. Einen tollen Ausblick über das Oderbruch bietet der Bismarckturm, der entlang der Strecke liegt. Der prämierte Wanderweg ist in längere oder kürzere Etappen unterteilt. *(www.seenland-oderspree.de/Media/Touren/Oder landweg)*

Bootsverleih

Der Verleih von Motor- oder Ruderbooten für Fahrten auf der Hohensaaten-Friedrichsthaler-Wasserstraße oder auf der Oder erfolgt über den Wassersport PCK Schwedt e. V. *(Tel. 0333/239 62)* oder über den Seesportclub Schwedt/Oder e. V. *(Tel. 03332/51 46 89)*.

Radtour »Auf den Spuren des alten Fritz«

Das Oderbruch entdecken und gleichzeitig ein Stück deutsche Geschichte erleben – beides lässt sich bestens entlang dieser 65 Kilometer langen Tagestour mit dem Fahrrad vereinbaren. Von Wriezen aus führt der Weg nach Letschin, wo ein fünf Meter hohes Denkmal an den Preußenkönig erinnert, weiter bis Seelow-Gusow. Wer einen Abstecher nach Neulitzegöricke macht, kann einen Blick auf zahlreiche unter Denkmalschutz stehende Fachwerkhäuser werfen. *(www.seenland-oderspree.de/Ausfluege/Entdecker touren-44-Tagesausfluege-im-Seen land-Oder-Spree/Mit-dem-Rad)*

Schiffshebewerk Niederfinow

Am Oder-Havel-Kanal westlich von Bad Freienwalde liegt das Schiffshebewerk, durch das der Höhenunterschied von Oder und Havel überwunden wird. Informationen gibt es unter *www.schiffshebewerk.de*

Kanufahren auf der Alten Oder

Diese Tagestour ist etwas für Genießer. Wassersportler begegnen hier nur motorfreien Booten und können sich deshalb ganz auf die unberührte Natur konzentrieren, die entlang des ursprünglichen Oderverlaufs liegt. Kanuten sind auf der zwölf Kilometer langen Kanutour von Reitwein bis Gorgast etwa vier Stunden unterwegs. *(www.seenland-oderspree.de/Ausfluege/aktiv-im-seenland/auf-und-am-Wasser/Kanu-fahren/)*

Helenesee

»Die kleine Ostsee«, wie der See liebevoll genannt wird, war früher eine Kohlegrube. Als der Braunkohletagebau beendet wurde, entstand die 250 Hektar große Wasserfläche durch den steigenden Grundwasserspiegel. Heute ist der See ein beliebtes Naherholungsgebiet und kann mit sehr guter Wasserqualität aufwarten. *(www.helenesee.de)*

An der Oder kommen Angler auf ihre Kosten (links oben), Radler finden am Oder-Neiße-Radweg ihre Freude (links). Das Schiffshebewerk Niederfinow ist das älteste seiner Art in Deutschland (oben).

DONAU

↗ **Auf über 2860 Kilometern verbindet Europas zweitlängster Fluss den Schwarzwald mit dem Schwarzen Meer. Der Strom ist ein wichtiger Verkehrsweg und die Heimat vieler Völker und Kulturen.**

Eine Reise entlang der Donau ist eine Reise durch unterschiedlichste Landschaften. Nachdem sich Brigach und Breg in Donaueschingen zur Donau vereinigen, stellt sich ihr mit der Schwäbischen Alb sofort ein ernstes Hindernis in den Weg. Entsprechend großartig geriet der Donaudurchbruch zwischen Tuttlingen und Sigmaringen, der mit bis zu 300 Meter hohen, senkrechten Kalkwänden beeindruckt. Der Naturpark Obere Donau bietet denn auch Bootsfahrern, Wanderern und Radlern ein romantisches Paradies zum Entspannen und Erholen.

In Sigmaringen schafft die Donau schließlich zwischen dem Mühlberg und dem Schlossfelsen den letzten Durchbruch und nimmt knapp vier Kilometer weiter bei Sigmaringendorf die Lauchert, das »Blaue Band der Schwäbischen Alb«, auf. Zwiefaltener Ache, Große Lauter und die aus dem Blautopf gespeiste Blau liefern der Donau weiteres Wasser von der Schwäbischen Alb, während Ablach, Kanzach und Riß die oberschwäbische Moränenlandschaft entwässern.

Ab Ulm war die Donau einst schiffbar. Ab hier brachten die Ulmer Schachteln über Jahrhunderte hinweg Güter und Personen bis nach Wien.

Von Ulm flussabwärts weitet sich das Donautal, der Fluss nimmt an Mächtigkeit zu, denn nun stoßen von Süden in kurzen Abständen die mächtigen Zuflüsse aus dem Alpenvorland dazu: südwestlich Ulms die Iller und dann Günz, Mindel, Zusam, Lech, Paar und Ilm.

Beim Kloster Weltenburg gibt es mit den Ausläufern der Fränkischen Alb das nächste Hindernis. Senkrechte Kalkwände von eindrucksvoller Höhe zwängen hier den Strom in ein schmales Bett, das nur per Schiff erobert werden kann.

Unmittelbar hinter der Weltenburger Enge mündet bei Kelheim die Altmühl und damit auch der Main-Donau-Kanal in die Donau, die nun endgültig zur internationalen Wasserstraße und für die Schifffahrt zur Verbindung zwischen Schwarzem Meer und Nordsee wird.

Kurz vor oder in Regensburg münden die Schwarze Laaber, die Naab und der Regen. Von Süden kommen hinter Regensburg die Große Laaber, die Isar, die Vils und vor allem der mächtige Inn als Verstärkung dazu. In der Drei-Flüsse-Stadt Passau sorgt der Inn dafür, dass die Donau nun schon fast 350 Meter breit ist und zusätzlich verstärkt

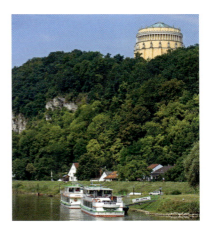

von der von Norden einmündenden Ilz als Strom Richtung Österreich fließen kann.

In der Antike diente die Donau den Römern als Verkehrsweg. Die bayerischen Bischöfe brachten von Passau aus das Christentum donauabwärts. Im Gegenzug versuchten die Türken, ihren Einfluss über Wien hinaus auszudehnen. Entsprechend wuchsen an den Ufern des Flusses über die Jahrhunderte hinweg eindrucksvolle Städte mit kulturellen Sehenswürdigkeiten von überraschender Vielfalt: Regensburg ist eine römische Grün-

dung, Passau war einer der einflussreichsten Bischofssitze Europas, und Kloster Weltenburg zählt zu den ältesten Klöstern Bayerns. In Ulm bauten die Bürger den höchsten Kirchturm der Welt, und in Sigmaringen verewigten sich die Fürsten von Hohenzollern mit einem Prunkschloss auf den Felsen des Donaudurchbruchs.

An oder auf der Donau zu reisen ist ein uneingeschränktes Vergnügen. Ob Naturfreund, Kunstliebhaber oder Gourmet – für jeden ist es ein Fest für die Sinne.

Die Donau teilt das württembergische Ulm mit seinem berühmten Münster vom bayerischen Neu-Ulm (großes Bild). Der Fluss ist für die Doppelstadt bis heute von großer Bedeutung. Hoch über Kelheim, auf dem Michelsberg, thront die Befreiungshalle (kleines Bild). Bei einer Schifffahrt auf der Donau kann man das riesige Bauwerk sehen.

OBERE DONAU

↗ **Der Oberlauf der Donau bietet dem Wanderer ein Naturtheater ohnegleichen. Immer wieder steigen Kalkwände senkrecht aus dem schwarzen Donauwasser. Zwischen Sigmaringen und Ulm windet sich der Fluss in 1000 Schleifen durch die Wiesen. Mittelalterliche Burgen, alte Klöster und stolze Städte säumen die Ufer.**

Donaueschingen In der Residenzstadt der Fürsten von Fürstenberg lassen die Geografen die Donau dort beginnen, wo die Schwarzwaldbäche Brigach und Breg zusammenfließen. Daneben aber gibt es auch noch die bürgerliche und die fürstliche Quelle. Die bürgerliche findet sich ganz weit oben im Schwarz-

wald. Die fürstliche Quelle dagegen sprudelt direkt im Donaueschinger Schlosspark, wo Fürst Karl Egon III. 1875 eine kleine Quelle fassen ließ und gleichzeitig den Anspruch erhob, dies sei die eigentliche Donauquelle. Im fürstlichen Schloss finden sich bedeutende Sammlungen zur Wohnkultur und zum Kunstge-

werbe in Renaissance und Barock. Die Hofbibliothek in der Haldenstraße ist berühmt für ihre über 500 Inkunabeln und eine Handschrift des »Nibelungenliedes« aus der zweiten Hälfte des 13. Jahrhunderts. Die Pfarrkirche St. Johann (1747) ist ein zweitürmiger Barockbau.

Immendingen Hier trifft die Donau auf stark zerklüftetes, wasserdurchlässiges Kalkgestein, das das Donauwasser gurgelnd in die Tiefe zieht. Es durchströmt ein System von Kavernen und Karstgängen, um zwölf Kilometer weiter südlich nach einem Höhenverlust von 185 Metern als Deutschlands

größte Quelle mit einer Schüttung bis zu 25 000 Litern pro Sekunde im Aachtopf wieder aufzutauchen.

Beuron Die Benediktinererzabtei liegt reizvoll in einer Talweitung der Donau und wird eingerahmt von den mächtigen Kalkwänden der Schwäbischen Alb. Sehenswert ist die barocke Klosterkirche von 1738.
Oberhalb von Beuron thront auf senkrechten Felsmauern die Feste Wildenstein. Sie vermittelt noch heute das Bild einer mittelalterlichen Trutzburg.
Auf der gegenüberliegenden Talseite liegt die im 11. Jahrhundert errichtete Burg Werenwag. Um

1260 hatte hier der Dichter und Minnesänger Hugo von Werenwag seine Residenz.

Naturpark Obere Donau Das Durchbruchstal der Oberen Donau ist dank seiner landschaftlichen Schönheit und Naturvielfalt ein einzigartiges Juwel. Es bietet vielfältige Nutzungsmöglichkeiten auf über 3500 Kilometern Wander- und Radwegen. Kletterer und Kanufahrer müssen allerdings strenge Auflagen beachten.

Sigmaringen Der Mittelpunkt des hohenzollerischen Residenzstädtchens ist nach wie vor das Schloss. Seine Vorgängerburg

war schon im Mittelalter eine starke Festung. Als sie 1893 in Flammen aufging, nutzte Fürst Leopold die Gelegenheit, das Schloss in seiner heutigen Gestalt neu erstehen zu lassen. Heute ist es als Museum zugänglich. Die fürstliche Sammlung enthält oberdeutsche Kunstwerke von beachtlicher Qualität sowie eine umfangreiche Waffensammlung aus dem 15. bis 19. Jahrhundert. Die barocke Pfarrkirche St. Johann Evangelist stammt von 1763.

Hundersingen Am Rand des weiten Donautals etwas östlich von Sigmaringen siedelten bereits zur Hallstattzeit, also um

etwa 1000 v. Chr., die Kelten. Sie bauten die berühmte Heuneburg, eine Wehranlage, in der man bis heute nicht weniger als 20 einzelne Siedlungsschichten und 15 übereinanderliegende Mauerfundamente fand.

Ulm Die ehemalige Freie Reichsstadt am linken Donauufer begann den Bau ihres großartigen Münsters im Jahr 1377. Bei den enormen Maßen dauerte es bis 1471, bis auch nur die Gewölbe der drei Schiffe geschlossen werden konnten. 1890 wurde der riesige Hauptturm nach den alten Plänen fertiggestellt. Reste der kostbaren Ausstattung sind ebenso imposant wie der

Blick von der 143 Meter hohen Helmkranzgalerie. Das prächtige Rathaus stammt aus der Mitte des 14. Jahrhunderts, seine Astronomische Uhr wurde 1520 gebaut. Der Metzgerturm ist mit einer Neigung von 2,05 Metern der »schiefe Turm von Ulm«. Immer einen Besuch wert ist auch das Fischer- und Gerberviertel an den Ufern der Blau.

Nahe der Benediktiner-Erzabtei St. Martin zu Beuron (links außen) blickt man zum Eichfelsen über der Donau (Mitte). Oben: Schloss Sigmaringen; unten: Oberes Donautal.

Panoramaweg Sigmaringen

Wer die Hohenzollernstadt erwandern und dabei herrliche Ausblicke auf sie genießen will, hat auf diesem Rundweg die Möglichkeit dazu. Die leichte Tour führt an der linken Donauseite entlang und bietet einen herrlichen Blick auf das Schloss. Diese und andere Routenvorschläge unter *www.sigmaringen.de/de/Freizeit-Tourismus/Aktiv-Natur/Wandern*

Schöne Aussichten

Der Knopfmacherfelsen gehört zu den beliebtesten Aussichtspunkten der Region, denn der Blick von hier ins Tal wird weder flussauf- noch flussabwärts von Verkehrsstraßen getrübt. Der Name des Aussichtsfelsens Alpenblick in Beuron ist irreführend, denn die Alpen sieht man von hier eher weniger – dafür Schloss Bronnen und das Donautal.

Links: Im Naturpark Obere Donau mieten Wasserratten sich ein Kanu und fahren damit den Fluss entlang. Der Donauradweg (oben) hingegen bietet allerlei Ausflugsmöglichkeiten für Zweiradfans. Und wer lieber auf Schusters Rappen unterwegs ist, dem bieten sich auf Wanderungen zahlreiche schöne Aussichtspunkte (oben rechts).

Hängebrücke Sigmaringen

Gleich hinter der Stadthalle in Sigmaringen überspannt eine Hängebrücke die Donau, von der man einen unmittelbaren Blick auf das Wasser hat – in die Ferne und nach unten.

Bootfahren im Naturpark Obere Donau

56 Gemeinden in vier Landkreisen haben sich zum Naturpark Obere Donau zusammengeschlossen, um den vielfältigen Naturraum entlang der Flüsse Donau, Bära und Lauchert mit all seinen kulturellen Schätzen zu schützen und zu bewahren. Inzwischen hat sich sogar der mittlerweile selten gewordene Luchs hier wieder angesiedelt. Von Mai bis Oktober können Wassersportbegeisterte die Donau im 149 000 Hektar großen Naturpark erkunden, entweder bei entsprechender Vorbereitung auf eigene Faust oder bei einer der vielfach angebotenen geführten Touren. Informationen zu Bootsverleihern und Touren bietet die Homepage des Naturparks: *www.naturpark-obere-donau.de*

Donauradweg

Einer der beliebtesten europäischen Radwege folgt dem Lauf der Donau und passiert auf dem deutschen Streckenabschnitt das Tal der jungen Donau. Von der historischen Donauquelle in Donaueschingen führt der Weg über Mühlheim und den Donaudurchbruch bei Beuron nach Sigmaringen. Entlang der Strecke liegen zahlreiche Hotels und Restaurants, die Radtouristen willkommen heißen. Wer es besonders bequem haben will, bucht einen Gepäcktransportservice. (*www.donauradweg.info*)

Blautopf Blaubeuren

Oberirdisch fasziniert Besucher das intensive tiefblaue Wasser der zweitgrößten Karstquelle Deutschlands, unterirdisch erstreckt sich um den Blautopf herum ein weit verzweigtes Höhlensystem. Der Legende nach stahl eine Nixe jedes Mal das Bleilot, sobald man die Tiefe des Blautopfs zu messen versuchte. (*www.blautopf.de*)

TAL DER ILLER

↗ **Breitach, Stillach und Trettach sind die Allgäuer Bergbäche, die sich bei Oberstdorf zur Iller vereinen. Bis unterhalb von Kempten präsentiert sich der junge Fluss als gezähmte Zier der Allgäuer Voralpenlandschaft. Der Illerdurchbruch bei Altusried zeigt, welche Kraft ursprünglich im Wasser aus den Bergen steckte.**

Kleinwalsertal Widderstein und Hoher Ifen liefern der Breitach ihr Quellwasser, Mittelberg, Hirschegg und Riezlern sind die Hauptorte des zu Österreich gehörenden Gebirgstales. Seit 1891 ist das gesamte Tal deutsches Zollanschlussgebiet. Ganz hinten im Talschluss liegt der Weiler Baad, von dem aus man den 2536 Meter hohen Widderstein besteigen kann.

Breitachklamm Am Nordrand des Kleinwalsertals hat sich die Breitach bis zu 100 Meter tief in die Kalkfelsen gegraben und eine großartige, über 1,5 Kilometer lange Klamm gebildet. Seit 1905 ist sie teils auf einem aus dem Fels gesprengten Weg begehbar.

Oberstdorf Knapp drei Kilometer unterhalb der Ortsmitte vereinen sich Breitach, Stillach und Trettach zur Iller. Den eigentlichen Reiz von Oberstdorf aber macht seine Lage vor der herrlichen Kulisse des Allgäuer Hauptkammes aus. Das Wahrzeichen des einstigen Bauerndorfes ist der spitze Turm seiner neugotischen Pfarrkirche. Das große Kur- und Kongresszentrum beweist, dass die Allgäuer den Sprung zum Wellness-Tourismus nicht verschlafen haben. Südlich des Kurorts kann man die Heini-Klopfer-Skiflugschanze besichtigen. Der beliebteste Ausflug von Oberstdorf aus ist die Seilbahnfahrt unmittelbar aus dem Ort hinauf auf das 2224 Meter hohe Nebelhorn. Auf dem Weg nach Kempten lohnt sich ein Abstecher nach Sonthofen oder Immenstadt.

Kempten Die Allgäuer Metropole, die sich auf den Illerterrassen beiderseits des Flusses ausbreitet, steht auf einem uralten Siedlungsgebiet: Aus dem keltischen Kambodounon wurde am rechten Hochufer der Iller das römische Cambodunum, das zu den bedeutendsten Städten der Provinz Raetiens zählte. Die Ausgrabungen sind in einem Archäologischen Park zusammengefasst. Das heutige Kempten entstand aus zwei unterschiedlichen Siedlungen: der Bürgerstadt an der Iller und der hoch gelegenen Stiftsstadt. Die Bürgerstadt war seit 1289 Freie Reichsstadt. Zusammengelegt wurden die beiden Siedlungen erst unter bayerischer Herrschaft 1803. Das Prachtstück der Stiftsstadt ist die ehemalige Residenz der Fürstäbte mit ihren Rokokoprunkräumen. Die ehemalige Stiftskirche mit der eindrucksvollen Doppelturmfassade besticht mit reicher Barockausstattung. In der Altstadt beeindruckt der von stattlichen Patrizierhäusern umrahmte Rathausplatz.

Illerdurchbruch bei Altusried Bis zu 100 Meter hoch sind die Steilwände, die die Iller aus

den Moränen herauserodierte. Ausgangspunkt für eine Wanderung durch die Schlucht ist die Haldenmühle, am Mühlenweiher kann man auch baden.

Maria Steinbach Südlich von Lautrach liegt am linken Illerufer ein ganz besonderes Schatzkästlein. Die 1753 fertiggestellte Wallfahrtskirche St. Maria erhielt ihre prächtige Ausstattung im schwäbisch-bayerischen Rokokostil bis 1764. Baumeister war J. M. Fischer, die Innenausstattung stammt von F. X. Feuchtmayer und J. G. Üblherr.

Memmingen Herzog Welf VI. gründete die Stadt am rechten Ufer der Iller 1128. Hier kreuzten sich im Mittelalter die großen Fernstraßen von Salzburg in die Schweiz und vom Fernpass nach Ulm. Früher Reichtum machte aus der Siedlung bis zum Ende des 13. Jahrhunderts eine Freie Reichsstadt. Ein fotogenes Objekt der Stadt ist das Sieben-Dächer-Haus (1601): Der Fachwerkbau hat sieben sich jeweils überlappende Dächer, unter deren Vorsprüngen die Gerber ursprünglich ihre Felle zum Trocknen aufhängten.

Rot Der Klosterweiler liegt nur wenige Kilometer westlich der Iller in einem sanften Wiesental und besticht mit einer prächtig ausgestatteten ehemaligen Klosterkirche (1782). Ihr Inneres zeigt mit Fresken und Stuck die ganze Pracht des ausgehenden Barock.

Kellmünz Die Siedlung hoch über dem Illerufer markiert die Lage des römischen Kastells Caelius mons. Seine Lage und sein Name sollten an einen der sieben Hügel Roms erinnern.

Illertissen Bronzezeitliche und alemannische Funde bezeugen, dass die Region um das Städtchen altes Siedlungsgebiet ist. Ein Renaissanceschloss aus dem 16. Jahrhundert thront sichtbar

Oben: der Alpsee bei Immenstadt; unten: Rathaus von Kempten; Marktplatz in Memmingen; Breitachklamm.

über dem Flusstal und der Altstadt mit dem Rathaus.

Ulm-Wiblingen Der südliche Stadtteil von Ulm liegt im Mündungswinkel von Iller und Donau. Hier darf niemand einen Besuch des ehemaligen Benediktinerklosters St. Martin versäumen. Die im Jahr 1783 nach Plänen von J. M. Fischer fertiggestellte prächtige Klosterkirche

präsentiert sich bis heute als kuppelüberdeckter Zentralraum. Seine Ausstattung zeichnet sich gleichermaßen durch große Pracht und vornehme Zurückhaltung aus.

GASTRONOMIE

🍴 **Oberstdorf: Café & Bar »Die Spezerei«** Wo früher Arzneimittel über den Tresen wanderten, tun heute in verspieltem Ambiente kleine Gerichte, Tee-, Kaffeespezialitäten und alkoholische Getränke gut. (www.spezerei-oberstdorf.de)

🍴 **Kempten: »Schalander«** Die Terrasse ist im Sommer ein besonderes Highlight, denn sie liegt mitten auf einer Freitreppe in der Altstadt. Auf der ausführlichen Speisekarte findet sich Hausmannskost für jeden Geschmack. (https://schalander-kempten.de)

🍴 **Memmingen: Café & Bistro »Bienvenue«** Die Genussmomente ziehen sich in dem gemütlichen Lokal mit bunt zusammengewürfeltem Mobiliar durch den ganzen Tag. Die Auswahl an Backwaren ist groß und kommt direkt aus der Backstube im Untergeschoss. (www.bienvenue-mm.de)

🍴 **Illerbeuren: »Museumsgasthaus Gromerhof«** Der Biergarten am Eingang zum Schwäbischen Bauernhofmuseum Illerbeuren liegt idyllisch und ist urgemütlich. Die Kulisse versetzt zurück in frühere Zeiten; die klassisch regionale Speisekarte passt dazu. (http://gromerhof.de)

🍴 **Illertissen: »Café Schneewittchen«** Gleich eine ganze Schar von Schneewittchen serviert Frühstück, Snacks, Süßes und Burger in bester Wichtel-Manier. (www.cafeschneewittchen.de)

AKTIV AM WASSER

Flusswandern
Kurse für Kanu, Kajak u.a. bietet der Ulmer Kanufahrer e. V. *(www.ukf-ulm.de/cms)*.
Im Allgäu kann man bei Bawildria *(https://bawildria.com)* oder bei der Firma Kiechle *(https://kiechle-rafting.de)* Ausflüge zum Canyoning und Rafting machen.

Illerradweg
Der etwa 146 Kilometer lange Fahrradweg begleitet die Iller von ihrem Ursprung bei Oberstdorf bis nach Ulm, wo der Fluss in die Donau mündet. Entlang der familienfreundlichen Strecke liegen z. B. die Fuggerstadt Weißenhorn, Schloss Kronburg und das Kloster Waiblingen. *(www.illerradweg.de)*

Naturfreibad Legau
Das Bad kommt ohne Zusatz von Chlor aus: Im Naturbad Legau läuft das Wasser in einen Regenerationsteich, wird dort durch Kies und Wasserpflanzen biologisch gefiltert und zurück ins Schwimmbecken gepumpt. Informationen zu Preisen und Öffnungszeiten unter *www.freibad-legau.de*

Starzlachklamm
Wie der Name schon sagt, hat die Starzlach die Klamm bei Sonthofen in den Felsen gewaschen. Immer wieder stürzt das Wasser über Vorsprünge hinab und fängt sich in Wassermühlen, während es seit Hunderten von Jahren beständig seinen Weg durch den Berg sucht. Neben Wanderern zieht die steile Schlucht auch Sportkletterer an; Wagemutige bezwingen die Klamm beim Canyoning. *(www.starzlachklamm.de)*

Paddeln im Mondenschein
Wenn die Iller im Mondlicht glitzert und die Nacht sich still und ruhig über das Wasser gelegt hat, ist Kanufahren ein ganz besonderes Naturerlebnis. Eine solche Mondscheintour wird in der Nähe von Kardorf angeboten. Sie dauert zwei Stunden und muss vorab gebucht werden. *(www.illerkanu.de/mondscheinpaddeln.html)*

Kneipp-Museum Bad Wörishofen
Sebastian Kneipp war viele Jahre Pfarrer in Bad Wörishofen. Aufgrund seiner Wasserkur wurde die Gemeinde zum Kurort und wahrt als Kneippstadt dieses Erbe. Das Kneipp-Museum informiert ausführlich über Leben und Wirken des gesundheitsbewussten Pfarrers.

⟨ Unterwegs auf dem »Ulmer Spatz«

Ulm und Neu-Ulm lassen sich bei einer gemütlichen Rundfahrt zwischen Metzgerturm und Friedrichsau vom Wasser aus erleben. Das Personenschiff mit dem Namen »Ulmer Spatz« verkehrt seit Ende der 1960er-Jahre in Ulm auf der Donau. Seit 2013 gehört das Schiff der Integrationsfirma ADIS gGmbH, die es modernisiert und barrierefrei umgebaut hat. Heute bedient eine Gruppe von Menschen mit und ohne Beeinträchtigung den »Ulmer Spatz«. Informationen zu Fahrzeiten und Reservierungen unter *https://ulmer-schifffahrt.de*

⟨ Alpseen

Der Große Alpsee bei Immenstadt im Allgäu ist der größte natürliche See der Region. Seine Lage im Tal bedingt konstant gute Windverhältnisse für Wassersportler, weshalb Segler, Wind- und Kitesurfer besonders gern hierherkommen. Sein flaches Ufer lockt aber auch Badegäste an, die sich entweder einen Platz in einer der kleinen Buchten oder auf Liegewiesen suchen und von den Badestegen direkt ins Wasser springen. Am Kleinen Alpsee lädt ein beheiztes Freibad mit Sprungturm zum Baden ein. Informationen zum Freizeitangebot an den Alpseen unter *www.alpsee-immenstadt.de*

Der Alpsee lädt zum Motorbootfahren ein (linke Seite). Mit dem Kanu treibt man entspannt die Iller entlang (oben). Links: Besucher können die Starzlachklamm auf einem schönen Wanderweg bestaunen.

MITTLERE DONAU

↗ **Von der bayerischen Grenze bis Regensburg strömt die Donau an gechichtsträchtigen Orten vorüber. Gleichzeitig beginnt hier das »Arbeitsleben« der Donau: Jetzt muss sie Industrieabwässer schlucken, Schiffe tragen und Schleusen dulden. Ab Ulm ist die Donau den Bedürfnissen der Energiewirtschaft, ab Kelheim denen der Schifffahrt angepasst worden.**

Donauwörth An der Mündung der Wörnitz in die Donau querte im Mittelalter eine Reichsstraße die Donau, an der bis 1307 eine Freie Reichsstadt heranwuchs. Die prächtige Achse der historischen Altstadt ist bis heute die Reichsstraße – Teil der Romantischen Straße – mit dem Renaissance-Stadtschloss Fuggerhaus (1543) und dem alten Stadtzoll (1418). Zusammen mit den Bürgerhäusern dokumentieren sie die donau-schwäbische Bauweise. Die spätgotische Hallenkirche »Zu Unserer Lieben Frau« (Liebfrauenmünster) birgt prächtige Wandmalereien und ein kostbares Sakramentshäuschen aus dem 15./16. Jahrhundert.

Leitheim Barocken Luxus bieten das Lustschloss und die Privatkirche, die Abt Elias Goetz vom Zisterzienserkloster Kaisheim ab 1685 für sich errichten ließ. Ab 1750 wurde das Ganze mit luxuriösem Rokoko neu gestaltet, sodass heute kostbarster Stuck und schönste Freskomalerei zu bestaunen sind.

Neuburg an der Donau Seine historische Altstadt thront auf einem Jurafelsen hoch über dem

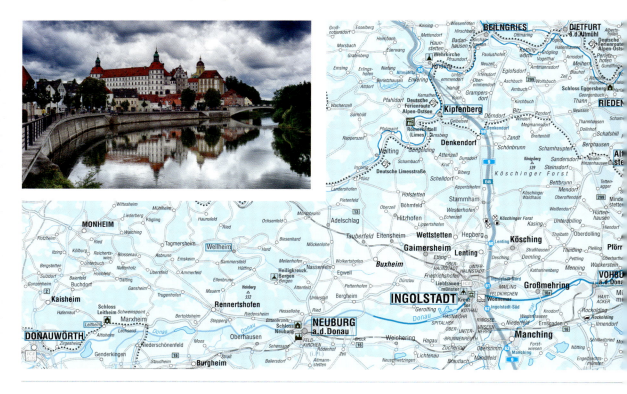

Donauufer. Die Krone der Stadt ist das Renaissanceschloss, das Pfalzgraf Ottheinrich bis 1545 bauen ließ.

Ingolstadt Die alte Herzogstadt war Residenz der Wittelsbacher und die Landesfestung. Entsprechend imposant ist das Neue Schloss aus dem 15. Jahrhundert. Nicht weniger eindrucksvoll zeigt sich der riesige Backsteinbau des gotischen Liebfrauenmünsters. Den größten Schatz der Stadt jedoch birgt die kleine Rokokokirche Maria de Victoria. Ihre 490 Quadratmeter große Decke versah kein Geringerer als Cosmas Damian Asam im Jahr 1734 mit einem einzigen Riesenfresko.

Kloster Weltenburg Am Durchbruch der Donau durch den Jura beeindrucken den Besucher nicht nur bis zu 75 Meter hohe senkrechte Kalkwände, sondern auch die Pracht der Kirche des ältesten Benediktinerklosters in Bayern. Ihre Barockkirche schufen die Brüder Asam als Gesamtkunstwerk im Sinne einer himmlischen Theaterinszenierung.

Den Donaudurchbruch kann man per Kahn, zu Fuß oder mit dem Motorschiff erleben.

Kelheim Die Hafenstadt an der Mündung der Altmühl in die Donau wird überragt von der monumentalen Befreiungshalle auf dem schon in vorgeschichtlicher Zeit besiedelten Michelsberg. Der 45 Meter hohe Rundbau wurde von Ludwig I. von Bayern nach einer Griechenlandreise ab 1836 errichtet. Von der obersten Galerie bietet sich eine prächtige Sicht auf Donau und Altmühltal. Das Kelheimer Archäologische Museum im spätgotischen Herzogkasten präsentiert die Geschichte des Kelheimer Raumes vom Neandertaler bis zum Mittelalter.

Regensburg Das von den Römern am nördlichsten Punkt der Donau errichtete Castra Regina bildet noch heute das Fundament der gut erhaltenen Altstadt mit ihren vielen an Italien erinnernden Geschlechtertürmen. Der wohl beste Ausgangspunkt für einen Stadtspaziergang ist die Steinerne Brücke aus dem 12. Jahrhun-

dert, ein Meisterwerk hochmittelalterlicher Ingenieurkunst. Am Südrand der Altstadt verdient die ehemalige Klosterkirche St. Emmeram einen Besuch. Ihre romanische Vorhalle entstand um 1170. Die romanische Kirche selbst barockisierten die Brüder Asam bis 1733. Die ehemaligen Stiftsgebäude von St. Emmeram bauten die Fürsten von Thurn und Taxis zum großzügigen Residenzschloss aus.

Die gesamte Regensburger Altstadt mit der Steinernen Brücke und dem Dom St. Peter ist ein Weltkulturerbe der UNESCO (linke Seite oben). Links unten: die Altstadt von Neuburg an der Donau; oben: der Donaudurchbruch bei Kloster Weltenburg.

GASTRONOMIE

🍴 **Donauwörth: »Biergarten Schweizerhof«** An der romantischen Straße gelegen, hat der »Biergarten Schweizerhof« alles, was man braucht: ausreichend gemütliche Plätze im Freien, deftige Brotzeitplatten, Hausmannskost und natürlich reichlich Bier. *(http://biergarten-schweizerhof.com)*

🍴 **Neuburg: »Arco Schlösschen«** Das kleine Schloss auf dem Felsen oberhalb der Stadt Neuburg an der Donau wurde bereits 1805 erbaut und beherbergt heute ein stilvolles Restaurant mit herrlicher Panoramaterrasse. *(www.arco-neuburg.de)*

🍴 **Ingolstadt: »Café Anna«** In der gemütlichen Wohnzimmeratmosphäre des kleinen Lokals schmecken hausgemachtes Eis, Kuchen und kleine Gerichte. *(http://anna-ingolstadt.de)*

🍴 **Kelheim: »Klosterschenke Weltenburg«** Die Lage der Schenke im Benediktinerkloster ist eine ganz besondere. Der Biergarten befindet sich ebenso idyllisch innerhalb des Areals, und natürlich fließt dort das dunkle Bier aus der Klosterbrauerei aus dem Zapfhahn. *(www.klosterschenke-weltenburg.de)*

🍴 **Regensburg: »Storstad«** Die Innenarchitektur folgt einer klaren nordischen Linie und schafft Raum für elegante Gemütlichkeit. Die Speisekarte bleibt ebenfalls reduziert auf pure Aromatik: gehobene Küche mitten in der Stadt mit bestem Blick auf den Regensburger Dom. *(http://storstad.de)*

≋ AKTIV AM WASSER

≋ Bootfahren am Kloster Weltenburg

Das Kloster ist durch seine direkte Lage an der Donau prädestiniert als Anlaufstelle für Boote aller Art. Beliebte Donaupaddeltouren führen zum Beispiel von Vohburg zur Anlegestelle nach Stausacker/Weltenburg, von Neustadt an der Donau nach Stausacker/Weltenburg oder von Hienheim nach Stausacker/Weltenburg. Wer kein eigenes Boot im Gepäck hat, kann sich vor Ort eines ausleihen, z. B. unter *www.erleb nismax.de*

≋ Thermenparadiese

In der Region bieten drei Wellness-Thermen den Besuchern Entspannung: In der Altmühltherme in Treuchtlingen kann man im Jura-Heilwasser baden, in der Limes-Therme in Bad Gögging verwöhnen Mooranwendungen und die Kaiser-Therme in Bad Abbach hat heilsames Schwefelwasser.

≋ Angeln

Nützliche Informationen erteilt u. a. die Internetseite des »Ferienlands Donauries«: *www.ferienland-do nau-ries.de/freizeit/a-z/angeln_in_ donauwoerth-183/*

≋ Spaziergang in die Vorzeit

Das Archäologische Museum in Kelheim zeigt u. a. Exponate von Ausgrabungen des Rhein-Main-Donau-Kanals. *(www.archaeologi sches-museum-kelheim.de)*

⋙ Wandern in der Weltenburger Enge

Der Tourismus-Verband der Stadt Kelheim verzeichnet elf Wanderwege, auf deren Verlauf die Weltenburger Enge und der Donaudurchbruch erwandert werden können. Die Streckenführungen entsprechen unterschiedlichen Schwierigkeitsgraden und Themenschwerpunkten, führen aber allesamt durch die einzigartige Natur des Naturschutzgebiets. *(www.tourismus-landkreis-kelheim.de/region-der-vielfalt/alt muehltal-und-donaudurchbruch/ donaudurchbruch/Wandern-in-der-Weltenburger-Enge)*

Große Bilder: Ruderer auf der Donau bei Kloster Weltenburg am Donaudurchbruch; mit dem Ausflugsschiff vorbei an der ehemaligen königlichen Villa von Maximilian II. in Regensburg. Kleines Bild links: auf der Donaufähre bei Kelheim.

⋙ Römerkastell Abusina

Einst lagerten römische Truppen hier, um die Nordgrenze des Römischen Reiches zu sichern, heute erkennt man den Aufbau des ehemaligen Römerkastells nur noch am steinernen Grundriss. Doch imaginär erwacht mittels Audioelementen an den Schautafeln das Treiben im und um das Kastell wieder zum Leben. Die Ruine kann jederzeit kostenfrei besucht werden. *(Kohortenkastell Abusina, Abusinastraße 1, 93333 Neustadt an der Donau)*

⋙ Mit dem Schiff zur Walhalla

Mehrere Schiffsflotten bieten eine Rundfahrt zur Walhalla an, dem imposanten klassizistischen Bauwerk bei Donaustauf. Die Fahrt (hin u. zurück) von Regensburg aus dauert zwei Stunden. Vor Ort ist ausreichend Zeit für die Besichtigung der Walhalla eingeplant. Informationen unter *https://schifffahrtklinger.de* oder *www.donauschifffahrt.eu*

⋙ Neuburger Schlossfest

Alle zwei Jahre hauchen die Neuburger der Renaissance neues Leben ein, denn dann feiert die ganze Stadt ein Fest wie zu Zeiten des Pfalzgrafen Ottheinrich. Das Spektakel umfasst einen großen Festzug, einen historischen Jahrmarkt, viele Veranstaltungen und ein prachtvolles Feuerwerk. Weitere Informationen unter *www.schlossfest.de*

⋙ Zillenfahrt auf der Donau

Das Übersetzen über die Donau mit einer traditionellen Donau-Zille ist nicht nur für Wanderer und Fahrradfahrer ein besonderes Highlight. Die Wassergefährte verkehren zum Beispiel von Kloster Weltenburg aus zum anderen Ufer. Da es keinen geregelten Fahrplan gibt, heißt es einfach mal abwarten. Informationen erteilt zum Beispiel die Tourist-Information der Stadt Kelheim *(www. kelheim.de)*.

ALTMÜHLTAL

↗ Der Naturpark Altmühltal wird vom Wechsel zwischen schroffen Felspartien und sanften, wacholderbewachsenen Hängen geprägt. Vor zwei Jahrtausenden lag hier die Nordgrenze des Römerreiches. In der erdgeschichtlichen Vorzeit lernte im damaligen Jurameer der Urvogel Archaeopteryx das Fliegen. Heute ist die Altmühl ein beliebter Wanderfluss.

Altmühlsee Der 4,5 Quadratkilometer große See ist Teil des Überleitungssystems von Donau- und Altmühlwasser in das regenarme Regnitz-Main-Gebiet. Sein nordwestliches Ende ist eine geschützte Flachwasserzone, die restliche Seefläche darf wassersportlich genutzt werden.

Graben Wenig nördlich von Treuchtlingen ist das Vorbild für den Rhein-Main-Donau-Kanal zu sehen: die Fossa Carolina, ein unter Karl dem Großen im Jahr 793 begonnener Verbindungskanal von der schwäbischen Rezat zur Altmühl. Der karolingische Kanal ist damit der erste Versuch einer schiffbaren Verbindung zwischen Main und Donau gewesen.

Pappenheim Woran man seine »Pappenheimer« erkennt, das wusste Reichsmarschall Gottfried Heinrich von Pappenheim, dessen Stammburg heute als mächtige Ruine über dem malerischen Städtchen an glanzvollere Zeiten erinnert. Immerhin ist die St.-Galluskirche im Friedhof an der Altmühlbrücke der älteste Bau Frankens, der im 9. Jahrhundert als Filiale des Klosters St. Gallen begonnen

wurde. Ihr spätgotischer Flügelaltar entstand um 1520, das Sakramentshäuschen 1486.

Solnhofen Welche Schätze die Jurasteine bergen, ist nirgendwo so schön wie im Bereich der Solnhofener Lithosteinbrüche zu sehen. Seit der Erfindung der Lithografie durch Alois Senefelder werden hier Schieferplatten und Plattenkalk in seltener Reinheit gebrochen. Im Bürgermeister-Müller-Museum ist die Geschichte der Lithografie dokumentiert; außerdem sind Fossilien zu sehen. Nicht minder informativ ist das Museum auf dem Maxberg in Mörnsheim. Gezeigt wird die Geologie des Plattenkalks und die Verwendung der Platten seit der Römerzeit bis zur Nutzung für die Lithografie.

Eichstätt Der Hauptort des Oberen Altmühltals war seit dem 8. Jahrhundert Bischofssitz und bis 1802 fürstbischöfliche Residenzstadt. Um den Dom gruppiert sich die geistliche Stadt, deren barockes Bild von drei Hofbaumeistern geprägt wurde: Jakob Enge schuf den Westflügel der Residenz, Gabriel de Gabrieli den Südflügel, die Sommerresidenz und den Residenzplatz. Maurizio Pedetti war für das Treppenhaus in der Residenz und den Marienbrunnen am Residenzplatz verantwortlich. Der Dom hat romanische Türme, ein gotisches Schiff und eine barocke Westfassade. Sein bedeutendstes Ausstattungsstück ist der 9,5 Meter hohe, um das Jahr 1490 gestiftete und aus Kalkstein gearbeitete Pappenheimer Altar. Die schöne barocke Fürstbischöfliche Residenz ist heute als Museum zugänglich. In der Willibaldsburg sind das Jura-Museum und das Ur- und Frühgeschichtliche Museum untergebracht. Der Mittelpunkt der bürgerlichen Stadt ist das spätgotische Rathaus (1444) mit dem Willibaldsbrunnen. Sehenswert ist auch das etwas außerhalb der Stadt gelegene Figurenfeld im

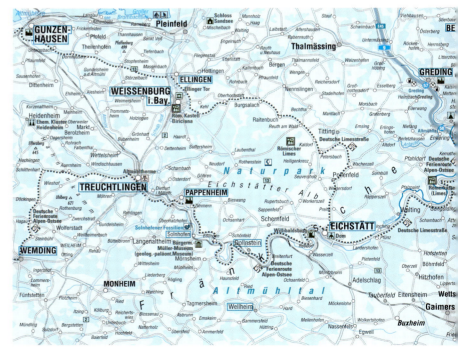

Hessental: Zwischen Eichstätt und Landershofen schuf der Künstler Alois Wünsche-Mitterecker aus 78 Plastiken ein Mahnmal gegen Krieg und Gewalt.

Kastell Vetoniana bei Pfünz
Wie die Römer einen Flussübergang sicherten, ist am Beispiel des Kastells Vetoniana besonders gut zu sehen. Das 42 Meter über der Talsohle gelegene Kastell für 500 Soldaten sicherte den Übergang über die Altmühl an der Stelle, an der noch heute die uralte Steinbrücke steht. Aus den römischen Ruinen wurde ein

karolingisches Königsgut und schließlich ein Barockschlösschen der Bischöfe von Eichstätt.

Beilngries In dem mehr als ein Jahrtausend alten Städtchen sind noch Teile des Mauerrings, des Stadtgrabens, der Türme und Wehrgänge aus dem 15. Jahrhundert erhalten. Auf einem Bergsporn thront das spätmittelalterliche Schloss Hirschberg. Im frühen 11. Jahrhundert war hier der Sitz der Grafen von Hirschberg. 1305 fiel die Burg an das Hochstift Eichstätt und wurde bis 1764 zur Sommerresidenz der

Fürstbischöfe ausgebaut. Im Felsenkeller vermittelt ein Brauereimuseum alte Brautechnik.

Riedenburg Die gut erhaltene Rosenburg geht auf das 13. Jahrhundert zurück. Die Wohnbauten stammen aus dem 16. Jahrhundert. Heute ist auf der Burg der Bayerische Jagdfalkenhof untergebracht.

Burg Prunn Die schönste Burg im ganzen Altmühltal thront auf einem 70 Meter hohen Felsen unmittelbar über dem Fluss. Errichtet wurde die Burg von Graf

Wernherus de Prunne schon vor 1037. Ende des 13. Jahrhunderts entstand der mächtige quadratische Bergfried mit seinen drei Meter dicken Buckelquadermauern. Die ehemalige Wachstube zieren spätgotische Fresken. Heute ist die Burg als Burgmuseum zugänglich.

Bilder oben, von links: Blick auf die Altstadt von Eichstätt an der Altmühl; Ausflugsschiff bei Burg Prunn; die Felsgruppe »Zwölf Apostel« im Naturschutzgebiet Juratrockenhang.

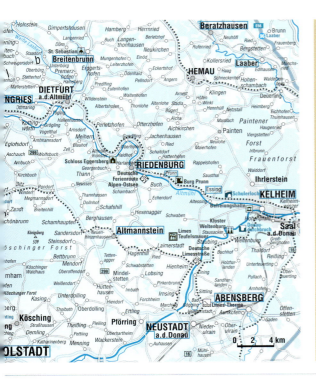

AKTIV AM WASSER

Fossiliensuche

Im Hobby-Steinbruch Solnhofen kann man auf Fossiliensuche gehen. Welche Prachtstücke in den Steinen verborgen sind, zeigen das Bürgermeister-Müller-Museum und das Museum beim Solnhofener Aktien-Verein. (*www.naturpark-altmuehl tal.de/sehenswertes/hobby-stein bruch_solnhofen-19262/*)

Dinosauriermuseum Altmühltal

Wer bislang noch nicht wusste, dass es im Altmühltal noch Dinosaurier gibt, kann sich auf dem 1,5 Kilometer langen Erlebnispfad des Museums selbst davon überzeugen. Über 70 große und lebensechte Nachbildungen der Riesenechsen schauen dort zwischen Bäumen und Blättern hervor und wirken täuschend echt. Auch im Mitmach-Areal und im Museum bringt der Park großen und kleinen Besuchern die Urzeit und ihre Bewohner näher. (*https://dino park-bayern.de*)

Vogelinsel im Altmühlsee
Der nordwestliche Teil des Altmühlsees ist Flachwasserzone und ausgewiesenes Vogelschutzgebiet mit absolutem Betretungsverbot. Einzig ein Rundweg, von dem aber keinesfalls abgewichen werden darf, erschließt das Gebiet. Mittwochs und sonntags jeweils um 16 Uhr kann man auch an einer Vogelinselführung teilnehmen *(Tel. 09831/48 20)*.

Klettergarten Prunn
Mit seinen optimalen Bedingungen begeistert das Altmühltal Sportkletterer schon lange. Der Kalkfelsen Prunner Wand im südlichen Frankenjura erreicht eine maximale Höhe von 40 Metern, bietet unterschiedliche Routen von leicht bis mittelschwer und eignet sich gut für kletterfreudige Familien. Der Klettergarten liegt außerdem schön in der Sonne. *(http://felsinfo.alpen verein.de/kletterfelsen/suedlicher_ frankenjura/unteres_altmuehltal/ prunner_wand.html)*

»Schiff ahoi« im Altmühltal
Von Kelheim nach Riedenburg und retour ist ein Linienschiff fahrplanmäßig unterwegs. Außerdem gibt es Verbindungen von Kelheim zum Kloster Weltenburg und dem Donaudurchbruch. Zudem finden zahlreiche Sonderfahrten mit Tanz- und Musikveranstaltungen statt. Weitere Informationen zu Fahrplan und Veranstaltungsprogramm unter *https://schiffahrt-kelheim.de*

Drei-Burgen-Park an der Schambach
Diese Gartenanlage tut Leib und Seele gut, denn wer sich in der Kneippanlage erfrischt, im Outdoor-Fitnesspark trainiert und den Barfußpfad durchwandert hat, kann sich anschließend mit gutem Gewissen in der Sonne entspannen.

Naturpark Altmühltal
Im Parkgebiet sind über 300 Höhlen bekannt. Gleich drei finden sich im Bereich der Gemeinde Essing: die Klausenhöhle, das Schulerloch und die Kastlhanghöhle. Das Schulerloch ist eine 400 Meter tiefe Tropfsteinhöhle, die im Sommer täglich geöffnet ist.

Drachenfliegen
Schon seit Ende der 1980er-Jahre existiert in Jachenhausen bei Riedenburg eine Startrampe für Drachenflieger. Wer nicht selbst über dem Teufelsfelsen kreisen will, kann die Piloten bei ihren Vorbereitungen beobachten. *(https://rieden burg.de/tourismus-kultur/aktiv urlaub/drachenfliegen)*

Das Seezentrum Wald am Altmühlsee (großes Bild oben) bietet Erholungsuchenden einen tollen Sandstrand (oben links). Die Altmühl entlang führen schöne Ragwege wie etwa der zur Burg Prunn (links, Mitte). In Hagenacker bei Dollnstein kann man den Fluss mit dem Kanu erkunden (links unten).

↗ **Drei Bergregionen liefern der Naab und ihren Nebenflüssen Wasser: Der Oberpfälzer Wald speist die Waldnaab, die Pfreimd und die Schwarzach, aus dem Fichtelgebirge kommen die Fichtelnaab und die Heidenaab, der Oberpfälzer Jura schließlich steuert die Vils und die Lauterach bei. Westlich von Regensburg mündet die Naab schließlich nach 165 Kilometern in die Donau.**

Ochsenkopf An der Südseite des 1024 Meter hohen Ochsenkopfes, des zweithöchsten Bergs des Fichtelgebirges, entspringt die Fichtelnaab. Der Ochsenkopf ist berühmt für seine Aussicht. Wanderer, Mountainbiker, Sommerrodler und Kletterer finden hier ein Dorado vor.

Tirschenreuth Der Hauptort an der Waldnaab mit seinem rechtwinkligen Straßenplan und dem lang gezogenen Marktplatz erhielt sein Stadtrecht bereits im Jahr 1364. Das Rathaus ist ein Renaissancebau von 1583, die Pfarrkirche stammt aus dem 13. Jahrhundert. In der Wallfahrtskirche »Zur Schmerzhaften Muttergottes« gibt es einen spätgotischen Flügelaltar mit der seltenen Darstellung des Kalvarienberges zu entdecken. In der Nähe ragt hoch über der Waldnaab Burg Falkenberg auf.

Windischeschenbach Das Städtchen am Zusammenfluss von Fichtel- und Waldnaab wird überragt von der Burg Neuhaus mit ihrem viergeschossigen Wohnbau samt Wehrgang und Seitenflügel und einem 23 Meter hohen runden Bergfried.

Neustadt an der Waldnaab Hier residierten von 1558 bis 1806 die Fürsten Lobkowitz. Ihr altes Schloss mit seinen drei Pfeilerarkaden und dem hohen, spitzen Giebel ziert den lang gestreckten Marktplatz. Das Neue Schloss im Stil des italienischen Barock wurde nur noch in Teilen fertiggestellt. Jenseits der Waldnaab liegt auf halber Höhe die im Jahr 1735 von der Fürstenfamilie gestiftete Wallfahrtskirche St. Felix. Sie überrascht mit einem kleeblattförmigen Chor für die Mönche und einem quadratischen Raum mit abgerundeten Ecken für die Laien.

Die Decke der Kirche ist mit zahlreichen Szenen aus dem Leben des hl. Felix ausgemalt.

Weiden Der Hauptort der nordöstlichen Oberpfalz erhielt sein Stadtrecht bereits 1241 und seinen Reichtum durch die Lage an der Kreuzung der Goldenen Straße (Prag-Nürnberg) und der Handelsstraße Regensburg-Leipzig. Weidens Stadtbild ist bis heute geprägt von malerischen Giebelhäusern aus dem 16. und 17. Jahrhundert. Sie säumen den breiten Straßenmarkt, der die annähernd rechteckige Altstadt durchschneidet. Seine Mitte ziert das bis 1545 im Renaissancestil

errichtete Rathaus, dessen achteckiger Turm noch aus dem 16. Jahrhundert stammt. Die Pfarrkirche St. Michael war ursprünglich eine gotische Hallenkirche, wurde jedoch bis 1762 neu im Barockstil gestaltet.

Pfreimd Der Ort an der Mündung des gleichnamigen Nebenflusses der Naab war ab 1332 die Residenz der Landgrafen von Leuchtenberg. Reste ihres einstigen Schlosses dienen heute als Rathaus. Die Pfarrkirche ist ein Schmuckstück für sich, sie entstand bis 1688 als katholisches Bollwerk an der »Front zu Luthertum und Calvinismus«.

Die ein wenig östlich im Tal der Pfreimd gelegene Burg Trausnitz stammt aus dem 13. Jahrhundert. 1322 saß hier Herzog Friedrich der Schöne von Österreich nach seiner Niederlage gegen die Bayern in Gefangenschaft.

Nabburg Die Altstadt thront auf einer steilen Bergzunge auf dem rechten Steilufer über der Naab. Die Siedlung war bereits im 10. Jahrhundert wie eine Burg befestigt, im 15. Jahrhundert waren die Befestigungen erneuert und verstärkt worden – was jedoch weder gegen die Hussiten noch im Dreißigjährigen Krieg wirklich half. Die Pfarrkirche aus der ersten Hälfte des 14. Jahrhunderts präsentiert sich als hohe dreischiffige Basilika mit zwei Chören.

Schwandorf Trotz großer Kriegsschäden präsentiert sich heute Schwandorfs historischer Marktplatz wieder nahezu unversehrt. Stattliche Bürgerhäuser mit schönen Schwung- oder Treppengiebeln geben ihm ebenso seinen Reiz wie die Nordseite der Pfarrkirche St. Jakob. Sie entstand um 1400 als gotische Hallenkirche. Ihren massiven Turm erhielt sie 1483, die barocke Haube kam dagegen erst im 17. Jahrhundert dazu. Das doppeltürmige Marienmünster auf dem 408 Meter hohen Kreuzberg wurde im Krieg ebenfalls zerstört, doch 1952 wiedererrichtet.

Kallmünz Die »Perle der Oberpfalz« an der Mündung der Vils in die Naab präsentiert sich als romantisches Ensemble aus Fluss, hoch darüber thronender Burg und an den Berghang geduckten Häusern. Der steile Bergsporn zwischen Vils und Naab diente den Kelten als Fliehburg. Die erste Burg ist für das Jahr 983 belegt. Ab dem 12. Jahrhundert diente sie den Wittelsbachern als Vogtei, im Dreißigjährigen Krieg wurde sie von den Schweden zerstört. Erhalten blieben Teile der spätgotischen Zwingmauer sowie des inneren, turmbewehrten Rings aus dem 13. Jahrhundert. Vom alten Bergfried kann man heute wieder die Aussicht genießen.

GASTRONOMIE

👨‍🍳 **Tirschenreuth: Restaurant im »Hotel Seenario«** In der Idylle des ehemaligen Gartenschaugeländes stellen sich auf der ausladenden Sonnenterrasse des Lokals direkt am Wasser sofort Urlaubsgefühle ein. (https://hotel-seenario.de)

👨‍🍳 **Wernberg-Köblitz: Hotel & Landgasthof »Burkhard«** Dieses Gasthaus wartet mit einer sehr geschmackvoll-rustikalen Wirtsstube und mit einem schattig-gemütlichen Biergarten auf: Alle, die gutbürgerliche Küche in der passenden Umgebung genießen wollen, sind hier richtig. (https://hotel-burkhard.de)

🍺 **Weiden: » Gasthausbrauerei BräuWirt«** In dem traditionsreichen Gasthaus in einem historischen Gebäude gibt es regionale Spezialitäten und selbst gebraute Zoigl-Biere. (www.braeuwirt.de)

🍺 **Schwandorf: »Café Zuckerpuppe«** Bei Torten und Patisserie wird der Start in den Tag zum zuckersüßen Erlebnis. Die Frühstückskarte bietet aber auch denjenigen etwas, die morgens lieber deftig essen. (www.zuckerpuppe.cafe)

👨‍🍳 **Kallmünz: »Landgasthof zum Birnthaler«** Vor allem bei sonnigem Wetter sitzt man draußen schön im Garten. Eltern genießen in Ruhe den Blick auf die Naab, solange ihre Kinder den großen Spielplatz bevölkern. (www.landgasthof-birnthaler.de)

Links oben: Burgruine über dem Markt Kallmünz; unten: Schwandorf mit der Kirche St. Jakob; Blick auf Neustadt.

AKTIV AM WASSER

Drachenbootfahrten

Auf dem Steinberger See bietet sich ein Seefahrterlebnis. Das 21-Personen-Boot wird von 14 Mitfahrern gepaddelt. *Buchung bei Movin' G'round (Tel. 09431/75 92 42)*

Auf der Naab macht eine Fahrt mit dem Kanadier jede Menge Spaß (großes Bild). An schönen Herbsttagen lädt Burg Neuhaus, in der heute das Waldnaabtal-Museum untergebracht ist, zu einem Besuch ein (kleines Bild rechts). Rechts oben: Blick auf Kallmünz.

Bootswandern

Auf der knapp 100 Kilometer langen Naab können Wassersportfreunde in fünf Etappen von Luhe bis nach Regensburg mit dem Boot »wandern«. Informationen zur Route unter *www.oberpfaelzerwald.de/ bootswandern-auf-der-naab-2* Außerdem können an diversen Stellen Kanus oder Kajaks ausgeliehen werden. Zu den Anbietern zählen z. B. Erlebnismax *(http://erlebnismax.de)* und Kanuschorsch *(www. kanuschorsch.de)*.

Naabtal-Radweg

Der 100 Kilometer lange markierte Radweg zwischen Mariaort und Luhe-Wildenau führt entlang der Naab an den historisch interessanten Orten vorbei. Er folgt weitgehend dem natürlichen Flusslauf. Zu den Besonderheiten des Radwegs zählen die vielen Burgen wie etwa Wernberg und Lengenfeld oder die Burgruine Kallmünz. Wer zwischendrin eine Fahrpause machen will, der kann Teile der Strecke auch mit dem Zug zurücklegen. *(http://naab talradweg.de)*

≈ Oberpfälzer Seenland

Zwischen Schwarzenfeld und Schwandorf erstreckt sich eine Seenlandschaft. Über die Wassersportmöglichkeiten informiert der Zweckverband Oberpfälzer Seenland in Wackersdorf (*www.ober pfaelzer-seenland.de*)

≈ Teufelsküche Tirschenreuth

Was sich schauerlich anhört, bezeichnet in Wirklichkeit übereinandergelagerte Granitfelsen, die bei einer gemütlichen Wanderung entlang des kleinen Baches zu bestaunen sind. Der Teufel hat es wohl nicht so mit der Ordnung in seiner Küche. Informationen zum Weg: *www.stadt-tirschenreuth.de*

≈ Oberpfälzer Burgenweg

Eines der schönsten Teilstücke auf dem insgesamt 180 Kilometer langen Weg führt entlang der Waldnaab zwischen Falkenberg und Windischeschenbach. Die 16 Kilometer lange Strecke führt durch das Naturschutzgebiet Waldnaabtal mit seinen wuchtigen Granitfelsformationen. Die Burg Neuhaus aus dem 13. Jahrhundert lockt mit einem Heimatmuseum. (*www.owv-hv.de*)

≈ Geschichtspark Bärnau

Im Freilichtmuseum in Bärnau-Tachiv lässt sich ein ganz authentischer Blick auf das Leben im Mittelalter werfen. In den historischen Rekonstruktionen eines frühmittelalterlichen slawischen Dorfs und einer hochmittelalterlichen Siedlung leben Living-History-Darsteller den Besuchern Geschichte hautnah vor. (*www.geschichtspark.de*)

≈ Räuberhöhle Etterzhausen

Die große Karsthöhle zwischen Etterzhausen und Penk war einst eine keltische Kultstätte. Später diente sie ob ihrer guten Lage oberhalb der Naab als Basislager für allerlei Gesindel, das von hier aus seine Raubzüge startete. Wer die Höhle besichtigen will, tut dies wegen der schönen Stimmung am besten bei Sonnenuntergang.

≈ Erlebnisholzkugel am Steinberger See

Architektur, die begeistert: Der Turm in Kugelform bietet auf mehreren Ebenen Erlebnis- und Bewegungsstationen und eine herrliche Aussicht über die Region. (*www. dieholzkugel.de*)

TAL DES REGEN

↗ **Den Regen gibt es gleich fünfmal: Im Böhmischen entspringen der Große und der Kleine Regen, die in Zwiesel zusammenkommen und als Schwarzer Regen weiterfließen. Aus dem Kleinen Arbersee fließt der Weiße Regen, der sich mit dem Schwarzen Regen bei Blaibach endlich zum Regen vereint, der im Regensburger Stadtgebiet in die Donau einmündet.**

Großer Arber Der 1456 Meter hohe »König des Bayerwaldes« speist auf seiner Nordseite den Weißen Regen und auf seiner Südostseite den aus Tschechien kommenden Großen Regen. Von seinem unbewaldeten Gipfel bietet er dem Besucher einen ungehinderten Rundblick über das unendliche Waldmeer.

Zwiesel Die traditionsreiche Glasmacherstadt liegt am Zusammenfluss (»Zwiesel«) des Großen und des Kleinen Regen. Als Mittelpunkt der Glasbläserei im Bayerisch-Böhmischen Wald erhielt sie bereits im Jahr 1471 das Marktrecht.

Regen Das Ortsbild der Kreisstadt am Schwarzen Regen ist bis in die Gegenwart beherrscht von der Pfarrkirche St. Michael, deren wuchtiger romanischer Turm bis auf den Anfang des 13. Jahrhunderts zurückgeht. Ein optischer Gegenpol zur Pfarrkirche ist die Burgruine Weißenstein auf einem Quarzfelsen des Pfahls. Gebaut wurde die Anlage ab der Mitte des 12. Jahrhunderts; dem Verfall überlassen ist sie seit 1742. Bäume aus Glas – tolle Kunstwerke im Bayerischen Wald – können Besucher am Fuß der Burgruine bewundern.

Viechtach Das über 900-jährige Städtchen am Schwarzen Regen hat ein barockes Rathaus aus dem 17. Jahrhundert und eine Rokokopfarrkirche von 1760. Die Spitalkirche (14. Jh.) beherbergt ein Kristallmuseum.

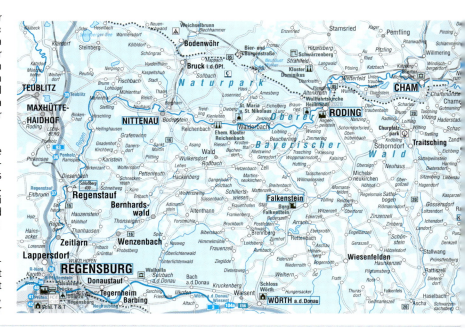

Pfahl Das weithin sichtbare Quarzriff gehört zu den bedeutendsten geologischen Naturdenkmälern Bayerns. Am markantesten ist der »Große Pfahl« bei Viechtach an der B 85 Richtung Cham sowie bei der Burgruine Weißenstein (Regen) und beim Schloss Thierlstein (Cham).

Kötzting Das Städtchen am Weißen Regen war einst das Stiftungsgut des Klosters Rott am Inn und besitzt noch heute unmittelbar am Weißen Regen eine intakte Kirchenburg, bestehend aus dem Schloss, der Pfarrkirche, der Kapelle St. Anna und

dem bewehrten Friedhof. Über dem Zusammenfluss von Weißem und Schwarzem Regen thront die Wallfahrtskirche Weißenregen. Sie entstand um das Jahr 1750, um dem geschnitzten Gnadenbild aus dem 14. Jahrhundert einen würdigen Rahmen zu geben.

Cham Das heutige Städtchen gründete 1220 Herzog Ludwig der Kelheimer. Von der mittelalterlichen Stadtbefestigung sind noch der Straubinger Turm und das Biertor aus dem 14. Jahrhundert erhalten. Das spätgotische Rathaus schmückt sich mit

einem Stufengiebel und einer Uhr mit Tierkreiszeichen. In Chammünster war die heutige Pfarrkirche (13.–15. Jh.) einst das Münster der 748 gegründeten Benediktinerabtei.

Kloster Reichenbach am Regen Die Klosterkirche aus dem 12. Jahrhundert ist im Grunde romanisch. Heute beeindruckt die dreischiffige Pfeilerbasilika mit zwei spätromanischen Spitztürmen vor allem durch ihre prachtvolle Barockausstattung.

Roding Der Ort wurde schon im Jahr 844 als Königshof erwähnt.

Interessant ist der ehemalige Karner aus dem 12. Jahrhundert. Das Rathaus stammt von 1755 und beeindruckt mit geigenförmigen Fenstern und einem geschweiften Giebel.

Kloster Reichenbach (linke Seite) ist das Wahrzeichen des gleichnamigen Ortes am Regen. Oben: Blick nach Weißenregen, ein Ortsteil der Stadt Bad Kötzting; am Regen liegt auch die Kirche St. Pankratius in Roding.

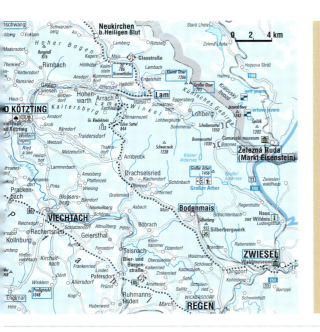

AKTIV AM WASSER

Höllensteinsee
Der See zwischen Viechtach und Bad Kötzting entstand, als der Schwarze Regen in den 1920er-Jahren im Zuge des Höllenstein-Kraftwerkbaus aufgestaut wurde. Heute können Besucher im Tret- oder Ruderboot über das Wasser schippern, die Angelrute auswerfen oder sich über die weltweit einzige Fischschleuse am Wasserkraftwerk informieren. Weitere Informationen unter *http://hoellensteinsee.com*

Naturbad Stamsried
Das sehr schön angelegte Naturbad hat nicht nur Badespaß im Wasser ohne chemische Zusätze zu bieten, sondern liegt auch noch idyllisch inmitten des barocken Schlossparks von Stamsried. *(www.naturbad-stamsried.de)*

Wandern rund um den Großen Arber
Bei Schnee gleiten Wintersportler über die Hänge am Großen Arber ins Tal, im Sommer ist die Region ein beliebtes Wandergebiet. Verschiedene Routen führen auf den Gipfel und rund um den Berg, doch auch mit der Arber-Bergbahn lässt sich der höchste Punkt erreichen. *(www.arber.de)*

Regenschleife bei Chamerau
Zwischen Chamerau und Chammünster kann man die großen Schleifen des Regen im weiten Wiesengelände unmittelbar erleben. Der Satzdorfer See bietet darüber hinaus ein weitläufiges Freizeitgelände. Informationen unter *www.cham.de/Kultur-Freizeit/Freizeit/Freizeitangebote*

⬎ Regental-Radweg

Startpunkt des familienfreundlichen Radwegs ist Regensburg, Zielpunkt Bayerisch Eisenstein. Dazwischen liegen Nittenau, Roding, Cham, Miltach, Viechtach, Regen und Zwiesel. Kurzzeitig muss etwas stärker in die Pedale getreten werden, wenn die Steigung leicht zunimmt. Informationen unter *www.bayerischerwald.de/Urlaubsthemen/Mountain bike-Fahrrad-E-Bike/Fernradwege/Regental-Radweg*

⬎ Bauerngolf in Cham-Altenmarkt

Lust auf eine Partie Golf? Dann Besenstiel gepackt, Holzschuh unten befestigt und los geht das Spiel. Ziel ist es, einen Ball mit möglichst wenigen Schlägen durch den vorgegebenen Parcours in den Regentalauen zu bugsieren. *(www.bauern golf-altenmarkt.de)*

⬎ Naturlehrpfad Großer Pfahl

Der Bayerische Wald hat mit dem Pfahl eine echte geologische Besonderheit zu bieten, denn dieses etwa 150 Kilometer lange Quarzriff gilt als einmalig. Besonders markant erhebt sich der Große Pfahl bei Viechtach in den Himmel. Der Pfahl steht unter Naturschutz, was ein Segen für die Artenvielfalt der hiesigen Flora und Fauna ist. Der Naturerlebnispfad Großer Pfahl führt auf gut zwei Kilometern durch die Region und vermittelt auf Infotafeln Wissenswertes. Informationen erteilt die Pfahl-Infostelle in Viechtach *(Altes Rathaus, Stadtplatz 1)*.

Der Schwarze Regen wird am Höllensteinsee aufgestaut und treibt dort ein Kraftwerk an (großes Bild). Der Große Arber (linke Seite) ist das Ziel vieler Gipfelstürmer; Radfahrer blicken staunend auf den Berg (kleines Bild oben). Der Regen bietet Touren für Paddler und Kanadierfahrer (links oben).

UNTERE DONAU

↗ **Auf ihrem Weg zur österreichischen Grenze wird die Donau zum schiffbaren Strom, der sich zwischen dem fruchtbaren Gäuboden und den Ausläufern des Oberpfälzer und des Bayerischen Waldes dahinschlängelt. Naab, Regen und Ilz kommen aus den Wäldern des Nordens; Isar, Vils und Inn bringen Verstärkung aus dem Tiroler Karwendel und dem schweizerischen Engadin.**

Walhalla Flussabwärts von Regensburg thront oberhalb von Donaustauf die von König Ludwig I. von Bayern bis 1842 errichtete Walhalla. Gebaut nach dem Vorbild des Athener Parthenon, sollte sie ein »Ruhmestempel der Deutschen« sein.

Straubing Das römische Sorviodurum war das noch heute sichtbare Fundament der Straubinger Altstadt. Wahrzeichen der Gäubodenstadt ist ihr achtstöckiger, 68 Meter hoher Stadtturm aus dem 14. Jahrhundert. Er bietet den schönsten Blick auf die mittelalterliche Stadtanlage und ihr Umland. Der Stadtplatz repräsentiert mit seinen barocken und klassizistischen Fassaden das stolze Selbstbewusstsein der Bürger ebenso wie das gotische Rathaus von 1382. Die schönste Kirche der Stadt ist St. Jakob auf der Nordseite des Theresienplatzes. Sie zählt zu den bedeutendsten Kirchen der Backsteingotik in Altbayern und glänzt mit spätgotischen Glasgemälden. Die schönste Stadtkirche aber ist die der Ursulinen, die den Übergang vom Barock zum Rokoko zeigt. Mit Fresken und Gemälden der Brüder Asam ausgestattet, ist sie ein wahres Schatzkästlein.

Bogen Wo Bogen und Mehnbach in die Donau münden, hausten einst die Grafen von Bogen, die weißblaue Rauten in ihrem Wappen hatten. Im Jahr 1242 kam die Grafschaft durch Heirat an die Wittelsbacher und mit ihnen auch die bayerischen Rauten. Die Kirche auf dem Bogenberg ist das Ziel der Kerzenwallfahrt. Im westlichen Vorort Oberaltteich lohnt die ehemalige Benediktinerklosterkirche einen Besuch. Sie geht auf das 12. Jahrhundert zurück; der rechte Seitenaltar ist ein Werk von Cosmas Damian Asam.

Kloster Metten Die barocke Kirche St. Michael des Benediktinerklosters ist eine imposante Wandpfeileranlage. Das Gemälde des Hochaltars ist ein Werk von Cosmas Damian Asam und zeigt den Sturz Luzifers. Ein Höhepunkt bayerischen Barocks ist die 1720 fertiggestellte Klosterbibliothek. Mächtige Gestalten tragen die Marmorgesimse und Gewölbe. Die farbenprächtigen Wandmalereien zeigen Motive aus Büchern der Bibliothek.

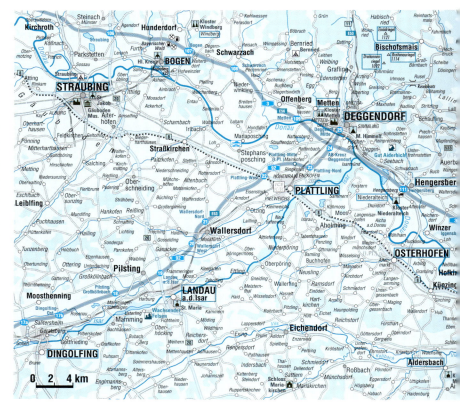

Deggendorf Das Eingangstor zum Bayerischen Wald präsentiert sich mit einem typisch altbayerischen Stadtkern mit spätgotischem Rathaus, schönem Stadtplatz und der Heiliggrabkirche, einer dreischiffigen Basilika von 1360.

Niederalteich Das Benediktinerkloster St. Mauritius war im Mittelalter eines der bedeutendsten Klöster in Bayern. Nach einem Brand wurde die Kloster-

kirche ab 1718 unter der Leitung von Johann Michael Fischer neu errichtet. Zarter Stuck nach italienischem Vorbild und reiche Freskenzyklen in den Deckenfeldern zeichnen diese urbayerische Kirche aus.

Osterhofen Wer einen der prunkvollsten Kirchenbauten des bayerischen Barock erleben möchte, sollte die ehemalige Prämonstratenserklosterkirche St. Margaretha besuchen. Mit Johann Michael Fischer als Baumeister und den Brüdern Asam als Malern, Bildhauern und Stuckateuren wirkten hier drei der bedeutendsten Künstler ihrer Zeit zusammen und schufen bis 1740 ein Gesamtkunstwerk von höchstem Rang.

Passau Die Bischofsstadt an der Mündung von Inn und Ilz in die Donau war schon von den Kelten besiedelt. Die Römer hatten hier ihr Batava. Bonifatius machte die Stadt 739 zum Bischofssitz. Besonders eindrucksvoll ist der Dom St. Stephan, der die Spätgotik in seinem Ostchor und dem Querhaus mit schwerem italienischen Barockstil im Westteil vereint. Die Empore birgt mit 17 774 Pfeifen und 223 Registern die größte Orgel Europas. Zwölf Jahrhunderte Bischofsherrschaft haben ihre Spuren in der Alten und Neuen Residenz hinterlassen.
Auch die Veste Oberhaus ist ein Werk der Bischöfe, die hier ihre Zwingburg auf dem Felsrücken zwischen Donau und Ilz bauten. Benutzt wurde sie immer dann, wenn der Bischof mit den Bürgern Streit hatte, wobei beide Seiten auch mit Kanonen aufeinander schossen.
Hoch über dem rechten Ufer des Inn erhebt sich mit einer Turmbekrönung die 1627 erbaute Wallfahrtskirche Mariahilf. Sie wurde errichtet, um eine Kopie eines Innsbrucker Gnadenbildes von Lukas Cranach aufzunehmen. Vom Kirchenvorplatz öffnet sich ein weiter Blick über die Stadt, die Mündung von Inn und Ilz und auf die Veste Oberhaus.

Aus der schönen Passauer Altstadtsilhouette ragen die Türme des Doms St. Stephan hervor (linke Seite). Die Walhalla, entworfen von Leo von Klenze, thront am Ufer der Donau (oben). Die Bibliothek von Kloster Metten bei Deggendorf ist in üppigem Barock ausgestattet (links).

≈ AKTIV AM WASSER

Auf der Donau unterhalb der Walhalla verkehren Fahrgastschiffe (großes Bild). Der Fluss hält bei Passau einige Aktivitäten für Wassersportler bereit wie etwa Kajakfahren (kleines Bild rechts). Die Stadt Passau liegt malerisch an der Donau (rechts, kleines Bild oben). Diese Radlerin überquert auf dem Donau-Radweg den Inn (rechte Seite, unten).

≈ Schwefelquelle Bad Höhenstadt

Im Kurpark des Ortes sprudelt Deutschlands stärkste Schwefelquelle aus der Erde. Rundherum wurden deshalb Tretbecken errichtet, die neben dem Schwefel- auch Moorwasser enthalten. Gesundheitsbewusste Besucher haben hier ganzjährig kostenfrei Zutritt. (*www.fuerstenzell.de/de/freizeit-gaeste/tourismus-gastronomie/sehenswertes*)

≈ Donau-Radweg

Eine Etappe des Klassikers unter den Radwegen führt von Straubing über Bogen, Irlbach und Metten nach Deggendorf. Wer diesen 40 Kilometern noch mal 60 anhängen will, kann über Niederaltaich, Hofkirchen und Vilshofen bis Passau weiterstrampeln. Der Weg führt an kulturellen Sehenswürdigkeiten wie den Klöstern Metten und Niederaltaich vorbei und durch die schöne Landschaft an der Unteren Donau. (*http://donau-radweg-etappen.com*)

≈ Vogelbeobachtungsturm im Naturschutzgebiet Winzerer Letten

Die Wechselwasserzonen des Donaualtwassers bei der Ortschaft Winzer bilden einen für Vögel einmaligen Lebensraum: Silberreiher, Blaumeisen und Eisvögel können Hobbyornithologen hier unter anderem beobachten. Zu diesem Zweck wurde ein Aussichtsturm errichtet, zu dem zwei Wanderwege führen.

⪢ Donau in Flammen in Vilshofen

Jedes Jahr am zweiten Wochenende im Juli wird der Nachthimmel in bunten Farben erleuchtet, die sich in der Donau widerspiegeln. Musikalische Klänge begleiten das große Feuerwerk und auf der Promenade von Vilshofen herrscht Festivalstimmung. Ein besonders Erlebnis ist es, das Spektakel vom Schiff aus zu bestaunen. Informationen unter *www.vilshofen.de/index.php/events/donau-in-flammen* oder auf *www.donauschifffahrt.eu/donau-in-flammen-ab-passau*

⪢ Erlebnisthermen

Bad Griesbach, Bad Füssing und Bad Birnbach bieten ihren Gästen jeweils moderne Thermenlandschaften mit unterschiedlichen Wellnessangeboten zum Entspannen. *(www.wohlfuehltherme.de; www.europatherme.de; www.badbirnbach.de/rottal-terme)*

⪢ Schwimmender Christkindlmarkt

Jedes Jahr findet an den ersten drei Adventswochenenden ein ganz besonderer Adventsmarkt in Vilshofen statt: Ein Teil des Markts wird entlang der Uferpromenade aufgebaut, der andere an Bord eines Personenschiffs. Attraktionen wie die »größte Brettkrippe der Welt« sind vor dieser mit unzähligen Lichtern erhellten Kulisse nur noch das Tüpfelchen auf dem i. *(www.vilshofen.de/index.php/events/schwimmender-christkindlmarkt)*

⪢ Skulpturenrundgang durch Vilshofen

»Moderne Kunst trifft historische Altstadt«: Unter diesem Motto schufen Künstler mehrere Skulpturen, die während eines Spaziergangs an der Donau entlang bewundert werden können. Weitere Informationen unter *www.vilshofen.de/index.php/kunst-kultur/galerien-ausstellungen/skulpturenpark*

⪢ Donauschifffahrt in Passau

Die Drei-Flüsse-Stadt Passau ist der ideale Ausgangspunkt für einen Schiffsausflug, z. B. in das österreichische Weingebiet Wachau. Informationen erhält man bei der Donauschifffahrt Wurm & Noé in Passau *(Tel. 0851/92 92 92; www.donauschifffahrt.eu)*

⪢ Beim Golf neue Energie tanken

Deutschlands erster Feng-Shui-Golfplatz lädt seine Gäste zu einer 18-Loch-Runde vor der traumhaften Kulisse des Rottals ein. Eine Ausrichtung der Anlage nach der Fünf-Elemente-Lehre, der Mix aus asiatischen und heimischen Pflanzen und eine Sitzwind-Harfe sollen dazu beitragen, währenddessen zu innerer Harmonie zu finden. *(www.panorama-golf.info)*

↗ **Wenn der Inn bei Kiefersfelden zu einem deutschen Fluss wird, hat er bereits weit über die Hälfte seines Weges zurückgelegt. Ab Rosenheim war er einst eine wichtige Wasserstraße, auf der vor allem Holz und Salz nach Passau und damit zur Donau gebracht wurden. Mit der Innschifffahrt wuchsen die stattlichen Siedlungen mit ihren behäbigen Häuserzeilen um die großzügigen Marktplätze.**

Rosenheim Wo die Römer an der Kreuzung zweier strategisch wichtiger Straßen ihre Militärstation Pons Aeni und eine Brücke über den Inn errichteten, wuchs im Mittelalter eine Burg der Wasserburger Hallgrafen, die 1247 an die bayerischen Herzöge überging. Ihren Aufschwung verdankte die Siedlung im Mittelalter den Salztransporten und der Innschifffahrt. Zum Zeugnis dieses Reichtums ist bis heute der von zahlreichen historischen Bürgerhäusern im Stil der Inn-Salzach-Bauweise gesäumte Max-Josef-Platz. Seine malerischen Laubengänge werden im Osten von dem aus dem 14. Jahrhundert stammenden Mittertor abgeschlossen. Sehenswert sind die spätgotischen Fresken, die die 1449 erbaute und 1641 barockisierte Heilig-Geist-Kirche schmücken.

Rott am Inn Das Rokokojuwel der ehemaligen Benediktinerabtei über dem Inn geht auf eine Stiftung des Pfalzgrafen von Rott (1081) zurück. Damals schon entstand eine dreischiffige Basilika mit zwei Türmen, die ab 1759 erneuert wurde. Für die Ausstattung wurden die besten Künstler der Zeit herangezogen: Matthäus Günther zauberte in die Mittelkuppe eine Verherrlichung der Heiligen des Benediktinerordens; Ignaz Günther schuf Altäre, die zu den besten Barockschöpfungen überhaupt zählen.

Wasserburg Das mittelalterliche Städtchen breitete sich auf einer lang gezogenen, vom Inn umschlungenen Halbinsel aus. Mit Brücke, Burgtor und dem erhöht liegenden Schloss vermittelt die Stadt von außen immer noch einen wehrhaften, mittelalterlichen Charakter. Reichtum brachten der Salzhandel und die Innschifffahrt. Wichtig war vor allem die Schifffahrt, denn Wasserburg war damals der Hafen der Residenzstadt München. Aus dieser Blütezeit stammt auch das malerische und noch gut erhaltene Stadtbild. Typisch für die Inn-Salzach-Bauweise sind Bürgerhäuser mit einem waagerechten Giebel und einem dahinter liegenden Grabendach. Die schönsten Beispiele sind das Ganserhaus, die beiden Gebäude des Rathauses und das Haus

Kern. Es wurde von Johann Baptist Zimmermann aufwendig stuckiert. Neben dem Marktplatz locken die Laubengänge der Schmiedzeile, der Ledergasse und der Nagelschmiedgasse. Die Frauenkirche mit ihrem hohen, spitz behelmten Turm (14. Jh.) erhielt ihre barocke Innenausstattung 1753. Schönstes Stück der Pfarrkirche ist ihre prachtvolle Renaissancekanzel.

Mühldorf am Inn Der uralte Innübergang hatte sein Stadtrecht bereits im Jahr 955 erhalten. Erst 1803 jedoch fiel der Besitz des Bistums Salzburg an Bayern. Zentrum der spätmittelalterlichen Innstadt ist ihr langgezogener Stadtplatz, der jeweils von einem Stadttor an den Enden begrenzt wird. Geradlinig abgeschlossene Häuserfronten mit Blendgiebeln und Grabendächern säumen den Platz, Erdgeschoss und Hinterhof öffnen sich jeweils zu tiefen Arkaden. Die Pfarrkirche hat einen romanischen Turm mit barocker Haube, einen gotischen Chor und ein barockes Langhaus.

Altötting Bis zu einer Million Pilger kommen noch heute jedes Jahr zur Schwarzen Madonna in die Gnadenkapelle auf dem Altöttinger Kapellplatz. Die Kapelle geht in ihrem Kern auf eine im Jahr 877 erstmals erwähnte Rundkirche zurück und gehört damit zu den ältesten Gotteshäusern Deutschlands. Lediglich Langhaus und Umgang sind Anbauten von 1494. Die Innen- und Außenwände der Gnadenkapelle sind bedeckt von unzähligen Votivbildern dankbarer Pilger.

Braunau Ab der Mündung der Salzach ist der Inn bis zu seiner Mündung in die Donau Grenzfluss zwischen Bayern und Österreich. Das war jedoch keineswegs immer so, denn bis 1779 gehörte des gesamte österreichische Innviertel zu Bayern. All dies ist gut abzulesen an dem auf der Südseite des Inn gelegenen und im Jahr 1260 gegründeten Braunau. Seine alten Befestigungsanlagen ließ Napoleon schleifen, lediglich am Südende des Stadtplatzes blieb noch das Salzburger Tor stehen. Vom frühen Reichtum des Ortes kündet noch heute der lang gezogene Stadtplatz. Besonders schön sind hier das Lebzelterhaus und das Haus »Gnädiger Hof«. Die Pfarrkirche entstand in ihrer heutigen Form bis 1466. Der 95 Meter hohe Turm erhielt sein barockes Kleid bis 1759.
Ein Stückchen flussaufwärts lohnt sich ein Abstecher nach Burghausen mit seiner gut einen Kilome-

ter langen Befestigungsanlage. Damit ist sie die längste Burganlage der Welt.

Schärding Die heute oberösterreichische Grenzstadt am rechten Ufer des Inn war bis

1779 bayerisch. Wohl erhaltene Stadtmauern, Türme und Tore geben ihr noch immer ein mittelalterliches Gepräge. Gegen den Inn hin liegt das um 1427 fertig gestellte Wassertor mit dem alten Pranger.

Die Stadt Wasserburg am Inn (links oben) ist fast vollständig von Wasser umgeben; sie liegt beeindruckend auf einer Halbinsel. Links unten: Schärding und Altötting.

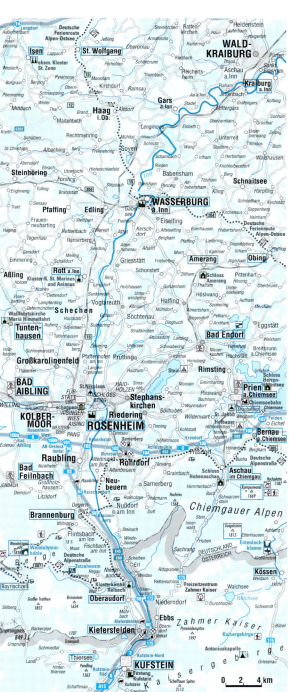

AKTIV AM WASSER

Wasserski

Am Hödenauer See bei Kiefersfelden lädt ein Wasserskilift zum nassen Spaß ein. Der Fünfeckkurs von 757 Meter Länge ist von Mai bis September täglich geöffnet. Kurse können z. B. bei *www.wetsports.de* gebucht werden. (*www.tourismus-kiefersfelden.de*)

Rundweg durch die Gießenbachklamm

Auf dem gut sieben Kilometer langen Weg durch die Schlucht bekommen Wanderer nicht nur ein beeindruckendes Beispiel dafür, mit welch beständiger Kraft das Wasser die Felsen geformt hat, sondern kommen auch am größten Wasserrad Bayerns vorbei. Start und Ziel der Tour ist der Hechtsee in Kiefersfelden. Streckenbeschreibung unter *www.tourismus-kiefersfelden.de/erleben/wandertipps-kiefersfelden/item/94-rundwanderung-giessenbachklamm.html*

Inntal-Radweg

Der Radweg, der die Schweiz, Österreich und Deutschland durchfährt, ist 250 Kilometer lang und führt in seinem letzten Abschnitt auch an den vier Innstauseen vorbei. (*http://erlebnis-inntalradweg.de; http://innradweg.com*)

Bayerisch-oberösterreichisches Europareservat Unterer Inn

Das Schutzgebiet erstreckt sich grenzüberschreitend 55 Flusskilometer von der Salzachmündung bei Haiming flussabwärts bis nach Neuhaus/Schärding. Es besteht aus Wasserflächen, Schlickbänken und Inseln in einer Größe von etwa 5500 Hektar. Das Natur- und Vogelschutzgebiet bietet mit seinen Auenwäldern zahlreichen Wasser- und anderen Vögeln einen Lebensraum. (*www.europareservat.de*)

Im österreichischen Schärding am Inn kann man mit dem Ausflugsschiff die Flusslandschaft erkunden (großes Bild). Kleine Bilder oben: Anglerboote am Altwasser des Inn; Radfahrer auf dem Inn-Radweg bei Neubeuern; Wasserskifahrer auf dem Hödenauersee.

Adlerblick am Kaiserlift Kufstein

Nicht nur das spezielle Fernrohr, das auf der spiralförmig angelegten Aussichtsplattform angebracht ist, vermittelt einen Eindruck von der Wahrnehmung dieses majestätischen Greifvogels. Der weite Blick über die Bergwelt öffnet einfach das Herz und macht einem Gefühl von Freiheit Platz. (*www.kufstein.com/de/ausflugsziele-sehenswuerdigkeiten-tirol/kraftplaetze-bewusstseinsplaetze/adlerblick-kaiserlift.html*)

🥢 Oberaudorfer Flieger

Zuerst geht es gemütlich mit der Oberaudorf-Hocheck Bergbahn zur Mittelstation und dann an einer Art Seilbahn mit 80 Sachen den Berg hinunter ins Tal. Die Oberaudorfer Fly-Fox-Fluganlage garantiert echten Nervenkitzel und eine rasante Abfahrt. Wer danach noch nicht genug hat, hält den Adrenalinspiegel mit der Freefall-Rutsche weiter am Limit. Informationen und Preise unter *www.hocheck.com*

🥢 Wasserfälle am Tatzelwurm

Der Auerbach kaskadiert westlich von Oberaudorf etwa zehn Meter tosend und schäumend in die Tiefe. Weil der Wasserfall so versteckt in der Schlucht liegt, hört man ihn zwar von Weitem, sieht ihn aber erst, wenn man da ist. Ein falscher Schritt und man wird zur Beute des legendären Fabelwesens Tatzelwurm, so sagt man in der Region.

🥢 Geburtshaus von Papst Benedikt XVI.

»Wir sind Papst« hieß es einst, als weißer Rauch über dem Vatikan aufstieg. Wer wissen will, wo wir respektive Josef Aloisius Ratzinger geboren wurde, kann sich das Geburtshaus des früheren Kirchenoberhaupts in Marktl am Inn ansehen. *(www.papsthaus.eu)*

LECH

↗ **Der 264 Kilometer lange Nebenfluss der Donau zählt zu den eindrucksvollsten Gebirgsflüssen der Alpen. Er ist in seinem Oberlauf jedoch stark vom Menschen in seine Schranken verwiesen worden.**

Der Name Lech ist keltischen Ursprungs, die Römer nannten ihn Licus, »den Schnellfließenden«. Der zu den schönsten Gebirgsbächen der Alpen zählende Lech entspringt südlich der Roten Wand in Vorarlberg, wechselt nach etwa zwölf Kilometern nach Tirol, um dort zwischen Allgäuer und Lechtaler Alpen durch das naturnahe Lechtal zur österreichisch-deutschen Grenze bei Füssen zu fließen. Hinter Füssen wird der Lech zum 11,5 Kilometer langen Forggensee aufgestaut. Dann durchquert er das sanfthügelige, vom einstigen Lechgletscher modellierte Alpenvorland, um bei Augsburg in einem breiteren Tal gemächlich weiterzufließen. An der nördlichen Stadtgrenze Augsburgs nimmt er die Wertach auf und mündet östlich von Donauwörth in die Donau.

Zumindest auf österreichischem Gebiet ist der Lech ein noch weitgehend naturbelassener Fluss und gilt darin als einmalig in Mitteleuropa.

Der deutsche Lech hat indes viel von seiner Ursprünglichkeit verloren. Um Überschwemmungen zu vermeiden und um nunmehr rund 30 Kraftwerke anzutreiben, wird er seit 1940 reguliert – mit kleineren Maßnahmen wie Aufschüttungen, Vertiefungen und Verengungen, aber auch mit mächtigen Wehranlagen und mittlerweile 26 Staustufen. Auch der gewaltige Forggensee entstand auf künstliche Weise. Doch zur Freude vieler Wassersportler und Erholungssuchenden existieren noch zahlreiche schneller fließende Flussabschnitte und unbefestigte Ufer, Auenbereiche und Altwässer.

Ein Charakteristikum des Lechs sind die sich häufig verlagernden Kiesbetten. Sie geben aber nur einen schwachen Eindruck von der Wasserdynamik, die der Lech vor den Regulierungsmaßnahmen – geschweige denn der Urlech beim Abtauen der eiszeitlichen Alpengletscher – besaß. Am Lechfeld nahe Augsburg, einer kilometerweiten, öden Kiesebene, wie man sie sonst nur aus Südeuropa kennt, lässt sich die Kraft des jungen Lechs immerhin erahnen.

Die botanische Artenfülle längs des Lechs ist einmalig in Deutschland. Häufig finden sich vom Wind und durch das fließende Wasser herangebrachte Pflanzen – sogar Alpengewächse – in weitaus tiefer gelegenen Regionen. Die Mager- oder Trockenflora der Lechschotterebenen wird zu den bedeutendsten Pflanzenvorkommen in Europa gezählt. Beeindruckend sind auch die Auenwälder am

Lech und sein bis zu 80 Meter aufragendes Steilufer, die sogenannte Lechleite, die häufig von Quellaustritten gesäumt wird.

Sein Ufer wird auf deutscher Seite von der Romantischen Straße – der wohl bekanntesten touristischen Route Deutschlands – gesäumt, die auf insgesamt 340 Kilometer Länge sehenswerte Reichs-, Residenz- und Fachwerkstädte zwischen dem Main und der österreichischen Grenze verbindet. Neu ist der Routenverlauf der Romantischen Straße durch das Lechtal allerdings nicht. Häufig folgt sie dem Verlauf der einstigen Via Claudia Augusta, einer 2000 Jahre alten Heeresstraße, die das Römische Weltreich und Mitteleuropa bis zur Donau miteinander verband. Die Via Claudia Augusta sollte in ers-

ter Linie die rasche Verlegung von oft einigen tausend Mann starken Legionen ermöglichen, besaß aber auch als Handelsstraße einige Bedeutung. Wie hervorragend diese wichtige Römerstraße aus dem 1. Jahrhundert n. Chr. befestigt war, beweisen ihre auch heute zum Teil kilometerweit erkennbaren Dämme oder Einschnitte längs des Lechs, die oft von Baugruben, Meilensteinen, Fundamenten von Wegstationen, Lagern, Siedlungen und Villen gesäumt werden. Während der Völkerwanderungszeit und im frühen Mittelalter bildete der Lech die Grenze des alemannisch-baierischen Sprachraums: Grob vereinfacht spricht man »links des Lechs« schwäbisch und am Flussufer gegenüber baierisch.

Im bayerischen Allgäu ist der Forggensee, auf dem öfter Segelboote unterwegs sind, ein beliebtes Ausflugsziel (großes Bild). Die berühmte Colomanskirche bei Schwangau geht auf das 15. Jahrhundert zurück (kleines Bild).

OBERES LECHTAL

↗ **Das Obere Lechtal ist voller abwechslungsreicher Landschaften und weltberühmter kultureller Sehenswürdigkeiten wie Neuschwanstein. Andere – die Basilika von Altenstadt beispielsweise – erschließen sich erst auf den zweiten Blick. Ob wild tobend, ruhig fließend oder zum See aufgestaut: Der Lech zeigt immer wieder ein anderes Gesicht.**

Lechfall Der Lechfall ist ein einmaliges Naturdenkmal: Eindrucksvoll stürzen sich die Wassermassen über fünf Stufen insgesamt zwölf Meter in die Tiefe. Unterhalb des Falls beginnt die Lechschlucht zu Füßen des Ammergebirges.

Füssen Der Name Füssen leitet sich von »fauces« (Schlund) ab und bezieht sich auf die Lechschlucht unweit der malerischen Bergstadt. Sehenswert sind vor allem die Reichsstraße und das Hohe Schloss, das den Augsburger Bischöfen als Festung diente, sowie das 1000-jährige Kloster samt Pfarrkirche St. Mang. Einer der wenigen historischen Totentänze Deutschlands (17. Jh.) befindet sich in der St.-Anna-Kapelle.

Schloss Neuschwanstein Das Schloss ist in aller Welt der Inbegriff deutscher Romantik. Wie eine Ritterburg thront es über der Pöllatschlucht und dem Alpsee und ist eines der drei Schlösser König Ludwigs II. Die trotz 17-jähriger Bauzeit unvollendete Anlage zeigt sich innen wie außen in einem prunkvollen Stilmix. Bemerkenswert ist auch Schloss Hohenschwangau im neogotischen Stil, in dem der König einen Teil seiner Kindheit verbrachte.

Forggensee Im Jahr 1954 wurde der im Sommer so natürlich wirkende Stausee des Lechs angelegt. Er ist 11,5 Kilometer lang und bei Wassersportlern sehr beliebt. Im Winter, wenn sein Wasser abgelassen wird, verwandelt sich Bayerns fünftgrößtes Gewässer in eine pittoreske Stein- und Kieslandschaft von beinahe 16 Quadratkilometern Fläche.

Lechbruck Am Südende des Lechsees liegt Lechbruck, wo vermutlich schon zu römischen Zeiten Lechflößer lebten. In Lechbruck entwickelte sich im Mittelalter die Flößerei zur bedeutendsten Erwerbsquelle. Die Flößer lieferten Holz, später auch Baumaterial nach Augsburg. Mit dem Bau der Eisenbahn Anfang des 20. Jahrhunderts ging jedoch der einträgliche Erwerb schnell zu Ende. Heute ist Lechbruck ein beliebter Urlaubsort vor den Allgäuer Alpen.

Wieskirche Rund zehn Kilometer südöstlich von Lechbruck findet man dieses von außen eher schlicht wirkende UNESCO-Weltkulturerbe. 1738 soll sich hier ein Wunder zugetragen haben. Ab 1745 wurde dann die aufs Üppigste ausgestattete Kirche von Johann Baptist und Dominikus Zimmermann errichtet. Wegen ihrer bombastischen Deckengestaltung ist die »Wies« zum Sinnbild des bayerischen Rokoko geworden und gilt als das Hauptwerk des Brüderpaars.

Steingaden Von Lechbruck sind es nur wenige Kilometer nach Steingaden im Herzen des Pfaffenwinkels, wo ein bedeutendes Welfenmünster einen Abstecher lohnt. Viele bezeichnen die ehemalige Klosterkirche, die heute die Pfarrkirche ist, als ein »Bilderbuch der Kunstgeschichte«, da hier von der Romanik (Kreuzgang, 12. Jh.) über die Gotik bis hin zu Renaissance, Barock (Chor) und Rokoko (Langhaus) alle Stilrichtungen vertreten sind.

Schongau Die Stadt im Herzen des Pfaffenwinkels liegt auf einem früher vom Lech umflossenen Berg nahe der Via Claudia Augusta. Die bedeutende mittelalterliche Handelsstadt gründete sich am Kreuzungspunkt wichtiger Handelswege von Verona nach Nürnberg und der Salzstraße vom Berchtesgadener Land ins Allgäu. Zu den Sehenswürdigkeiten des Ortes zählen das gotische Ballenhaus (Altes Rathaus von 1515), das Münzgebäude (1771), das Maxtor und die gut erhaltene Stadtmauer mit Türmen und Wehrgängen.

Lech-Staustufen Ende des Zweiten Weltkriegs wurde mit dem Bau erster Staustufen und Staubecken begonnen, die vor allem der Energiegewinnung, aber auch der Hochwasser- bzw. Niedrigwasserregulierung dienen. Südlich von Landsberg sind inzwischen 14 Staustufen entstanden. Weitere sechs Staustufen kamen zwischen Landsberg und Augsburg hinzu.

Landsberg am Lech Die Stadt ist eine Perle unter den bayerischen Städten. Reich an Geschichte, herrlichen Plätzen, Häusern und Kirchen »duckt« sich Landsberg malerisch ans Lechsteilufer. Entsprechend steil sind viele seiner kopfsteingepflasterten Straßen, die meist an eines der zahlreichen unterschiedlich gestalteten Stadttore führen. Beeindruckend ist auch

die Lechwehranlage, das Wahrzeichen der schönen Stadt. Nördlich von Landsberg wechselt der Fluss bis zur Einmündung in die Donau häufig sein Gesicht.

Augsburg Von den Anfängen als urbanes Zentrum der römischen Provinz Rätien entwickelte sich die Stadt kontinuierlich fort und war bereits im 4. Jahrhundert Bischofssitz. Im Mittelalter Reichsstadt mit großem Geschäftssinn, wovon die Fugger und Welser, die von hier aus ihre Handelsimperien errichteten, zeugen. Wichtige Baudenkmäler sind der romanisch-gotische Dom, das Rathaus (1620), der benachbarte Perlachturm mit herrlicher Aussicht, die Fuggerei, das Zeughaus (1607) sowie die Kirchen St. Ulrich und Afra und St. Anna.

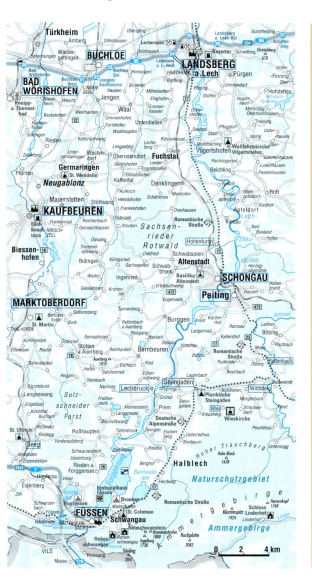

Oben: Neuschwanstein (links) und Wieskirche (rechts); links: Basilika St. Mang in Füssen; Landsberg am Lech.

AKTIV AM WASSER

Maxbrauerei Bier-
manufaktur

Wo Biermanufaktur draufsteht, ist auch Gerstensaft drin: Im ehemaligen Roßstall in Altenburg erfahren Interessierte alles über die hohe Kunst des Bierbrauens und können sich durch das Sortiment der Maxbrauerei probieren. In der Bierstube gibt es dazu kleine Gerichte aus der Heimat, zum Beispiel selbst gebackenes Bierbrot. *(www.maxbrauerei.de)*

Türkis, fast wie in der Karibik, ist das Wasser des Forggensees (oben). Düster präsentiert sich das Gewässer frühmorgens, wenn Angler hinausfahren (kleines Bild rechts). Rechts oben: Bei Schwangau liegt der Alpsee, den die beiden Königsschlösser Hohenschwangau und Neuschwanstein einrahmen.

Königsschlösser
Neuschwanstein und Hohen-
schwangau

Das weltbekannte Neuschwanstein wurde in der einzigartigen Idylle des bayerischen Allgäu erbaut und gehört zu den am meisten besuchten Schlössern überhaupt. Hohenschwangau, das von der königlichen Familie einst intensiv genutzte Schloss, liegt etwas unterhalb; die Räume dort sind noch mit Originalmöbeln aus dem 19. Jahrhundert ausgestattet. Beide Schlösser können nur im Rahmen einer Führung besichtigt werden; Online-Tickets sind erhältlich. Informationen unter *www.schwangau.de*

Lech-Erlebnisweg

Die Städte Füssen, Schongau und Landsberg sind über diesen Wanderweg miteinander verbunden, der früher unter dem Namen Lech-Höhenweg bekannt war. Mittlerweile wurde die Strecke attraktiver gestaltet und bietet nun neben der einzigartigen Natur entlang des Flusses Erlebnisstationen für alle Sinne. Informationen zum Streckenverlauf unter *www.pfaffen-winkel.de/natur-erleben/lecherlebnisweg*

🌿 Segeln auf dem Forggensee

Der Forggensee ist ein beliebtes Segelrevier. Informationen über den Segelclub Schwangau e. V. *(www. segelclub-schwangau.de)* und über die Forggensee-Yachtschule *(www. segeln-info.de)*. Tretboote, Ruderboote und Segelboote verleiht auch der Bootsverleih am Lechsee in Schongau (Tel. 08861/930 05 60). Der obere Lechsee hat zwei Segelhäfen. Hier können nach Vorlage eines Segelscheines auch Segelboote geliehen werden oder Segelkurse gebucht werden. Infos unter Surf- und Segelschule Kössel *(Tel. 08862/ 84 97)* und Bootsverleih Renate Dibbern im Segelboothafen Lechbruck *(Tel. 08862/82 25).*

🌿 Ludwigs Festspielhaus Füssen

Musicalfans dürfte das am Ufer des Forgensees erbaute Theater ein Begriff sein. Neben dem Musical über das Leben und den Tod des Märchenkönigs stehen inzwischen auch andere Highlights auf dem Programm. Nähere Informationen zum Spielplan unter *https://das-festspiel haus.de*

🌿 Lechfall

Über fünf Stufen stürzt der Lech bei Füssen in die Lechschlucht. König Maximilian ließ bereits 1895 direkt am Lechfall eine Brücke errichten, von der aus man zur einen Hand die tosenden Wassermassen und zur anderen den kraftvoll weiterströmenden türkisblauen Wildfluss beobachten kann. *(www.lechfall.de)*

🌿 Lechpark Pössinger Au

Das Landschaftsschutzgebiet hütet die Natur der Wälder, Wiesen und Auen entlang des Lechs und bietet gleichzeitig hohen Freizeitwert. Zeit in der Natur zu verbringen macht hier besonders viel Spaß, denn ein Naturlehrpfad, ein Wildschweingehege, ein Barfußweg und ein Wasserspielplatz sind nur ein Teil der Erlebnisse, an denen sich Besucher auf ihrem Weg durch den Park erfreuen können. *(www.landsberg. de/tourismus/freizeit-erlebnis/lech park-poessinger-au)*

ISAR

↗ Isara, die »Reißende«, wird ihrem Namen im Tiroler Quellgebiet wohl am ehesten gerecht. Auf ihrem 295 Kilometer langen Weg vom Karwendel bis zur Einmündung in die Donau durchfließt die Isar ein Gebiet von großer landschaftlicher Schönheit und immensem Freizeitwert.

Die Isarquelle liegt jenseits der deutschen Grenze im Hinterautal, einem Hochtal des Karwendelgebirges rund 15 Kilometer östlich von Scharnitz in Tirol. Bei Deggendorf mündet sie in die Donau.

Zunächst ist die Isar ein stürmischer Gebirgsfluss mit herrlich klarem Wasser. Doch schon bald wird ihr schwungvoller Lauf gebremst, denn im Sylvenstein-Stausee wird sie aufgestaut. So können einerseits in ihrem weiteren Lauf Hochwasser zur Zeit der Schneeschmelze oder während heftiger Regenfälle eingedämmt werden, andererseits wird der Wasserverlust, den das Walchenseekraftwerk verursacht, ausgeglichen. Den Schwung, den die Isar aus dem Gebirge mitbringt, nutzten in früheren Zeiten die Flößer, um das frisch geschlagene Holz zu Tal zu bringen. Die Kraft des Wassers wird auch deutlich, wenn man sich das Isartal betrachtet, das bis an den Stadtrand von München tief in den Untergrund eingefräst ist – so liegt beispielsweise der Münchner Nobelvorort Grünwald noch am Hochufer der Isar. Doch bevor die Isar die bayerische Landeshauptstadt erreicht, durchzieht sie noch ein besonders schönes Stück ursprüngliche Landschaft, die Pupplinger Au bei Wolfratshausen.

Im Stadtgebiet Münchens wird die Isar gezähmt. Ihr Lauf, der schon vorher in der Ebene ruhiger geworden ist, ist durch ein System von Ableitungen in unterirdische Kammern und Kanäle so zu steuern, dass die bayerische Metropole von Überschwemmungen fast vollständig verschont bleibt. Der weitere Verlauf der Isar führt sie bei Moosburg von Oberbayern nach Niederbayern, wo sie fruchtbares Ackerland durchzieht. Hier säumen schöne alte Städtchen ihre Ufer, darunter drei Gründungen der Wittelsbacher: Dingolfing mit der Herzogsburg, Landau, eine der ältesten Städte an der Isar, und Plattling, das jahrhundertelang von verheerenden Hochwassern bedroht war. In ihrem ganzen Unterlauf beherrschen Staustufen ihren Weg. Erst bei Plattling bekommt die Isar ihr ganzes Wasser zurück

umrundet sie den höchsten Berg Deutschlands, die Zugspitze. Dem Fluss ist auch ein traumhaftes Biotop zu verdanken, das unter Naturschutz gestellte Murnauer Moos. Bei Wolfratshausen mündet die Loisach schließlich in die Isar.

Die Ammer beginnt ihren Lauf unter diesem Namen und nimmt, nachdem sie den Ammersee durchflossen hat, den Namen Amper an. Von ihrer Quelle im Ammergebirge bis zur Mündung in die Isar bei Moosburg legt sie eine Strecke von 170 Kilometern zurück. Dank Nebenflüssen wie der Würm oder der Glonn kann sie der Isar noch mehr Wasser zuführen. Die Würm ist ein Abfluss des Starnberger Sees, der ihr seinen zweiten, wenn auch weniger gebräuchlichen Namen Würmsee verdankt. Die Würm legt nur eine Strecke von 38 Kilometern zurück, bis sie bei Dachau in die Amper mündet. Ein großer Teil dieser Strecke durchzieht die westlichen Vororte von München. In Pasing entstand auf einer Würminsel bereits im Mittelalter ein Schloss, von dem heute nur noch Reste zu sehen sind.

Die Glonn, ein kleiner Nebenfluss, der bei Allershausen in die Isar mündet, machte in den letzten Jahren von sich reden, weil man sie renaturierte, d. h. die Begradigungen und Eindämmungen der Flurbereinigung

und breitet sich mit zahlreichen Seitenarmen und Altwässern weit ins Land hinein aus. Hier liegt das Naturschutzgebiet Isarmündung mit einer faszinierenden Flora und Fauna. Das nahe der Einmündung in die Donau liegende Deggendorf wird auch als Hauptstadt des Bayerischen Waldes bezeichnet. Auf ihrem Weg durch Bayern nimmt die Isar Nebenflüsse auf: Die Loisach ist wie jene eine gebürtige Österreicherin. Ihr Lauf ist nur 120 Kilometer lang. Gleich zu Beginn

wieder beseitigte und die Uferbereiche neu gestaltete.

Vom Bergfried der Burg Grünwald aus haben Besucher einen herrlichen Blick hinunter ins Isartal (großes Bild). Auf dem Fluss sieht man des Öfteren Kanufahrer (rechts im Bild); daneben verläuft der Isarradweg. Kleines Bild: Blick über die Kurstadt Bad Tölz.

ISARTAL

↗ **Häuser mit Lüftlmalerei in den Städtchen, Bauernhöfe mit überreichem Blumenschmuck auf dem Land, barocke Kirchen mit Zwiebeltürmen, eingebettet in eine Landschaft mit majestätischen Bergen und anheimelnden Tälern. Hier scheint die Vorstellung der Nichtbayern vom bayerischen Oberland Wirklichkeit zu werden. Und so ist der Tourismus die wirtschaftliche Hauptstütze der Region, in der Urlauber Entspannung und Erholung finden.**

Mittenwald Der Markt am Fuß der Westlichen Karwendelspitze war schon seit der Römerzeit ein wichtiger Warenumschlagplatz. Noch heute zeugen zahlreiche in ausgezeichneter Lüftlmalerei verzierte Häuser vom Reichtum des Ortes. Sehenswert sind auch die barocke Pfarrkirche St. Peter und Paul und das Geigenbaumuseum.

Wallgau Die Gemeinde am Eingang zur Vorderriß scheint ein bayerisches Dorf aus dem Bilderbuch zu sein: Den Kirchturm ziert eine Zwiebelhaube und die Balkone der Bauernhöfe scheinen den Blumenschmuck kaum tragen zu können.

Isarwinkel Von Wallgau führt eine mautpflichtige Straße durch den größtenteils menschenleeren Isarwinkel: Flankiert von eindrucksvollen Bergen mäandriert hier die Isar weitgehend naturnah Richtung Sylvenstein. In Vorderriß, der einzigen Ortschaft im Isartal, bietet sich die Möglichkeit eines Abstechers in den Ahornboden, der besonders

im Herbst zur Laubfärbung viel besucht wird.

Sylvenstein-Stausee Zwischen 1954 und 1959 wurde die Isar hier aus zwei Gründen aufgestaut: Zum einen wollte man in Zeiten der Schneeschmelze die Hochwassergefahr zwischen Bad Tölz und München bannen, zum anderen mit dem Sylvenstein-Kraftwerk Strom erzeugen. Der See, in dessen Fluten das Dorf Fall versank, schmiegt sich herrlich in die Berglandschaft. Sein grünblaues Wasser und seine kurvenreichen Ufer erinnern an eine norwegische Fjordlandschaft.

Lenggries Der schöne Luftkurort liegt an einer Talweitung der Isar. Wie in vielen bayerischen Gemeinden ist die Pfarrkirche barock; inmitten des Friedhofs steht die gotische Mariahilf-Kapelle. Der Kalvarienberg (1674) ist sogar älter als jener von Bad Tölz. Der Lenggrieser Hausberg, das 1555 Meter hohe Brauneck, ist im Winter ein Dorado für alle Brettlfans.

Bad Tölz Die Lage an der Salzstraße, der Handel und die Flößerei haben den Ort im Mittelalter reich werden lassen. 1845 entdeckte man am Sauersberg Jodquellen. Ende des 19. Jahrhunderts wurde Tölz ein anerkanntes Kurbad. Die Marktstraße ist ein harmonisches Ensemble von Bürgerhäusern mit wunderschönen Ziergiebeln, die ebenso wie die spätgotische Pfarrkirche Mariä Himmelfahrt vom einstigen Reichtum der Stadt zeugen. Alljährlich am 6. November findet die Leonhardifahrt zur Leonhardikapelle (1718–1722) auf dem Kalvarienberg statt. Neben der Kapelle befindet sich die Doppelkirche, zu der Kreuzkirche und Kapelle der Heiligen Stiege zusammengefasst sind.

Kloster Schäftlarn Unterhalb von Hohenschäftlarn im engen Isartal gelegen, erhebt sich das Kloster vor bewaldeten Anhöhen. Die Klostergründung an dieser Stelle erfolgte bereits im Jahr 760. In ihrer heutigen Form

wurde die Kirche Anfang des 18. Jahrhunderts von Giovanni Antonio Viscardi entworfen.

München Die Isar durchfließt die bayerische Landeshauptstadt von Südwesten nach Nordosten. Zunächst liegt am rechten Ufer der Nobelvorort Grünwald. Dann geht es weiter am Zoologischen Garten vorbei, dem bald die Isarauen folgen. Auf einer Insel in der Isar liegt das Deutsche Museum, das bedeutendste Technikmuseum Europas. Auch der Bayerische Landtag, das Maximilianeum, erhebt sich hoch über die Isar. Auf seinem Weg aus der Stadt passiert der Fluss den Tucherpark, ehe er die nördlichen Vororte erreicht.

Weihenstephan Unweit von Freising wurde 1040 eine Klosterbrauerei gegründet. Bis heute wird hier die Tradition des Bierbrauens gepflegt. Die Forschungsanstalt für Gartenbau der Fachhochschule lädt Interessierte zu einer Besichtigung ihrer Schaugärten ein.

Freising Hoch über dem an der Isar gelegenen Ort erhebt sich der Domberg mit dem Dom St. Maria und St. Corbinian. Beachtung verdienen auch die gotische Johanniskirche, die Pfarrkirche St. Georg und die Mariensäule am Marienplatz. Wer noch mehr in Barock schwelgen möchte, sollte sich die Kirche St. Peter und Paul ansehen, deren Deckenfresken kein Geringerer als Johann Baptist Zimmermann schuf.

Landshut Die Stadt an der Isar ist vor allem für ihr Historienspektakel, die Landshuter Fürstenhochzeit, bekannt, die alle vier Jahre aufgeführt wird und an die Hochzeit Herzog Georgs des Reichen mit der polnischen Königstochter Hedwig erinnert, die hier im Jahr 1475 gefeiert wurde.

Oben: die Isar in München mit Blick auf das Deutsche Museum; Panorama von Bad Tölz; links unten: Sylvenstein-Stausee und Bad Tölz.

GASTRONOMIE

Mittenwald: »Alpengasthof Gröbl Alm« Das Lokal liegt etwas oberhalb von Mittenwald, weshalb sich seinen Gästen vor allem von der Sonnenterrasse aus ein herrlicher Blick auf das Karwendel und das Wettersteingebirge eröffnet. Die bayerischen Spezialitäten schmecken in der modernrustikalen Stube genauso wie der Digestiv aus der eigenen Schnapsbrennerei. (www.groeblalm.de)

Bad Tölz: »Gasthaus Tölz« Restaurant, Café, Bar, Bühne, Brauerei – was sich auf der Visitenkarte wie ein Gemischtwarenladen anhört, entpuppt sich als modernes, traditionsbewusstes Gasthaus, in dem es um das gesellige Beisammensein bei Speis und Trank geht. So simpel, so gut. (www.gasthaus-toelz.de)

Freising: Bräustüberl Weihenstephan Das Bräustüberl auf dem Nährberg in Freising ist das älteste Brauhaus der Welt. Diese Historie verpflichtet natürlich, was in den verschiedenen Stüberln, dem Stephanskeller und dem großen Biergarten aufs Beste gelingt. (www.braeustueberl-weihenstephan.de)

München: »Speiserei« im Müller'schen Volksbad Mitten in der Innenstadt, am Ende der Ludwigsbrücke, steht mit dem Müller'schen Volksbad eines der schönsten Badehäuser Europas. Im herrlichen Jugendstil-Restaurant neben dem Bad wird klassische und internationale Küche serviert. (www.speiserei volksbad.de)

ISARMETROPOLE MÜNCHEN

Die schönste Stadt der Welt? Die Münchner haben nie behauptet, dass dieser Superlativ ihrer Heimat zustünde, auch wenn sie auf ihre Stadt stolz sind; und sowieso wird sich jeder Besucher sein eigenes Urteil bilden. München ist eine Stadt, die alle Sinne anspricht: Das Leben genießt man in den Straßencafés, in den idyllischen Biergärten oder direkt an der Isar und im Englischen Garten, durch den der erfrischende Eisbach fließt. In das kulturelle München taucht man beim Opern- oder Theaterbesuch ein oder bei der Besichtigung der weit bekannten Museen wie die Pinakotheken oder das Deutsche Museum. Auch die modernen architektonischen Höhepunkte sind längst zu Wahrzeichen der Stadt geworden, etwa die BMW Welt, die Allianz Arena oder das Olympiastadion mit seiner weltbekannten Zeltdachkonstruktion. In der Zeit während des Oktoberfests zeigt sich die Stadt fröhlich und lebenslustig, und der Slogan, der die Olympiastadt von 1972 international bekannt gemacht hat, fasst es zusammen: Weltstadt mit Herz.

An der Isar tummeln sich Sonnenbadende bei warmen Temperaturen (ganz oben). Die Eisbachwelle (links unten) ist der Mittelpunkt der Surferszene. Schloss Nymphenburg ist von Wasser umgeben (rechts). Das Müller'sche Volksbad ist ein wunderschönes neubarockes Jugendstilbad (rechts außen).

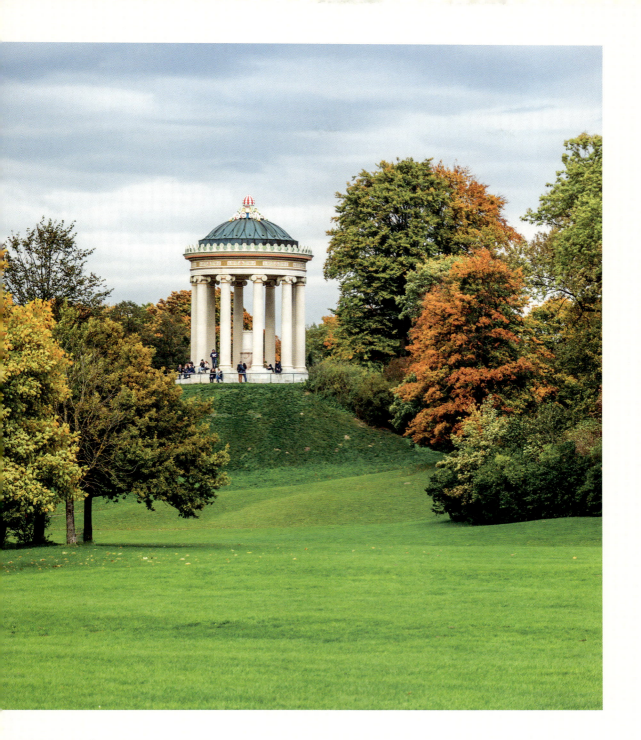

AKTIV AM WASSER

Wasserradlweg
Die Radwege führen durch Ober-bayern und stets an Wassererleb-nispunkten vorbei. Einer der Fern-radwege ist vom Motto Kunst und Kultur geprägt, ein zweiter folgt der Spur des Salzes durch die Region und ein dritter widmet sich dem Thema Bier. Weitere Informationen zu den Touren unter *www.oberbay ern.de/wasserradlwege*

Isar-Radweg
Der Radweg führt über eine Strecke von 255 Kilometern vom Sylven-stein-Stausee über Bad Tölz, Wolf-ratshausen, München, Freising, Moosburg, Landshut und weiter über Dingolfing, Deggendorf bis in die Nähe der Isarmündung in die Donau bei Niederalteich entlang der Isar. Dort trifft er auf den Donau-radweg. Informationen unter *www. isarradweg.de*

Pähler Schlucht
Eine familiengeeignete Wandertour führt von der Dorfkirche in Pähl durch die Schlucht bis zu einem klei-nen Wasserfall, wo sich der Burglei-tenbach etwa 15 Meter tief in ein Becken ergießt. Der schattige Weg durch die Schlucht bringt willkom-mene Abkühlung an heißen Som-mertagen.

Bullcarts am Streidlhang
Mit Karacho den Berg hinabdüsen ist nichts für schwache Nerven, macht aber in den überdimensio-nierten Dreirädern besonders gro-ßen Spaß. Möglich ist eine solche Abfahrt in Lenggries. Informationen unter *www.bullcarts.de*

Eisbach in München
Die stehende Welle im Eisbach ist Münchner Kult. Surfer sollten ihren Schwierigkeitsgrad aber nicht un-terschätzen: Die Eisbachwelle reiten nur Profis. Zusehen und die ent-spannte Stimmung rundherum ge-nießen können aber alle, und wer keine Lust mehr hat, besucht eines der nahe gelegenen Museen.

Rafting
Rein ins Boot und ab durch die Stromschnellen der Isar: Die Tour von Bad Tölz nach Lenggries eignet sich optimal für Einsteiger. Die Fahrt wird von Juni bis Oktober angebo-ten. *(https://action-funtours.de/pro gramme/isar-rafting)*

🍂 Floßfahren

Ein großer Spaß für Jung und Alt sind Fahrten auf den eigens zusammengebauten Flößen auf der Isar, die in Wolfratshausen starten und bis nach München-Thalkirchen führen. Floßfahrten bieten unter anderem Isar Floßevent (*www.isar-floss-event.de*) und Isarfloßteam (*www.isarflossteam.de*) an.

🍂 Baden in der Isar

Ab ins kühle Nass mitten in der Großstadt: Das Baden in der Isar ist in München an mehreren Stellen erlaubt. Bei den Einheimischen ist der Flaucher ein besonders beliebter Platz für laue Sommerabende: Die sogenannte Isar-Riviera erstreckt sich von der Brudermühlbrücke bis zum südlichen Stadtrand.

🍂 Erlebenisbad Alpamare

Wer beim Badespaß nicht vom Wetter abhängig sein möchte, sollte das Erlebnisbad Alpamare in Bad Tölz aufsuchen. Zu den Attraktionen zählen das Brandungswellenbad und die 110 Meter lange Wasserrutschbahn. Informationen unter *https://jodquellen.com/jod-ag-in-bad-toelz/jodquellenhof*

🍂 Kiosk an der Reichenbachbrücke in München

Wenn alles schläft in der bayerischen Landeshauptstadt, brennt in dem kleinen gelben Häuschen noch Licht: Der Kiosk in der Innenstadt hat 23 Stunden am Tag geöffnet, nur von 5 Uhr morgens bis 6 ist zu. Gerade im Sommer, wenn Touristen und Einheimische jeden Alters an die Isar pilgern, sorgt das Kiosksortiment für perfekte Stunden.

🍂 Gartenkultur erleben

Wer private Gärten im Pfaffenwinkel nicht nur vom Zaun aus bewundern will, ist beim »Gartenwinkel Pfaffenwinkel« genau richtig. Gartenliebhaber der Region haben sich zusammengeschlossen und bieten Gleichgesinnten Führungen, Besichtigungen und Informationen rund um das Thema Garten an. Neben Privat- und Lehrgärten öffnen auch Parks und Gärtnereien gerne ihre Tore für Besucher. (*www.garten winkel-pfaffenwinkel.de*)

Bei Lenggries können Kajakfahrer und welche, die es lernen wollen, sich auf der Isar austoben (oberes Bild). Die Münchner Surfer-Community nimmt die Herausforderung an und bezwingt regelmäßig die w mitten in der Stadt (oben). Im Stadtteil Thalkirchen sowie zwischen Lenggries und Bad Tölz geht es beim Rafting ins wilde Wasser (oben rechts).

SCHLESWIG-HOLSTEINISCHE SEENPLATTE

↗ **Bewaldete Moränen und durch Hecken unterteiltes Agrarland, malerische Orte, Kirchen und alte Herrensitze, aber vor allem die Seen kennzeichnen diese zauberhafte Landschaft im Osten Schleswig-Holsteins.**

Das Seengebiet im östlichen Hügelland Schleswig-Holsteins besteht aus den Seen der Holsteinischen Schweiz und den Lauenburgischen Seen. Beide Gebiete sind als Naturparks ausgewiesen.

Die wellige Landschaft mit den flachen Moränenkuppen und Seen verdankt ihre Entstehung der letzten Eiszeit. Damals schoben mächtige Eiszungen Hügel (Moränen) auf und schürften Rinnen und Senken, die beträchtliche Tiefen erreichten und vom Schmelzwasser der abtauenden Gletscher gefüllt wurden.

Die frühesten Siedlungsspuren in der Gegend stammen aus der mittleren Steinzeit. Seit der Jungsteinzeit wurde die Landschaft zunehmend vom Menschen geprägt. Die Geschichte und die unterschiedlichen »Herren«, darunter Germanen, Slawen, Dänen und Deutsche, haben ihre Spuren hinterlassen. Abseits vom Massentourismus besticht die Region mit den Schönheiten ihrer Natur, dem leuchtenden Gelb während der Rapsblüte, den Zeugnissen ihrer Geschichte, den Köstlichkeiten der Küche und einem vielseitigen Kultur- und Freizeitangebot.

Naturpark Holsteinische Schweiz

Der Naturpark Holsteinische Schweiz erstreckt sich zwischen der Kieler Bucht im Norden, Lübeck im Süden, der Ostsee im Osten und Bad Segeberg im Südwesten. Im 730 Quadratkilometer großen Naturpark liegen eingebettet in die anmutige Hügellandschaft bezaubernde Urlaubsorte und prächtige Herrensitze, die oftmals unter gewaltigen Baumkronen verborgen sind. Die Landschaft ist geprägt von lichten Laubwäldern und mehr als 200 Seen und Teichen – Brut- und Rastgebieten zahlreicher Wasservögel. Das landwirtschaftlich genutzte Land ist durch sogenannte Knicks gegliedert: Wallhecken, von denen eine einzige bis zu 1800 Tierarten beherbergen kann. Im Frühjahr dominiert das leuchtende Gelb der Rapsfelder das Bild. Als die Lebensader des Naturparks gilt das Flüsschen Schwentine, dessen Name auf die wendischen Slawen zurückgeht (»heiliger Fluss«). Es entspringt auf dem Bungsberg (166 Meter) und durchfließt fast alle großen Seen, bevor es in Kiel in die Kieler Förde mündet. Die größten Seen sind Plöner See, Selenter See und Großer Eutiner See, zu den bekannteren kleineren Seen zählt der sagenumwobene Ukleisee, der vollständig von Wald umgeben ist. Im Mittelpunkt des Naturparks liegt der 29 Qua-

dratkilometer große Plöner See, das Rückzugsgebiet der seltenen Maräne. Er gilt als Anglerparadies, und auf ihm darf gesegelt, gesurft und gepaddelt werden.

Naturpark Lauenburgische Seen

Östlich vom Elbe-Lübeck-Kanal erstrecken sich die Lauenburgischen Seen, eine abwechslungsreiche, intakte Natur- und Kulturlandschaft mit harmonisch gewachsenen Dörfern und Städten und stattlichen Gutshäusern. Der Naturpark ist mit rund 447 Quadratkilometern Fläche der drittgrößte in Schleswig-Holstein. Auch hier werden Wiesen und Felder durch artenreiche Knicks getrennt und viele der Wege und Straßen sind von mächtigen Bäumen gesäumt. In

der verträumten Hügellandschaft, die zu fast 30 Prozent mit artenreichen Mischwäldern bedeckt ist, verbergen sich Niederungen, Moore, Feuchtwiesen und mehr als 40 Seen. Manche der Gewässer sind groß und leicht zugänglich und werden von Badenden und Wassersportlern genutzt; andere liegen dagegen weitgehend ungestört inmitten größerer Waldgebiete. Die beiden größten sind der lang gestreckte, etwa 1585 Hektar große Ratzeburger See und der buchtenreiche, 2400 Hektar große sowie bis zu 71,5 Meter tiefe Schaalsee, der tiefste See Norddeutschlands. Sein südlicher und östlicher Teil gehören zum Biosphärenreservat Schaalsee, das sich unmittelbar an den Naturpark anschließt. Als Naturschutzgebiete geschützt

sind das Salemer Moor, der Oldenburger See, das Hellbachtal, einige Uferzonen des Ratzeburger Sees und das verzweigte System des Schaalsees.

Die Stadt Plön (großes Bild) liegt mitten in der schönen Seenlandschaft der Holsteinischen Schweiz. Der Ratzeburger See (kleines Bild) ist Teil des Naturparks Lauenburgische Seen.

↗ **Sanfte Hügel, herrliche Wälder, von denen einige wenige auch heute noch einen wilden und urwüchsigen Eindruck machen, Felder, Wiesen und Wallhecken, alte Schlösser und Herrenhäuser, liebevoll restaurierte Katen, historische Städte, romantische Dörfer und rund 200 malerische Seen und Teiche bestimmen das Bild eines der lieblichsten Landstriche Deutschlands.**

Eutin Die zwischen Großem und Kleinem Eutiner See gelegene Rosenstadt, die im Jahr 1257 das Stadtrecht erhielt, gilt als der kulturelle Mittelpunkt der Holsteinischen Schweiz. Um 1300 wurde das Städtchen fürstbischöfliche Residenz. Das von Wassergräben umgebene und prächtig ausgestattete Eutiner Schloss – ein vierflügeliger Backsteinbau – erstand zwischen 1716 und 1727 in barockem Stil weitgehend neu. Der ehemalige Marstall beherbergt das Ostholstein-Museum. Im Schlosspark, einem englischen Landschaftsgarten, finden im Sommer die Eutiner Festspiele statt – zu Ehren des in Eutin geborenen Komponisten C. M. von Weber. Zu den Hauptsehenswürdigkeiten der Altstadt rund um den repräsentativen Marktplatz zählen das ehemalige Herzögliche Witwenpalais (18. Jh.), das klassizistische Rathaus (18. Jh.) und die einstige Bischofskirche St. Michaelis (14. und 15. Jh.), die im 13. Jahrhundert gegründet wurde und u. a. einen herrlichen Bronzeleuchter aus dem 15. Jahrhundert birgt.

Bad Malente-Gremsmühlen
Das angesehene Kneipp-Heilbad liegt auf einer bewaldeten Landenge zwischen Dieksee und Kellersee. Schon 1280 wurde die Gremsmühle erstmals erwähnt, eine ehemalige bischöfliche Wassermühle. Im Heimatmuseum in der reetgedeckten Tews-Kate von 1634 erfährt man, wie die Menschen hier vor 300 Jahren lebten.

Bosau Als das Schmuckstück des idyllischen Örtchens am Südostufer des Großen Plöner Sees gilt die romanische Feldsteinkirche St. Petri aus dem 12. Jahrhundert. Sie war die erste Diözese der Region und der Sitz des Slawenapostels Vicelin. Die sorgsam restaurierte Dunkersche Kate umgibt ein schöner Bauerngarten.

Plön Der Luftkurort liegt im Herzen des Naturparks Holsteinische Schweiz. Die zahlreichen umliegenden Seen machen ihn zu einem beliebten Wassersportzentrum. Das Wahrzeichen der Stadt ist neben der Nikolaikirche das 1633–1636 im Stil der italienischen Spätrenaissance erbaute Schloss auf dem Bischofshügel. Zum Schlossgebiet gehört auch das mitten im Schlossgarten gelegene Prinzenhaus, ein Rokokobau. In der romantischen Altstadt lohnt das im klassizistischen Herzöglichen Witwenpalais untergebrachte Kreismuseum einen Besuch. Gegenüber erhebt sich am Rande des alten Friedhofs der Schlossbediensteten die Johanneskirche aus dem 17. Jahrhundert mit einem hölzernen Glockenturm.

Preetz Der Name der Stadt geht auf das wendische »po rece« (»am Fluss«) zurück, das eine Siedlung bezeichnet, die im 11. Jahrhundert an einer Furt der

auf eine über 800-jährige Geschichte zurück. Besonders sehenswert sind die im spätromanischen Stil erbaute St. Michaeliskirche (1220/30), deren Inneres bedeutende Kunstwerke birgt, und der nahe gelegene Marktplatz mit dem Färberhaus von 1576. Vom Bismarckturm auf dem Vogelberg hat man einen fantastischen Ausblick.

Großes Bild links: Die Nikolaikirche mit ihrem 60 Meter hohen Turm prägt die Stadt Plön, die am Großen Plöner See liegt. Kleines Bild links: Schloss Eutin grenzt an den Großen Eutiner See; unten links: ein Teich in der Altstadt von Lütjenburg.

Schwentine entstand. Von 1260 stammt das ehemalige Benediktinerinnenkloster, um das sich die Stadt entwickelte. Im Zentrum der Anlage steht die dreischiffige Klosterkirche (1325 bis 1340) mit kunstvoll bemaltem gotischen Chorgestühl. An das einstmals florierende Schuhmacherhandwerk erinnert der bronzene Schusterjunge am Feldmannsplatz.

Lütjenburg Die kleine Landstadt unweit der Ostsee blickt

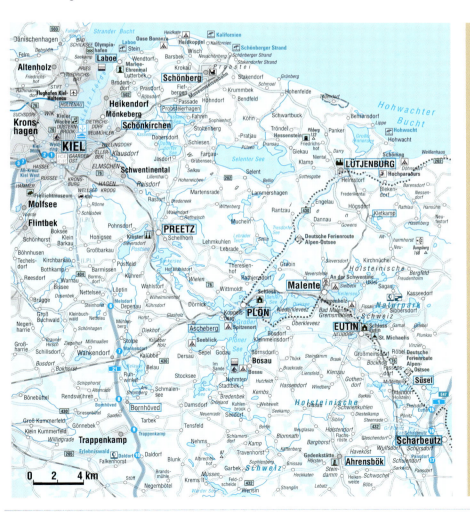

GASTRONOMIE

Eutin: »Schlossküche«
In den Räumen des kleinen Schlösschens ist ein nettes Restaurant untergebracht, das mit einer regionalen Speisekarte überzeugt. Die Sonnenterrasse liegt am Großen Eutiner See. (www.schlosskueche-eutin.de)

Bad Malente: »Bootshaus am Dieksee« Die Tischdecken sind blau-weiß gestreift, im großen Wintergarten am Wasser stehen Strandkörbe und serviert wird reichlich Fisch. (www.boots-haus.de)

Plön: »Pförtnerhaus Schloss Plön« Vor der malerischen Kulisse des kleinen Gartenschlosses am Großen Plöner See werden Gäste mit gehobener Küche verwöhnt. (www.pfoertnerhaus-schloss-ploen.de)

Preetz: »Café Grün« In dem kleinen gemütlichen Café am Markt 24 gibt es leckere Tee-, Getränke- und Küchenspezialitäten (nicht nur) für alle, die sich gern alternativ ernähren.

〜 AKTIV AM WASSER

〜 Fünf-Seen-Radtour

Bei dieser Tour kommen Fahrradfahrer auf 25 Kilometern Wegstrecke an den größten Seen der Holsteinischen Seenplatte vorbei. Dabei
eröffnen sich immer wieder herrliche Ausblicke auf die einmalige
Wasserlandschaft, und auch das Plöner Schloss liegt auf dem Weg. Informationen zum Streckenverlauf
unter *www.malente-tourismus.de/
aktivurlaub/radwege-und-radtou
ren/regionale-radwege/5-seen-tour*

〜 Schiffsrundfahrten

Eine idyllische 5-Seen-Fahrt veranstaltet die 5-Seen-Fahrt und Keller-
see-Fahrt GmbH in Bad Malente
(Tel. 04523/22 01; *www.5-seen-
fahrt.de*).

Hohwachter Bucht

Nur etwa eine halbe Stunde Fahrzeit entfernt von Malente liegt das Ostseebad Hohwacht mit seinem feinen Ostseestrand. Bei Behrensdorf darf sich die Natur im Naturschutzgebiet »Kleiner Binnensee und grenzende Salzwiesen« noch ungestört ausbreiten, was für die hiesige Vogelwelt von großer Bedeutung ist. Neben zahlreichen Wander- und Fahrradwegen entlang der Hohwachter Bucht können sich Aktive auf unterschiedlichste Weise in puncto Wassersport betätigen: Besonders innovativ ist dabei die Sportart LongeCôte, bei der man sich mit Paddeln ausgerüstet in brusthohem Wasser fortbewegt. Nähere Informationen unter *www. hohwachterbucht.de*

Kellersee

Der zweitgrößte See der Holsteinischen Seenplatte lädt auf dem Wasser zum Angeln, Baden und Bootfahren ein. Um den See herum führt für Wanderer ein abwechslungsreicher Rundweg nah am Ufer entlang. Der Weg passiert unter anderem Gut Rothensande, das dem ein oder anderen als Schauplatz der in den 1950er-Jahren gedrehten Immenhof-Filme bekannt sein wird. Kinder können entlang des Naturlehrpfads »WunderWeltWasser« viel Interessantes über die Natur am See erfahren. Nähere Informationen über das Tourismusbüro der Stadt Malente, *(www.malente-tourismus.de)*

Auf dem Großen Plöner See liegen die Segelboote ruhig im Wasser (großes Bild links). Im Rahmen der zweistündigen »Fünf-Seen-Fahrt« passiert man u. a. den Diecksee im Naturpark Holsteinische Schweiz (kleines Bild links). Den Kellersee erblickt man vom in den 1950er-Jahren durch eine Filmreihe bekannt gewordenen Gut Immenhof (rechts oben). In der Hohwachter Bucht (rechts) entspannt man sich am besten im Strandkorb.

Beste Aussichten

Einen herrlichen Blick von oben hinunter auf die Seen, Wälder und Wiesen der Region haben Besucher zum Beispiel vom 38 Meter hohen Wasserturm in Eutin, dem 42,5 Meter hohen Wasserturm in Plön oder von 85 Metern über dem Meeresspiegel auf der Aussichtsplattform des Parnass-Aussichtsturms in Plön. Eine Liste weiterer Aussichtstürme in der Holsteinischen Schweiz ist zu finden unter *www.holsteinische schweiz.de/aussichten*

Turmhügelburg Lütjenburg

Hier im Freilichtmuseum wurde mit der Turmhügelburg eine mittelalterliche Wehranlage mit Motte (Turmhügel) und Vorburg rekonstruiert und damit das Hochmittelalter wieder zum Leben erweckt. Im Sinne der experimentellen Archäologie bevölkern immer wieder Mittelaltergruppen die Burg und machen Historisches damit noch intensiver erlebbar. Die Burg ist ganzjährig geöffnet und es finden Führungen statt. *(www.turmhuegel burg.de)*

LAUENBURGISCHE SEEN

Lübeck Heinrich der Löwe gründete die Stadt 1159. Im Jahr 1160 wurde sie Bischofssitz und 1226 reichsfreie Stadt. Um 1500 war Lübeck zur Königin der Hanse aufgestiegen und eine der einflussreichsten Städte Europas. Seit dem 16. Jahrhundert wird in der Stadt an der Trave das berühmte Lübecker Marzipan hergestellt. Die wunderschöne, von Wasser umgebene und von gotischer Backsteinarchitektur geprägte Altstadt gehört seit 1987 zum Weltkulturerbe der UNESCO. Ihr Wahrzeichen ist das mächtige Holstentor (15. Jh). Die Backsteingiebelhäuser (16.–18. Jh.) neben dem alten Stadttor dienten früher als Salzspeicher. Bei einem Bummel durch die Altstadt sieht man überall eindrucksvolle Baudenkmäler: das Rathaus von 1226, die Marienkirche (13./14. Jh.), der von Heinrich dem Löwen 1173 gegründete Dom, das Heilig-Geist-Hospital von 1280, das Buddenbrook-Haus (16. Jh.), das prächtige Haus der Schiffergesellschaft, der bezaubernde Füchtingshof (1636) und

die Museumskirche St. Katharinen (14. Jh., u. a. Plastiken von Barlach und Marcks, Tintorettos Gemälde »Auferstehung des Lazarus«). Auf dem Gelände der ehemaligen Klosterkirche St. Annen (1502–1515) beherbergt die neue Kunsthalle St. Annen die Sammlungen des Museums für Kunst und Kulturgeschichte.

Ratzeburg Der historische Stadtkern liegt auf einer Insel zwischen dem Ratzeburger See, dem Großen und Kleinen Küchensee und dem Domsee und ist durch drei Dämme mit dem Festland verbunden. Der Name der 1062 als Racesburg erstmals urkundlich erwähnten Stadt geht vermutlich auf den slawischen Fürsten Ratibor zurück, der Rat'se genannt wurde. Das Wahrzeichen der Stadt ist der Ratzeburger Dom (1160–1220), ein romanischer Backsteinbau. Im Klosterhof des Domklosters (13. Jh.) kann man eine Figur von Ernst Barlach bewundern und im Kreuzgang farbenprächtige Fresken aus dem 14. Jahrhundert. Vor dem Dom erinnert

ein bronzener Löwe an Heinrich den Löwen. Gleich am Domhof befindet sich im ehemaligen Herrenhaus der Lauenburger Herzöge (18. Jh.) das Kreismuseum. Das in einem Gebäude aus dem 17. Jahrhundert untergebrachte A.-Paul-Weber-Museum zeigt Arbeiten des 1893 in Ratzeburg geborenen zeitkritischsatirischen Grafikers. Den lebhaften Mittelpunkt der Altstadt bildet der Marktplatz, an dem besonders ein klassizistisches Ensemble aus dem 19. Jahrhundert auffällt: Altes Rathaus, Alte Wache und Altes Kreishaus. Von hier sind es nur wenige Meter bis zum Ernst-Barlach-Museum und zur St. Petrikirche (18. Jh.).

Berkenthin Der kleine Ort lag im Mittelalter am Stecknitz-Delvenau-Kanal (1398), auf dem vor allem das Salz von Lüneburg nach Lübeck transportiert wurde. Heute fließt der Elbe-Lübeck-Kanal an dem Ort vorbei, der um 1900 im Bett des alten Kanals entstand, des ältesten Wasserscheidekanals Nordeuropas. Vom alten Kanal ist nur noch der

südliche Teil zwischen Büchen-Dorf und der Elbe erhalten. Die Blütezeit der Stecknitzschifffahrt lag im 16. und 17. Jahrhundert. Damals mussten die Kähne von den Stecknitzfahrern flussaufwärts getreidelt werden, während sie flussabwärts auf einer Flutwelle fuhren. Die Berkenthiner Kirche aus dem 13. Jahrhundert birgt in ihrem Innern u. a. mittelalterliche Wandmalereien und ein schönes Kruzifix aus dem 14. Jahrhundert.

Behlendorf Das 800 Jahre alte Örtchen, das 1991 zum schönsten Dorf Schleswig-Holsteins gewählt wurde, liegt im Behlendorfer Forst, einem großen Mischwaldgebiet mit mächtigen, zum Teil sehr alten Bäumen, beziehungsweise am Behlendorfer See. Seine vielfach reetgedeckten Bauernhäuser wurden liebevoll restauriert, und den Dorfplatz ziert ein Bronzehahn. Die Feldsteinkirche des Ortes stammt aus dem 13. Jahrhundert. Viele ihrer Fenster weisen interessante Wappenglasmalereien (1603) auf.

Oben: die Lübecker Altstadt mit ihren schönen alten Giebelhäusern; links: Gewitterstimmung über dem Ratzeburger See; rechts: Blick auf die Altstadt von Mölln.

Zarrentin Das Stadtbild von Zarrentin, das in herrlicher Lage am Südende des lang gezogenen Schaalsees liegt, prägen die historischen Fachwerkgebäude aus dem 18./19. Jahrhundert rund um den Kirchplatz. Besonders sehenswert ist die Kirche mit gut erhaltenen Wandmalereien aus der ersten Hälfte des 14. Jahrhunderts und einer Renaissancekanzel – ein Meisterstück norddeutscher Holzschnitzkunst.

Lassahn Der slawische Name der im 13. Jahrhundert erstmals urkundlich erwähnten Siedlung bedeutet »Waldort«. Vom einstigen Waldbestand wurde jedoch viel für den Betrieb von Eisen-, Glas- und Pottaschehütten in der nahe gelegenen Stintenburger Hütte geschlagen. Die größte Sehenswürdigkeit der Siedlung in hübscher Lage am Ostufer des Schaalsees ist die über 800 Jahre alte Dorfkirche (1190–1250), die dem Märtyrer Abundius geweiht ist. Vom Friedhof aus öffnet sich ein schöner Blick über den Schaalsee und zur Insel Kampenwerder. Die beste Zeit für einen Besuch ist die Zeit um den Sonnenuntergang.

Mölln Der beschauliche Kneippkurort, der durch den Salzhandel zu Wohlstand gelangte, ist von Wäldern, acht kleineren Seen und dem Elbe-Lübeck-Kanal umgeben. 1350 soll Till Eulenspiegel hier gestorben sein. Das brachte Mölln den Beinamen »Eulenspiegelstadt« ein. Ein Gedenkstein an der spätromanischen Nicolai-Kirche auf dem Eichberg, der Eulenspiegel-Brunnen auf dem Marktplatz und das in einem historischen Bürgerhaus (1582) eingerichtete Eulenspiegel-Museum erinnern an den berühmten Gast. Zu den Schmuckstücken der verwinkelten Altstadt zählen neben der kostbar ausgestatteten St.-Nicolai-Kirche (13. Jh.) das Historische Rathaus (1373) sowie das Ensemble des Stadthauptmannshofes. Direkt am ehemaligen Wassergraben der Stadtbefestigung liegt der Kurpark.

Gudow Im Dorf steht eine der ältesten Feldsteinkirchen Norddeutschlands. Die romanische Marienkirche mit rundbogigen Fenstern und Portalen wurde um 1160 errichtet, ihr Holzturm im 17. Jahrhundert. Im Inneren beeindrucken der Schnitzaltar (1410), die Marmormadonna und der herunterziehbare Taufengel (1635). Für die Bewohner des klassizistischen Gudower Herrenhauses (1826) ist in der Kirche die Gutsloge aus dem 17. Jahrhundert reserviert. Die Pfarrscheune stammt von 1825.

AKTIV AM WASSER

⌇ Angeln

Für Angler sind die fischreichen Seen der Region ein wahres Paradies: Hecht, Zander, Barsch, Aal und Regenbogenforelle sind nur einige der Arten, die hier am Haken zappeln. Geangelt werden kann zum Beispiel im Ratzeburger See, im Schaalsee und in mehreren Seen rund um Mölln. Erlaubnisscheine und Gastkarten müssen zuvor erworben werden. *(www.moelln-tourismus.de/angeln; www.zarrentin.de/angeln.html; www.angeln-in-luebeck.de/angelgewaesser/ratzeburger-see.php)*

Im Ratzeburger See tummeln sich die Segelboote, im Hintergrund ist der Dom zu sehen (oben). Vom Malerwinkel blickt man über die Trave auf die Lübecker Altstadt mit der Petrikirche (rechts oben). Rechts: mit dem Kanu auf der Trave.

⌇ Kanufahren auf der Trave

Mit dem Kanu lässt es sich gemütlich rund um Lübeck paddeln, durch den Schaalseekanal oder die Untere Trave entlang. Auch auf der Mittleren Trave ist Kanufahren erlaubt, allerdings zeigt sich der Fluss hier von seiner wilderen Seite. Informationen zu diesen und weiteren Touren zum Beispiel unter *www.kanu-center.de*

⌇ Naturschutzgebiet Dummersdorfer Ufer

Beim Wandern durch das bereits seit 1958 unter Naturschutz stehende Gebiet sollte man stets ein Fernglas griffbereit haben, denn hier leben und brüten Kibitze, Graugänse, Pirole und viele weitere Vogelarten. Auch Seeadler sind in der Region zu Gast. Das Naturschutzgebiet betreut ein Verein, der auch Führungen durch die vielfältige Natur anbietet. *(www.dummersdorfer-ufer.de)*

⌇ Baden draußen und drinnen

Mehrere Naturbadestellen laden zum Sprung ins kühle Nass ein, zum Beispiel am Lankauer, Behlendorfer oder Salemer See, an der Schlosswiese in Ratzeburg oder am Rolandseck am Lütauer See. Bei unbestimmter Witterung locken das Wonnemar Wismar, die Ostseetherme Scharbeutz oder die Holsten-Therme in Bad Schwartau mit Wellnessangebot.

⌇ Radwandern

In der Seen- und Hügellandschaft der Lauenburgischen Seen lässt es sich wunderbar radwandern, z. B. auf der Alten Salzstraße zwischen Lübeck und Lüneburg. Reizvoll ist auch die Seen-Radtour (Rundweg von ca. 115 Kilometern durch den Naturpark Lauenburgische Seen und das Biosphärenreservat Schaalsee). *(www.herzogtum-lauenburg.de/touren-radrundwege)*

➤ Mönch-Ernestus-Wanderweg

Der 32 Kilometer lange Wanderweg vom Kloster Ratzeburg bis Kloster Rehna wurde nach Bruder Ernestus, einem ehemaligen Zisterziensermönch, benannt. Schon im Mittelalter verbanden dieser und zwei weitere, der Nonnen- und der Bischofsweg, die drei Klöster rund um den Schaalsee miteinander und führen damals wie heute durch die einzigartige Natur des jetzigen UNESCO-Biosphärenreservat. Daneben erzählt der Weg mit seinem Verlauf zur ehemaligen innderdeutschen Grenze auch Kulturhistorisches aus der Gegenwart. Informationen zum Streckenverlauf unter *www.kloster-rehna.com/tourismus/ wander-und-pilgerwege*

NIEDER-SÄCHSISCHE SEEN

↗ **Sanfte Hügel, Flüsse, Bächlein und Auen, stille Moore und Heiden, Wälder, Felder und Wiesen sowie alte Dörfer und Städte prägen das Land rund um die niedersächsischen Seen.**

Die Norddeutsche Tiefebene ist seit Jahrhunderten ein Land der Bauern. Acker- und Weidefluren bestimmen das Landschaftsbild, hinzu kommen Wälder und Moore, Heide-, Gras und Flusslandschaften, die noch weitgehend eine intakte und vielfältige Natur aufweisen. Zu dieser natürlichen Vielfalt tragen auch die großen Binnenseen bei. Charakteristisch für sie sind weite Wasserflächen und ausgedehnte Röhrichtbereiche. Als Flachseen sind sie einem andauernden Prozess der Verlandung unterworfen. Sie sind von Schilfgürteln umgeben und damit ein Refugium für viele Pflanzenarten sowie ein Brutraum für Sumpf- und Wasservögel wie

Rohr- und Zwergdommel, Drosselrohrsänger und Trauerseeschwalbe.

Steinhuder Meer
Das größte Binnengewässer Nordwestdeutschlands (30 Quadratkilometer) ist nur 1,5 Meter tief und wird von einem Zufluss und ungezählten Quellen gespeist. Im See liegen zwei künstliche Inseln: die zwischen 1761 und 1765 angelegte Inselfestung Wilhelmstein und die beliebte Badeinsel am Südufer. Am Nordufer lockt der Strand an der Weißen Düne zahlreiche Badegäste und Sonnenhungrige an. Der See ist Teil eines Feuchtgebietes von internationaler Bedeu-

tung und mit dem Umland als Naturschutzgebiet und Naturpark ausgewiesen. Das Bild des Naturparks Steinhuder Meer bestimmen neben dem Meer ausgedehnte Moore, weite Geestrücken, die nördlichsten Ausläufer der Mittelgebirge, angrenzende Flusstäler, Grünland und Wälder.

Dümmersee
Der Dümmersee (16 Quadratkilometer, max. 1,5 Meter tief) liegt inmitten des Naturparks Dümmer nördlich des Wiehengebirges. Sein Name geht in die altsächsische Zeit zurück und bedeutet dunkles Meer (»dum mer«). Südlich des Dümmer-Deiches befindet sich das wieder vernässte Ochsenmoor, ein Vogelschutzgebiet. Die von der Hunte durchflossene und von Mooren geprägte Dümmerniederung wird vom lang gestreckten Stemweder Berg im Südosten und dem Höhenzug der Dammer Berge im Westen begrenzt. Funde von Steinzeitsiedlungen und die uralten Pfahl- und Bohlenwege im Campemoor und im Diepholzer Moor belegen die alte Siedlungsgeschichte.

Zwischenahner Meer
Nur 5,25 Quadratkilometer groß ist das Zwischenahner Meer, das in Vorzeiten durch den Einsturz eines aus dem Untergrund auf-

ragenden Salzstockes entstanden ist, der durch Ablaugung instabil geworden war. Den drittgrößten See Niedersachsens säumt ein Schilfgürtel. Moore, Heide, Wald und Wiesen, Parkanlagen und alte Bauernhäuser kennzeichnen das umliegende Geest- und Hochmoorgebiet des Ammerlands, das sich nordwestlich von Oldenburg erstreckt und an dessen Südrand das Zwischenahner Meer liegt. Der See hat eine Tiefe von bis zu 5,5 Metern, unter dem Seeboden befindet sich jedoch in der Regel noch eine meterdicke Faulschlammschicht.

Alfsee, Großes Meer und Ewiges Meer
Der 2,2 Quadratkilometer große Wassersport- und Freizeitparadies Alfsee liegt eingebettet in einer idyllische Parklandschaft und geschützt von der Ankumer Höhe an den Ausläufern des Wiehengebirges. Naturfreunde finden gute Gelegenheit zur Vogelbeobachtung.
In ihrer Art sehr eindrucksvoll sind auch die »Meere« Ostfrieslands: das in einem Niederungsmoor gelegene Große Meer, ein 4,2 Quadratkilometer großer und bis 1,5 Meter tiefer Flachsee, und das Ewige Meer, ein

Hochmoorsee, der zum Nenndorfer Hochmoor auf dem Oldenburgisch-Ostfriesischen Geestrücken gehört. Der von Mooren, Heiden und extensivem Grünland umgebene See ist die Heimat seltener Sumpf- und Wasservögel und Pflanzen. An seiner Nordseite wurde ein fast zwei Kilometer langer Bohlenrundweg eingerichtet, die Südseite ist für Touristen unzugänglich.

Großes Bild: Blick auf Insel Wilhelmstein mit Festung; **kleines Bild:** Segelboote am Steinhuder Meer.

↗ **Die von idyllischen Bauerndörfern und lebhaften Städtchen umgebenen großen und kleinen niedersächsischen Seen sind in abwechslungsreiche Landschaften eingebettet, die durch flachwellige Hügel, Berge und weite Auen, eiszeitliche Wanderdünen und uralte Gesteinsformationen, Moore, Wälder, Felder, Wiesen und Heideflächen geprägt sind und zum Teil unter Naturschutz stehen.**

Steinhuder Meer

Wunstorf Im mittelalterlich geprägten Kern des Städtchens beeindrucken die malerischen Fachwerkhäuser und Brunnen, die Stadtkirche (12. Jh.), der Röbbingsturm und die alte Abtei. Im Ortsteil Idensen steht eine romanische Grabeskirche mit Fresken von 1130.

Steinhude Das ehemalige Fischer- und Weberdorf konnte seinen von alten Fachwerkfas-

saden geprägten dörflichen Charakter weitgehend erhalten. Besonders sehenswert ist neben der Schmetterlingsfarm mit Insektenmuseum das Scheunenviertel mit dem Informationszentrum des Naturparks Steinhuder Meer. Zur Inselfestung Wilhelmstein fahren historische Segelboote.

Rehburg-Loccum Bad Rehburg besitzt mit den ehemals Königlichen Kuranlagen ein in Deutschland einzigartiges Kul-

turdenkmal aus der Zeit der Romantik. Die »Reheburgk« in Rehburg (12. Jh.) war einst eine Wasserburg. In Loccum steht ein im Jahr 1163 gegründetes Zisterzienserkloster.

Neustadt am Rübenberge Die beschauliche Kleinstadt gehört zusammen mit 33 Dörfern zum Neustädter Land im Norden des Naturparks Steinhuder Meer. Einen Besuch lohnen der Hof des Neustädter Schlosses, eines bedeutenden Bauwerks der Weser-Renaissance, sowie das Zisterzienserkloster in Mariensee.

Dümmer See

Altes Amt Lemförde Zwischen Dümmer und Stemweder Berg erstreckt sich diese Samtgemeinde. Typisch für die ganze Region sind die bezaubernden reet- oder ziegelgedeckten Fach-

werkbauten. Besonders sehenswert sind neben den bäuerlichen Hofanlagen und ehemaligen Fischerkaten die Kirchen, das Doktorhaus, das ehemalige Gefängnis und der Amtshof in Lemförde sowie die Kirche in Burlage. Das Dümmer-Museum in Lembruch vermittelt Wissenswertes über die Region.

Diepholz Die Anfänge der Kreisstadt reichen bis ins 12. Jahrhundert zurück. Zu den Hauptsehenswürdigkeiten gehört neben der St.-Nikolai-Kirche (1801), der Alten Münze (17. Jh.), dem Rathaus und dem Bahnhof vor allem das Schloss (1120 bis 1160, seit 1852 Amtsgericht) mit seinem markanten Turm, von dessen oberstem Stockwerk man einen herrlichen Ausblick hat.

Naturpark TERRA.vita Der landschaftlich vielfältige Naturpark im Osnabrücker Land zwi-

schen Porta Westfalica, Bielefeld und Hörstel präsentiert 300 Millionen Jahre Erdgeschichte und alles, was es an geologischen Formationen geben kann. Zu den bekanntesten der 170 Naturdenkmale gehören die 120 Millionen Jahre alten versteinerten Trittsiegel von Dinosauriern bei Bad Essen.

Osnabrück Die aus einem Bischofssitz hervorgegangene Stadt südlich des Alfsees liegt inmitten des Naturparks. Die Dauerausstellung im Felix-Nussbaum-Haus widmet sich Leben und Werk des hier geborenen jüdischen Malers. Sehenswürdigkeiten der Altstadt sind vor allem der spätromanische Dom (13. Jh.), das spätgotische Rathaus (um 1500) und die Reste der alten Stadtbefestigung.

Bramsche Die Ursprünge der Stadt reichen in die Zeit Karls des Großen zurück. Mehr als 400 Jahre lang war sie die Stadt der Tuchmacher. Ein Museum zeigt die Verarbeitung der Wolle zum fertigen Tuch. Seit 1989 laufen archäologische Ausgrabungen am Ort der legendären Varusschlacht (9. n. Chr.) im Ortsteil Kalkriese – einen Überblick erhalten Besucher im Museum und Park Kalkriese. Nur von außen zu besichtigen ist die Wasserburg Alt Barenaue (1689) und auch das Schloss Neu Barenaue (1857–1862).

Malgarten Das ehemalige Benediktinerinnenkloster nahe Bramsche wurde 1194 gegründet und bis 1803 von Nonnen bewohnt. Aus der Entstehungszeit stammen der Kreuzgang des Westflügels und die barock ausgestattete Kirche St. Johannes.

Zwischenahner Meer

Bad Zwischenahn Eingebettet in die Parklandschaft des Ammerlandes erstreckt sich das Moorheilbad am Ufer des Zwischenahner Meeres. Das älteste Wahrzeichen der Stadt ist die Pfarrkirche St. Johannes der Täufer (1124) am alten Marktplatz. Beachtung verdienen auch das Alte Kurhaus (1874/1908) und

das Kasino. 1897 gab es in der Gemeinde neun tätige Mühlen. Die Kappenwindmühle (1811) ist das Schmuckstück des Freilichtmuseums Ammerländer Bauernhaus.

Dreibergen Am Nordufer des Meeres fallen »drei Berge« auf, Reste einer der größten Hügelburgen Nordwestdeutschlands. Burg Elmendorf hatte ihre Blütezeit im 12. Jahrhundert; sie verfiel seit dem 14. Jahrhundert.

Links: Altes Kurhaus in Bad Zwischenahn; Marienkirche in Osnabrück; unten: Bramsche; Sigwardskirche Idensen.

GASTRONOMIE

🍴 **Wunstorf: »Strandterrassen«** Einen besseren Blick auf das Steinhuder Meer gibt es beinahe nicht: Das Restaurant liegt in der ersten Reihe an der Promenade und serviert hiesige Spezialitäten, natürlich mit viel Fisch. *(www.steinhuderstrandterrassen.de)*

🍴 **Neustadt am Rübenberge: Ausflugslokal »Alte Moorhütte«** Wer hier mitten in der Gaststube den Stamm einer dicken Eiche sieht, leidet nicht an Wahrnehmungsstörungen: Die urige Hütte wurde um den Baum herumgebaut. Noch schöner sitzt man draußen im Garten mit Blick auf das Steinhuder Meer. *(www.alte-moorhütte.de)*

🍴 **Osnabrück: Restaurant »Tatort Engels«** Hier wird gegessen, was auf den Tisch kommt: Die Gerichte auf der Speisekarte wechseln täglich und sind inspiriert von den Produkten, die der Küchenchef tagesfrisch eingekauft hat. Die große rote Tafel gibt Aufschluss über den Inhalt des Einkaufskorbes. *(www.tatort-engels.de)*

⌇ AKTIV AM WASSER

⌇ Radtouren

Das Fahrradwegenetz rund um das Steinhuder Meer und im Schaumburger Land ist weit verzweigt und bietet für jeden Anspruch die geeignete Tour. Ein schöner Rundweg führt zum Beispiel auf 32 Kilometern ums Steinhuder Meer. Wer der Fürstenroute folgen will, ist gute 50 Kilometer auf dem Drahtesel unterwegs: Während der Strecke bringen Wegpunkte einem die Geschichte der Grafen und Fürsten des Schaumburger Landes näher. Informationen unter *www.steinhuder-meer.de/tour/steinhuder-meer-rundweg* oder *www.schaumburger land-tourismus.de/aktiv/radwandern/schaumburger-themenradrouten/die-fuerstenroute.html*

⌇ Angeln

Angeln ist am Steinhuder Meer grundsätzlich erlaubt. Die notwendigen Angelkarten können beim Anglerverein Niedersachsen erworben werden, auch online. *(www.av-nds.de)*

Selbst im Winter findet man Segelboote auf dem Dümmer See (großes Bild). Kleine Bilder: Der Faszination des Segelsports kann man im Jachthafen Bünting in Bad Zwischenahn nachspüren; im Sommer ist an der Promenade am Steinhuder Meer einiges los.

Wassersport

Das Steinhuder Meer, der Dümmer See, das Zwischenahner Meer, der Alfsee und das Große Meer gelten als Dorado für Wassersportler. Segler, Surfer, Kanuten, Paddler und Tretbootfahrer finden Boots- und Surfbrettverleihe, Segel- und Surfschulen. Am Steinhuder Meer ist außerdem Kite-Boarden möglich, das Große Meer eignet sich sehr gut für Surfanfänger, und der Alfsee verfügt über eine spektakuläre Wasserskianlage. Auf dem Steinhuder Meer und dem Dümmer See werden Segelregatten veranstaltet.

Aussichtstürme Steinhuder Meer

Rund um das Binnengewässer wurden mehrere Aussichtstürme erbaut, die zum Verweilen einladen und einen herrlichen Blick aufs Wasser gewähren. Vom Mardorfer Turm bei Rehburg-Loccum lassen sich Watt- und Wasservögel beobachten, vom Aussichtspunkt Alte Moorhütte bei Neustadt am Rübenberge überblickt man das Nordufer des Steinhuder Meeres und das Ostufer vom Aussichtsturm in Großenheidorn. Nähere Informationen zur Lage der Türme bietet die Tourismusseite des Steinhuder Meeres: *www.steinhuder-meer.de*

»Auswandern« bei Sonnenuntergang

Wenn man früher von Steinhude nach Mardorf übersetzte, war das zwar nur ein vergleichsweise kurzer Weg, doch verließ man das Königreich Schaumburg-Lippe und trat ein ins Königreich Hannover. Historische Segelschiffe, die sogenannten Auswanderer, erinnern an diese Zeit, erfüllen heute aber die Funktion eines Wassertaxis. Sobald zehn Personen an Bord sind, legt das Schiff ab. Warum also nicht direkt in den Sonnenuntergang segeln? Informationen unter *https://steinhuder-personenschifffahrt.de*

Ort des Friedens

In unruhigen Zeiten ist es wichtig, sich auf Historisches zu besinnen: Im Rathaus von Osnabrück wurde 1648 der Westfälische Frieden geschlossen und damit der Dreißigjährige Krieg beendet. Die Stadt gilt seitdem als Friedensstadt. Jedes Jahr im Oktober wird diesem Vertragsschluss gedacht, indem Kinder auf Steckenpferden über die Rathaustreppe reiten.

Dinosaurierspuren

In den Oberkirchener Sandsteinbrüchen können sich Interessierte mit eigenen Augen davon überzeugen, dass Dinosaurier einst hier vorbeigewandert sind. Die großen Fußabdrücke sind im versteinerten Sand gut zu erkennen. Sie wurden auf dem Gebiet des Oberkirchner Sandsteinbruchs entdeckt, der zu den ältesten aktiven Steinbrüchen der Welt gehört. *(www.schaumburger land-tourismus.de)*

MECKLENBURGI-SCHE SEENPLATTE

↗ **Sanft geschwungene Hügelketten, ausgedehnte Wälder,
Wiesen und Auen und dazwischen Hunderte von glitzernden
Seen. Hier sind Mensch und
Geschichte noch im Einklang
mit der Natur.**

Die Seenplatte im Mecklenburgischen Binnenland erstreckt sich zwischen Schwerin im Westen und der Uckermark im Osten. Die vielen kleinen, oft versteckt gelegenen und von Schilfgürteln umgebenen Seen liegen eingebettet in eine herrliche Natur.

Die Mecklenburgische Seenplatte ist ein Relikt der letzten Eiszeit, als durch das Vordringen der skandinavischen Gletscher breite, beckenartige Vertiefungen ausgehoben wurden, die sich nach dem Abschmelzen der Eismassen mit Wasser füllten. Schmelzwasser wuschen enge und tiefe Rinnen aus, die heute als schmale Rinnenseen in Erscheinung treten. Auch Moore, Feldsölle (trichterartige Hohlformen) und Feuchtgebiete zeugen von der eiszeitlichen Vergangenheit dieser Gegend.

Die größten Gewässer der Seenplatte sind die Müritz (115 Quadratkilometer) und der Schweriner See (65 Quadratkilometer). Besonders stark häufen sich die Seen im Bereich des Schweriner Sees sowie im Gebiet zwischen Sternberg und Krakow. Nach Osten schließen sich daran zwischen Plau und Waren die »Großen Seen« an: der Plauer See (39 Quadratkilometer), der Fleesensee (elf Quadratkilometer), der Kölpinsee (20 Quadratkilometer) und schließlich die Müritz. Nach Südosten setzt sich das Gewässerband in den Kleinseen rund um Neustrelitz und in den Feldberg-Lychener Seen fort. Auch der Tollensesee (17 Quadratkilometer) bei Neubrandenburg und die Ückerseen in der Uckermark werden noch zur Mecklenburgischen Seenplatte gezählt.

Im Norden liegt die an Burgen und Schlössern reiche Mecklenburgische Schweiz mit dem Malchiner (14 Quadratkilometer), dem Kummerower (33 Quadratkilometer) und dem Teterower See (3,36 Quadratkilometer). Diese liebliche Landschaft erinnert mit ihrem malerischen Auf und Ab von Hügeln und Senken tatsächlich an Gebirgsgegenden.

Die häufig an Seen gelegenen Städte verströmen mit ihrer Fachwerkarchitektur Gemütlichkeit und Ruhe. Die ehemaligen Residenzen der Herzöge von Mecklenburg-Schwerin in Schwerin und Ludwigslust sowie die der Herzöge von Mecklenburg-Strelitz in Neustrelitz und Mirow sind die städtischen Mittelpunkte der ländlichen Region. Sie beherbergen bis heute viele wertvolle Baudenkmäler wie das Mirower Schloss und das Schloss Hohenzieritz. Die größte Stadt der Region, Neubrandenburg, ist durch ihre gut

erhaltene Wallanlage mit den prächtigen vier Toren weithin bekannt. Als einzige Höhenburg Norddeutschlands ist Burg Stargard besonders sehenswert.

Die Städte der Mecklenburgischen Seenplatte haben alle ihren eigenen Reiz: die Kleinstadt Plau am See ist ein Luftkurort mit einer alten Burganlage, die Inselstadt Malchow Sitz eines alten Zisterzienserklosters, Röbel/Müritz mit Fachwerkhäusern und gotischen Kirchen liegt an der Binnenmüritz und ist das Mekka der Segelfreunde, Waren/Müritz ist Kreisstadt, Luftkurort und Tor zum Müritz-Nationalpark.

Die Mecklenburgische Seenplatte gehört mit ihren über 1000 Gewässern zu den schönsten zusammenhängenden Seengebieten

Europas. Die Müritz sowie die umliegenden Seenlandschaften bieten ideale Bedingungen für Segler, Surfer und Wasserwanderer, sind doch die Seen oft durch natürliche und künstliche Kanäle miteinander verbunden. Aber auch weniger sportliche Naturliebhaber kommen auf ihre Kosten. In den zahlreichen Schutzgebieten finden sie eine artenreiche Tier- und Pflanzenwelt vor.

In den alten Residenzstädten und kleinen Ortschaften können dagegen die Kulturinteressierten viele große und kleine Schätze entdecken. Die Seenplatte ist eine Landschaft, die zu jeder Jahreszeit ihre ganz eigenen Reize entfaltet: im Herbst, wenn Nebelschleier über die Seen ziehen und das bunte Laub der jahrhundertealten Eichen die

letzten kräftigen Sonnenstrahlen zu herrlichem Farbspiel ermuntert; im Winter, wenn entlang der Deutschen Alleenstraße die Bäume raureifbedeckt glitzern; im Frühjahr, wenn die Luft vom Duft der blühenden Rapsfelder erfüllt ist und natürlich im Sommer, wenn unter dem hohen Himmel die bunt in der Sonne glitzernden glasklaren Seen erfrischende Abkühlung verheißen.

Schloss Schwerin (großes Bild) ist heute der Sitz des Landtags von Mecklenburg-Vorpommern. Die Bucht Kleine Müritz (oben) zeigt sich nebelverhangen und mystisch.

MECKLENBURGISCHE SEENPLATTE

↗ **Im Westteil der Mecklenburgischen Seenplatte laden kleine beschauliche Fachwerkstädtchen und alte Gutsdörfer zum Verweilen und
Träumen ein. Die wenigen größeren Städte wie
Schwerin und Güstrow verzaubern mit ihren
prachtvollen Schlössern und Parkanlagen.**

Schwerin Die alte Residenz der
mecklenburgischen Herzöge ist
die Landeshauptstadt Mecklenburg-Vorpommerns und durch
ihre hübsch restaurierte historische Altstadt mit dem Schloss,
aber auch wegen ihrer herrlichen
Lage inmitten einer idyllischen
Seenlandschaft ein touristischer
Anziehungspunkt. Zugleich gilt
die Stadt als idealer Ausgangspunkt für Fahrten durch die
Mecklenburgische Seenplatte.
Rund 70 Seen breiten sich direkt
vor den Toren der Stadt und innerhalb des Stadtgebiets aus.
Selbst das Zentrum von Schwerin
ist von Gewässern umgeben. Ab
1850 erhielt der Ort zahlreiche
Repräsentationsbauten, die auch

heute noch das Bild prägen. Das
Wahrzeichen Schwerins ist das
ehemalige herzogliche Residenzschloss. Der um einen Innenhof
angelegte Schlossbau erhielt
sein heutiges Aussehen Mitte
des 19. Jahrhunderts nach dem
Vorbild des französischen Cham-
bord-Schlosses. Die malerische
Lage an der kleinen Insel sowie
die vielen Türme und Giebel verleihen dem Schlossbau eine geradezu märchenhaftes Aussehen.

Schweriner See Der 21 Kilometer lange und drei bis fünf
Kilometer breite See ist mit seiner Größe von rund 65 Quadratkilometern nach der Müritz das
zweitgrößte Gewässer in Meck-

lenburg-Vorpommern. Bei den
Bewohnern von Schwerin ist er
ein beliebtes Naherholungsgebiet mit vielfältigen Freizeitmöglichkeiten. Baden, Segeln
und Surfen sind hier ebenso gut
möglich und beliebt wie Wanderungen entlang der bewaldeten Ufer. Der See hat über die
Stör einen natürlichen Abfluss
nach Süden und damit zur Elbe,
und einen künstlichen Abfluss
nach Norden zur Ostsee durch
den Wallensteingraben. In der
Mitte zieht eine Moränenstaffel
durch den Schweriner See, auf
der 1842 der Paulsdamm mit der
Chaussee nach Güstrow und
Neubrandenburg aufgeschüttet
wurde. Dieser Damm trennt den
Schweriner Binnensee vom Au-
ßensee.

Sternberg Die Kleinstadt östlich von Schwerin liegt am Südwestufer des gleichnamigen
Sees und diente den mecklenburgischen Fürsten zeitweilig als
Residenz. Vor allem um den

Marktplatz besitzt die Stadt
noch viele Fachwerkhäuser aus
dem 18./19. Jahrhundert.

Durchbruchstal der Warnow
Bei Groß Görnow nördlich von
Sternberg lockt ein kleines Naturwunder die Wanderfreunde.
Die Flüsse Mildenitz und Warnow fließen hier zusammen und
durchbrechen in einem wildromantischen, bis zu 30 Meter tief
eingeschnittenen Tal die umliegenden Höhenzüge. Das Gebiet
ist Zufluchtsstätte vieler Vögel.

Bützow Mit seiner frühgotischen Backsteinkirche und den
malerischen Fachwerkhäusern
ist Bützow typisch für das mecklenburgische Binnenland.
In vielen kleinen verträumten
Ortschaften in der Umgebung
von Bützow stehen noch gut erhaltene Dorfkirchen und typische alte Bauernhäuser.

Güstrow Der im Tal der Nebel
gelegene Ort ist mit dem Dom,

dem Schloss und der Ernst-Barlach-Gedenkstätte sowie zahlreichen Baudenkmalen eine Stadt mit Sehenswürdigkeiten von hohem Rang. Die planvoll angelegte Stadt kam im 14. und 15. Jahrhundert durch Tuchproduktion, Wollhandel und Brauereien zu einigem Wohlstand. Ab 1556 war Güstrow Sitz der Herzöge von Mecklenburg-Güstrow. 1910 machte der Bildhauer, Grafiker und Dichter Ernst Barlach den Ort zu seiner Wahlheimat. Das Schloss von Güstrow ist das größte Renaissancebauwerk in Mecklenburg-Vorpommern. Der mit Türmen, Giebeln und Erkern abwechslungsreich gestaltete Dreiflügelbau wurde Mitte des 16. Jahrhunderts errichtet und enthält prächtige Innenräume, deren Eleganz die Besucher staunen lässt. In der Stadtmitte erhebt sich der gotische Dom. Zu seinen bedeutenden Ausstattungsstücken zählen das monumentale Marmorgrab für Herzog Ulrich III. und Ernst Barlachs Bronzeskulptur »Der Schwebende«.

Prächtige Anlagen: die Schlösser Schwerin (oben), Güstrow und Ludwigslust (unten).

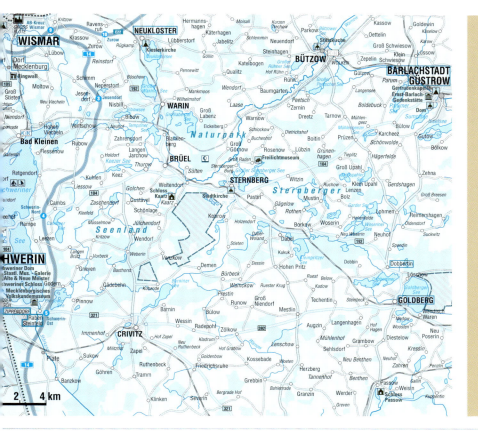

⌇ AKTIV AM WASSER

⌇ Wasserwandern auf der Warnow
Eine mehrtägige Kanuwanderung führt vom Sternberger See zur Ostsee. Informationen über die geführten Touren und Kanuverleih erteilt die Kanuvermietung Sternberg *(Tel. 03847/25 34; www.camping-stern berg.de/kanu-und-kajak-fahren).*

⌇ Burg Stargard
Die einstige Hofburg des Markgrafen von Brandenburg wurde zwischen 1236 und 1260 erbaut und ist heute die einzige erhaltene mittelalterliche Höhenburg in Norddeutschland. Neben der Burg können Besucher einen Blick in die Gewandschneiderei werfen: Die mittelalterlichen Gewänder können nicht nur besichtigt, sondern auch ausgeliehen werden. Mehr Informationen unter *www.hoehenburg-stargard.de*

⌇ Archäologisches Freilichtmuseum Groß-Raden
Eine Attraktion für die ganze Familie ist das vier Kilometer nordöstlich von Sternberg gelegene Archäologische Freilichtmuseum. Nachgebaut wurden Wohnhäuser, Tempel, Werkstätten und Wehranlagen einer slawischen Siedlung aus dem 9. Jahrhundert. *(www.freilichtmu seum-gross-raden.de)*

⌇ Wasserwandern
Eine interessante Kanutour führt von Hohen Viecheln am Nordende des Schweriner Sees nach Wismar zur Ostsee, eine zweite, ein- bis mehrtägige Tour über den Schweriner See. *Infos auf www.schweri ner-see.de*

⌇ Fahrt im Glasbodenkajak
Die Unterwasserwelt der Gewässer am Müritz-Nationalpark erleben, ohne dabei nass zu werden, gelingt mit einer Fahrt im Glasbodenboot: Spezielle Kajaks ermöglichen einen ganz besonderen Blick in die Tiefe. Die Tour ist für Erwachsene und Kinder geeignet. *(www.kanu-mue hle.de)*

⌇ Wasserradeln
Per Hydrobike gemütlich übers Wasser radeln macht viel Spaß und ist besonders sicher, denn mit je einem Schwimmelement links und rechts ist es praktisch unmöglich, aus dem Gleichgewicht zu geraten. Die Wasserfahrräder können an mehreren Stellen in der Region geliehen werden, zum Beispiel in Ratzeburg. Informationen unter *www.erlebnis bahn-ratzeburg.de*

⌇ Freilichtmuseum für Volkskunde
Im Mecklenburgischen Volkskundemuseum in Schwerin-Mueß werden am Südufer des Schweriner Sees die ländliche Architektur des 17. und 18. Jahrhunderts und die Arbeits- und Lebensweise der mecklenburgischen Bevölkerung anschaulich vermittelt. *(www.schwerin.de/kul tur-tourismus/kunst-kultur/bilden de-kunst-museen/freilichtmuseum-schwerin-muess)*

〰 Angeln ohne Angelschein

Angelfreunde ohne gültigen Angelschein dürfen trotzdem ihr Glück in den hiesigen Gewässern versuchen, denn hier wurde der Touristen-Fischereischein eingeführt. Einmal im Kalenderjahr kann der Schein erworben werden und berechtigt in Kombination mit einer Angelerlaubnis des jeweiligen Sees dazu, die Angel auszuwerfen und auf Hechte, Zander oder Aale zu warten. Informationen erteilen die Tourismusbüros der Region.

Der Schweriner See (oben links), der Inselsee (oben Mitte) und die Warnow (oben rechts) laden zu diversen Wassersportarten ein. Die Ausmaße des Schlosses von Schwerin (rechts) kann man sich beim Vorbeifahren auf dem See nur vorstellen; bei einer Schlossführung erhalten Besucher Einblick in die Architektur.

MECKLENBURGISCHE SCHWEIZ

↗ **Mit sauberster Luft und glasklaren Seen ist die so reich mit Wasser gesegnete Landschaft westlich und östlich der Müritz ein Paradies für Freizeitkapitäne, aber auch für Radfahrer, Wanderer und Reiter. Umgeben von saftigen Wiesen und ausgedehnten Wäldern liegen hübsche Ortschaften malerisch in wogende Felder eingebettet.**

Mecklenburgische Schweiz Die hügelige Seenlandschaft östlich von Güstrow, die sich zwischen Teterow und Malchin erstreckt, verdankt ihren Namen ihrem gebirgigen Charakter. Den Reiz dieser Landschaft machen vor allem die vergleichsweise starken Höhenunterschiede und der Wechsel von Äckern, Wiesen, Wäldern und Seen aus. Vom 96 Meter hohen Röthelberg bei Teterow bietet sich ein beeindruckender Blick über das Land.

Teterow Bis in das 19. Jahrhundert hinein war das kleine Städtchen eine Ackerbürger- und Handwerkerstadt. Auf der Insel im Teterower See stehen noch die Reste einer slawischen Fliehburg. Die Teterower Heidberge, die bis zu 100 Meter in die Höhe ragen, eröffnen ein breites Panorama über die Mecklenburgische Schweiz.

Plauer See Der lang gezogene, im Durchschnitt nur acht Meter tiefe Plauer See ist das drittgrößte Gewässer Mecklenburg-Vorpommerns. Er wird von der Elde durchflossen und ist somit Teil der Elde-Müritz-Wasserstraße, die von der Müritz bis zum Schweriner See reicht.

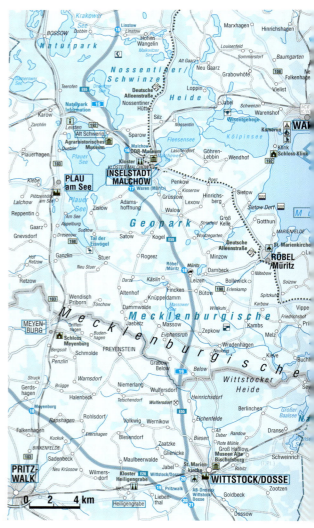

Plau Am Westufer des Plauer Sees liegt am Austritt der Elde aus dem See das romantische Ackerbürgerstädtchen, dessen mittelalterlicher Stadtkern und die Nähe zum Wasser wesentlich zum Flair der alten Fischer- und Flößerstadt beitragen. Die Stadt wurde ab 1225 planmäßig erbaut und durch eine Festung gesichert. Bis heute hat sich Plau mit seinen Fachwerkhäusern den Charme einer typisch mecklenburgischen Ackerbürgerstadt bewahrt.

Naturpark Nossentiner/ Schwinzer Heide Zwei Flüsse, die Nebel und die Mildenitz, 60 Seen und große Waldgebiete bestimmen das Bild des nördlich vom Plauer See, Fleesen- und Kölpinsee gelegenen Naturparks. Weites flaches Land, ausgedehnte Kiefernforste und große Wasserflächen sind die dominierenden Landschaftsformen in diesem Naturpark. Eingestreut sind versteckte Seen, geheimnisvolle Moore, artenreiche Trockenrasen, Bäche und kleine Flüsse. Zahlreiche Wasservögel leben in diesem Gebiet. Am Plauer See befinden sich alte Torfstiche, die allmählich verlanden. Die einzelnen Phasen der Verlandung von der offenen Wasserfläche über Schwingrasen bis hin zum Moorwald mit den darin vorkommenden typischen Pflanzen und Tieren können hier eindrucksvoll beobachtet werden. Ein außergewöhnliches Naturerlebnis hat das Naturschutzgebiet Damerower Werder zu bieten: Auf einer Halbinsel mit altem Baumbestand wurde ein Freigehege für Wisente (Bisons) eingerichtet.

Linke Seite: Der Teterower See ist Teil des Naturparks Mecklenburgische Schweiz und Kummerower See. Links unten: Plau am See; oben: Hausboote auf der Müritz-Elde-Wasserstraße bei Malchow.

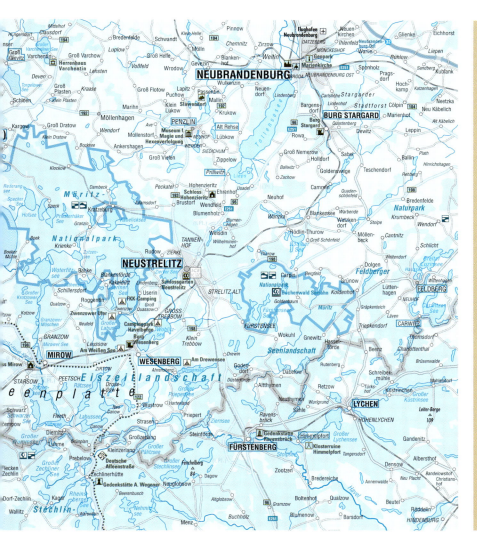

Alt-Schwerin Die kleine Ortschaft am Nordende des Plauer Sees ist beispielhaft für viele Gutsdörfer in Mecklenburg. Ein Freilichtmuseum dokumentiert die Entwicklung der Landwirtschaft und des Landlebens in Mecklenburg. Eine typische Gutsanlage mit dazugehörigen Tagelöhner- und Landarbeiterhäusern sowie eine Dorfschule aus der Zeit um 1910 können besichtigt werden. Die Holländerwindmühle und weitere zahlreiche Gegenstände geben einen Einblick in die technische Entwicklung landwirtschaftlicher Produktion.

Müritz Die Müritz (slawisch »kleines Meer«) ist das größte Gewässer der Mecklenburgischen Seenplatte und eine Ferienregion par excellence. Die Müritz ist im Durchschnitt 6,5 Meter tief und durch den Müritz-Havel-Kanal mit der oberen Havel und vielen Seen des Gebiets verbunden.

Waren Die am Nordufer der Müritz, der sogenannten Binnenmüritz, gelegene Kreisstadt ist das touristische Zentrum der Region. Auf dem höchsten Punkt von Waren thront die Pfarrkirche St. Georg, das älteste Bauwerk der Stadt. Waren erhielt wie andere Städte der Umgebung Mitte des 13. Jahrhunderts die Stadtrechte. Der Altstadt um die Georgenkirche und den alten

Marktplatz schloss sich nur wenig später die sogenannte Neustadt an. Das Zentrum dieses Stadtteils war die fürstliche Burg östlich der späteren Marienkirche. Ein wirtschaftlicher Aufschwung vollzog sich erst im 19. Jahrhundert, als sich Waren zu einem regionalen Zentrum für das Müritzgebiet entwickelte. Neben der Eldekanalisierung und der damit verbundenen Verbesserung der Schifffahrt zur Havel und über die Elde zur Elbe in der ersten Hälfte des 19. Jahrhunderts war es der Chausseebau in der Mitte und vor allem die Anlage wichtiger Eisenbahnverbindungen Ende des 19. Jahrhunderts, die Waren zu einem bedeutenden Verkehrsknoten in Mecklenburg machten.

Klink Dort, wo sich Müritz und Kölpinsee am nächsten kommen, liegt die Ortschaft Klink. Durch die Nähe der Eldeverbindung zwischen beiden Seen und der Eldebrücke hatte das Dorf im Mittelalter eine strategische Bedeutung. Bei Schloss Klink (heute ein Hotel) meint man, vor einem Märchenschloss zu stehen. Diesen Traum erfüllten sich vor über 100 Jahren Hedwig und Arthur von Schnitzler, die den Architekten Griesebach mit dem Bau eines Schlosses in Anlehnung an die Loireschlösser beauftragten. Von der großzügigen Terrasse bietet sich ein atemberaubender Blick über den See.

Röbel In einer Bucht am Südwestufer der Müritz liegt der viel besuchte Erholungsort Röbel. Die malerische Kleinstadt mit ihren vielen bunten restaurierten Fachwerkhäusern und den beiden markanten Backsteinkirchen zählt zu den typischen kleinen Städten dieser Region.

Müritz-Nationalpark Der größte Teil des 318 Quadratkilometer umfassenden Müritz-Nationalparks, eine von eiszeitlichen Schmelzwässern geprägte Sanderlandschaft, liegt am Ostufer der Müritz und wird in etwa durch die Städte Waren, Neustrelitz und Mirow begrenzt. Der zweite, wesentlich kleinere Teil umfasst die im Osten von Neustrelitz gelegenen Endmoränenzüge um Serrahn und reicht bis zum Hirschberg (143 Meter),

der höchsten Erhebung des Nationalparks. Rund 65 Prozent des Parks sind von Wald bedeckt. Das Gebiet ist sehr dünn besiedelt und weist daher noch viel ursprüngliche Natur auf. Eine große Zahl an Lebewesen und viele vom Aussterben bedrohte Pflanzen und Tiere finden hier ideale Bedingungen vor. Große Buchenwälder, die seit 40 Jahren nicht mehr bewirtschaftet wurden, befinden sich im Serrahner Teil des Parks.

Neustrelitz Die barocke Kleinstadt liegt am Zierker See und ist das Tor zur Neustrelitzer Kleinseenplatte. Nach dem Brand des Schlosses in Altstrelitz im Jahr 1712 verlegten die Herzöge von Mecklenburg-Strelitz ihre Residenz hierher, ließen das Schloss bauen und gründe-

ten 1733 das dazugehörige Städtchen, das bis zum Jahr 1918 Herzogsresidenz blieb. Das Schloss wurde 1945 zerstört. Erhalten blieb aber der ebenfalls im 18. Jahrhundert angelegte Barockgarten, der im 19. Jahrhundert zu einem Landschaftspark umgestaltet wurde. Innerhalb der Parkanlage finden sich kleinere Bauten wie ein Tempel zu Ehren von Königin Luise von Preußen, die der herzoglichen Familie entstammte. Am Südostrand des Parks steht die neogotische Schlosskirche.

Den Mittelpunkt der Neustrelitzer Innenstadt bildet der Markt, von dem strahlenförmig acht breite Straßen wegführen. Die Bebauung stammt vorwiegend aus der zweiten Hälfte des 19. Jahrhunderts. Ein Stadtbummel sollte also hier beginnen.

Neustrelitzer Seengebiet

Als nahezu unberührte Seenlandschaft erstreckt sich das Neustrelitzer Seengebiet mit seinen über 300 Gewässern zwischen der Müritz im Nordwesten und der Lychen-Templiner Seenplatte im Südosten. In dem größtenteils von Wald bedeckten Hügelland liegen Talrinnen mit kleinen Seen, Heidelandschaften und kiefernbestandene Talsandflächen. Dünen wechseln mit Laubwäldern. Nur kleine Flächen werden landwirtschaftlich genutzt. Oft sind in den einzelnen Rinnen mehrere Seen hintereinander angeordnet, die nur von trockenen Senken und feuchten Wiesenniederungen unterbrochen werden. Auch die Havel, die im Neustrelitzer Seengebiet entspringt, ist hier mal See, mal Fluss.

Ankershagen

In dem 20 Kilometer nordwestlich von Neustrelitz gelegenen Städtchen verbrachte der Altertumsforscher Heinrich Schliemann (1822 bis 1890) seine Kindheit. Vor dem ehemaligen Pfarrhaus, das heute ein Schliemann-Museum beherbergt, steht eine begehbare Kopie des Trojanischen Pferdes. Südlich des Ortes erstreckt sich in Nachbarschaft zum Müritz-Nationalpark das Landschaftsschutzgebiet Havelquellseen.

Feldberg-Lychener Seenlandschaft

Den östlichen Abschluss der Mecklenburgischen Seenplatte bildet die Feldberg-Lychener Seenlandschaft, die zu den schönsten Erholungsregionen des Landes zählt. Ein Paradebeispiel für einen Rinnensee, der durch die eiszeitlichen Gletscher seine Form erhielt, ist der sechs Kilometer lange, maximal 300 Meter breite und von Buchenwäldern umrahmte Schmale Luzin, der eine Tiefe von bis zu 50 Metern erreicht. Ein herrlicher Blick über die reizvolle Seenlandschaft eröffnet sich vom 142 Meter hohen Reiherberg. Im Naturschutzgebiet Heilige Hallen stehen westlich von Feldberg bis 350 Jahre alte und mehr als 40 Meter hohe Rotbuchen.

Neubrandenburg

Im Nordosten der Seenplatte liegt am Ufer des Tollensesees die Stadt Neu-

brandenburg. Die nach Kriegszerstörungen überwiegend modern gestaltete Innenstadt wird von einem vollständig intakten mittelalterlichen Befestigungsring mit ungewöhnlich reich geschmückten Stadttoren umschlossen. Die »Vier-Tore-Stadt« war bis zum Dreißigjährigen Krieg eine prosperierende Handwerker- und Handelsstadt.

Tollensesee

Der beinahe elf Kilometer lange und durchschnittlich nur einen Kilometer breite Tollensesee ist ein beliebtes Ausflugsziel. Das frühere Sumpfgelände am Nordufer wurde in den 1970er-Jahren in einen Kultur- und Erholungspark umgewandelt. Am westlichen Steilufer steht das Belvedere (1823), das früher dem herzoglichen Hof als Ausflugsstätte diente.

Burg Stargard

Das rund zehn Kilometer südöstlich von Neubrandenburg gelegene Städtchen weist schon in seinem Namen auf die aus dem 13. Jahrhundert stammende Burg hin. Von der Burg ist ein imposanter Bergfried erhalten geblieben.

Sehenswerte Bauwerke der Gegend sind Schloss Rheinsberg (links oben), der Hebe-Tempel von Neustrelitz (linke Seite) und das Friedländer Tor in Neubrandenburg (links).

⮀ AKTIV AM WASSER

⮀ Nationalpark Müritz
Naturkundliche Führungen werden vom Nationalpark-Service Müritz angeboten (*03991/66 88 49; www. nationalpark-service.de; weitere Infos zum Park unter: www.mueritz-nationalpark.de*).

⮀ Alte Burg Penzlin
Ein gruseliger Schauer jagt Besuchern beim Anblick der Folterkammer den Rücken hinab. Doch hier dreht es sich nicht nur um die Grausamkeiten zu Zeiten der Hexenverfolgung, sondern vor allem um altes Kräuterwissen, Hexenkunde und die Magie im späten Mittelalter. (*http://alte-burg.amt-penzliner-land.de*)

⮀ Nationalpark-Radtour
Von Mai bis September findet die Nationalpark-Radtour statt, bei der man in Begleitung die Höhepunkte der Region und deren Naturschönheit kennenlernen kann. Die 25 Kilometer lange Strecke führt zum Warnker See, durch Moorgebiete und zu dem einen oder anderen Vogelbeobachtungspunkt. (*Tel. 03961/66 88 49; www.nationalpark-service.de*)

⮀ Ferien im Zigeunerwagen
Den Nationalpark Müritz auf eigene Faust erkunden und gleichzeitig ungewöhnlichen Urlaub machen, dafür eignen sich Ferien im Zigeunerwagen. Nach einer ausführlichen Einweisung darf man selbst die Zügel übernehmen und den Planwagen lenken. Sogar eine Übernachtung darin ist möglich. (*Tel. 0151/12 95 69 67; www.pferdecamper.de*)

⮀ Wandern auf dem Müritz-Nationalpark-Weg
Mit 165 Kilometern ist er der längste Wanderweg, der durch einen deutschen Nationalpark führt. Er ist nicht besonders anspruchsvoll, nicht steil und daher auch für wenig trainierte Personen geeignet, wenn er in Etappen aufgeteilt wird. Start und Ziel befinden sich im Stadthafen von Waren an der Müritz. Mit einem blauen »M« ist er ausgeschildert. Praktisch alle Sehenswürdigkeiten des Parks, von den Seen über den Buchenwald bis hin zu Aussichtspunkten und Informationszentren, liegen auf der Strecke.

⮀ Slawendorf Neustrelitz
Direkt am Zierker See liegt die Erlebniswelt des Slawendorfs Neustrelitz. Hier wird geschnitzt und getöpfert, es gibt eine Kulthalle, einen Brunnen, eine Schmiede und einen Spielplatz (*https://slawendorf-neustrelitz.de*).

Plauer Badewannenrallye

Seit 30 Jahren pilgern im Hochsommer alljährlich Tausende von Besuchern nach Plau am See, um bei diesem Spektakel dabei zu sein. Die Bezeichnung »Badewannen« ist dabei mehr als untertrieben, denn die schwimmbaren Untersätze, in denen sich die Teilnehmer wagemutig aufs Wasser begeben, sind echte Kunstwerke. Und zwar handgemacht, so schreibt es das Reglement vor. Alles rund um die Plauer Badewannenrallye unter *www.ilove wanne.de*

Agroneum Alt-Schwerin

Das Museum vermittelt dem Besucher Einblicke in die Entwicklung der Landwirtschaft und des Landlebens in Mecklenburg. Ein dampflokbetriebener Pflug sowie weitere Gegenstände zeigen die technische Entwicklung in der Region. *(www. agroneum-altschwerin.de)*

Rad- und Bootsverleih

Die landschaftlichen Reize der von Seen, Kanälen und Wald geprägten Region können mit dem eigenen oder gemieteten Boot, zu Fuß oder mit dem Fahrrad, hoch zu Ross oder mit der Kutsche entdeckt werden. Fahrräderverleihstationen und Reiterhöfe sind in fast jedem Ort der Mecklenburgischen Seenplatte zu finden.

Großes Bild: Der Große Fürstenseer See liegt in der Nähe der Stadt Neustrelitz. Mit dem Hausboot oder dem Kanu (kleine Bilder oben) haben besonders Familien großen Spaß. Ein weiteres Vergnügen am Wasser ist die traditionelle Plauer Badewannenrallye (rechts).

STAUSEEN DER MITTELGEBIRGE

↗ **Zu den landschaftlichen Höhepunkten der Mittelgebirge gehören die Talsperren, die inmitten der bergigen Umgebung geschaffen wurden. Besonders reich an diesen Seen von Menschenhand ist die Ferienregion Sauerland.**

Einige Gebiete in Deutschland sind aufgrund der eiszeitlichen Vergletscherung üppig mit natürlichen Seen ausgestattet. Nach dem Abschmelzen hinterließen die Gletscher Becken, die sich rasch mit dem reichlich vorhandenen Schmelzwasser füllten. Im Unterschied zu den Regionen im Norden und Süden Deutschlands fehlt im mittleren Teil dieser Formenschatz. Hier half der Mensch nach und errichtete stehende Gewässer. Auf diese Weise entstand im Sauerland eine Seenregion, die sich an Attraktivität durchaus mit anderen Gebieten messen kann.

Die von bewaldeten Berg- und Hügelländern geprägte Region im Südosten Nordrhein-Westfalens ist Teil des Rheinischen Schiefergebirges. Das Sauerland umfasst mehrere Höhenzüge – darunter Rothaargebirge, Ebbegebirge, Lennegebirge und Arnsberger Wald. Diese Naturräume sind viel besuchte Wandergebiete, auch wenn die Berghöhen nur in wenigen Gebieten 800 Meter übersteigen. Der Reiz der Region wurde durch die Anlage von Stauseen jedoch gesteigert, zu deren größten der Biggesee, die Versetalsperre, der Sorpesee, der Möhnesee und

der Hennesee zählen. Sie entstanden durch das Aufstauen von Flüssen zum Zweck der Energiegewinnung, der Wasserversorgung des Ruhrgebiets und der Regulierung des Wasserstands der Flüsse.

Die Freizeit- und Erholungsfunktion der Seen und ihrer Umgebung sind nicht zu unterschätzen: Wassersportler finden hier vielfältige Betätigungsfelder – sie können nach Belieben schwimmen, surfen, segeln, tauchen, angeln. Die Personenschifffahrt spielt ebenfalls eine wichtige Rolle, und im Uferbereich der Seen wurde das Netz an Rad- und Wanderwegen gut ausgebaut.

Der Möhnesee im Norden des Sauerlandes ist der größte See Westfalens. Der Ort Delecke an seinem Nordufer bietet alles, was ein Strandbad zum Strandbad macht. Der südwestlich des Möhnesees errichtete Sorpesee liegt in schöner Mittelgebirgslandschaft und zieht vor allem diejenigen an, die die Kombination aus Wasser und Bergen lieben. Komplettiert wird das Seendreieck im nördlichen Sauerland durch den Hennesee. Die am Fuß des Kahlen Asten, der höchsten Erhebung Nordrhein-Westfalens, angelegte Talsperre bietet sehr gute Wassersportmöglichkeiten.

Ein breites Freizeitangebot findet sich auch an der Versetalsperre und am Biggesee im

südwestlichen Sauerland. Der durch das Aufstauen der Bigge – eines Nebenflusses der in die Ruhr mündenden Lenne – entstandene Stausee ist nach dem Möhnesee die zweitgrößte Talsperre der Region. Auch für ihn mussten eine Reihe von Dörfern und die gesamte Verkehrsinfrastruktur verlegt werden. Den See zeichnet eine Reihe schöner Buchten und Halbinseln aus, bei den Seglern ist er aufgrund seiner Größe ein beliebtes Revier. Die im Biggesee gelegene Gilberginsel – eine »versunkene Bergkuppe« – wurde vor mehr als zehn Jahren zum Naturschutzgebiet erklärt.

Im Sauerland wurden mehrere Orte wegen ihrer guten Luftqualität zu Kurorten ausge-

baut – auch dies trug zur Entwicklung der Region zu einem wahren Touristenmagneten bei. Und dies nicht nur im Sommer – schließlich sind die höher gelegenen Bereiche der Region beliebte Wintersportgebiete. Highlights für Besucher sind zudem die Höhlen. Da neben Schiefer vor allem Kalkstein verbreitet ist, sind Teile des Sauerlandes verkarstet. Im Zuge der Verkarstung entstanden viele Höhlen, die sich besonders im Gebiet um Attendorn am Nordufer der Biggetalsperre konzentrieren. Einige wie etwa die Atta-Höhle, eine faszinierende Tropfsteinhöhle, können besichtigt werden.

Der vielleicht wenig romantisch klingende Name Sauerland wurde übrigens nicht vom

Wort »sauer« abgeleitet, sondern von »sur« aus dem mittelalterlichen Niederdeutsch, was etwa so viel wie »schwierig« bedeutet. Er geht auf eine Zeit zurück, in der es vor dem gezielten Ausbau der Verkehrswege schwierig war, durch das Sauerland zu reisen. Doch jene Zeiten gehören längst der Vergangenheit an.

Der Biggesee bei Attendorn (großes Bild) ist ein äußerst beliebtes Naherholungsgebiet. Die Staumauer der Möhnetalsperre (kleines Bild) wird abends eindrucksvoll beleuchtet.

MÖHNESEE UND HENNESEE

↗ **Eingebettet in eine waldreiche Landschaft liegen die fünf lang gestreckten Talsperren Möhne-, Henne- und Sorpesee im Norden sowie Versetalsperre und Biggesee im Südwesten. Neben Wassersport- und Wandermöglichkeiten bieten die Seengebiete auch kulturelle Sehenswürdigkeiten: mittelalterlich geprägte Stadtkerne, Schlossruinen, Höhlen und Kunstfestivals. Die gesamte Region ist verkehrstechnisch hervorragend erschlossen.**

Möhnesee Mit einer Wasserfläche von 10,4 Quadratkilometern ist der bis zu 40 Meter tiefe Möhnesee der größte See in Westfalen. Die von 1908 bis 1913 im Westen bei Günne errichtete, 40 Meter hohe Mauer staut die Möhne, einen Nebenfluss der Ruhr, und trägt erheblich zur Regulierung des Wasserstandes beider Flüsse und damit zur Wasserversorgung des Ruhrgebietes bei. Die zehn Kilometer lange Talsperre ist ein bedeutendes Naherholungsgebiet für die Bewohner dieses Ballungsraumes. Eine 700 Meter lange Brücke überquert den See bei Delecke am Nordufer im westlichen Teilbereich, zwei weitere finden sich bei Körbecke und Stockum. Bei einem Bombenangriff im Mai 1943 wurde die Staumauer schwer beschädigt, eine Flutwelle ergoss sich bis ins Ruhrtal. Sechs Monate später war sie jedoch wieder vollständig aufgebaut.

Strandbad Delecke Für Wassersportler im Sauerland gehört Delecke zu den ersten Adressen. Hier steht das entsprechende Equipment für Surfer, Angler, Ruderer und Taucher zur Verfügung. Die Wasserqualität des Möhnesees gilt nicht nur im ufernahen Bereich von Delecke als sehr gut. Am Ufer finden sich verschiedene gastronomische Einrichtungen eines Strandbads.

Naturpark Arnsberger Wald Der im Süden vom Ruhrtal und im Norden vom Haar begrenzte Naturpark wurde 1961 eingerichtet. Rund 80 Prozent des 482 Quadratkilometer großen Gebietes sind bewaldet. Berge und Täler, Seen und Bäche bilden eine faszinierende und vielfältige Landschaft. Teile des Naturparks genießen besonderen Schutz. In eigens eingerichteten Gehegen leben Hirsche und Wildschweine sowie einige Exemplare des hier ursprünglich nicht heimischen Waschbären, dazu einige Luchse. Wanderfreunden steht im Naturpark ein über 650 Kilometer langes, abwechslungsreiches Wegenetz zur Verfügung.

Arnsberg Auf einem von der Ruhr umflossenen Bergrücken befindet sich Arnsberg, das kulturelle Zentrum der Region und der Ausgangspunkt für Ausflüge in die Umgebung. Die von verwinkelten Gassen und Fachwerkhäusern geprägte mittelalterliche Altstadt strahlt einen besonderen Charme aus. Darüber thront die Ruine eines Schlosses (um 1100), das im Jahr 1762 während des Siebenjährigen Krieges zerstört wurde. Im Sauerlandmuseum sind Modelle des einst imposanten Baus zu sehen. Altes Rathaus, Glockenturm und Maximilianbrunnen prägen das Antlitz Alt-Arnsbergs. Ab 1816 wurde Arnsberg

unter preußischer Herrschaft umfassend ausgebaut. Unter König Friedrich Wilhelm III. entstand das Preußenviertel mit vielen klassizistischen Bauwerken. Pompöse Jagdszenen zeigt das Hirschberger Tor. Einen wehrhaften Eindruck vermittelt Schloss Herdringen, dessen heutiges Erscheinungsbild aus dem 19. Jahrhundert stammt.

Hennesee Von 1901 bis 1905 wurde an der Henne bei Meschede eine 38 Meter hohe Staumau-

er errichtet. Im Lauf der Jahrzehnte wurde jedoch der Untergrund der Mauer so durchlässig, dass die Talsperre 1949 stillgelegt werden musste. Nach langwierigen Untersuchungen entstand 1952–1955 etwa 200 Meter oberhalb eine neue Mauer. Der 60 Meter hohe Damm staut die Henne zu einer 2,1 Quadratkilometer großen Talsperre, dem Hennesee – ein Dorado für Taucher, Ruderer und Angler. Nahe der Staumauer zweigt vom Uferradweg ein

1,5 Kilometer langer Walderlebnispfad ab. Einzelne Stationen ermöglichen ein intensives Naturerlebnis.

Meschede An der Mündung der Henne in die Ruhr liegt Meschede mit seinem bedeutenden Benediktinerkloster auf dem Mescheder Dünnefeld. Es wurde 1934 bezogen, die imposante Abteikirche 1964 eingeweiht. Seither folgten mehrere Erweiterungen. Lebhaft wird es in Meschede bei den KIS-Wochen:

Unter dem Motto »Kunst in der Stadt« präsentieren Künstler aus der Region regelmäßig ihre Werke in der Innenstadt. Gleichzeitig finden Aufsehen erregende Illuminationsspektakel statt, bei denen Lichtdesigner ihren Ideen freien Lauf lassen.

Die Möhnetalsperre staut das Wasser des gleichnamigen Sees auf (links). Unten: bei Arnsberg; Hennetalsperre.

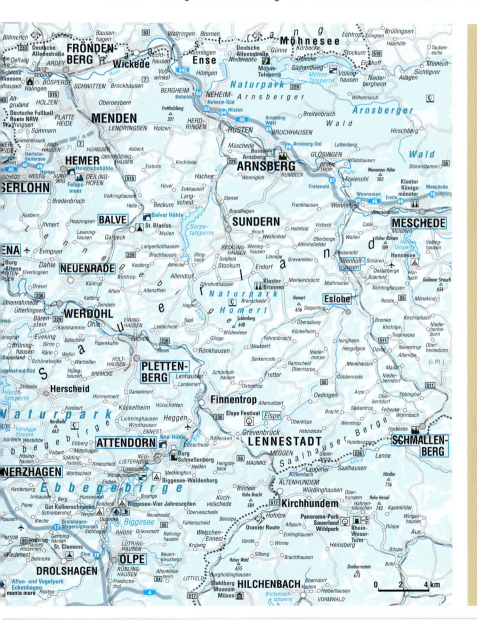

⌇ AKTIV AM WASSER

⌇ Segeln
Der Möhnesee ist ein Erlebnis für Segler. In Möhnesee-Körbecke steht ein umfangreicher Bootspark zur Verfügung. Segelscheine können erworben werden. Es gibt mehrere Segel- und Jachtclubs sowie Segelschulen vor Ort.

⌇ Personenschifffahrt auf dem Hennesee
Bei einer Rundfahrt auf dem Hennesee mit dem 1969 erbauten Fahrgastschiff »MS Hennesee« kann man die malerische Umgebung entspannt genießen. Information über Personenschifffahrt Hennesee in Sundern *(https://hennesee.de)*.

⌇ Arnsberger Woche
Jedes Jahr im Mai bietet die Arnsberger Woche einen facettenreichen Veranstaltungsreigen. Höhepunkt des Kulturprogramms ist das traditionsreiche Ruinenfest im einstigen Schloss der Arnsberger Kurfürsten. Informationen unter *www.arnsberg-info.de/arnsberg/veranstaltungen/arnsberger-woche*

⌇ Wandern
Im Naturpark Arnsberger Wald finden regelmäßig Themenwanderungen statt, darunter Wald- oder Kräuterwanderungen oder der Besuch einer Fischzucht oder einer Imkerei. *(www.naturpark-arnsbergerwald.de)*

⌇ Sauerland-Radring
Radfahrer können auf dem Sauerland-Radring 84 malerische Kilometer durch Wald und Wiesen radeln. Dabei können sie viel Wissenswertes über die Geschichte der Eisenbahnfahrt lernen. *(www.sauerlandradring.de)*

⌇ Sinnepfad am Hennesee
Auf den knapp drei Kilometern Länge des Sinnepfads spürt man die Natur ganzheitlich: Abseits von Lärm und Trubel der Zivilisation laden Mitmach-Stationen dazu ein, sich rückzubesinnen auf ein Leben im Einklang mit der eigenen Umwelt. Der Erlebnispfad verläuft entlang des Uferwegs Hennesee. Informationen unter *www.hennesee-sauerland.de/sauerland/freizeit/naturlehrpfade/sinnepfad*

⚓ Mit dem Ballon über das Sauerland fahren

Wer eindrucksvolle Momente aus dem Ballonkorb erleben will, hat in Meschede die Gelegenheit dazu. Bei mehreren Anbietern können Fahrten gebucht werden. *(www.henne see-sauerland.de/sauerland/freizeit/ ballonfahren)*

⚓ Himmelstreppe Hennesee

Auf 333 Treppenstufen kommt man dem Himmel näher – und dem Staudamm am oberen Ende. In den Abendstunden wirkt die beleuchtete Treppe spektakulär. *(www.hen nesee-sauerland.de)*

⚓ Schieferbau Nuttlar

Über 100 Jahre lang wurde im Bergwerk in Bestig-Nuttlar Schiefer abgebaut, bis zuletzt in alter Tradition durch Muskelkraft mithilfe von Loren. Ein besonderes Highlight für Taucher ist ein Tauchgang durch den tiefsten Teil des Bergwerks: Die beiden unteren Ebenen wurden geflutet und das Bergwerk damit Deutschlands einziges betauchbares. Informationen zu Führungen und Tauchgängen unter *www. schieferbau-nuttlar.de*

⚓ Ruine Eversberg

Im Naturpark Arnsberger Wald steht auf dem Schlossberg ein Steinturm als einziger Rest der Burg Eversberg, einer Anlage aus dem 11./12. Jahrhundert.

Auf dem Rundfahrtboot in Hennedamm können Gäste einen Ausflug zu Wasser unternehmen (oben links); sie können sich aber auch auf dem Hennesee im Segeln versuchen (darunter). Großes Bild: Segelboote am Möhnesee im Morgenlicht; Burgruine Eversberg.

BIGGESEE UND VERSETALSPERRE

Sorpesee Auch diese Talsperre zählt mit 3,3 Quadratkilometern zu den großen Stauseen im Sauerland. Selbst aus dem Ruhrgebiet reisen die Besucher an, um sich hier zu erholen und Sport zu treiben. Die Sorpe ist ein kleiner Nebenfluss der Ruhr. Die Talsperre wurde 1925–1935 zur Energiegewinnung und Wasserstandsregulierung für die Trinkwassergewinnung aus der Ruhr gebaut. Der größte Anziehungspunk ist der Luftkurort Langscheid am Nordufer mit einem Kurpark, einem Strandbad und einer Schiffsanlegestelle.

Balver Höhle Das Kulturzentrum von überregionaler Bedeutung vermittelt eine außergewöhnliche Atmosphäre. In der Balver Höhle gibt es keine Stalagmiten und Stalaktiten, dafür wird jedoch anspruchsvoller Kulturgenuss geboten: In der 54 Meter langen Haupthalle geben sich Opernsänger, Jazzgrößen und Bluesbarden ein Stelldichein.

Versetalsperre Der von den Sauerländern kurz Verse genannte See ist mit einer Wasserfläche von 1,7 Quadratkilometern nach dem Biggesee der größte Stausee im südlichen Sauerland und der fünftgrößte

in der gesamten Region. Der Bau der Talsperre begann 1938, kam wegen des Zweiten Weltkriegs zeitweilig zum Erliegen und endete 1951 mit der Fertigstellung des Staudamms.

Naturpark Ebbegebirge Im Jahr 1964 wurde im Ebbegebirge ein 777 Quadratkilometer großes Gebiet zum Naturpark erklärt. Etwa zwei Drittel des Geländes, dessen größte Höhen 600 Meter überragen, sind bewaldet. Die vorherrschenden Baumarten sind Fichten, Buchen und Eichen. Hier findet eine artenreiche Vogelwelt ebenso einen Lebensraum wie zahlreiche Schmetterlinge. Naturschutz wird im Naturpark Ebbegebirge großgeschrieben. Besucher erhalten viele Informationen über die ökologischen Zusammenhänge im Wald und im gesamten Mittelgebirge. Das Netz an markierten Wanderwegen umfasst mehr als 1200 Kilometer.

Biggesee Zwischen Olpe und Attendorn erstreckt sich der Biggesee. Zu dieser 1957–1968 angelegten Talsperre gehört auch die bereits 1912 errichtete Listertalsperre, die nun eine Art Vorbecken des neu entstandenen Stausees ist. Die Gesamtfläche der Talsperre beträgt 8,8 Qua-

dratkilometer. Die größte Tiefe des ca. 20 Kilometer langen Sees liegt bei 52 Meter. Der Biggesee dient der Regulierung der Wasserführung der Bigge, eines Nebenflusses der Lenne, die schließlich zur Ruhr entwässert. Auch als Energielieferant und als Trinkwasserreservoir spielt der Stausee eine große Rolle. Dazu ist er mit seiner Umgebung ein beliebtes Naherholungsgebiet. Segler, Surfer und Taucher tummeln sich bei entsprechendem Wetter im Biggesee, die Sportarten können auch in Schulen vor Ort erlernt werden. Wanderer und Radfahrer schätzen die abwechslungsreiche Umgebung. Viele Besucher reisen auch von außerhalb Westfalens an.

Olpe Die Kreisstadt am Südufer des Biggesees entstand an der

Stelle, wo sich vor mehr als 1000 Jahren zwei wichtige Handelsstraßen kreuzten – der Römerweg und die Eisenstraße. An die lange Tradition der Eisenverarbeitung erinnert noch der »Pannenklöpper«. Diesem Pferdeschmied widmeten die Bewohner von Olpe auf ihrem Marktplatz ein Monument. Reste der mittelalterlichen Stadtbefestigung sind noch vorhanden, darunter auch der früher als Gefängnis dienende Hexenturm. Weitere Schmuckstücke sind die im Stil der Neogotik errichtete Pfarrkirche St. Martinus (1907 bis 1909), die Kreuzkapelle (1737) mit eindrucksvoller Rokokoausstattung und der Geschichtsbrunnen auf dem Kurkölner Platz. Die Reliefs auf diesem Brunnen dokumentieren die spannende Geschichte von

Olpe, das 1311 die Stadtrechte erhielt. Lebhaft geht es vor allem beim Stadtfest im Mai und beim Schützenfest im Juli zu.

Attendorn Olpes Pendant am Nordufer des nach dem Möhnesee zweitgrößten Stausees im Sauerland bietet einen interessanten Altstadtkern mit attraktiven Einkaufsstraßen. Doch die alte Hansestadt erlebte in ihrer Geschichte auch Schicksalsschläge. Ein Teil der Stadt wurde 1783 bei einem Großbrand zerstört. Prächtige Bürgerhäuser fielen den Flammen zum Opfer und wurden durch hübsche Fachwerkhäuser ersetzt, die etwa in der »Vergessenen Straße« noch in sehr gutem Zustand sind. Das Wahrzeichen von Attendorn ist die Pfarrkirche St. Johannes Baptist, der Sauerländer Dom. Der Turm wurde um 1200 begonnen, das Langhaus im 14. Jahrhundert über älteren Bauten errichtet. Der Turm bekam später eine ba-

Großes Bild: der Biggesee. Im Naturpark Ebbegebirge kann man genüsslich wandern und den Blick vom Aussichtsturm Hohe Bracht genießen (oben rechts). In der Gegend sind die Burgen Altena (oben) und Bilstein (links) sehenswert.

rocke Haube. Attendorns Geschichte wird lebendig bei historischen Stadtführungen unter Leitung eines Nachtwächters. Als »Klein-Köln« wird die Stadt wegen der Bedeutung des Karnevals bezeichnet. Eng geht es auf den Straßen vor allem beim Umzug am Veilchendienstag zu. Auch das Gauklerfest im Sommer und der Martinimarkt im November sind Besuchermagneten.

Atta-Höhle Der »Zauberberg« des Sauerlandes wurde 1907 im Rahmen von Sprengarbeiten zufällig entdeckt. Die Atta-Höhle zählt unbestritten zu den schönsten Tropfsteinhöhlen in Deutschland und zu den attraktivsten Stätten in Westfalen. Umfangreiche Untersuchungen ergaben, dass das Kalksteinparadies sogar das größte zusammenhängende Höhlensystem in der Bundesrepublik ist. Die Vielfalt an bizarren Gesteinsformen fasziniert jeden Besucher und beschert ihm unvergessliche Erlebnisse. Stalagmiten und Stalaktiten mit Längen von bis zu vier Meter gestalten eine unterirdische Wunderwelt, die ihresgleichen sucht. Und die gigantische Höhle steckt immer noch voller Geheimnisse: Erst 1985 wurden in dem Höhlenlabyrinth, das im Lauf von Jahrmillionen

entstanden war, weitere bis dahin unbekannte Wege freigelegt.

Burg Schnellenberg Die mächtigste Burganlage in Südwestfalen thront hoch oben auf einem Bergsporn. Erstmals urkundlich erwähnt wurde sie 1222. Heute beherbergt sie ein Hotel und ein Restaurant der Spitzenklasse. Auf zahlreiche Zeugnisse der Vergangenheit trifft der Besucher bei einem Rundgang durch die Gemäuer.

Finnentrop Die Gemeinde an der Mündung der Bigge in die Lenne erstreckt sich über vier landschaftlich reizvolle Täler. Einige Ortsteile zeigen die für die Region typischen schwarzweißen Fachwerkhäuser. Barockliebhaber finden in der Pfarrkirche einen sehenswerten Altar. Die Bedeutung des Wassers belegen die zahlreichen Mühlen und Wasserkraftwerke.

Elspe Alljährlich werden bei dem seit 1958 stattfindenden Elspe Festival in Europas größter Freilichtbühne Klassiker von Karl May inszeniert. Dies machte den beschaulichen, von der Jakobuskirche (11./12. Jh.) und alten Fachwerkhäusern geprägten Ort weit über die Grenzen der Region hinaus bekannt.

AKTIV AM WASSER

Personenschifffahrt

Seit 1967 kreuzt die »Weiße Flotte« mit ihren Schiffen über den Bigge- see. Flaggschiff ist die »MS Westfa- len«, daneben verkehrt auch die »MS Bigge«. Buchung über Personen- schifffahrt Biggesee in Olpe-Son- dern/Biggesee *(Tel. 02761/965 90; https://biggesee.de).*

Sorpetalsperre

Zwischen 1926 und 1935 erbaut, dient die Sorpetalsperre mit ihrem imposanten Staudamm der Wasser- regulierung der Ruhr sowie der Wasserversorgung und der Strom- erzeugung. Beim Bau wurde bereits ein Pumpspeicherkraftwerk integ- riert. In Zeiten hoher Stromnach- frage wird die so gespeicherte Ener- gie in das Stromnetz abgegeben *(www.ruhrverband.de/sport-frei zeit/besichtigungen/talsperren).*

Naturpark Ebbegebirge

Im Jahr 1964 wurde das Natur- schutzgebiet in Zusammenhang mit dem Bau der Biggetalsperre einge- richtet. Heute gehört es mit den Naturparks Homert und Rothaar- gebirge zum Naturpark Sauerland- Rothaargebirge. Es schützt die Mit- telgebirgslandschaft des Ebbege- birges, die geprägt ist von Talsper- ren, Wäldern, Mooren und Heide- gebieten. Durch den Naturpark füh- ren mehrere Wanderwege, zum Beispiel zu den Mooren »Wilde Wie- se« oder »Wolfsbruch«. Im Natur- park liegt außerdem die Atta-Höhle, eine 1907 entdeckte Tropfsteinhöh- le, in der der Atta-Käse reift.

Reiten

Wer die Zügel lieber selbst in die Hand nimmt, kann dies in einem wahren Reiterparadies tun. Neben Geländereiten wird auch Reiten in der Halle angeboten. Zur Auswahl stehen Haflinger und Islandpferde, Hannoveraner und Shetlandponys. Auskunft erteilt das Gestüt Birken- hof in Drolshagen *(Tel. 02761/38 79, www.birkenhof-isi.de).*

Kutsch- und Planwagen- fahrten

Eine genussvolle Fahrt mit dem Pferdewagen führt in die ufernahen Bereiche des Biggesees. Die reizvol- le Umgebung präsentiert sich hier im Galopptempo. Informationen er- teilt zum Beispiel der Olpe Aktiv e. V. *(Tel. 02761/83 19 00; www. olpe-erleben.de).*

〰 Sauerland-Pyramiden

Oberhalb des Lennetals fallen schon von Weitem die Sauerland-Pyramiden ins Auge. Vier Gebäude des Ensembles stehen als Wissens- und Rätselerlebnisort »Galileo-Park« ganz im Zeichen der Wissenschaft. Spannende Ausstellungen und anspruchsvolle Attraktionen sollen zum Staunen, Rätseln und Nachdenken anregen. Egal ob jung oder alt – hier wird Lernen zum Abenteuer. Infos unter *www.galileo-park.de*

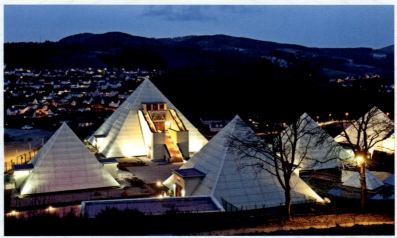

〰 Aqua Magis Plettenberg

Wer sich schon immer mal mit bis zu 100 Kilometern pro Stunde Windgeschwindigkeit durch eine Windrutsche katapultieren lassen wollte, hat hier die Gelegenheit dazu. Neben der Superrutsche Strom Force 1 können Badegäste beim Schwimmen oder in der Sauna entspannen. (*www.aquamagis.de*)

〰 Karl-May-Festspiele

Show und Entertainment pur – wenn sich Winnetou und Old Shatterhand beim Elspe-Festival begegnen, sind jedes Jahr rund 300 000 Zuschauer begeistert. (*Reservierung in Lennestadt/Elspe, Tel. 02721/944 40; www.elspe.de*)

Auf der Aussichtsplattform »Biggeblick« herrscht bei Sonnenuntergang eine unvergessliche Stimmung. Kleine Bilder links oben: Klamer Brücke über die Versetalsperre; Ausflugsschiff auf dem Biggesee; kleines Bild oben: die Sauerland-Pyramiden in Lennestadt.

SEEN DER VORALPEN UND ALPEN

Sämtliche alpennahe Seen Bayerns entstanden nach der letzten Eiszeit. Auch wenn alle diese Seen nahezu gleich alt sind, ist doch jeder eine Welt für sich, mit eigenen floristischen und botanischen Verhältnissen, eigener Landschaft, eigenem Klima. Kein Ufer gleicht dem anderen, jedes hat seine eigene Atmosphäre. Vieles hängt von der Tiefe der Gewässer ab, die unterschiedlicher nicht sein könnte: Die tiefsten bayerischen Seen sind der Walchensee mit 192 und der Königssee mit 186 Metern. Die größte Tiefe des Starnberger Sees liegt bei 127 Metern, der Ammersee bringt es auf 82 Meter, der Chiemsee auf 73. Manche haben große Verlandungszonen wie etwa der Chiemsee, andere beeindrucken wiederum mit riesigen Wassermassen wie etwa der Starnberger See (3,5 Mio. Quadratmeter). Die Natur alleine würde aber noch keineswegs die heute so geschätzte Atmosphäre eines Sees ausmachen, vielmehr waren es die Menschen, die die eiszeitlich modellierte Landschaft über Jahrhunderte hinweg zu einer einzigartigen Kulturlandschaft gestaltet haben. An den Siedlungen und Höfen des Bauernlandes rund um die Seen lässt sich bis heute erkennen, mit wie viel Verstand und sicherem Instinkt für das richtige Maß hier gehandelt wurde. Der Neuzeit blieb es vorbehalten, die Seen zum Vergnügen zu nutzen. Als erstes »Vergnügungsgewässer« wurde der Starnberger See entdeckt, auf dem Kurfürst Ferdinand Maria im Jahr 1663 das Prunkschiff »Bucentaur« bauen ließ, eine Prunkgondel im venezianischen Stil, die 500 Personen fasste und von mehr als 100 Ruderern bewegt wurde. Anfang des 19. Jahrhunderts verkehrten bereits die ersten Dampfschiffe auf dem See, und hofnahe Münchner fanden es schick, prächtige Villen an den See zu setzen, die dem Gewässer seinen heutigen »vornehmen« Charakter geben.

Eher bäuerlich, naturnaher und vielleicht auch etwas gemütlicher geht es am großflächigen Ammersee zu. Mit seinen 47,6 Quadratkilometern ist er Bayerns drittgrößter See, auch wenn er nur noch etwa die Hälfte seiner ursprünglichen Größe hat.

Den eindrücklichsten Gegensatz auf engstem Raum findet man beim Kochel- und Walchensee. Während der Kochelsee eine riesige Verlandungszone hat und damit dem Charakter nach ein Voralpensee ist, hat der nur zwei Kilometer Luftlinie entfernte, aber 200 Meter höher gelegene Walchensee einen rein alpinen Charakter. Mit seinen 16,2 Quadratkilometern Fläche und 192 Metern Tiefe ist er der größte und tiefste deutsche Alpensee.

Tegernsee und Schliersee sind die Herzstücke der oberbayerischen Bilderbuchlandschaft. Obwohl beide schon vor gut 150 Jahren vom Fremdenverkehr entdeckt wurden, ist dort das urwüchsige Altbayern noch höchst lebendig. Vor allem am Tegernsee traf sich von Anfang an die »bessere Gesellschaft«, zumeist aus München anreisend. Als die Wittelsbacher aus dem alten Benediktinerkloster ihre Sommerresidenz machten, kam das einem Signal für die Münchner Hofgesellschaft gleich, die Ufer des Sees in Besitz zu nehmen. Der kleine Bruder Schliersee dagegen ist weit weniger verbaut, sodass der See immer noch wie ein Juwel in

seiner Fassung aus natürlichen Waldhängen glänzen kann.
Einen völlig anderen Charakter findet man noch einmal am Chiemsee vor, dem mit 80 Quadratkilometern Fläche konkurrenzlos größten bayerischen See. Er ist das Paradebeispiel des uralten Siedlungsgebiets: Kelten, Römer und Bajuwaren folgten einander nahtlos. Sie alle nutzten die gestaffelten Moränenwälle rund um den See und gestalteten daraus eine bis heute unverwechselbare Kulturlandschaft.
Die Krönung aller bayerischen Seen ist schließlich der Königssee. Der knapp acht Kilometer lange, an einen norwegischen

Fjord erinnernde See entstand als einziger nicht während der Eiszeit, sondern ist vielmehr die Folge eines tektonisches Bruches, der lange vor der Eiszeit für den riesigen Graben zu Füßen des Watzmanns sorgte. Die steilen Felsen münden übergangslos teilweise senkrecht in den See, sodass es bis heute keinen Uferweg gibt und der See nur per Boot erobert werden kann.

Zum Fünfseenland gehört der Starnberger See, hier von der Ilkahöhe aus gesehen (oben). Kleines Bild: der Obersee im Nationalpark Berchtesgaden.

FÜNFSEENLAND

↗ **Von den vor den Toren Münchens gelegenen fünf Seen kennt wohl jeder den Starnberger und den Ammersee. Doch auch die kleineren Seen, Wörthsee, Pilsensee und Weßlinger See, bieten manch hübsche Überraschung. Nicht übersehen sollte man auch die nicht zu den fünf Seen zählenden Osterseen im gleichnamigen Naturschutzgebiet.**

Starnberger See Der 21 Kilometer lange und knapp 5,5 Kilometer breite See ist einer der saubersten Seen ganz Bayerns, dafür aber auch nicht gerade einer der wärmsten. Gespeist wird der Starnberger See nicht von einem Schutt bringenden Alpenfluss, sondern von kalten, unterirdischen Quellen in bis zu 123 Meter Tiefe. An seinem Südende schließen sich die Naturschutzgebiete um die Osterseen an, im Norden wird er von der nach Norden durch das Stadtgebiet von München fließenden Würm entwässert.

Starnberg Die »Metropole« am See ist mit Strandpromenade, Cafés und Segelclubs vor allem für die Münchner der Hauptanziehungspunkt, kann man doch mit der S-Bahn direkt zum Schiffsanleger und zur Strandpromenade fahren. Von dort lassen sich sowohl das Ost- als auch das Westufer sehr gut mit dem Fahrrad erobern. Ein weiterer hübscher Ort am Westufer und auch mit der S-Bahn erreichbar ist Tutzing.

Berg Hier hatten die Wittelsbacher einen Landsitz, auf dem Ludwig II., der spätere Märchenkönig, in seiner Jugend so manchen Sommer verbrachte. Von Berg aus knüpften sich zarte Bande über den See nach Possenhofen, wo Herzog Max Schlossherr und der Vater mehrerer Töchter war. Eine davon war »Sisi«, die spätere Kaiserin von Österreich, zu der Ludwig II. öfters über den See geschwommen sein soll. In Berg vollendete sich auch das tragische Schicksal des Königs: Von seiner Umgebung für geisteskrank erklärt, wurde er 1886 entmündigt und nach Berg gebracht. Am 13. Juni 1886 fand man den König und seinen Betreuer tot im seichten Wasser vor dem Schlosspark. Eine Gedächtniskapelle erinnert an den bis heute unaufgeklärten Tod des in der Bevölkerung noch immer unvergessenen Königs. Ein weiterer berühmter Sohn des Ortes ist der Schriftsteller Oskar Maria Graf.

Bernried In schönstem Parkgelände errichtete der durch das Münchner Olympiastadion bekannt gewordene Architekt Günter Behnisch bis 2001 sein kongeniales Museumsgebäude für die weltberühmte Expressionistensammlung von Lothar-Günther Buchheim. Das Museum der Phantasie umfasst Gemälde und Grafiken der Brücke-Maler.

Osterseen Südlich von Seeshaupt bilden 21 am Südende des Starnberger Sees gelegene kleine Seen und Weiher eine einzigartige sumpfige, von Mooren durchsetzte Naturlandschaft, in der seltenste Tiere und Pflanzen zu finden sind. Gebildet wurde das heutige Naturschutzgebiet einst von einem riesigen Toteisblock, der von Geröll bedeckt war und deshalb langsamer abtaute als der Hauptgletscher. In seinen Vertiefungen bildeten sich dann die einzelnen Seen.

Ammersee Der vom bäuerlichen Umland geprägte See ist zwar inzwischen auch per S-Bahn von München aus erreichbar, doch ist er bei Weitem nicht so überlaufen wie der Starnberger See. Die aus dem Ammergebirge kommende Ammer mündet bei Pähl-Fischen in den See. Bei Stegen verlässt die Amper den See und quert zunächst das Ampermoos. Von Stegen am Nordende aus lassen sich beide Ufer zu Fuß auf schönen Wanderwegen erobern. Lediglich das Südufer steht als Verlandungszone unter Naturschutz und darf nicht betreten werden. Vor allem unter den Seglern ist der Ammersee beliebter als der Starnberger See, seien hier doch weniger »Sonntagssegler« unterwegs.

GASTRONOMIE

Pöcking-Possenhofen: »Forsthaus am See« Dort, wo die spätere Kaiserin Elisabeth von Österreich ihre Kindheit verbrachte, finden Freunde der gehobenen Küche heute ein wunderschön gelegenes Restaurant vor. (www.forsthaus-amsee.de)

Utting: »Alte Villa« Die pittoreske kleine Landvilla liegt etwas erhöht und macht damit den Blick von der Seeterrasse über den »Bauernsee« frei. (www.alte-villa-utting.de)

Wörthsee: »Seehaus Raabe« In moderner Lounge-Atmosphäre lassen sich internationale Gerichte direkt am See genießen. Die Terrasse ragt bis in den See hinein. (www.seehaus-raabe.de)

Seefeld: »Bräustüberl Schloss Seefeld« Im historischen Schlossgewölbe bilden verschiedene Räumlichkeiten den passenden Rahmen für Anlässe aller Art. Am unkompliziertesten geht es im Biergarten zu, wo deftige Brotzeiten und frisch gezapftes Bier schmecken. (www.braeustueberl-seefeld.de)

Weßling-Oberpfaffenhofen: »Il Plonner« Das Restaurant im Bio-Hotel macht einen auf bayerisches Wirtshaus – nur viel moderner. Genauso wie die Speisekarte. (www.ilplonner.de)

Andechs Auf Bayerns »heiligem Berg« stand einst eine Burg der Grafen von Andechs-Meran. Als das Geschlecht ausstarb, stiftete der letzte Andechser die Burg als Chorherrenstift, aus dem schließlich ein Benediktinerkloster wurde. Eine wertvolle Reliquiensammlung sorgte früh für eine umfangreiche Wallfahrt und machte die alte Burganlage schnell zum in ganz Bayern bekannten »heiligen Berg«. Der enorme Pilgerandrang führte im 18. Jahrhundert zum Neubau der Klosterkirche. Bis 1758 errichtete Johann Baptist Zimmermann die heutige Rokokokirche, deren achteckiger Turm den Besucher schon von Weitem grüßt. Böse Zungen allerdings behaupten, der Hauptanziehungspunkt seien weniger die Reliquien in der Heiligen Kapelle als vielmehr das von den Mönchen seit Jahrhunderten gebraute Bier. Aber schließlich haben sich Bierseligkeit und Frömmigkeit in Bayern schon immer gut verstanden.

Dießen Der Hauptort am Westufer des Ammersees ist aus drei Ortsteilen zusammengewachsen. Am Seeufer wohnten ursprünglich die Fischer, auf halber Höhe um den Marktplatz herum gruppierte sich das bürgerliche Leben, und oben am Hang residierte die Geistlichkeit im einst bedeutenden, bereits 1132 gegründeten Augustinerchorherrenstift. In der ersten Hälfte des 18. Jahrhunderts erneuerten die frommen Chorherren ihre Klosterkirche. Bei dieser Gelegenheit errichtete Johann Michael Fischer 1739 eine der bedeutendsten Barockkirchen Bayerns. An ihrer Ausstattung wirkten die besten Künstler ihrer Zeit mit. Den Stuck schufen die Gebrüder Feuchtmayr, die Skulpturen entstanden nach Entwürfen von François Cuvilliés.

Pilsensee Der knapp zwei Quadratkilometer große und bis zu 16 Meter tiefe See war ursprünglich eine große Bucht des Ammersees und wurde durch Verlandung von seinem großen Bruder getrennt. Der breite Schilfgürtel der Verlandungszone im Süden ist heute ein Naturschutzgebiet.

Wörthsee Der 435 Hektar große und bis zu 33 Meter tiefe See entstand aus einem Toteisblock und hatte niemals eine Verbindung zum Ammersee. Seine Ufer sind lediglich am Nordufer stärker verbaut, sein Wasser gehört deshalb zu den saubersten aller bayerischen Seen.

Weßlinger See Der kleinste der fünf Seen ist gleichzeitig der idyllischste. Als reiner Moorsee ohne Zu- und Abfluss ist er der wärmste weit und breit. Seine Ufer sind völlig autofrei, sodass man in Ruhe um ihn herum spazieren kann. Im Winter präsentiert er sich oft wochenlang zur Freude vor allem der Eisstockschützen als prächtige Natureisbahn.

Oben: der Starnberger See und das Kloster Andechs im Herbst; links: Bootshütten und Stege am Ammersee; Blick auf die Osterseen.

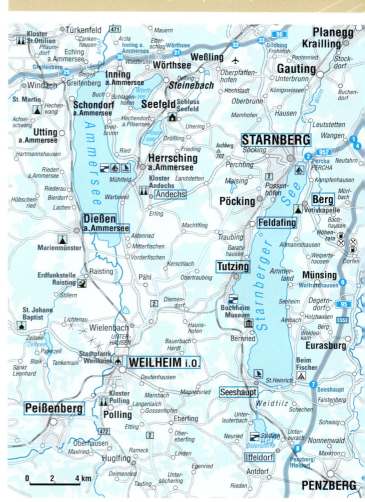

～ AKTIV AM WASSER

～ Schifffahrt auf dem Starnberger See
Bei einer Fahrt über den See kann man die Ufer gemächlich an sich vorbeiziehen lassen. Infos z. B. unter *www.seenschifffahrt.de/de/starn gerger-see*

～ Schifffahrt auf dem Ammersee
An klaren Tagen bilden die Alpen im Süden des Sees einen eindrucksvollen Rahmen für eine Fahrt mit einem der vier Schaufelraddampfer. Infos erhält man in Inning oder unter *www.seenschifffahrt.de/de/am mersee*

～ Segeln
Durch ihre idealen Windbedingungen sind die beiden großen Seen hervorragende Reviere, um das Segeln zu erlernen. In Starnberg, Herrsching und Dießen bieten mehrere Segelschulen Kurse an – vom Schnupperkurs bis zur mehrtägigen Ausbildung mit Unterkunft. Weitere Informationen zum Beispiel bei: *Segelschule Ammersee (www.am mersee-segelschule.de); Segelschule Starnberg (www.segelschule-starnberg.de)*

～ Stand-up-Paddeln
Elegant gleitet man aufrecht stehend auf einem Surfbrett und mit Hilfe eines Stechpaddels durch den See. *Kurse und Leihgeräte bei: SUP-Verleih Starnberg (www.sup-ver leih-starnberg.de).*

～ Wasserski
Wer es gern etwas schneller auf dem Wasser mag, ist in der Wasserskischule Pöcking am Starnberger See an der richtigen Adresse. Hier werden Kurse im Wasserskifahren angeboten *(Tel. 08157/10 00).*

Bademöglichkeiten

Das Wasser der fünf Seen besitzt oft Trinkwasserqualität. Der Starnberger See ist sehr klar und mit einer Sichttiefe von bis zu 14 Metern macht Baden hier gleich noch einmal so viel Spaß. Aber auch an den anderen vier Seen gibt es unzählige schöne und schattige Bademöglichkeiten. Von kleinen, einsamen Buchten bis hin zu kompletten Erholungszentren sollte jeder genau den richtigen Platz für das perfekte Badevergnügen finden.

Museum der Phantasie

Ein Kombi-Ticket ermöglicht die Anfahrt mit der S-Bahn bis Starnberg und die Weiterfahrt mit dem Museumsschiff »MS Phantasie« zum Museum, inklusive Eintritt.

Radfahren

In der Region gibt es ein sehr gut ausgebautes Radwegenetz. Neben den Rundtouren um die großen Seen besteht auch die Möglichkeit, mit dem Fahrrad von München aus 25 Kilometer durch das Würmtal an den Starnberger See zu radeln. Wer es nicht ganz so sportlich mag, kann auch ein E-Bike ausleihen. In Feldafing kann man sich ein Pedelec ausleihen und so entspannt die Umgebung entdecken.

Fischerstechen und Fischerhochzeit in Tutzing

Das alljährlich an einem Wochenende Mitte bis Ende Juni stattfindende Fischerstechen ist ein alter Brauch, bei dem gegnerische Mannschaften versuchen, sich gegenseitig mit Stangen vom Boot ins Wasser zu stoßen. An die Fischereitradition Tutzings erinnert außerdem die alle fünf Jahre im Hochsommer abgehaltene Fischerhochzeit – ein historisches Festspiel mit Festzug (*www.starnbergersee-info.de/veranstaltungen/fischerstechen*).

Wandern im Fünfseenland

Die Region ist geradezu prädestiniert zum Wandern: Sanfte Hügel, Wälder und natürlich die Seen bieten eine Vielzahl von einzigartigen Wandermöglichkeiten – von kleinen Spaziergängen bis hin zu anspruchsvollen Tagestouren. Eine der schönsten Touren führt von Starnberg durch die Maisinger Schlucht zum Kloster Andechs und von dort hinab zum Ammersee nach Herrsching. Mit 21 Kilometern ist man gute fünf Stunden unterwegs, die wunderschönen Ausblicke in die bayerischen Alpen entschädigen für die Mühen.

Schloss Kaltenberg

Rund zehn Kilometer vom Ammersee entfernt liegt das 1292 erbaute Schloss Kaltenberg in der Gemeinde Geltendorf. Die vierflüglige Schlossanlage mit dem markanten Bergfried und einem ausgedehnten Gutsbezirk geht größtenteils auf einen Umbau im 19. Jahrhundert zurück. Im Schloss-Restaurant und in der Ritterschwemme kann man die Biere der schlosseigenen Brauerei genießen. Bekannt ist das Schloss auch für das hier jährlich an drei Juliwochenenden stattfindende Kaltenberger Ritterturnier, begleitet von einem Mittelalterfest mit Markt, Handwerkskunst, Musik und vielem mehr (*www.kaltenberg.com; www.ritterturnier.de*).

Wandern rund um die Osterseen

Die Osterseen südlich des Starnberger Sees bieten herrliche Wandermöglichkeiten. Von Iffeldorf aus kann man auf einem zehn Kilometer langen Rundweg die einzigartige Landschaft des Naturschutzgebiets entdecken. Auf jeden Fall sollte man ein Fernglas mitnehmen, denn hier kann man seltene Vögel wie zum Beispiel den Drosselrohrsänger beobachten. (*www.gpswandern.de/osterseen/osterseen.shtml*)

»König-Ludwig-Weg«

Der Weitwanderweg startet in Berg am Starnberger See und führt über Possenhofen und die Klöster Andechs und Dießen zu den Königsschlössern bei Füssen. Auf 120 Kilometern kann man in fünf bis sieben Etappen auf den Spuren des bayerischen Regenten die schöne Voralpenlandschaft erwandern (*www.koenig-ludwig-weg.de*).

Auf dem Starnberger See kann man wunderbar segeln (links oben). Nicht nur die Seen, auch die Flüsse bieten zahlreiche Wassersportmöglichkeiten: Beispielsweise kann man Ausflüge mit dem Kanu auf der Würm machen (links unten). Oben: Museum der Phantasie.

↗ Jeder der vier Seen um Murnau und Schlehdorf hat seinen unverwechselbaren, von seiner Umgebung geprägten Charakter, eine selbstständige Geschichte und eine eigenständige Gegenwart. Allen gemeinsam ist ihre Nutzung als Badeseen, die sich bei Urlaubern wie Einheimischen gleicher Beliebtheit erfreuen. Wer alle vier erlebt hat, versteht, warum viele die Region als eine der schönsten Oberbayerns bezeichnen.

Staffelsee Der westlich von Murnau gelegene See hat ein reich gegliedertes Ufer, verträumte Inselchen und mit den Alpen eine dekorative Kulisse. Der 765 Hektar große See ist bis zu 35 Meter tief, aber an den Ufern relativ flach. Aufgrund seiner raschen sommerlichen Erwärmung zählt er zu den wärmsten und beliebtesten Badeseen Bayerns. Ein 20 Kilometer langer Rundwanderweg führt einmal um den See herum. Ein hoher Riegel trennt das Gewässer vom südlich anschließenden Murnauer und Eschenloher Moos. Das Naturschutzgebiet Murnauer Moos ist mit 36 Quadratkilometern das größte lebende Moor im Voralpenraum.

Riegsee Der kleine See im Nordosten von Murnau ist an seiner tiefsten Stelle 15 Meter tief und damit mehr ein großer Wiesenweiher. Eine Bademöglichkeit gibt es bei Neuegling.

Murnau Das Städtchen thront idyllisch auf einem Höhenrücken zwischen dem Murnauer Moos und dem Staffelsee. Von 1909 bis 1914 arbeiteten hier Wassily Kandinsky und Gabriele Münter in der Künstlergruppe »Blauer Reiter«. Sie erarbeiteten u. a. aus der oberbayerischen Hinterglasmalerei die neuen Formen abstrakter Malerei – hatten also durchaus bodenständige Wurzeln. Das Münterhaus in der Kottmüllerallee 6 ist als Museum zugänglich. Der Ort hat auch noch weitere Sehenswürdigkeiten: Die Pfarrkirche St. Nikolaus wurde 1727 fertig gestellt und zählt – obwohl man nicht einmal den Baumeister kennt – zu den bedeutendsten Barockkirchen Bayerns. Ihr Innenraum wird von einem in dieser Form äußerst seltenen Oktogon beherrscht. Das mächtige Gewölbefresko stammt entgegen dem ersten Eindruck nicht aus der Bauzeit. Es ist vielmehr ein Werk des

19. Jahrhunderts. Der Hochaltar mit seinen Plastiken von 1730 stand ursprünglich in Ettal und wurde erst 1771 an seinen heutigen Platz gebracht.

Benediktbeuern Das ehemalige Benediktinerkloster vor der Kulisse der nach seinem Namenspatron benannten Benediktenwand gilt als ältestes benediktinisches Kloster Oberbayerns. Der hl. Bonifatius selbst weihte Mitte des 8. Jahrhunderts die erste Kirche. Das mit irdischen Gütern reich gesegnete Kloster blühte zu einem Zentrum für Kunst und Wissenschaft auf. Im 13. Jahrhundert wurde hier die so gar nicht klösterliche Sammlung mittelalterlicher Trink- und Liebeslieder, die »Carmina Burana«, aufgezeichnet. Carl Orff vertonte sie 1936. Die heutige Klosterkirche ist ein noch sehr italienisch beeinflusster, früher

Barockbau von Caspar Feuchtmayr aus den Jahren 1680 bis 1685. Die gedrungene Wandpfeilerhalle wird von einem flachen Tonnengewölbe überragt. Die Gewölbemalereien führte Hans Georg Asam, der Vater der berühmten Asam-Brüder, aus. Das Bild des Antonius-Altars stammt dagegen bereits von seinem Sohn Cosmas Damian. Ein barockes Kleinod für sich ist die nördlich des Altarraumes angebaute ovale Anastasiakapelle von Johann Michael Fischer.

Glentleiten Oberhalb von Großweil bietet das Freilichtmuseum mit originalgetreu aufgebauten Bauernhäusern einen Einblick in die ländliche Wohnkultur aus fünf Jahrhunderten.

Schlehdorf Das wichtigste Bauwerk am Kochelsee steht am nordwestlichen Ufer. Hier entstand bereits vor 740 ein Benediktinerkloster. Es wurde im 12. Jahrhundert durch den Freisinger Bischof Otto I. als Augustinerchorherrenstift erneuert. Die Stiftskirche entstand in gut 50-jähriger Bauzeit bereits im klassizistischen Stil.

Kochelsee Der knapp fünf Quadratkilometer große See zwischen Schlehdorf und Kochel ist der Rest eines früher viel größeren Sees, der ursprünglich bis nach Benediktbeuern reichte. Für die Verkleinerung sorgten auch die Mönche des dortigen Klosters: Sie senkten den Seepegel ab und machten das trocken gefallene Land urbar.

Kochel Im gemütlichen Feriendorf prägt das Denkmal für den Schmied von Kochel den Dorf-

platz. Der Volksheld hielt 1705 in der Sendlinger Mordweihnacht die Fahnen der Schützen aus dem Oberland bis zum bitteren Ende aufrecht. Die Kocheler Pfarrkirche ist ein Bau von Caspar Feuchtmayr aus dem Ende des 17. Jahrhunderts. Das beste Stück der Ausstattung ist der schöne Rokokoaltar. In einer alten Villa über dem See ist das Franz-Marc-Museum dem Begründer des »Blauen Reiters« gewidmet.

Walchensee-Kraftwerk Am Nordende des Sees ist der Einlauf zu dem bereits 1924 fertiggestellten Walchensee-Kraftwerk, das das Gefälle zwischen dem Walchensee und dem 203 Meter tiefer gelegenen Kochelsee ausnutzt. Durch sechs Rohre stürzt das Wasser in die Tiefe, treibt dort die Turbinen des ersten deutschen Hochdruckspeicherwerkes an und liefert bis zu 120 Megawatt Strom. Der schönste Spazierweg am See beginnt beim Kraftwerkseinlauf in Urfeld und führt dem Nordufer entlang hinüber nach Sachenbach. Als Kulisse über dem See hat man auf dem gesamten Weg die hohen Gipfel des Karwendel.

Kesselbergstraße Die Passstraße zwischen Kochel und dem Walchensee ließ Herzog Albrecht IV. 1492 bauen – im selben Jahr, in dem Kolumbus Amerika entdeckte. Anlass war die Verlegung des Marktes der Venezianer von Bozen nach Mittenwald. Die neue Straße sollte die direkte Verbindung zwischen dem neuen Markt und München schaffen.

Walchensee Der etwa 16 Quadratkilometer große, mitten in den Bergen am Fuße des Herzogstands gelegene Walchensee entwickelt unter bestimmten Bedingungen ähnliche Windverhältnisse wie der Gardasee. Entsprechend beliebt ist er bei den Surfern, die den See an solchen Windtagen fest im Griff haben. Mit seinen 192 Metern Tiefe ist er aber auch ein wahres Dorado für Taucher. Wer im Walchensee allerdings baden möchte, der muss schon etwas abgehärtet sein.

Links oben: Blick über den Staffelsee; oben: Walchensee und Loisach am Kochelsee; links unten: Freilichtmuseum Glentleiten.

👨‍🍳 **Murnau: »Seerestaurant Alpenblick«** Sitzt man hier mit einem Getränk in der Hand im Biergarten und blickt über den See auf die Alpenkette, geht einem einfach das Herz auf. Dieses Gefühl stellt sich übrigens auch im Inneren ein – im beheizten Wintergarten und dem Restaurant. *(https://seerestaurant-alpenblick.de)*

👨‍🍳 **Schlehdorf am Kochelsee: »Gasthof Klosterbräu«** Im Außenbereich des Traditionsgasthauses mit Hotel sitzen Gäste im Biergarten oder genießen die Sonne auf der Terrasse. *(https://klosterbraeu-schlehdorf.de)*

👨‍🍳 **Kochel am See: Restaurant & Café »Grauer Bär«** Der »Graue Bär« hat sich der Tradition bayerischer Gaststätten verschrieben: bodenständige Küche, regionale Produkte und natürlich Gemütlichkeit. Besonders schön sitzt man im Sommer am Wasser; der Gastraum im Inneren versprüht urigen Charme. *(www.grauerbaer.de)*

👨‍🍳 **Jachenau: Ausflugslokal »Waldschänke Niedernach«** Irgendwie fühlt man sich in der Mischung aus dunklem Holz, jagdgrünen Fensterläden und Garagenauffahrt wie in den späten 1970er-Jahren. Das macht aber auch irgendwie Spaß, vor allem, wenn die Sonne lacht und die Brotzeit schmeckt. *(www.jachenau.de/waldschaenke-niedernach)*

AKTIV AM WASSER

Segeln und Surfen

Obwohl das Blaue Land nur selten wirklich windig ist, sind die beiden Seen beliebte Reviere von Seglern und Surfern. Am Westufer des Riegsees bietet eine Segel- und Surfschule sowohl Leihboote und Leihbretter an als auch Unterricht für Anfänger und Fortbildung für Fortgeschrittene. *(Tel. 0172/86 31 381)*

Staffelsee-Rundfahrt

80 Minuten dauert die Rundfahrt mit der »MS Seehausen« mit Haltepunkten in Murnau, Uffing und Seehausen. Eine Besonderheit des 2009 gebauten Motorschiffs ist, dass die Passagiere nicht an der Seite zusteigen, sondern von vorn über eine Bugklappe. Auch Sonderfahrten werden angeboten wie die stimmungsvolle Mondscheinfahrt oder eine Räucherfischfahrt. *(Staffelsee Motorschifffahrt, Tel. 08841/62 88 33; www.staffelsee.org)*

Spaziergang ins Moos

Ein Rundwanderweg beginnt im Ortsteil Ramsach südlich von Murnau. Infos bei der Tourist-Information in Murnau *(Tel. 08841/614 10; www. murnau.de).*

Kanutour

In allen Orten am Staffelsee besteht die Möglichkeit, ein Kanu zu leihen oder sich zu einer geführten Tour über den See anzumelden. Wer mit dem eigenen Boot anreist, findet in Rieden und beim Segelclub Staffelsee e. V. auf der westlichen Seeseite geeignete Einsetzstellen.

LIDO Staffelseefreibad

Ausruhen, baden, toben, spielen und essen: Eine Liegewiese, ein Sprungturm, Badeflöße, ein Kinderspielplatz, ein Beachvolleyballfeld und ein Restaurant laden zum Besuch. *(https://kurtis-eventgastronomie. de/de/staffelseefreibad-murnau)*

Fischerstechen in Seehausen

Am 15. August jeden Jahres treten 24 Männer des Ortes gegeneinander an und versuchen, sich mit Lanzen von den Bootsplanken zu stoßen. Der Sieger des Spektakels, das Ende des 19. Jahrhunderts ins Leben gerufen wurde, darf sich Fischerkönig nennen.

Campinginsel Buchau

Die zweitgrößte Insel im Staffelsee ist den Campinggästen vorbehalten, die mit dem Boot anreisen können. Die autofreie Insel im Naturschutzgebiet ist bei Familien beliebt. Geöffnet Mitte April bis Mitte Oktober *(www.buchau-campinginsel.de).*

Herzogstand

Der 1731 Meter hohe Herzogstand im Nordwesten des Walchensees ist der schönste Aussichtspunkt weit und breit. Per Seilbahn geht es hinauf zum Fahrenbergkopf. Infos über die Herzogstandbahn GmbH in Walchensee *(Tel. 08858/236; www.herzogstandbahn.de)*

Erlebniskraftwerk Kochel

Wasserkraft live erleben kann man im Erlebniskraftwerk Walchensee, das zwischen Walchen- und Kochelsee liegt und in das ein Besucherzentrum integriert wurde. Turbinenmodelle erklären anschaulich die Funktionen des Speicherkraftwerks *(www.kochel.de)*.

Wikingermarkt

Im September findet im Wikingerdorf »Flake«, der ehemaligen Filmkulisse von »Wicki und die starken Männer«, ein Wikingermarkt statt, bei dem Gruppen das Leben im Mittelalter veranschaulichen. Ansonsten ist das an der Badewiese gelegene Gelände von April bis November täglich kostenlos zu besichtigen.

Uffinger Seefest

Im Juli findet das traditionelle Uffinger Seefest im Biergarten des Seerestaurants »Alpenblick« statt: Brillantfeuerwerk, Schiffskorso und Tanz unter freiem Himmel – Fassbier inklusive!

Baden im Kochelsee

Der Kochelsee ist im Sommer ein beliebter Badesee. Im Ort Kochel selbst gibt es Badeplätze mit Liegewiesen, die frei genutzt werden können. Auch in Schlehdorf und am Walchenseekraftwerk gibt es mehrere Bademöglichkeiten.

Badespaß in der Kristall Therme Trimini

Kochel besitzt direkt am See eine prächtige Freizeit- und Badeanlage. *(https://kristall-trimini.de)*

Baden im Walchensee

Der Walchensee ist vor allem bei Familien zum Baden sehr beliebt. Das Ufer des Sees ist weitgehend unverbaut, und durch das Verbot von Motorbooten ist das Wasser sehr sauber und klar. Viele Uferstellen sind flach und laden zum Spielen ein.

Tauchen im Walchensee

Der Walchensee ist klar, fischreich und voller Mythen. Sogar von einem versunkenen Goldschatz wird berichtet. Mit 192 Metern ist er Bayerns tiefster See und hat einige gut erreichbare Tauchplätze. Besonders beliebt sind die steilen Felswände »Pioniertafel« oder die »Galerie«, wo der Taucher auf untergegangene Autowracks trifft. Informationen erteilt das Landratsamt Bad Tölz-Wolfratshausen *(Tel. 08041/50 50)*.

Surfen am Walchensee

Unter Surfern gilt der »Walchensee-Wind« als besonders gute Brise. Er entsteht in den Tälern zwischen den Bergen und weht zuverlässig. Es gibt drei Stellen mit besonders guter Thermik: das Windsurfcenter Walchensee, »Die Galerie« mit allerdings knappen Parkplatzverhältnissen und die Sachenbacher Bucht, die nur zu Fuß oder mit dem Rad zu erreichen ist *(Windsurfcenter Walchensee, Tel. 08858/261)*.

Bei der Regatta auf dem Walchensee treten Segler gegeneinander an (großes Bild). Im Umland kann man u. a. zum Gipfelkreuz am Heimgarten wandern (links oben). Am Staffelsee findet alljährlich das Fischerstechen statt (links).

TEGERNSEE UND SCHLIERSEE

↗ **Der Tegernsee ist Oberbayerns weiß-blaues Seenparadies schlechthin. Eine lieblich-heitere, idyllische Landschaft schmeichelt den Lebensgeistern. Und in Tegernsee selbst findet sich unter einem Dach vereint, was altbayerische Herzen lieben: ein Königsschloss, eine Kirche und ein Brauhaus. Der Schliersee zeigt einen ganz anderen Charakter, ist weniger mondän und ursprünglicher.**

Tegernsee Der sechs Kilometer lange und zwei Kilometer breite Tegernsee ist an seinen Ufern stark verbaut und nur an ganz wenigen Stellen frei zugänglich. Die Hügel um den See erreichen gerade mal etwa 1000 Meter Höhe, nur im Süden zeigt der 1722 Meter hohe Wallberg die Nähe des Hochgebirges.

Gmund Am Nordende des Tegernsees verlässt die Mangfall den See, ihr Abfluss heißt bei den Einheimischen »Gemünd«. Seine Pfarrkirche wurde bis 1690 von einem Graubündner Baumeister errichtet, der damit eines der ersten Beispiele für die italienischen Formen

des Barock nach Oberbayern brachte. Der Hochaltar stand ursprünglich in der Tegernseer Klosterkirche, kam dann aber 1692 nach Gmund.

St. Quirin Die Kapelle auf halbem Weg zwischen Gmund und Tegernsee stammt von 1450 und ist um einen marmornen Ziehbrunnen herum gebaut. Er soll früher das heilsame Quirinusöl geliefert haben, das Gichtkranken und Gelähmten Heilung gebracht haben soll.

Kloster Tegernsee Seit dem Mittelalter war Tegernsee ein Zentrum oberbayerischer Kultur. Bereits im Jahr 745 wurde hier

ein Kloster gegründet, das für seine Goldschmiedekunst sowie für seine Glas- und Buchmalerei berühmt wurde. So kamen die ältesten deutschen Glasgemälde – fünf Fenster im Augsburger Dom – vom Tegernsee. Nach der Säkularisation wurde der Rest des Klosters zum Sommerschloss der bayerischen Könige umgebaut. Eine Sehenswürdigkeit für sich ist die ehemalige Benediktinerabteikirche. Sie geht auf eine Basilika aus dem 11. Jahrhundert zurück, die bis 1688 ihre heutige Barockform erhielt. Die Fresken dazu schuf Johann Georg Asam. Im nördlichen Seitenschiff findet sich die 1748 errichtete Quirinus-Kapelle, ein Rokokokunstwerk von seltener Stimmigkeit.

Rottach-Egern Das Doppeldorf am Südende des Tegernsees hatte es Ludwig Thoma so angetan, dass er sich ganz in das Haus auf der Tuften zurückzog. Außer seinem Grab finden sich auf dem idyllischen Friedhof auch noch die Gräber von Ludwig Ganghofer, Olaf Gulbrans-

son und Leo Slezak. Die spätgotische Pfarrkirche mit ihrem malerischen, spitzen Turm erhielt ihren frühbarocken Stuck bis 1672, das Bild für den Hochaltar malte Johann Georg Asam im Jahr 1689.

Wallberg Der Tegernseer Aussichtsberg schlechthin ist der 1722 Meter hohe Wallberg über dem Südende des Sees, Rottach-Egern liegt unmittelbar zu seinen Füßen. Per Seilbahn geht es hinauf zum 1620 Meter hoch gelegenen Wallberghaus. Von dort sind es 20 Minuten zu Fuß bis zur Panoramasicht über See und Hochgebirge.

Kreuth Der Wallberg steht zwischen den Hauptzuflüssen des Tegernsees, der Rottach und der Weißach. Im Tal der Weißach liegen das alte Dorf Kreuth und das »Wildbad« gleichen Namens. Hier suchten schon vor Jahrhunderten die Mönche vom Tegernsee Heilung an den dort sprudelnden Schwefelquellen. Im 19. Jahrhundert wurde ein stattliches Kurbad gebaut, das zu

einem beliebten Treffpunkt der europäischen Hocharistokratie wurde.

Bad Wiessee Erst zu Beginn des 20. Jahrhunderts wurden am Westufer des Tegernsees heilkräftige Jodschwefelquellen entdeckt. Seither hat der gepflegte Kurort einen mächtigen Aufschwung genommen und darf sich heute mit Fug und Recht als Weltbad bezeichnen. Dass es einst auch das Bauerndorf Wiessee gegeben hat, beweist der Dorfplatz im Ortsteil Altwiessee: Dort stehen noch prächtige alte Bauernhöfe, der älteste trägt stolz die Jahreszahl 1594.

Schliersee Der 777 Meter hoch gelegene See ist bis zu 39 Meter tief. Nur im Süden schauen größere Gipfel mit der beherrschenden 1684 Meter hohen Brecherspitze ins Tal hinab. Ziemlich genau in der Seemitte liegt wie ein Sahnehäubchen das bewaldete Inselchen Wörth. Während

das Ostufer durch die Landstraße »erschlossen« ist, präsentiert sich das waldreiche Westufer noch weitgehend unberührt. Der Ort Schliersee am Nordufer des gleichnamigen Sees, von den Einheimischen »Schliers« genannt, wurde 1141 als Augustinerchorherrenstift gegründet. Schon von Weitem grüßt der spitz aufragende spätgotische Turm der Pfarrkirche. Ihr heutiger Bau entstand bis 1714. Geschaffen wurde sie von Johann Baptist Zimmermann. Das wohl schönste Haus am Marktplatz ist das alte Rathaus von 1477, einst der Sitz des Hofmarktrichters. Einen Besuch wert ist auch das 1892 gegründete Bauerntheater des Volksschauspielers Xaver Terofal.

Fischbachau Wenig östlich vom Schliersee liegt im sanften Wiesental eine alte Gründung der Benediktiner. Ihnen hatte die Gräfin Haziga 1085 eine Kirche errichtet, die um 1110 geweiht

wurde. Diese frühere Kloster- und heutige Pfarrkirche ist die älteste fast vollständig erhaltene romanische Basilika Oberbayerns und der erste Bau, der nach Hirsauer Vorbild in Altbayern errichtet wurde. Der alte Bau erhielt 1738 seine heutige Ausstattung mit schönem Stuck und ca. 70 Fresken. Das wertvollste Ausstattungsstück der Kirche ist eine Madonna aus dem Jahr 1740. Die heutige Friedhofskirche wurde 1087 geweiht, und aus dieser Zeit stammen auch ihre Langhausmauern. 1494 wurde die Ostapsis abgetragen, 1695 kam eine Verlängerung nach Westen und der Turm dazu. Der Hochaltar (1634) birgt noch eine Schutzmantelmadonna aus dem frühen 16. Jahrhundert, die Nordwand zeigt Fresken aus dem 15. Jahrhundert.

Spitzingsee Der 1085 Meter hoch gelegene, knapp einen Kilometer lange See war seit eh und je das Mekka der Münchner

Skifahrer. Seit dem Ausbau der Straße nahm auch der Sommerverkehr zu, doch konnte der See seinen Charakter als Bergwiesensee weitgehend erhalten. Die umgebenden Gras- und Waldkuppen vermitteln trotz der Höhenlage das Bild einer harmlosen Voralpenlandschaft. Den See kann man in etwa einer Stunde umrunden. Wer höher hinauf möchte, für den gibt es die Bergbahn zum 1600 Meter hohen Taubensteinsattel und damit den Anschluss an vielfältige Wandermöglichkeiten in den höheren Bergen. Sehenswert ist das St.-Nikolaus-Münster aus dem 15. Jahrhundert. Ein großes Spektakel, das alljährlich zahlreiche Besucher anzieht, ist am Faschingssonntag der Skifasching auf der Firstalm über dem Spitzingsee.

Herbstschönheiten: Schliersee (links), Tegernsee (links unten und oben), Spitzingsee (oben).

AKTIV AM WASSER

Schifffahrt
Auf dem Tegernsee fährt man weniger von A nach B, sondern begibt sich auf Erlebnisfahrt. Informationen erteilt die Schifffahrt Tegernsee *(Tel. 08022/933 11; www.seenschifffahrt.de/de/tegernsee/erlebnisfahrten).*

Tegernseer Tal Montgolfiade
Wenn bis zu 20 Heißluftballons vor Alpenkulisse in die klare Winterluft aufsteigen, ist das ein buchstäblich erhebender Anblick. Seit dem Jahr 2000 treffen sich internationale Luftschiffer frühzeitig im Jahr am Tegernsee. Dazu lädt ein Rahmenprogramm zu Pferdeschlittenfahrten und Hüttenzauber. Der Name des Festivals erinnert an den ersten Heißluftballon der Luftfahrtgeschichte, den die Brüder Montgolfier im Jahr 1783 starteten. *(www.montgolfiade.de)*

Waldfeste am Tegernsee
Sommerzeit ist Waldfestzeit! Bayerische Lebensart hautnah erleben, das kann man bei den Waldfesten am Tegernsee. Gebirgsschützen, Sport- und Trachtenvereine laden ein zu Blasmusik, Brotzeit und beschwingtem Tanz. *(www.tegernsee.com/veranstaltungen/waldfeste-am-tegernsee.html)*

Seefest Tegernsee
Im Juli und August ist die Zeit der Seefeste am Tegernsee. Den Anfang macht Rottach-Egern, dann folgen Tegernsee und Bad Wiessee. Grandioser Höhepunkt sind die Feuerwerke. Und jedes Jahr stellt sich die Frage: Welches Feuerwerk war das schönste?

Waldfest Schliersee
Das traditionelle Waldfest des Ski-Clubs findet jährlich Mitte August statt. Eingeläutet wird es von einem großen Festzug. Am Waldfestplatz erwartet die Gäste ein Festzelt mit gemütlichem Biergarten und ein Spielplatz für die Kleinsten *(www.tegernsee-schliersee.de/e-waldfest-ski-club).*

Seefest Schliersee
Im Sommer beginnt die Zeit der Seefeste. Das große Schlierseer Seefest Ende Juli bietet an drei Tagen musikalische Darbietungen, Trachten- und Tanzeinlagen sowie kulinarische Schmankerl. Höhepunkt ist das Feuerwerk am Samstag *(www.schliersee.de/veranstaltungen/seefest-schliersee.html).*

Markus Wasmeier Freilichtmuseum

In dem liebevoll gestalteten Museum des in Schliersee geborenen Olympiasiegers Markus Wasmeier kann man neben historischen Bauernhäusern und Handwerksbetrieben Bauerngärten besichtigen. Hier werden vergessene Nutzpflanzen wie Flachs und Hanf angebaut und deren Verwendung erklärt. Auch werden regelmäßige Kräuterführungen veranstaltet. Ein Schmied zeigt sein Kunsthandwerk; ein Restaurant sorgt für leibliches Wohl. In einer sehr sehenswerten Sonderausstellung wird die Geschichte der Haushaltsgeräte anschaulich gemacht. Man spaziert hier durch Küchen und Wohnstuben der vergangenen Jahrzehnte. Im Winter findet ein romantischer Weihnachtsmarkt mit traditionellen Ständen statt. *(www.wasmeier.de)*

Wanderung auf die Neureuth

Der Tegernseer Hausberg liegt im Osten, ist 1261 Meter hoch und bietet den schönsten Blick auf den See. *Infos unter www.neureuth.com*

Schliersbergalm Sommerrodelbahn

Die Schliersbergalm ist seit 1956 mit einer Seilbahn zu erreichen. Sie überwindet 230 Höhenmeter, bevor man auf einer Höhe von 1061 Meter auf der Schliersbergalm aussteigt. Wer es sportlich mag, nutzt für die Talfahrt zurück zum Schliersee die Sommerrodelbahn. Die Bahn schlängelt sich über eine Länge von mehr als 950 Meter von der Alm hinunter ins Tal. Kinder ab acht Jahre können sogar alleine die 63 Kurven meistern *(www.schliersbergalm.de)*.

Baden

Tegernsee, Schliersee und Spitzingsee zeichnen sich durch hohe Wasserqualität und das überwältigende Alpenpanorama aus. An vielen Stellen ist der Zugang möglich. Darüber hinaus gibt es Schwimmbäder, etwa in Rottach-Egern, wo Seestrand und Schwimmbad vereint werden, oder das Warmfreibad Kreuth mit Wildwasserkanal.

Monte Mare: Seesauna Tegernsee

Wer im Winter auf ein Bad im See nicht verzichten will, ist in der Seesauna in Tegernsee genau richtig. Nach einem Saunagang im Saunaschiff »Irmingard« kann man direkt in den eiskalten See springen – ein überragendes Erlebnis. *(www.mon te-mare.de/de/tegernsee.html)*

Bootsverleih Schliersee

Wer sich mit eigener Kraft über den Schliersee bewegen möchte, kann in Schliersee Boote ausleihen, u. a. beim Bootsverleih am Café Milchhäusl in Schliersee *(Tel. 08026/46 76)* oder beim Bootsverleih Stickl in Gmund *(Tel. 08022/754 72)*.

Jodschwefelbad Bad Wiessee

Im Heilbad Bad Wiessee sprudeln die stärksten Jodschwefelquellen Deutschlands, »Adrianus« und »Königin Wilhelmina«. Hier werden Wannen- und Sprühbäder sowie Inhalationen angeboten. Das Jod-Schwefelbad hat ganzjährig geöffnet *(www.jodschwefelbad.de)*.

Bei einer Fahrt mit der weiß-blauen Flotte in Rottach-Egern am Tegernsee hat man einen herrlichen Blick auf den Malerwinkel (großes Bild). Kleine Bilder: Das Museum Markus Wasmeier zeigt historische Wohnräume; bei der Montgolfiade in Bad Wiessee heben die Ballonfahrer in die Lüfte ab.

CHIEMSEE UND KÖNIGSSEE

↗ **Der Chiemsee hat sich trotz der Nähe zu München und trotz der vielen Gäste seine gemütlich-bayerische Atmosphäre bewahrt. Der Naturfreund kann eine fein gegliederte Landschaft aus weiten Wiesenrücken, malerischen Buchten und verträumten Schilfdickichten entdecken. Wie aus dem Märchenbuch wirkt die urgewaltige Naturkulisse, mit der sich der Königssee vor dem mächtigen Massiv des Watzmanns präsentiert.**

Eggstätter Seenplatte Das überaus reizvolle Naturschutzgebiet in der Moränenlandschaft nordwestlich des Chiemsees besteht aus rund 20 größeren, kleinen und kleinsten Seen, umgeben von Mooren und Schilfzonen, von Wiesen und Wald. Relativ groß sind Hartsee, Pelhamer See und Schlosssee. Am wichtigsten und interessantesten ist der zwei Kilometer lange Langbürgner See mit seinen Buchten und der Insel. Wanderwege durchziehen das Gebiet und bieten Beobachtungsmöglichkeiten für die Wasservögel.

Simssee Der im Westen gelegene kleinere Bruder des Chiemsees ist immerhin der drittgrößte See zwischen Inn und Salzach und der größte Privatsee der Republik. Er ist acht Kilometer lang, knapp zwei Kilometer breit und liegt innerhalb der längsten zwei Beckenfurchen des ehemaligen Inngletschers. Natürlich ist der See der liebste Badeplatz der Rosenheimer, entsprechend stark bebaut ist sein Westufer. Sein Ostufer dagegen ist weitgehend in seinem Naturzustand belassen und bietet dem Naturfreund so manch Reizvolles.

Chiemsee Der 518 Meter hoch gelegene See ist 14 Kilometer lang, 74 Meter tief und hat eine Fläche von rund 80 Quadratkilometern. Gleich drei Inseln lockern die riesige Wasserfläche auf: Herreninsel, Krautinsel und Fraueninsel. Der größte oberbayerische See liegt dekorativ vor der Kulisse der Kampenwand. Der Westteil des Sees ist mit seinen Inseln, den Buchten, wie etwa dem Schafwaschener Winkel, und den Landzungen wie der Halbinsel Sassau vielfach gegliedert und hat einen intimen Charakter. Im großen Ostteil, der Weitsee genannt wird, dominiert hingegen die riesige Wasserfläche das Bild. An diesigen Tagen kann man hier ob der Weite kaum das andere Ufer erkennen. Die Ufer sind meist von einer sanften Hügellandschaft geprägt, in die sich die sauberen, hübschen Dörfer schmiegen. Freunde sämtlicher Wassersportarten finden am Chiemsee ihr entsprechendes Revier.

Prien Der größte Ort am Chiemsee ist der Ausgangspunkt für Ausflüge zu den berühmten Inseln im See und der Standort der einst zum Kloster Herrenchiemsee gehörenden Pfarrkirche. Ihre Innenausstattung besorgten Johann Baptist Zimmermann und Johann Schwarzenberger. Zimmermann malte das beeindruckende Deckenfresko von der Seeschlacht von Lepanto und die Oberbilder der Seitenaltäre. Aus dem vorigen Jahrhundert stammt die kleine Dampfstraßenbahn, die zwischen Bahnhof und Hafen fährt.

Frauenchiemsee Um das Jahr 766 gründete der Bayernherzog Tassilo III. auf der kleinen Insel ein Kanonissenstift, das im 9. Jahrhundert von der berühmten Äbtissin Irmingard, der Tochter König Ludwigs des Deutschen, in eine Benediktinerabtei umgewandelt wurde. Im 11. Jahrhundert wurde mit dem Bau der hochromanischen Klosterkirche begonnen. Ihr acht-

eckiger Zwiebelturm beherrscht bis heute weithin den Chiemsee. Besonders eindrucksvoll ist das romanische Portal, dessen Tympanon noch von den Grundmauern der karolingischen Vorgängerkirche aus dem 9. Jahrhundert stammt. Die Torkapelle datiert aus karolingischer Zeit. Die Insel Frauenchiemsee ist wesentlich kleiner als Herrenchiemsee, war jedoch trotzdem immer schon dichter besiedelt: Hier wohnten früher die Klosterangestellten, aber auch die Fischer, die Kloster und Seeanrainer mit frischem Fisch aus dem See versorgten.

Krautinsel Die kleinste der drei Inseln liegt zwischen Herren- und Fraueninsel und ist lediglich 3,5 ha groß. Die unbewohnte Insel dient ausschließlich landwirtschaftlichen Zwecken. Ihren Namen verdankt sie den historischen Gemüse- und Krautgärten des Klosters Frauenwörth. Ein touristisches Spektakel ist im Herbst der Rücktransport der Tiere mit Schiffen zu den Ufergemeinden des Chiemsees.

Links und unten links: Gstadt mit Blick auf die Fraueninsel; unten rechts: Langbürgener See.

GASTRONOMIE

Krottenmühl: »Simssee-Stuben« Im Winter knistert es gemütlich im Kamin, während die Gäste fangfrischen Fisch, nach bayerischen Rezepten zubereitet, genießen. Im Sommer kann man vom Restaurant direkt auf die Badewiese hinüberwechseln. *(www.simssee-stuben.de)*

Bernau/Chiemsee: »Sallers Badehaus« Vor allem im hohen, lichtdurchfluteten Wintergarten am ehemaligen Badehaus sitzt man gemütlich und mit herrlicher Sicht auf den See. Im Sommer grenzt der Garten an die Liegewiese. *(www.sallers-badehaus.de)*

Frauenchiemsee: »Klosterwirt« Bei schönem Wetter blickt man von der Terrasse über den See und zu den Chiemgauer Alpen. Gasträume wie die »himmlische Stuben« sind im historischen Kreuzgewölbe untergebracht. *(www.klosterwirt-chiemsee.de)*

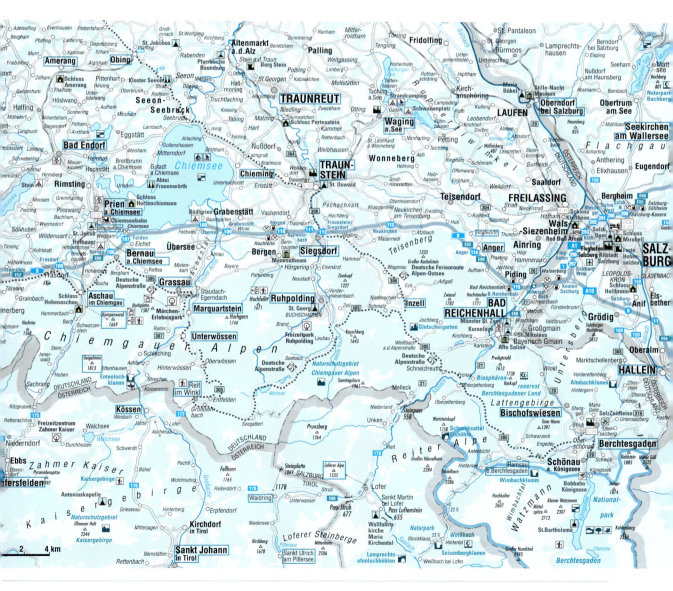

Gstadt Das Bilderbuchdorf am Nordwestufer des Chiemsees ist ein liebenswerter, ehemaliger Fischerort. Von seinem Schiffsanleger bietet sich eine der faszinierendsten Aussichten über den See. Über die Fraueninsel und das blaue Wasser schweift der Blick bis hinüber zu den Gipfeln der Chiemgauer Alpen, die bei Föhn zum Greifen nah erscheinen.

Herrenchiemsee Die größte der Chiemseeinseln (2,4 Quadratkilometer) ist weitgehend mit Wald bedeckt. Außerhalb der Schlossanlage ist die Insel als Naturpark geschützt, den Wanderwege durchziehen und von denen sich immer wieder schöne Ausblicke auf das Bayerische Meer und die Alpen eröffnen. Wer die Insel einmal komplett umwandern will, muss dafür 2,5 Stunden kalkulieren. Vom Schiffsanleger ist es nicht weit zum Komplex des »Alten Schlosses«, dem ehemaligen Augustinerchorherrenstift Herrenchiemsee. Märchenkönig Ludwig II. benötigte als absoluter Fürst ein repräsentatives Staatsschloss, das nach einem Besuch in Versailles 1867 dem dortigen ähneln sollte: So wurde auf Herrenchiemsee eine dreigeschossige, hufeisenförmige Anlage im Achsensystem des großzügig anzulegenden Parks geplant. Vollendet wurde nur der Kern des Schlosses samt seiner von Julius Hofmann gestalteten Ausstattung.

Seebruck Am nördlichsten Ort des Chiemsees verlässt die Alz den See. Hier öffnet sich der weiteste Blick über das Bayerische Meer. Von hier aus erlebt man den See je nach Wetter und Jahreszeit in den unterschiedlichsten Farbtönungen. Unter Experten gilt Seebruck als einer der am besten erforschten bayerischen Römerorte: Die Funde präsentiert das Römermuseum. Die römische Siedlung Bedaium entstand um 50 n. Chr. an der Stelle des heutigen Seebruck, seine Gründung verdankt es der strategischen Lage zwischen den beiden Flüssen Inn und Salzach.

Seeon Die ehemalige Benediktinerklosterkirche liegt auf einer Insel im Klostersee knapp acht Kilometer nördlich von Seebruck. Über rund ein Jahrtausend hinweg sind hier verschiedene Stilrichtungen harmonisch ineinandergeflossen. Romanische Strenge beherrscht den Bau, gotische Gewölbe hingegen zeigen Schmuckelemente der Renaissance. Und Barock und Rokoko haben die Innenausstattung schließlich vollendet. Entsprechend vielfältig sieht die Baugeschichte aus: Eine erste Kirche gab es bereits im Jahr 994. Bis 1200 entstand eine romanische Säulenbasilika, die dann 1433 ihr gotisches Gewölbe und einen neuen Chor erhielt. Das berühmteste Kunstwerk der Kirche ist die Seeoner Muttergottes aus dem Jahr 1433.

Delta der Tiroler Ache Zwischen Grabenstätt und Feldwies mündet die Tiroler Ache in den Chiemsee. Sie bringt dem See das Wasser aus den Kitzbüheler Bergen und trägt mit ihren Ablagerungen von Sand und Kies zu seiner allmählichen Verlandung bei. Das gesamte Flussdelta steht unter Naturschutz. Unweit der Hirschauer Bucht befindet sich die bekannteste Vogelfreistätte Oberbayerns.

Traunstein Schon zur Römerzeit führte die Straße zwischen Salzburg und Augsburg bei Traunstein über die Traun. Im Mittelalter wurde daraus die berühmte güldene Salzstraße. Im Jahr 1619 erhielt Traunstein seine eigene Saline, die von der Bad Reichenhaller Soleleitung gespeist wurde. Die 1694 fertiggestellte Pfarrkirche enthält eine Barockausstattung, die erst nach 1851, dem letzten großen Stadtbrand, gearbeitet wurde. In der Saliner Kapelle in der Au wurden Fresken aus der Zeit um 1630 freigelegt. Um den weiten und lang gestreckten Marktplatz gruppieren sich heute schöne Bürgerhäuser. Mitten auf dem Platz steht das Wahrzeichen der Stadt, der 1526 erbaute Liendl-Brunnen.

Waginger See Mit etwa sieben Kilometer Länge und rund zwei Kilometer Breite ist der Waginger See der fünftgrößte See Oberbayerns. Im Norden ist er zudem nur durch einen schmalen Brückendamm vom Tachinger See getrennt.

Waging Die bajuwarische Gründung aus dem 6. Jahrhundert war ab 740 im Besitz des Salzburger Klosters Nonnberg. Ab dem 13. Jahrhundert gehörte die Gegend um den See zum Fürsterzbistum Salzburg. Erst 1816 kam man endgültig zum Königreich Bayern.

Königsee Wie ein norwegischer Fjord ist der acht Kilometer lange Königssee von steilen Bergwänden eingerahmt. Beherrscht wird er vor allem vom Watzmann mit seiner 1800 Meter hoch aufragenden Ostwand. Den schönsten Blick über den See hat man vom Malerwinkel aus. Die romantisch auf einer vom Eisbach aufgeschütteten Halbinsel gelegene Wallfahrtskirche St. Bartholomä erreicht man vom Dorf Königssee aus mit dem Elektroboot. In St. Bartholomä gab es bereits 1134 eine erste Wallfahrtskirche, die heutige barocke Kirche wurde 1697 fertiggestellt. Aus dem einstigen fürstpröpstlichen Jagdschloss neben der Kirche wurde inzwischen ein Gasthof. Der 1874 Meter hohe Jenner auf der Ostseite des Königssees ist per Seilbahn erreichbar und bietet eine hervorragende Aussicht über das gesamte Berchtesgadener Land.

Obersee Der 1,3 Kilometer lange See ist durch einen 500 Meter breiten Streifen von diesem getrennt und von besonders gewaltigen Felswänden auf drei Seiten eingeschlossen. Zu Fuß erreicht man den See in einer halben Stunde von der Anlegestelle Salletalm am Südende des Königssees aus.

Berchtesgaden Die Stadt im Norden des Königssees geht auf ein 1120 gegründetes Augustinerchorherrenstift zurück. Dank des Salzreichtums stiegen seine Pröpste 1559 in den Reichsfürstenstand auf. Bayerns Könige ließen danach das Kloster in ein Schloss umbauen. Die Hauptsehenswürdigkeit ist die ehemalige Stiftskirche mit ihrem Chor aus der Zeit um 1300. In dem zum Schloss umgebauten Stift ist der romanische Kreuzgang aus dem 13. Jahrhundert fast vollständig erhalten. Interessant ist das Schlossmuseum, dessen Kunst- und Waffensammlungen nicht weniger als 30 Räume füllen. Die barock ausgestattete Wallfahrtskirche Maria Gern, die 1724 vollendet wurde und zahlreiche Votivbilder birgt, liegt traumhaft in einem Tal.

Ramsau und Hintersee Das Tal der Ramsauer Ache ist vom Watzmann, dem Hochkalter mit dem Blaueisgletscher und der Reiter Alpe so malerisch eingerahmt wie kaum ein anderes in Bayern. Berühmt ist der Blick von der 1512 fertiggestellten gotischen Pfarrkirche auf die Reiter Alpe. Ein kunsthistorisches Kleinod ist mit ihrer Rokoko-Ausstattung die Wallfahrtskirche Maria Himmelfahrt in Kunterweg.

Oben: Königssee mit Watzmann; Herrenchiemsee; unten: Delta der Tiroler Ache; Ramsau.

AKTIV AM WASSER

Schiffstouren

Jedes Ziel kann auch einzeln besucht werden, aber in 2,5 Stunden bietet die große Chiemsee-Schiffstour das komplette Programm. Sie beginnt in Prien, ermöglicht einen Rundgang auf der Herreninsel mit Besuch des Schlosses von König Ludwig II., dann fahren die Schiffe die benachbarte Fraueninsel mit ihrem Kloster und dem Fischerdorf sowie Seebruck und Chieming an. Die Chiemsee-Schifffahrt betreibt insgesamt 14 Schiffe, darunter den historischen Raddampfer »Ludwig Fessler« aus dem Jahr 1926. Info über die Chiemsee-Schifffahrt in Prien *(Tel. 08051/60 90, www.chiem see-schifffahrt.de).*

Bootsverleih

Ruderboote, Elektroboote, Segelboote und Kanadier verleihen u. a. Bavaria Boote in Prien *(Tel. 08053/ 404 80; www.bavariaboote.de)* und das Gästehaus Schwarz in Prien *(Tel. 08051/44 24, www.gaestehaus-schwarz.de).*

Baden

Süddeutschlands größter zusammenhängender Badestrand liegt in Übersee am südöstlichen Ufer des Chiemsees. Fünf Kilometer erstreckt sich die parkähnliche Anlage. Weitere Strandbäder mit guter Infrastruktur gibt es in Prien, Seebruck, Chieming und Bernau. Die Wassertemperatur kann schon im Frühsommer auf mehr als 20° C ansteigen. Wer Beschaulichkeit und Stille sucht, findet sie allerdings eher an und in einem der vielen kleineren Seen im Chiemgau.

Fliegenfischen in Traunstein

An einem kleinen Stück der Traun ist diese spezielle Angelart erlaubt, allerdings sind die Tageskarten limitiert. Eine Reservierung wird empfohlen. Wer das Fliegenfischen lernen will, hat im Chiemgau die Möglichkeit dazu. Informationen unter *www.fliegenfischen-bayern. de/deutsche-traun-traunstein*

Radfahren im Chiemgau

Der Chiemgau macht Bikern aller Couleur eine Fülle von Angeboten. Wer gemütlich spazierenfahren will, nutzt markierte Strecken wie den Traun-Alz-Radweg bis nach Wasserburg oder den Chiemsee-Radweg, der rund um das Bayerische Meer führt und als einer der schönsten Radwege Deutschlands gilt. Auf 46 Kilometern passiert auch die Via Julia die Chiemgauer Berge. Die alte römische Fernstraße verbindet das schwäbische Günzburg mit Salzburg. Tourenradler finden Wege für mehrtägiges Radeln durch den Chiemgau und die angrenzenden Regionen. Bis zu 1800 Meter hoch über auch durchaus steile Trails bewegen sich Mountainbiker kreuz und quer durch die Chiemgauer Alpen. *(www.chiemsee-chiemgau. info/radtouren)*

Besuch beim Märchenkönig

Das bayerische Versailles, das von König Ludwig II. auf der Insel Herrenchiemsee erbaut wurde, ist nur per Schiff erreichbar. Informationen bei der Schloss- und Gartenverwaltung Herrenchiemsee *(Tel. 08051/ 688 70).*

Segeln und Surfen

Für Segler und Surfer ist der Chiemsee von interessanter Größe, denn er ist überschaubar und doch weitläufig genug für ausgedehnte Törns. Die größten Inseln, Herren- und Fraueninsel, sind interessante Ziele. Ideal ist das Bayerische Meer bei Westwind zu befahren. Wirklich stark weht der Wind hier nicht, was Surfer mehr betrifft als die Segler. Anfänger können sich von einer der Surf- oder Segelschulen einweisen lassen und auch Bretter oder Boote leihen. Einige gekennzeichnete Stellen am Ufer sind Sperrzonen, um Flora und Fauna zu schonen. (*www. tourismus.prien.de/erlebnisse/ segeln-surfen*)

Wikingerschiff »Freya«

Das Bayerische Meer ist jetzt fest in Wikingerhand – zumindest könnte man das glauben, sobald man die »Freya« über das Wasser gleiten sieht. Das nachgebaute Wikingerschiff stammt aus dem Kinofilm »Wickie auf großer Fahrt« und lädt Interessierte dazu ein, sich während einer Tour einmal wie ein echter Wikinger zu fühlen. Informationen zu den Fahrten unter *www.chiemsee-erlebnis.de*

Ballonfahrten

Ist die Region schon vom Boden aus betrachtet ein traumhafter Landstrich, ist das geräuschlose Überschweben der Voralpen und der majestätischen Bergkämme der Alpen ein unvergessliches Erlebnis. Vorkenntnisse sind nicht erforderlich. Die normale Fahrt dauert bis zu 90 Minuten, doch für das ganze Abenteuer sollte man vier bis fünf Stunden vor Sonnenaufgang einplanen. (*Tel. 08051/71 44; www. chiemseeballooning.de*)

Bergfahrt auf die Kampenwand

Wer den besten Überblick über den gesamten Chiemsee und seine Umgebung erleben möchte, muss von Aschau aus mit der Seilbahn auf die 1668 Meter hohe Kampenwand hinauffahren. Von dort bietet sich ein überwältigender Panoramablick über den gesamten Chiemgau und die Chiemgauer Alpen. (*www.kampenwand.de*)

Wandern im Chiemgau

Der Chiemgau bietet eine Vielzahl von Touren und Rundwegen um die Seen. Allein die Umrundung des Chiemsees mit seiner 86 Kilometer langen Uferlinie ist eine reizvolle Herausforderung. Ein Netz von mehreren Hundert Kilometer markierter Wanderwege erschließt die Region, führt zu überwältigenden Aus- und Durchblicken, Almen und Hütten, passiert Flüsse und Bäche, durchquert Felder, Wälder und Moore. Obwohl die Region ein touristisch stark frequentiertes Feriengebiet ist, »verlaufen« sich die Wanderer in der vielfältigen Landschaft und viele Wege sind wenig begangen.

Chiemseefischerei

Im Priener Heimatmuseum erfahren die Besucher alles über die Chiemseefischerei. Außerdem klärt das Haus auf über anderes Brauchtum in Prien. (*Öffnungszeiten: April bis Oktober, Di–So 14–17 Uhr*)

Frauenkraftplatz »Schoßrinn« in Aschau

Die Magie des fallenden Wassers soll vor allem Frauen dabei helfen, zu sich zu finden und innere Kräfte zu mobilisieren. Vom Parkplatz Schoßrinn auf der Straße von Aschau nach Sachrang aus dauert der Fußweg zum Wasserfall etwa 15 Minuten. (*www.chiemsee-alpen land.de/Media/Sehenswuerdigkei ten-Ausflugsziele/Frauenkraftplatz-Schossrinn-in-Aschau-i.Chiemgau*)

Großes Bild: Morgens blickt man vom Ufer des Chiemsees auf die Fraueninsel. Oben: Beim Segeln auf dem See hat man im Hintergrund die Kampenwand; bei den Regatten geht es turbulent zu.

AKTIV AM WASSER

Schiffstouren

Zwei Ausflugsschiffe verkehren regelmäßig auf dem herrlichen Königssee. Angetrieben werden sie von Elektromotoren, die im Nationalpark keine Emissionen, Lärm oder Abgase hinterlassen. Ziele sind zwei Wahrzeichen des Berchtesgadener Landes: Die Ostwand des Watzmanns, die 1800 Meter steil aus dem See aufragt und ein legendäres Echo erzeugt, sowie Sankt Bartholomä. Die Halbinsel mit der kleinen barocken Wallfahrtskirche ist ein weltweit bekanntes Fotomotiv. (*www.seenschifffahrt.de/de/koe nigssee*)

Nationalpark Berchtesgaden

Alles Wissenswerte über den Nationalpark erfährt man in der Nationalpark-Infostelle auf der Halbinsel St. Bartholomä in Schönau. (*www. nationalpark-berchtesgaden.bay ern.de*)

Geführte Wanderungen

Auf den Internetseiten der Nationalparkverwaltung Berchtesgaden werden im Sommer geführte Wanderungen durch das Schutzgebiet angeboten. Hier einige Beispiele: »Im Tal der Adler«: Jeden Donnerstag wird eine Wanderung ins Klausental veranstaltet, bei der man das Revier des Steinadlers, sein Brutverhalten und seine Jagdstrategien kennenlernt. »Dem Murmeltier auf der Spur«: Eine Tour, die vor allem für Kinder interessant ist. In der Nähe der Königsbachalm werden unter fachkundiger Anleitung die scheuen Tiere beim Sonnen vor ihrem Bau beobachtet. »Kräuterwanderung«: Hier steht nicht der Gipfel im Mittelpunkt, sondern die Kräuter am Wegesrand. Man bekommt viele Erklärungen sowie Tipps und Tricks, wie man Kräuter verwenden kann. »Auf zur Sennerin«: Eine Sennerin erzählt auf der Schwarzbachalm über den Lebensraum Alm, wie Käse hergestellt wird und so manches kleine Küchengeheimnis.

Klettersteigschule Berchtesgaden

In Schönau am Königssee hat die erste Klettersteigschule ihre Pforten geöffnet. Von Schnupperkursen bis hin zu Fortgeschrittenenkursen kann man hier die richtige Durchsteigung eines Klettersteiges erlernen. (*www.klettersteigschule.de*)

Schornbad in Schönau

So schön der Königssee ist, so kalt ist Bayerns tiefster See auch. Für ungetrübte Badefreuden empfiehlt sich deshalb ein Besuch im Schönauer Freibad, das im Sommer von 8 bis 20 Uhr geöffnet hat und neben Sport- und Spaßbecken auch über einen Wasserlift für Behinderte verfügt. (*www.koenigssee.de/schorn bad*)

⤳ Malerwinkel

Ein kurzer Spaziergang vom Besucherparkplatz führt zum Malerwinkel. Von hier aus hat man einen wunderschönen Blick über den gesamten See und die Berge. Ein Berg, der viele Maler inspiriert hat, ist der Watzmann (*www.berchtesgadenerland.com/de/koenigssee-malerwinkel-rundwanderweg*).

⤳ Almabtrieb

Schon im Frühjahr, wenn die Kühe ihren Weg nach oben zu den saftigen Almwiesen im Nationalpark Berchtesgaden antreten, nehmen sie den Weg übers Wasser: Auf großen Transportschiffen, sogenannten Landauern, setzen sie über den Königssee über. Im Herbst geht es auf gleichem Wege wieder zurück. Ist während der Zeit auf der Alm kein Unglück geschehen, werden die Kühe an Land geschmückt und zu ihrem Heimatstall zurückgebracht.

⤳ Rennbob-Taxi

Ein ganz besonderes Erlebnis bietet die Bob- und Rodelbahn Königssee an. Wagemutige können sich auf der ältesten Kunsteisbahn der Welt in einem Zweierbob als Beifahrer den Eiskanal hinabstürzen. Jeder, der die Übertragungen aus dem Weltcup im Fernsehen gesehen hat, kann am eigenen Leib erleben, wie es sich anfühlt, mit fast 100 Stundenkilometern den Berg hinabzubrettern. (*www.rennbob-taxi.de*)

⤳ St. Bartholomä

Von der idyllischen Halbinsel aus sollte man den Weg zur Eiskapelle nicht versäumen. Das auf 840 Meter gelegene Firnfeld gilt als das niedrigste Vorkommen von »ewigem Schnee« in den Alpen.

⤳ Spaziergang durch das Schloss Berchtesgaden

Die einstige Sommerresidenz der Wittelsbacher mit einem sehenswertem Museum und dem spätromanischen Kreuzgang lässt Jahrhunderte Kulturgeschichte von Berchtesgaden lebendig werden. Informationen erhält man bei der Schlossverwaltung (*Tel. 08652/94 79 80*).

⤳ Trompetenecho an der Echowand

Um das berühmte Echo vom Königssee zu hören, nimmt man das Boot nach St. Bartholomä. An der Echowand führen die Bootsführer mittels Trompete oder Flügelhorn das eindrucksvolle Naturphänomen vor.

Der Obersee (großes Bild) speist über einen Wildbach den Königssee. Jeden Januar findet am Königssee der Bob-Weltcup statt (ganz oben). Von Schönau (oben) aus verkehren Ausflugsschiffe.

BODENSEE

↗ **Europas drittgrößter See wird von einer reich gestalteten Kulturlandschaft umrahmt. Obstplantagen, Weinberge, Wiesen und Felder bilden eine offene Landschaft; die Ufer selbst sind dicht besiedelt.**

Die Legende erzählt, dass der liebe Gott einst eine bittere Träne weinte, als er Adam und Eva aus dem Paradies vertreiben musste. Sie fiel auf die Erde, und es wurde der Bodensee daraus. Tatsächlich ist das uns heute vertraute Bild des Bodensees, den sich als einzigen Binnensee der Erde drei Anrainerstaaten teilen, das Ergebnis einer über 600 000 Jahre langen Entwicklung. Während der verschiedenen Eiszeiten hobelten die Gletscher, die zumeist unter dem Sammelnamen Rheingletscher zusammengefasst werden, eine fjordartige Mulde aus, die in

den dazwischen liegenden Warmzeiten durch Flusserosion weiter vertieft wurde. Als die Gletscher schließlich nach der letzten Eiszeit endgültig abschmolzen, reichte der See weit bis hinauf ins graubündnerische Chur; Walen- und Zürichsee waren natürliche Seitenarme. Stetige Verlandung durch die vom Rhein transportierten Geröllmassen sorgten und sorgen auch heute noch für die Verkleinerung des Sees.

Als typischer Moränensee teilt der Bodensee sich in den großen und tiefen Obersee, der von der Bregenzer Bucht bis zur Konstanzer

Rheinbrücke reicht, sowie in den zwischen Bodanrück und Linzgau eingebetteten Überlinger See und den reich gegliederten, flachen Untersee, der von der Konstanzer Rheinbrücke bis Stein am Rhein reicht. In jedem seiner drei Becken besitzt der See eine größere Insel. Am Ostende des Obersees ist es die Inselstadt Lindau, beim Südende des Überlinger Sees die Blumeninsel Mainau, und mitten im Untersee liegt die Gemüse- und Klosterinsel Reichenau.

Die wichtigste Lebensader des Sees ist der Rhein, der ihn füllt und der seinen Pegel steuert. Als Alpenrhein, der das Wasser von halb Graubünden mit sich führt, mündet er in einem weit vorgeschobenen Delta in die Fussacher Bucht, durchfließt den Obersee, quert als Seerhein das Stadtgebiet von Konstanz, mündet bei der Konstanzer Rheinbrücke in den Untersee und wird bei Stein am Rhein zum Hochrhein.

Das »Schwäbische Meer«, gerahmt vom Panorama der Allgäuer und Schweizer Alpen, ist der zweitgrößte See Westeuropas. Die Wassermassen lassen sich in imposanten Zahlen fassen: Der Obersee misst an seiner tiefsten Stelle 252 Meter, der Überlinger See bringt es noch auf 147 Meter, und der Untersee erreicht 46 Meter Tiefe. Bei mittlerem Wasserstand ruhen im See knapp 50 Milli-

arden Kubikmeter Wasser mit einer Oberfläche von 539 Quadratkilometern. Gravierende Auswirkungen hat dieser riesige Wassertopf auf das Klima. Im Winter wirkt er als Zentralheizung, im Sommer ist es an seinen Ufern kühler als im Hinterland. Das für die Kultivierung von Obst und Wein bestens geeignete Klima half von Anfang an bei der Ausbildung einer Gartenlandschaft. Das fast mediterrane Klima lässt an den Ufern subtropische Pflanzen, Wein- und Obstsorten gedeihen. Begonnen hatten damit schon in der jüngeren Steinzeit die Kelten. Die Römer lieferten dazu »zivilisierte« Sitten und Gebräuche und nicht zuletzt die Rebe und damit den Wein an den See.

Eine neue Epoche begann, als im 7. Jahrhundert irische Wandermönche den inzwischen am See heimischen Alemannen das Christentum brachten. Im Jahr 612 gründete der heilige Gallus das Kloster St. Gallen. 724 folgte die Gründung des Klosters auf der Reichenau. Im Jahr 839 entstand am Überlinger See die karolingische Kaiserpfalz Bodema, die dem gesamten See ihren Namen gab. Im Mittelalter war das Konstanzer Bistum das größte im Reich und durfte deshalb das Konzil von Konstanz (1414–1418) ausrichten. Bis zum Ende des 15. Jahrhunderts gehörte die gesamte Region um den See zum Deutschen Reich. Als Kaiser Maximilian 1495 eine allgemeine Reichssteuer

einführte, zogen die sparsamen Schwaben 1499 dagegen in den Krieg. Die Eidgenossen auf der Südseite des Sees gewannen und lösten sich vom Deutschen Reich. Der »heilen Welt« um den See blieben die politischen Wirren des vergangenen Jahrhunderts weitgehend erspart. Und neben schönster Landschaft gibt es deshalb auf Schritt und Tritt in Klöstern, Dörfern und historischen Städten Kulturgeschichte pur zu entdecken.

Die im Stil des Barock erbaute Wallfahrtskirche Birnau (oben) ist der Muttergottes geweiht. Kleines Bild: Segelboote tummeln sich auf dem Bodensee.

BODENSEE

↗ **Die Ufer des Bodensees sind altes Siedlungs-
land, wie die Pfahlbauten in Uhldingen eindrucksvoll belegen. Prähistorischen Siedlern
folgten römische Eroberer, gallische Missionare,
karolingische Mönche, Stauferkaiser und natürlich Bischöfe und Äbte. Sie alle schufen in drei
Jahrtausenden einen Garten Eden, der im Zusammenspiel aus üppiger Vegetation, glitzern-
dem Wasser und schneebedeckter Bergkulisse
auch den heutigen Besucher unweigerlich in
seinen Bann zieht.**

Konstanz Die Universitätsstadt liegt zwischen dem Ober- und dem Untersee, erhielt ihren Namen von Kaiser Constantius Chlorus und war von 1414 bis 1418 Schauplatz des einzigen Konzils auf deutschem Boden. Zentrum der malerischen Altstadt ist das Liebfrauenmünster, in dem auch das Konzil getagt hatte. Die Kirche steht auf den Resten der ersten Bischofskirche aus dem 8. Jahrhundert; die Säulenarkadenreihe ihres Mittelschiffs stammt noch von 1089. Glanzstücke der Innenausstattung sind die vier vergoldeten Kupferplatten aus dem 11. bis 13. Jahrhundert, die sogenannten Konstanzer Goldscheiben, die Kanzel, das Chorgestühl, der steinerne Treppenturm namens »Schnegg« von 1438 sowie die frühromanische Krypta aus dem 10. Jahrhundert. Im Haus »Zur Kunkel« am Münsterplatz sind die weltbekannten, bereits um 1306 entstandenen Weberfresken zu bewundern. Sie sind die ersten profanen Wandmalereien nördlich der Alpen. Zwischen Münster und Rhein erstreckt sich

mit der Niederburg der älteste Stadtteil. Ein Bummel durch das ursprünglich von Fischern und Handwerkern bewohnte Gassengewirr ist ein Ausflug in die Vergangenheit. Gegen den Hafen hin steht das Konzilsgebäude. Der wuchtige Baukörper (1388) diente einst dem Leinwandhandel. Im Jahr 1417 fand hier die einzige Papstwahl auf deutschem Boden statt.

Insel Reichenau Bischof Pirmin gründete im Jahr 724 auf der Insel im Untersee das Kloster Mittelzell, dessen Abt Heito III. als Erzkanzler von Kaiser Arnulf an der Wende vom 9. zum 10. Jahrhundert immerhin die Geschicke des Reiches lenkte. Die ehemalige Klosterkirche beeindruckt heute noch durch ihre romanischen Formen. Besonders sehenswert ist der spätkarolingische Bau der Stiftskirche St. Georg in Oberzell mit ihrem monumentalen Freskenzyklus. Die Insel Reichenau als Ganzes ist heute wohl bekannt als der Gemüse- und Obstgarten der Region.

Radolfzell Ratold, der Bischof von Verona, ließ sich 826 eine Zelle zum Meditieren bauen. Aus »Ratolds Zelle« wurden der Ortsname und das heutige Münster Unserer Lieben Frau, eine dreischiffige Basilika aus der Spätgotik mit barocker Innenausstattung. Radolfzell vorgelagert ist die Halbinsel Mettnau, ein wichtiges Naturschutzgebiet am See.

Bodanrück Dichte Mischwälder, verträumte Weiher, steile Schluchten und stille Dörfer mit alten Fachwerkhäusern sind die »Markenzeichen« des lang gezogenen Bodanrücks zwischen den beiden Bodenseearmen, dem Überlinger See im Norden und dem Untersee im Süden.

Insel Mainau Die kleine Insel im Überlinger See gehörte ursprünglich zur Abtei Reichenau und kam im 18. Jahrhundert an den Deutschritterorden, der auf der Insel ein Barockschloss errichten ließ. Heute residiert hier in vierter Generation das schwedische Bernadotte-Geschlecht: Graf Lennart und seine Frau

machten aus der Insel ein einzigartiges Blumenparadies. Über 30 000 Rosenstöcke und 200 verschiedene Dahlienarten sowie zahllose andere Pflanzen erfreuen die Besucher.

Bodman Hier fischten schon die Kelten von ihren Pfahlbauten aus, die karolingische Königspfalz Bodema gab später dem Bodensee den Namen. Hierher brachte Karl der Dicke 887 die Spätburgunder Rebe, die seither rund um den See heimisch ist. Auf dem Platz der ehemaligen Pfalz steht heute die Pfarrkirche aus dem 13. Jahrhundert. Ihre mit Ornamenten verzierte Holzdecke stammt von 1624. Von alter Herrlichkeit in Bodman kündet auch die Ruine Altbodman, die im 14. Jahrhundert zu einer mächtigen Anlage ausgebaut worden war. Sie allerdings zerstörten die Franzosen 1643.

Überlingen Die ehemalige Freie Reichsstadt strahlt mit ihrem mittelalterlichen Stadtbild eine mediterrane Atmosphäre aus. In der Altstadt reihen sich

prächtige Bürgerhäuser aus dem 16./17. Jahrhundert aneinander. Besonders sehenswert ist das Münster St. Nikolaus (15. Jh.). Es birgt in einem Kapellenkranz eine ganze Reihe von Überlinger Bürgerfamilien gestiftete und überreich ausgestattete Renaissance- und Barockaltäre. Glanzstück ist der viergeschossige holzgeschnitzte Hochaltar der Brüder Zürn. Er entstand bis 1616 und enthält neben prachtvoller Ornamentik 23 lebensgroße Schnitzfiguren.

Oben: Tulpen auf der Insel Mainau; Dampfschiff »Hohentwiel«; unten: Konstanz.

GASTRONOMIE

🍴 **Konstanz: »Wirtshaus Hirschen Horn«** Auf der Halbinsel Höri kommt beste Qualität in stilvollem Ambiente auf den Tisch. Dem Biergarten verleiht seine üppig Vegetation etwas Wild-Romantisches. (*www.hotelhirschenbodensee.de*)

🍴 **Radolfzell: Restaurant »Einkehr am Gleis«** In dem jungen Radhotel ist man ambitioniert und mit viel Enthusiasmus am Werk – ein Funke, der sofort überspringt und Lust macht auf die regionale Speise- und Weinkarte. (*www.amgleis.de*)

🍴 **Überlingen: »Roberts Winery«** Die uralten Holzbalken an der Decke fallen sofort ins Auge und stehen in schönem Kontrast zum modernen Mobiliar des kleinen Weinlokals. Alles dreht sich hier um edle Tropfen, die von wohlschmeckenden Tapas und Antipasti begleitet werden. Im Sommer sitzt man gerne vor dem Lokal. (*www.roberts-winery.de*)

🍴 **Allensbach: Biergarten und Stube »Hof Höfen«** Ab Ostern herrscht wieder reger Betrieb unter den großen Schirmen des Biergartens, wo man die etwas abgelegene Lage des Gasthauses zu schätzen weiß: Hat man keinen Empfang, bleibt mehr Zeit zum Genießen. Bis Weihnachten hat die gemütliche Stube mit Hüttenflair noch geöffnet, bis sie Winterpause macht. (*www.familie-rommel.com*)

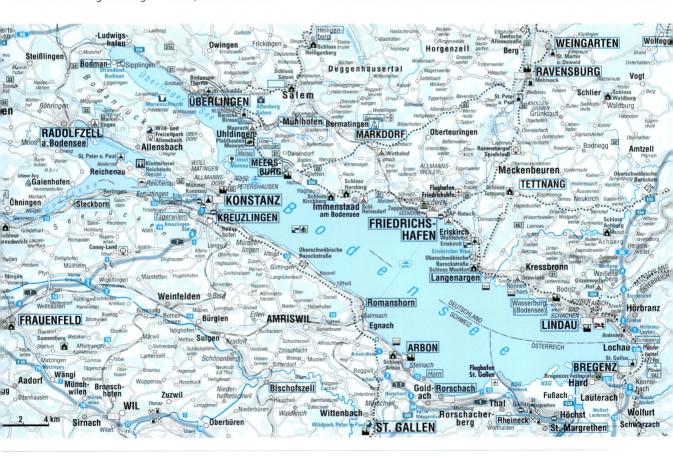

»BLUMENINSEL« MAINAU

Für die meisten Touristen ist sie schlichtweg die »Blumeninsel«, aber die Mainau im Überlinger See hat mehr zu bieten: Die riesigen Mammutbäume und die vielen anderen botanischen Exoten sind ebenso beeindruckend wie die Farbenpracht von Rosen, Dahlien und Orchideen. Das Palmenhaus beim Schloss und das etwas abseits stehende Schmetterlingshaus zeigen die exotische Vielfalt. Auch architektonisch ist Mainau interessant: Das Schloss selbst, das auf das Jahr 1776 zurückgeht, und die etwas früher erbaute Schlosskirche sind kleine Meisterwerke des süddeutschen Barock. Die Geschichte der Mainau reicht allerdings noch weiter zurück: Seit 1271 war die Insel ein wichtiger Stützpunkt des Deutschen Ordens, vorher lebten hier Pfahlbausiedler, Römer sowie alemannische Adlige. Im 19. Jahrhundert wurde die Insel zur Sommerresidenz des Großherzogs von Baden. Ab 1932 machte sie Graf Lennart Bernadotte zum »Blumenparadies«: Der Urenkel von Großherzog Friedrich I. pflanzte in dem verwilderten Park die heute so geschätzten Blumen an.

Vor dem barocken Schloss erblüht diese Tulpenwiese (oben) in aller Fülle. Auf der gesamten Insel Mainau können Besucher das ganze Jahr über verschiedenste Blumen und Bäume bewundern (kleine Bilder rechts).

Birnau Die schönste Rokoko-kirche des gesamten Bodensee-raums thront mit ihrer Schaufas-sade hoch über dem See. Bis ins Jahr 1750 schufen Peter Thumb als Baumeister, Joseph Anton Feuchtmayr als Stuckateur und Gottfried Bernhard Goetz als Maler einen »himmlischen Festsaal«, der selbst den sprö-desten Besucher nicht gleich-gültig lässt. Wer den berühmten »Honigschlecker« sucht, findet ihn am Altar des Bernhard von Clairvaux.

Unteruhldingen Vor mehr als 5500 Jahren siedelten Steinzeit-menschen in Pfahlbauten direkt am See. In Unteruhldingen wur-de rekonstruiert, wie solch eine Siedlung ausgesehen haben könnte. Das Pfahlbaumuseum befindet sich an der Strandpro-menade und ist von April bis Oktober täglich geöffnet.

Meersburg Die ehemalige Re-sidenz der Konstanzer Fürst-bischöfe hat eine Unterstadt am See und eine 50 Meter höher auf einem Felsrücken gelegene Oberstadt. Die Verbindung bil-det die mittelalterliche Steig-straße mit ihren malerischen Fachwerkhäusern. Der romanti-sche Marktplatz wird von jahr-hundertealten Gasthöfen und dem behäbigen Obertor einge-rahmt. Das Residenzschloss der Fürstbischöfe ist ein nach Plä-nen von Balthasar Neumann errichteter Barockbau mit einer von Joseph Anton Feuchtmayr ausgestatteten Schlosskapelle. Westlich des Residenzschlosses thront trutzig die Meersburg, deren Bergfried bereits im 7. Jahrhundert stand. Der Bau ist damit die älteste merowin-gische Königsburg Deutsch-lands. Im Mittelalter diente die mit vier Rundtürmen versehene Wehrburg Konstanzer Bischöfen stets dann als Fluchtburg, wenn sich die hohen Herren vor ihren eigenen Untertanen nicht mehr sicher fühlten. Heute ist die Burg die älteste bewohnte Burg Deutschlands, große Teile kön-nen besichtigt werden. In einer Schlucht unterhalb der Anlage dreht sich bis heute das beinahe neun Meter hohe Mühlrad der Schlossmühle. Im Fürstenhäusle in einem Weinberg oberhalb der Burg wird im Droste-Museum mit Privatgegenständen an die Dichterin Annette von Droste-Hülshoff erinnert.

Immenstaad Seine spätgoti-sche Pfarrkirche ist noch mit Schießscharten und einem wuchtigen Wehrturm versehen. Interessante Details der Ausstat-tung sind ein Chorgestühl aus dem 16. Jahrhundert sowie zwölf Apostelfiguren aus dersel-ben Zeit. Das schönste Fach-werkhaus ist das 1578 fertig-gestellte Schwörerhaus.

Friedrichshafen Die Stadt ver-dankt ihren Namen zwar der Sommerresidenz des ersten württembergischen Königs, ihre Bedeutung erhielt sie jedoch durch die Technik: Vom Hafen legte im Jahr 1824 der erste Raddampfer »Wilhelm« ab, hier baute Ferdinand Graf Zeppelin im Sommer 1900 das erste Luft-schiff, und Claudius Dornier schuf so berühmte Flugboote wie den Dornier Wal (1922) oder die zwölfmotorige Do-X (1929). Der architektonisch interessan-teste Bau der Stadt ist die Schlosskirche mit ihren zwei malerischen Zwiebeltürmen. Er-richtet wurde sie bis 1701 von Christian Thumb. Wessobrunner Stuckateure schufen den opu-lenten Stuck. Wertvolle Ausstat-tungsstücke sind der Hochaltar und das prachtvolle Chorge-stühl. Einen Abstecher lohnt das mächtige Neue Schloss in Tett-nang, einem Städtchen mit Bür-gerhäusern aus dem 17. und 18. Jahrhundert.

Eriskirch Im Eriskircher Ried wurden Reste einer vorge-schichtlichen Pfahlsiedlung so-wie Teile einer römischen Brücke über die Schussen gefunden. Das Ried ist Heimat botanischer Ra-ritäten und vieler Wasservögel.

Die gotische Pfarrkirche besticht mit strahlenden Glasfenstern und Freskenzyklen im Chor und an den Wänden des Langhauses, beide stammen aus dem frühen 15. Jahrhundert.

Langenargen Das im maurisch-italienischen Stil errichtete Schloss Montfort ließ sich Württembergs König Wilhelm I. bauen. Der Turm bietet eine gute Aussicht über das Städtchen und den See. Die barocke Pfarrkirche birgt in ihrer Marienkapelle 15 wunderschön geschnitzte Medaillons aus dem 17. Jahrhundert.

Wasserburg Bis zum 18. Jahrhundert war Wasserburg tatsächlich eine Insel, auf der die Grafen von Montfort 1358 eine Burg gebaut hatten. Daraus wurde im 17./18. Jahrhundert das Schloss der Augsburger Familie Fugger. Daneben stehen die gotische Fischerkirche St. Georg mit ihrem schönen Barockzwiebelturm und eine Handvoll be-

häbiger Bürgerbauten, das Ganze umgeben mit einer stattlichen Wehrmauer. Ein günstiger Fotopunkt für diese Idylle ist der »Malerwinkel« in der Bucht in Richtung Nonnenhorn.

Lindau Die Inselstadt im Bodensee stand noch vor 150 Jahren auf drei Einzelinseln. Das »bayerische Venedig« mit seinem von Löwen und Leuchtturm bewachten Hafen besticht mit seinen malerischen Altstadtgassen, dem bemalten Rathaus und den bodenständigen Gasthöfen. In der Altstadt prägen Bauwerke aus Gotik, Renaissance und Barock das Straßenbild. An der Maximilianstraße stehen alte Patrizierhäuser mit Erkern, Fachwerk und Laubengängen Parade. Das alte Rathaus von 1422 besticht mit einer reich bemalten Hauptfassade und einem volutenverzierten Staffelgiebel. Den Marktplatz dominiert das 1729 errichtete Haus »Zum Cavazzen«. Der dreistöckige Barockbau beeindruckt

mit einer reichen Bemalung und gilt als das schönste Bürgerhaus am Bodensee. Außer den prächtigen Bürgerhäusern sind auch noch große Teile der spätmittelalterlichen Stadtbefestigung erhalten. Zur ältesten Wehranlage gehört die Heidenmauer am Ostzipfel der Insel. Der Petersturm war einst der Wachtturm der Fischersiedlung, der Mangturm am Hafenplatz diente bis 1856 als Leuchtturm, und der Diebsturm entstand 1375 als Beobachtungsturm am höchsten Punkt der Insel. Kunstfreunde dürfen keinesfalls die ehemalige Peterskirche übersehen: Sie ist die älteste Kirche der Stadt, entstanden bereits um die Jahrtausendwende. Ihr Inneres birgt die einzigen erhaltenen Fresken von Hans Holbein d. Ä. Entstanden sind die Fresken zwischen 1485 und 1490. Im Ortsteil Bad Schachen, dessen Schwefelquelle vom bayerischen Königshaus geschätzt wurde, finden sich zahlreiche elegante Villen der Gründerzeit.

Oben links: Burg Meersburg ist die wohl älteste bewohnte Burg Deutschlands. Oben: Der Konstanzer Hafen mit Blick auf die Altstadt lädt in der Abenddämmerung zum Flanieren ein. Kleine Bilder: Langenargen; St. Georg in Wasserburg; Schloss Maurach.

GASTRONOMIE

Meersburg: »Seepromenade« Ob von einem Sitzplatz unter der gestreiften Markise oder hinter der Fensterfront: Der Bodensee begleitet Frühstück, Lunch und Abendessen im netten Lokal direkt an der Promenade von Meersburg. (www.hotel-seepromenade.de/restaurant-seepromenade)

Immenstaad: »Am Häfele« Am Jachthafen von Immenstaad serviert das Restaurant süddeutsche Spezialitäten im modernen, mit hellem Holz gestalteten Gastraum. Von hier wie von der großen Terrasse direkt am See hat man bei passendem Wetter die Alpen im Blick. (www.restaurantamhaefele.com)

Friedrichshafen: »S' Wirtshaus am See« Hier kommt schwäbische Hausmannskost – wie der Name vermuten lässt – auf den Tisch. Die Sonnenplätze im Biergarten an der Uferpromenade laden zum Frühstück ein. (www.swirtshaus.de)

Wasserburg: Gastronomie im »Schlosshotel Wasserburg« Die Lage auf der Wasserburger Halbinsel ist so märchenhaft, dass das Wasserburger Schloss dazu passt wie das Tüpfelchen auf dem i. Das Hotel verfügt neben dem Restaurant »Portner« über einen Wintergarten und eine Panoramaterrasse, von wo aus der Ausblick über den See genossen werden kann. Auf der heimisch geprägten Speisekarte dürfen Fischgerichte natürlich nicht fehlen. (www.schloss-hotel-wasserburg.de)

Lindau: »Deck 12« Natürliche und regionale Küche im hellen und modernen Restaurant am Ufer des Bodensees: Willkommen auf dem Sonnendeck! (www.deck12-lindau.de)

⮆ Weiße Bodenseeflotte

Die Schifffahrt auf dem Bodensee ist Teil des öffentlichen Verkehrs. Die Häfen und Landestellen befinden sich in unmittelbarer Nähe von Bahnhöfen und Busstationen, die Abfahrtszeiten sind aufeinander abgestimmt. Daneben bietet die Weiße Bodenseeflotte auch Sonderfahrten, Bodenseerundfahrten und Exkursionen an. *(www.bodenseeschiff fahrt.de)*

⮆ Segeln

Freizeitkapitäne finden rund um den Bodensee eine große Zahl von Segelschulen. Eine Liste ist erhältlich beim Schifffahrtsamt Friedrichshafen *(Tel. 07541/20 40)*. Weitere Infos auch unter *www.bodensee-info.com/html/segeln_am_boden see.html*

⮆ Surfen

Eine der vielen empfehlenswerten Surfschulen mit Verleih ist die Surfschule Wasserburg *(http://surfschu le-wasserburg.de)*. Tom's Aqua Club in Konstanz *(Tel. 07531/352 87; http://toms-aqua-club.de)* ist eine Surf- und Segelschule und liegt inmitten des idyllischen Freizeitgeländes Seehalde in Konstanz-Staad.

⮆ Tauchen

Tauchkurse und Schnuppertauchen veranstaltet Tinas Tauchschule auf der Reichenau *(Tel. 07533/93 37 00; www.tinas-tauchschule.de)*.

⮆ Strandbäder am Bodensee

Das Naturstrandbad Kressbronn wirbt mit einem schönen neu gestalteten Wasserspielbereich für Kinder und einem großem Parkplatz. *Infos unter www.kressbronn.de*
Das Strandbad Nonnenhorn liegt in idyllsch-ländlicher Lage und hat ein Solarium und eine Wärmehalle. *(www.bodenseestrandbad.de)*
Das Strandbad Eriskirch liegt mitten im Naturschutzgebiet und hat ein vielfaltiges Sportangebot. *(www. eriskirch.de/strandbad.html)*
Im Strandbad Langenargen mit beheiztem Schwimmbecken lieben Kinder die Spaßbecken mit Wasserpilz und Rutsche. *Infos unter www. langenargen.de*

⮆ Bodensee-Therme Konstanz

Die Bodensee-Therme wirbt mit Sport-, Nichtschwimmer- und Thermalbewegungsbecken sowie mit dem Zugang zum Bodensee. Seit Neuestem gibt es auch einen Salzraum *(www.therme-konstanz.de)*

⮆ Erlebnisbad Engen

Die Hauptattraktion des Erlebnisbades Engen ist die 89 Meter lange Riesenrutsche. *(www.engen.de/pb/ engen/Startseite/Tourismus+_+ Kultur/Erlebnisbad.html)*

⮆ Unteruhldinger Hafenfest

Selbst gebaute Wasserfahrzeuge liefern sich bei einer Schrottregatta einen unterhaltsamen Wettkampf. Außerdem werden ein großes Feuerwerk und ein abwechslungsreiches Festprogramm geboten. Das Uhldinger Hafenfest findet immer am letzten Wochenende, bevor die Sommerferien in Baden-Württemberg beginnen, statt. *Infos unter www.uhldingen-muehlhofen.de*

⮆ Wasserwandern mit dem Kanu

Infos über Touren und Verleihstationen bietet das La Canoa Kanu-Zentrum Konstanz *(Tel. 07531/95 95 95; https://lacanoa.de)*.

⮆ Raddampfer »Hohentwiel«

Sie ist ein Original vom Bodensee und in zahlreichen Hollywood-Filmen (unter anderem auch in James-Bond-Filmen) zu sehen: Die »Hohentwiel« ist das letzte Schiff der Königlich Württembergischen Bodenseeflotte. Im Jahr 1913 wurde sie erstmals in den Dienst gestellt und schippert noch heute über ihren Heimatsee. Heute wird sie für Rundfahrten benutzt, aber auch spezielle Erlebnisfahrten mit Musik und Tanz werden immer wieder angeboten. Mehr Infos zum Erlebnis mit diesem alten Raddampfer gibt es unter *www.hohentwiel.com*

⮆ Zeppelinmuseum

Im Friedrichshafener Zeppelinmuseum ist alles Wissenswerte rund um die Entstehungsgeschichte des Zeppelins zusammengetragen. Man kann einen Flug mit dem Zeppelin neuer Technologie buchen. Gestartet wird am Friedrichshafener Flugplatz. Vom 30-minütigen Stadtrundflug bis zum dreistündigen Flug zum Schloss Neuschwanstein gibt es unterschiedlichste Möglichkeiten. *(Öffnungszeiten Museum: Mai–Oktober, tägl. 9–17 Uhr; November bis April, Di–So 10–17 Uhr; www.zep pelin-museum.de)*

Wassersportparadies Bodensee: Hier kann man Kayak fahren, segeln, windsurfen oder Ausflüge mit der »MS Stuttgart« oder der »Hohentwiel« machen.

© 2019 Kunth Verlag GmbH & Co. KG, München
St.-Cajetan-Straße 41
81669 München
Telefon +49.89.45 80 20-0
Fax +49.89.45 80 20-21
www.kunth-verlag.de
info@kunth-verlag.de

Printed in Italy

Texte: Gerhard Bruschke, Christiane Gsänger, Rudolf Ites, Dr. Sebastian Kinder, Angelika Kunth-Jakobs, Carlo Lauer, Dr. Dieter Maier, Raphaela Moczynski, Dr. Thomas Pago, Dr. Heinz Vestner; »Aktiv am Wasser« und »Gastronomie«: Katinka Holupirek, Laura Joppien
Redaktion: Kerstin Majewski | Layout und Bildredaktion: Eva Round